资源利用治理丛书

能源、水资源和建设用地经济治理研究

陈　凯　郭　峰　陈　钰　著

国家社会科学基金重大项目（15ZDC034）成果

科　学　出　版　社
北　京

内 容 简 介

本书梳理了中西方稀缺资源利用治理理论，结合能源、水资源和建设用地资源利用现状及双控市场化概况，对比性分析市场机制和政府规制对能源、水资源消耗和建设用地总量与强度的调控效果，融合中西经济学范式，创立测度资源利用秩序及经济异质性的新方法，实证评估了中国能源、水资源和建设用地利用秩序平稳程度、耦合治理效果和风险等级，最后基于协同治理、经济秩序及耦合治理的多维治理思想，提出能源、水资源和建设用地总量与强度双控市场化机制的路径选择。

本书的核心技术为“经济机制的测度”。经济秩序标尺的设置，能为检测我国资源集约、产业升级、经济转型的路径、程式、力度与速度提供参考。本书也可作为高等学校资源环境学、区域经济学和经济管理学等学科的教材及教学参考书。

图书在版编目（CIP）数据

能源、水资源和建设用地经济治理研究 / 陈凯，郭峰，陈钰著. —北京：科学出版社，2021.6

（资源利用治理丛书）

ISBN 978-7-03 069043-2

Ⅰ. ①能… Ⅱ. ①陈… ②郭… ③陈… Ⅲ. ①资源利用－研究 Ⅳ. ①F205

中国版本图书馆 CIP 数据核字（2021）第 103155 号

责任编辑：任彦斌 程雷星 张 震 / 责任校对：王萌萌
责任印制：吴兆东 / 封面设计：无极书装

科学出版社出版

北京东黄城根北街 16 号
邮政编码：100717
http://www.sciencep.com

北京中石油彩色印刷有限责任公司 印刷

科学出版社发行 各地新华书店经销

*

2021 年 6 月第 一 版 开本：720 × 1000 1/16
2021 年 6 月第一次印刷 印张：17 1/4
字数：348 000

定价：99.00 元

（如有印装质量问题，我社负责调换）

丛书前言

《中华人民共和国国民经济和社会发展第十三个五年规划纲要》（简称“十三五”规划）指出，绿色是永续发展的必要条件和人民追求美好生活的重要体现。必须坚持节约资源和保护环境的基本国策，坚持可持续发展，坚定走生产发展、生活富裕、生态良好的文明发展道路，加快建设资源节约型、环境友好型社会，形成人与自然和谐发展的现代化建设新格局，推进美丽中国建设，为全球生态安全做出新贡献。国家社会科学基金重大项目（15ZDC034）“建立能源和水资源消耗、建设用地总量和强度双控市场化机制研究”体现了这一理念。2016 年 5 月 17 日，习近平总书记在哲学社会科学工作座谈会上的讲话中指出：“自古以来，我国知识分子就有‘为天地立心，为生民立命，为往圣继绝学，为万世开太平’的志向和传统。一切有理想、有抱负的哲学社会科学工作者都应该立时代之潮头、通古今之变化、发思想之先声，积极为党和人民述学立论、建言献策，担负起历史赋予的光荣使命。”为此国家社会科学基金重大项目（15ZDC034）课题组成员精心设计出版本套“资源利用治理丛书”，从以下三个方面努力完成这一重大课题。

一、资源利用治理基础理论创新

资源利用治理理论包含三大体系，分别为中国传统资源利用治理理论、马克思主义资源利用治理理论和现代西方资源利用治理理论。陈凯所著《资源利用文化软实力运行机制路径易学范式分析》阐释了中国传统资源利用治理理论的原理；周立斌、韩满玲、王希艳和杨林的力作《新马克思主义的区域经济理论研究》阐述了马克思主义资源利用治理理论基础；陈凯、张方和李雪峰撰写的《中国资源利用空间依赖研究》论述了现代西方资源利用治理理论渊源。

资源利用治理基础理论创新不是寻找一种新理论取代旧理论，而是以一种包容性更大的理论方法体系将旧理论方法兼容升级。课题组成员撰写的《资源环境治理理论基础》《资源经济学知识图谱导论》《资源耦合治理理论》《城乡资源整合论》和《经济道统治理》等专著，将中国传统资源利用治理理论、马克思主义资源利用治理理论和现代西方资源利用治理理论融会贯通。在新创立的资源利用治理科学原理中，正确地显示经济社会协调发展规律，准确地衡量所有的资源要素、结构与发展模式的性质和数量差异及其变动原因，适时地将原理体现在实际操作程式上；采取“旧理论系统疏理—新理论体系创立—原理实证条理化”的研究方案。以《易传》的理论方法为框架，融合各种原理和方法。资源利用宏观经济分析从模式到结构再到要素，资源利用微观经济分析从要素到结构再到模式。研究定位以道统阴阳平衡机制为主线，演绎和实证相结合，在现代经济学基础上，推导资源生产、消费、贸易、分配、货币、财政、金融、投资、股票、证券、期货、保险、价格、利率、汇率、税率、企业治理、制度与政策等均衡法则。

二、资源利用治理研究范式创新

丛书中的《资源利用文化软实力运行机制路径易学范式分析》《资源耦合治理论》和《经济道统治理》等著作以易学范式融合西方资源经济理论方法，对资源利用治理规律、机制和原理进行了系统的分解与整合。创新体现在以下几点。

（一）首次以阴阳五行和谐原理构建资源利用治理系统

现代西方资源利用理论设定资源经济要素同质无限替代，以量差分析其质异，单纯追求工具和逻辑的完美而无视现实，只能说资源经济学知识在进步而非科学的表现。“资源利用治理丛书”还原经济现实，指出资源不是同质的，有阴阳之分，而且阴阳程度随着资源开发的时间、方位、组合方式、利用力度大小和速度快慢而不同；资源配置不只是实现配置主体效用最大化的要素量的替代，而主要是为达到和谐并实现共同富裕，对要素间相生、相克、相冲、相刑、相害、相合、相乘、相侮、胜复等关系的调整；通过阴阳平衡机制，实现各层间、各层内、各要素的阴阳呼应和阴阳平衡，实现资源合理利用治理目标。

（二）另辟蹊径揭示资源经济规律

现代西方资源经济理论建立经济函数，解析变量相关性以把握经济规律。经济函数的一个点，无体积大小，再不能细分。“资源利用治理丛书”将生产函数中的一个点，又细分为八维的“小成”，它是经济全息运行的一个“截图”，是科学实验的一个“切片”，连贯起来精准地量化资源经济运行机制并反映经济规律。庄子曰：“道隐于小成。”机制的表现是秩序，通过测度秩序揭示经济规律。管子曰：道“不见其形，不闻其声，而序其成”。

（三）第一次设立资源利用秩序精准测度标尺

现代经济学关注资源利用效率，借助管理绩效促进之，而“资源利用治理丛书”更注重资源利用秩序，依靠治理功德整合之。这是由于资源利用秩序经历制度规范与道德自律融合路径，通过法治与德治的结合而实现。经济管理以资源优化配置促使经济高效运行，经济治理以资源有序流动维护经济安全稳定。以轻重测度经济秩序是“资源利用治理丛书”的精髓。设置精准16制标尺，即纵向质量“半斤八两”，横向质量“半斤八两”，合之“一斤十六两”。较重者紧于道（规律），秩序较稳定；较轻者松于道（规律），秩序较混乱。管子曰：“以轻重御天下之道也，谓之数应。”

（四）创立天时-地利-人和经济运行模型

在现代经济学数量均衡规则基础上，“资源利用治理丛书”增设纵向和谐、横向匹配、核心再生的阴阳质量均衡规则，建立天时-地利-人和经济运行模型为一轴、五层、四维、九域。①一轴：各层中心的连线，即轴线贯穿各层中心（中宫）。②五层：最上层是“天时”，最下层是“地利”，中间二、三、四层是“人和”。第四层为宏观，其中宫为《兑》，资源利用重在秩序及人心安全稳定。第三层为微观，其中宫为《震》，资源利用在于保持创新及人心活力。第二层为社会发展与资源利用的环境。二、三、四层是模型的中心。第二层是静盘，第三、四层是动盘。③四维的有形态：规划与金融、劳动与组织、政府与信息、资本与市场。四维的无形态：“一曰礼、二曰义、三曰廉、四曰耻。”④九域：易学的九宫。

（五）融会贯通中西经济理论方法

“资源利用治理丛书”道器一体，大到无外，小到无内，对西方资源经济学无限兼容。西方现代经济学在效率管理研究方面成熟，中国传统资源经济理论在秩序治理研究领域领先，“资源利用治理丛书”把经济发展秩序测度深入到资源利用效率层次量化，同时又将资源利用效率研究上升至经济发展秩序框架内考察。例如，①辨识两变量的轻重缓急，确定其“元”“亨”“利”“贞”“悔”“吝”“厉”“咎”，量化资源利用系统要素的定位及其层次间的关系；②根据资源利用全要素生产率（total factor productivity，TFP）增长正负及其技术进步率、技术效率改进、规模效率改进和配置效率改进速度之正负，裁定其“延年”“天医”“生气”“辅弼”“禄存”“廉贞”“破军”“文曲”，用以测度资源利用系统要素作用及其匹配关系。

三、资源利用治理实证分析与适应性政策研究

任何理论都是在人类经济社会发展推动下自身矛盾思变创新中产生和形成

的。资源利用治理理论发展的前提是资源利用实践。资源利用实证分析既是资源利用理论发展的基础，也是资源利用实践的指导。

“资源利用治理丛书”每一部都不同程度地进行了实证研究，陈凯和课题组成员撰写的《能源、水资源和建设用地经济治理研究》用实际数据论证了能源、水资源及建设用地总量和强度双控市场化机制，可圈可点，相信读者看后会有耳目一新之感。

长三角区域是中国最具发展潜力的都市圈，能源利用状态具有一定的代表性。郑畅的《长三角地区能源利用效率研究》论证到位，分析透彻，读后定有收获。

能源、水资源和建设用地利用适应政策是“资源利用治理丛书”的主题。根据实证研究的结果，基于国家能源、水资源和建设用地利用定位及区域功能分解，科学甄别总体及各区域主体功能、主导功能、主要功能，创新分层诊断、有序衔接、逐步调适的规划方法，努力解决统一的规划底图、坐标体系、基础数据、分类标准等问题。深度整合能源、水资源和建设用地利用治理政策措施，实现能源、水资源和建设用地利用治理规划及适应性对策体系法治化、标准化与规范化。

“资源利用治理丛书”传承发展中国传统学术，吸收消化马克思主义资源利用治理理论和现代西方资源利用治理理论，在融会贯通三大理论体系的基础上，注重资源利用实证研究，突出资源经济发展新方向，建立中国大国资源利用治理理论。虽然距完整的中国资源利用治理理论体系相差甚远，但我们已经起步，纵有千难万险，我们披荆斩棘，在所不辞。恳请广大读者对丛书多提宝贵意见，我们会虚心接受，不断修改完善。

“资源利用治理丛书”主编

2017年9月10日

前　言

能源、水资源和建设用地是民生之基，发展之源。改革开放以来，中国经济社会发展取得了举世瞩目的伟大成就，但与此同时也付出了巨大的资源环境代价，资源约束趋紧、环境污染严重及生态系统退化，成为经济社会持续健康发展的重大瓶颈。面对愈加严峻的资源环境困境，《中华人民共和国国民经济和社会发展第十三个五年规划纲要》提出，实施能源和水资源消耗、建设用地总量和强度双控行动；党的十九大报告进一步强调，经济体制改革必须以完善产权制度和要素市场化配置为重点，实现产权有效激励、要素自由流动、价格反应灵活、竞争公平有序、企业优胜劣汰。现阶段中国还处于城市化和工业化的快速发展阶段，资源需求增长迅速而且具有刚性，研究能源、水资源消耗和建设用地总量及强度双控市场化机制，对破解资源环境瓶颈、推动生态文明建设、优化要素市场资源配置、完善市场经济体制、维护社会和谐稳定、促进经济社会提质升级及可持续发展具有重要的指导意义。

本书的目的在于借鉴中西方稀缺资源利用治理理论，探寻建立和完善中国能源、水资源消耗和建设用地总量及强度双控市场化机制的有益途径。主要内容包括以下四个方面。

（1）能源、水资源和建设用地双控市场化基础研究。

阐述资源利用的“7 个理论”（中国传统稀缺资源利用理论、可持续发展理论、均衡发展理论、稀缺性理论、要素替代理论、资源利用秩序理论、经济治理理论）、“3 种机制”（价格机制、交易机制、竞争机制）、“3 大手段”（经济手段、行政手段、法律手段），确立基于协同治理、经济治理及耦合治理多重维度，分析资源消耗总量和消耗强度双控市场化机制路径选择的研究思路。

（2）能源、水资源和建设用地双控市场化调控效果研究。

分地区、分行业描述能源、水资源和建设用地消耗总量和消耗强度的现状和趋势，并概述中国能源和水资源消耗、建设用地总量和强度“双控行动”的实施情况。基于市场和政府两个维度，分别梳理了能源、水资源和建设用地市场机制的基本构架及政府规制的基本手段，结合中国 2000～2016 年省级面板数据，对比分析了市场机制和政府规制对能源消耗总量和能源消耗强度、水资源消耗总量和水资源消耗强度、建设用地消耗总量和消耗强度的调控效果。

（3）能源、水资源和建设用地利用秩序研究。

资源利用秩序是其需求侧与供给侧平稳及高效利用的有序化。基于中国古典经济治理原理，融合中西经济学范式，创立了测度资源利用秩序的新方法。通过制定衡量社会公平与资源利用效率一致性的 8 级精准量化标尺，依据资源利用主体相对收入变动与全要素生产率变化测度其需求与供给侧的状态之轻重，评价了中国能源、水资源和建设用地利用秩序平稳程度，并进一步分析其成因与缘由，揭示其变动规律与机制，得出能源、水资源和建设用地利用善治的政策措施和运作程式。

（4）能源、水资源和建设用地耦合治理及风险研究。

耦合治理是促进社会经济持续稳定健康发展秩序下的系统结构要素功能匹配的协同共进过程。借鉴资源耦合治理理论，定性分析了能源、水资源和建设用地经济秩序的耦合治理系统，以及借助秩序评价模型、耦合协调度模型和风险测度模型，实证评估了中国能源、水资源和建设用地经济秩序的耦合治理效果和风险等级。

建立及完善双控资源总量和强度市场化机制是中国全面深化改革的必然选择，本书的研究成果可以为国家资源治理提供政策建议。一方面，经济秩序是国家经济治理的重要内容，本书设置了经济秩序标尺，为检测我国资源集约、产业升级、经济转型的路径、程式、力度与速度提供技术支持；另一方面，提出有关市场与政府协同治理，经济治理及能源、水资源和建设用地耦合治理的研究思想及研究见解，为建设天蓝地绿水清的美丽中国提供决策参考。具体涵盖内容如下：

（1）资源双控治理需要市场机制与政府适度干预的协同搭配。中国资源体制的核心问题是行政性垄断和价格规制，因此体制改革的方向是全面推进资源领域的市场化改革，破除行政性垄断，取消竞争性领域的价格规制，形成有效竞争市场。通过实证研究发现，价格机制有助于节水降耗，但抑制了节能降耗和节地降耗作用的发挥，而规制政策对资源消耗总量和消耗强度的调控作用正好与价格机制相反。因而，资源总量和强度双控需要协同发挥“看不见的手”和“看得见的手”的治理功能。

（2）追求高效秩序平稳是中国传统经济治理的精要。管子曰，“国有四维”，“守国之度，在饰四维”。四维匀称，伸缩同步，张弛有度。四维架构调控资源：①能源与水资源在第一维的垂直轴线上，能源在上端，水资源在下端。能源与水资源约束条件相同，总量和强度双控市场化机制相似。对能源与水资源利用的调控，犹如天平，轻重砝码对等同步进行。②建设用地在第四维的斜 45°的轴线上，上端是市场，下端是房地产。对建设用地的调控，要时刻把控市场，建设用地与市场商品主体犹如天平两端，轻重砝码也要对等同步进行。③能源、水资源与建设用地的调控是两根交叉轴运转的调节，很难平衡，必须与其两翼的人力资源组织轴（水平维）和政府行政轴（斜 135°）组合一体保持全面均衡方能平稳有序运行。

（3）资源利用治理的关键是控制社会两极分化及通过资源结构功能匹配提高全要素生产率。能源、水资源和建设用地利用耦合协调度取决于其利用秩序变动，而资源利用秩序又取决于消费侧能源利用主体收入差异与供给侧资源结构功能匹配程度。当前，能源、水资源和建设用地利用供给侧秩序水平是其需求侧秩序水平的一半，秩序改善重在供给侧。研究发现，我国能源、水资源和建设用地除规模效率外，技术进步、技术效率、配置效率均需大力提高。

作　者

2020年3月

目　录

丛书前言
前言
第 1 章　导论…………1
1.1　研究背景与意义…………1
1.1.1　研究背景…………1
1.1.2　研究意义…………5
1.2　研究内容与方法…………6
1.2.1　研究内容…………6
1.2.2　研究方法…………8
1.3　研究重点与难点…………8
1.3.1　研究重点…………8
1.3.2　研究难点…………9
1.4　研究创新与不足…………10
1.4.1　研究创新…………10
1.4.2　研究不足…………11
1.5　本章小结…………12
第 2 章　基础理论与文献综述…………13
2.1　基础理论…………13
2.1.1　可持续发展理论…………13
2.1.2　均衡发展理论…………16
2.1.3　稀缺性理论…………18
2.1.4　要素替代理论…………20
2.1.5　经济治理理论…………21
2.2　文献综述…………26
2.2.1　国内外关于稀缺资源市场化的研究…………26
2.2.2　国内外关于稀缺资源管制的研究…………32
2.2.3　关于资源总量与强度双控市场化的研究…………38
2.2.4　研究评述…………48
2.3　本章小结…………49

第 3 章 中国传统稀缺资源利用治理 …… 50
3.1 中国传统稀缺资源利用治理的概念界定 …… 50
3.1.1 治理机制概念辨析 …… 50
3.1.2 治理秩序概念辨析 …… 51
3.1.3 治理规律概念辨析 …… 52
3.2 中国传统资源利用治理理论 …… 52
3.2.1 资源利用治理理论基础 …… 52
3.2.2 社会经济发展运行规律 …… 59
3.2.3 治理机制 …… 75
3.2.4 资源利用治理历史经验 …… 87
3.3 中国“常平仓”理论的传承发展 …… 94
3.4 本章小结 …… 95
第 4 章 中国能源和水资源消耗、建设用地总量及强度双控市场化概况 …… 96
4.1 能源消耗总量和强度双控市场化概况 …… 96
4.1.1 能源消耗总量 …… 96
4.1.2 能耗强度 …… 102
4.1.3 能源消耗总量和能耗强度双控 …… 106
4.2 水资源消耗总量和强度双控市场化概况 …… 109
4.2.1 水资源消耗总量 …… 109
4.2.2 水资源消耗强度 …… 113
4.2.3 水资源消耗总量和强度双控 …… 114
4.3 建设用地总量和强度双控市场化概况 …… 116
4.3.1 建设用地总量 …… 116
4.3.2 建设用地利用强度 …… 118
4.3.3 建设用地总量和强度双控 …… 119
4.4 本章小结 …… 121
第 5 章 能源消耗总量和强度双控市场化机制构建 …… 122
5.1 能源消耗总量和强度双控市场化机制研究 …… 122
5.1.1 能源消耗双控市场化机制基本构架 …… 122
5.1.2 能源消耗双控市场化机制调控效果实证分析 …… 125
5.2 能源消耗双控市场化的政府规制研究 …… 133
5.2.1 能源消耗双控市场化的政府规制经验分析 …… 133
5.2.2 能源消耗双控市场化的政府规制效果实证分析 …… 135
5.3 能源消耗双控市场化的市场与政府协同治理研究 …… 139
5.3.1 能源消耗双控市场化的协同治理理论分析 …… 140

5.3.2 能源消耗双控市场化的协同治理秩序测度 …… 141
5.3.3 能源消耗双控市场化的协同治理秩序调控 …… 150
5.4 本章小结 …… 152
第 6 章 水资源消耗总量和强度双控市场化机制构建 …… 154
6.1 水资源消耗总量和强度双控市场化机制研究 …… 154
6.1.1 水资源消耗双控市场化机制基本构架 …… 154
6.1.2 水资源消耗双控市场化机制调控效果实证分析 …… 156
6.2 水资源消耗双控市场化的政府规制研究 …… 163
6.2.1 水资源消耗双控市场化的政府规制经验分析 …… 163
6.2.2 水资源消耗双控市场化的政府规制效果实证分析 …… 165
6.3 水资源消耗双控市场化的市场与政府协同治理研究 …… 172
6.3.1 水资源消耗双控市场化的协同治理理论分析 …… 173
6.3.2 水资源消耗双控市场化的协同治理秩序测度 …… 174
6.3.3 水资源利用秩序耦合 …… 182
第 7 章 建设用地总量和强度双控市场化机制构建 …… 186
7.1 建设用地总量和强度双控市场化机制研究 …… 186
7.1.1 建设用地双控市场化机制基本构架 …… 186
7.1.2 建设用地双控市场化机制调控效果实证分析 …… 191
7.2 建设用地双控市场化的政府规制研究 …… 199
7.2.1 建设用地双控市场化的"政府失灵" …… 199
7.2.2 建设用地双控市场化的政府规制 …… 200
7.3 建设用地双控市场化的市场与政府协同治理研究 …… 205
7.3.1 建设用地双控市场化的协同治理理论分析 …… 205
7.3.2 建设用地双控市场化的协同治理秩序测度 …… 206
第 8 章 能源、水资源和建设用地耦合治理及风险评估 …… 215
8.1 能源、水资源和建设用地耦合治理 …… 215
8.1.1 有关秩序与耦合治理的理论 …… 217
8.1.2 能源、水资源和建设用地利用秩序 …… 218
8.1.3 我国三种资源秩序耦合研究 …… 222
8.1.4 结论与讨论 …… 224
8.2 能源、水资源和房地产风险评估 …… 225
8.2.1 能源风险评估 …… 225
8.2.2 水资源风险评估 …… 233
8.2.3 房地产风险评估 …… 240
参考文献 …… 249

第1章　导　　论

能源、水资源和建设用地是民生之基、发展之源。改革开放以来，中国经济社会发展取得了举世瞩目的伟大成就，但与此同时也付出了巨大的资源环境代价，资源约束趋紧、环境污染严重及生态系统退化，成为经济社会持续健康发展的重大瓶颈。能源和水土资源的稀缺性，决定了双控资源总量和强度，强化资源节约集约利用，对破解资源环境瓶颈、推动生态文明建设、维护社会和谐稳定、促进经济社会提质升级及可持续发展具有十分重要的意义。

1.1　研究背景与意义

1.1.1　研究背景

1. 愈加尖锐的资源环境困境对推进资源节约集约利用发起严峻挑战

改革开放40多年，中国经济腾飞。一方面，经济持续快速发展，创造了举世瞩目的增长奇迹。1978～2016年，中国国内生产总值（gross domestic product，GDP）从3678亿元增长到744 127亿元，年均增长14.2%，稳居世界第二，对世界经济增长贡献率超过30%。另一方面，经济增长的质量和效益较低，呈现"高增长，低质量"的特点，经济增长付出了巨大的资源环境代价。多年来，中国经济增长走的是高投入、高消耗、高污染的粗放式发展道路，经济总量的增长在相当程度上是建立在资源大量消耗和环境严重污染的基础上的。当前，经济的快速发展与人口的急剧增加所带来的压力正在挑战资源环境基础所能承载的极限，矿产资源日趋耗竭、淡水资源日趋恶化、土地资源日益匮乏、环境污染日益加剧，中国正陷入日趋严峻的资源环境困境。

能源是现代经济增长的动力之源，是国家经济可持续发展和安全的重要物质基础。随着中国经济的快速发展，经济总量的不断扩大，工业化、城市化进程的加快，能源消耗量迅速增加，能源可持续供应压力沉重，能源供求矛盾问题突出。1993年之前，中国能源还能自足，而今，中国已成为世界第一大能源生产国和消费国，2016年中国能源生产总量为34.6亿吨标准煤，能源消费总量为43.6亿吨标准煤，能源缺口达9亿吨标准煤。此外，中国还是世界最大的煤炭生产国和消费国，2016年消费总量为1887.6百万吨油当量，占世界总消费量的50.7%；是世界第二大电力生产国和消费国，2016年电力装机容量达到16.51亿万千瓦；是世界第二大石油消费国和第三大石油进口国，原油生产总量为 28 372 万吨标准煤，位居世界第四。石油外贸依存度达 78.9%。当前，中国战略石油储备体系还很脆弱，受严峻的外交环境影响，石油市场存在较大的不稳定性，在未来很长一段时间内，以煤为主的能源消费结构仍不会变，这将给环境带来恶劣的影响，此外，由于“经济杠杆”的严重缺失，能源稀缺性未充分体现，导致资源配置的不合理及能源利用效率低下，中国能源环境不容乐观。

水是生命之源，是人类生活、生产的命脉。中国是一个水资源短缺的国家，虽然水资源总量有 32 466 亿立方米，位居世界第六，但人均水资源量为 2354 立方米，仅为世界人均水平的 1/4，是全球人均水资源较贫乏的国家之一。2016 年全国总用水量为 6040 亿立方米，人均用水量仅为 438 立方米。中国不仅水资源严重短缺，还存在水资源利用不足的现象。目前，中国农业灌溉水的有效利用系数只有 0.523 左右，远低于发达国家 0.8 的水平；工业用水方面，万元产值取水量为 81.2 立方米，是发达国家的 10 倍，工业用水重复率为 30%～40%，而发达国家已达到 70%以上；工程输水渠道和管道渗漏损失严重，城市居民综合日用水量也远远高于发达国家的水平。

土地资源是固定的，而人口的增长却似乎没有止境，有限的土地如何供养无限增长的人口已是一个世界性课题。中国陆地面积约 960 万平方千米，居世界第四位，但由于山地多、平地少，约 60%的陆地资源为山地和高原，是一个土地资源辽阔、适宜生产生活的土地面积较小、可供大规模高强度开发的土地面积有限的国家。根据全国主体功能区规划，适合大规模、高强度工业化、城镇化开发的土地面积仅有 180 万平方千米。同时，中国人均耕地少、耕地质量总体不高、耕地后备资源不足，受粮食产销和供求结构性矛盾的影响，耕地保护的约束依然趋紧。随着环境问题的更加突出，应完善生态修复制度，持续加大生态文明建设力度，扩大绿地面积，增强固碳能力，必须对具有生态功能的耕地、林地、草地等予以全面管护，生态用地对建设用地的约束更加凸显。按照国家规划，扣除必须保护的耕地和已有建设用地，今后用于工业化、城镇化开发和其他方面建设的土地面积只有 28 万平方千米。此外，中国人口基数庞大，未来很长时间内将保持长期的增长，据预测，总人口将在 2030 年达到峰值，而人口增加必然带来对生活居住用地需求的增加，加之城镇化、工业化的推进，经济发展对产业用地和城镇用地的需求将持续上升，人口、工业化和城镇化三个高峰期的同时到来，更加凸显了土地需求尤其是建设用地需求的尖锐矛盾。

可以看出，中国现行的能源、水资源和建设用地配置在数量和质量上都存在诸多问题，严重制约了经济社会的可持续发展，影响经济发展、生态安全等战略实施。中国能源、水资源和建设用地的稀缺，环境污染问题的加剧，对资源节约集约利用提出了严峻的挑战。在这种情况下，珍惜和合理利用能源和水土资源，一方面要控制总量，满足经济社会发展对各类资源的合理需求，另一方面也要控制单位国内生产总值能源消耗、水资源消耗、建设用地的强度。针对这些问题，如何双控资源总量和强度，协调好资源利用与人口增长、经济发展、城市化、工业化和生态环境这些因素的关系成为核心问题。能源和水土资源的基本国情决定了中国走资源节约集约利用发展道路的必要性，只有充分地了解资源利用的规律，提高资源利用的效率，走节约集约的可持续发展之路，才能应对资源环境困境的严峻挑战。

2. 全面深化改革对双控资源总量和强度市场化机制提出新要求

资源利用问题是中国经济社会发展过程中党和国家高度关注的主题。双控资源总量和强度市场化机制是优化资源配置的必然选择，是落实科学发展观、实现绿色发展的制度保障，也是完善社会主义市场经济体制的重要内容。

2006年，《中华人民共和国国民经济和社会发展第十一个五年规划纲要》要求“落实节约资源和保护环境基本国策，建设低投入、高产出，低消耗、少排放，能循环、可持续的国民经济体系和资源节约型、环境友好型社会”，并首次把单位GDP能源消耗强度作为约束性指标，提出2010年单位GDP能耗比2005年降低20%左右。2011年，《中华人民共和国国民经济和社会发展第十二个五年规划纲要》发布，明确提出落实节约优先战略，全面实行资源利用总量控制、供需双向调节、差别化管理，大幅度提高能源资源利用效率，提升各类资源保障程度，并从大力推进节能降耗，加强水资源节约，节约集约利用土地，加强矿产资源勘查、保护和合理开发四方面做出详细规划，进一步提出2015年单位国内生产总值能源消耗降低16%，还提出“合理控制能源消费总量”[①]。2013年5月，中共中央政治局就大力推进生态文明建设进行第六次集体学习，习近平强调：“节约资源是保护生态环境的根本之策。要大力节约集约利用资源，推动资源利用方式根本转变，加强全过程节约管理，大幅降低能源、水、土地消耗强度，大力发展循环经济，促进生产、流通、消费过程的减量化、再利用、资源化。”[②]“十三五”时期，推进生态文明建设，解决资源约束趋紧、环境污染严重、生态系统退化的问题，必须采取一系列硬措施，真抓实干才能见效。习近平总书记在关于《中共中央关于制定国民经济和社会发展第十三个五年规划的建议》的说明中指出：“实行能源和水资源消耗、建设用地等总量和强度双控行动，就是一项硬措施。这就是说，既要控制总量，也要控制单位国内生产总值能源消耗、水资源消耗、建设用地的强度。这项工作做好了，既能节约能源和水土资源，从源头上减少污染物排放，也能倒逼经济发展方式转变，提高我国经济发展绿色水平。”[③]十二届全国人

① 国务院. 中华人民共和国国民经济和社会发展第十二个五年规划纲要. 2011.

② 中共中央政治局就推进生态文明建设进行集体学习. http://www.gov.cn/idhd/2013-05/24/content_2410799.htm

③ 习近平：关于《中共中央关于制定国民经济和社会发展第十三个五年规划的建议》的说明. http://www.gov.cn/xinwen/2015-11/03/content_5004118.htm

大四次会议通过的《中华人民共和国国民经济和社会发展第十三个五年规划纲要》很好地体现了这一思想，提出“实施能源和水资源消耗、建设用地等总量和强度双控行动”。党的十九大报告也对加强生态文明建设提出了新的要求，强调必须坚持节约优先、保护优先、自然恢复为主的方针，形成节约资源和保护环境的空间格局、产业结构、生产方式、生活方式。

中国的经济体制改革已进入完善社会主义市场经济体制的后改革时代。理顺政府与市场关系是深化经济体制改革的核心，这既是市场经济理论发展的内在逻辑，已被中国改革开放以来的实践经验所证实，也是后改革时代化解经济社会矛盾的必然选择。党的十八大报告指出，经济体制改革的核心问题是处理好政府和市场的关系，必须更加尊重市场规律，更好发挥政府作用。要深化资源性产品价格和税费改革，建立反映市场供求和资源稀缺程度、体现生态价值和代际补偿的资源有偿使用制度和生态补偿制度。这就为进一步改革指明了方向，推动资源价格改革进入了新的阶段。十八大以来，以习近平同志为核心的党中央高度重视价格改革工作，做出了一系列重大决策部署。2013 年 11 月 12 日，十八届三中全会通过的《中共中央关于全面深化改革若干重大问题的决定》指出，完善主要由市场决定价格的机制。凡是能由市场形成价格的都交给市场，政府不进行不当干预。推进水、石油、天然气、电力、交通、电信等领域价格改革，放开竞争性环节价格。政府定价范围主要限定在重要公用事业、公益性服务、网络型自然垄断环节，提高透明度，接受社会监督。2015 年 10 月，《中共中央　国务院关于推进价格机制改革的若干意见》对“十三五”期间的价格改革作出更加具体的部署，指出价格改革的主要目标是“到 2017 年，竞争性领域和环节价格基本放开，政府定价范围主要限定在重要公用事业、公益性服务、网络型自然垄断环节。到 2020 年，市场决定价格机制基本完善，科学、规范、透明的价格监管制度和反垄断执法体系基本建立，价格调控机制基本健全”。十九大报告提出，“经济体制改革必须以完善产权制度和要素市场化配置为重点，实现产权有效激励、要素自由流动、价格反应灵活、竞争公平有序、企业优胜劣汰”；“清理废除妨碍统一市场和公平竞争的各种规定和做法，支持民营企业发展，激发各类市场主体活力”；“打破行政性垄断，防止市场垄断，加快要素价格市场化改革，放宽服务业准入限制，完善市场监管体制”。价格是市场经济条件下资源配置效率的“牛鼻子”，价格机制改革是完善市场经济体制不可或缺的重要内容。必须加快价格市场化改革，进一步深化垄断行业、公用事业价格改革，完善价格形成机制。同时，强化价格监管和反垄断执法，着力破除限制资源要素自由流动的价格机制障碍，维护公平竞争，不断完善市场经济体制。

1.1.2 研究意义

改革开放以来，中国经济保持高速增长，取得举世瞩目的成就。但长期以来，高投入、高消耗的粗放型经济增长模式，让中国付出了巨大的资源环境代价。现阶段中国还处于城市化和工业化的快速发展阶段，资源需求增长迅速而且具有刚性，资源约束趋紧、环境污染严重及生态系统退化，成为经济社会持续健康发展的重大瓶颈。在此背景下，建立资源总量和强度双控市场化机制具有重大的理论意义及现实意义。

1. 理论意义

第一，建立资源总量和强度双控市场化机制有利于资源的优化配置。当前经济发展中不可持续的突出矛盾，都与政府对资源配置干预过多和干预不当、市场功能发挥不够有密切关系。研究表明，要素市场扭曲对资源利用效率的提升有显著的负面影响，消除要素市场扭曲可以提高资源利用效率和减少资源浪费。因此，进一步推动要素市场化进程，发挥市场对资源的配置作用，对建设资源节约型社会具有重大的理论意义。

第二，建立资源总量和强度双控市场化机制有利于社会主义市场经济体制的完善。从经济学的角度来看，市场化就是让市场在资源配置中发挥决定性作用，这也是十八大以来中国在重点领域和薄弱环节深化改革的一个总体方向。习近平同志在党的十九大报告中强调“坚持社会主义市场经济改革方向”“加快完善社会主义市场经济体制”，并指出“经济体制改革必须以完善产权制度和要素市场化配置为重点，实现产权有效激励、要素自由流动、价格反应灵活、竞争公平有序、企业优胜劣汰”。资源总量和强度双控市场化显示了中国政府资源治理思想的重大转变，也标志着中国社会主义市场经济体制改革的进步。

第三，弥补现有文献关于资源总量和强度双控市场化研究的不足。目前关于资源总量和强度双控市场化研究的文献较为缺乏，结合中西方治理理论的研究更少。本书基于中国古典管理科学原理，融合中西经济学范式，创立了一种测度资源利用秩序的新方法，用于评价中国能源和水资源消耗、建设用地总量和强度市场与政府协同治理的秩序平稳程度，进而弥补该领域研究的不足。

2. 现实意义

第一，建立资源总量和强度双控市场化机制是适应特殊资源国情和特定发展阶段的现实选择。中国始终面临人均资源少、优质资源不足的资源国情，这对经济社会发展形成了制约。当前，中国正处于全面建成小康社会的关键时期，同时，也是深化改革开放和加快转变经济发展方式的攻坚时期。“四化”同步快速推进，对资源的需求集中释放，资源需求刚性上升与资源供给刚性制约的矛盾更加突出。基本国情不可改变、发展阶段不可逾越、生态文明必须推进的现实，决定了中国不能再走过度消耗资源、低效浪费资源的发展之路，而必须高扬节约集约旗帜，走资源总量和强度双控市场化机制的新路。

第二，建立资源总量和强度双控市场化机制是保护群众权益、维护社会稳定发展的根本途径。能源、水资源和建设用地是民生之基、发展之源，支撑各行各业，影响千家万户。在新的发展阶段，能源和水土资源管理面临着许多新情况、新矛盾和新问题。稳定耕地数量和提高耕地质量的难度越来越大，石油、天然气等重要能源对外依存度居高不下，长三角、珠三角和京津冀地区国土开发强度严重超载，部分地方违法违规用地、用水、用矿问题突出，一些地方损害群众资源合法权益的行为时有发生，影响社会和谐稳定。发展是硬道理，保护资源和维护权益是硬约束。只有树立底线思维，以资源节约集约利用来统领资源管理工作，才能在实践中不断实现保障科学发展、保护稀缺资源与维护群众权益的统一。

第三，建立资源总量和强度双控市场化机制有利于破解资源环境瓶颈、促进经济社会提质升级。实行能源和水资源消耗、建设用地总量和强度双控行动，是推进生态文明建设，解决资源约束趋紧、环境污染严重的一项重要措施，既能节约能源和水土资源，从源头上减少污染物和温室气体排放，也能倒逼经济发展方式转变，提高中国经济发展绿色水平。与此同时，提高资源节约集约利用水平是牢固树立和贯彻落实新发展理念的必然要求，也是中国加快生态文明建设、推进创新驱动战略和供给侧结构性改革的重要内容。

1.2 研究内容与方法

1.2.1 研究内容

本书的目的在于通过对传统及现代稀缺资源利用治理的理论研究，探寻建立和完善中国能源、水资源消耗和建设用地总量及强度双控市场化机制的有效途径。因此，本书基于传统及现代稀缺资源利用治理理论：①分析了中国目前能源、水资源消耗和建设用地总量及强度双控市场化的概况，并论述了中国能源和水资源消耗、建设用地总量及强度双控行动的实施情况；②分别研究了能源、水资源和建设用地市场机制的基本构架，以及这些机制对能源、水资源消耗和建设用地总量及强度的调控效果；③分别分析了能源、水资源和建设用地政府规制的基本手段，以及这些手段对能源、水资源消耗和建设用地总量及强度的规制效果；④分别研究了能源、水资源和建设用地市场与政府协同治理的秩序理念，以及测度了评估能源、水资源和建设用地市场与政府协同治理效果的经济秩序；⑤整体分析了能源、水资源和建设用地经济秩序的耦合治理系统，以及评估了能源、水资源和建设用地经济秩序的耦合治理效果；⑥提出能源、水资源消耗和建设用地总量及强度双控市场化的路径选择。全书由八章构成，各章主要内容如下：

第 1 章为导论。主要阐述了本书的研究背景与意义、研究内容与方法、研究重点与难点以及研究创新与不足。

第 2 章为基础理论与文献综述。首先基于可持续发展理论、均衡发展理论、稀缺性理论、要素替代理论及经济治理理论探讨了能源、水资源和建设用地资源优化配置的目标及理念；然后梳理了国内外学者关于稀缺资源市场化、稀缺资源管制、资源总量与强度双控市场化的研究进展。

第 3 章为中国传统稀缺资源利用治理。首先对中国传统稀缺资源利用治理理论中的治理机制、治理秩序及治理规律等基本概念做了辨析；然后回顾了管仲、范蠡、李俚、桑弘羊、刘晏及王安石等的稀缺资源利用治理理论；最后介绍了中国“常平仓”理论的传承发展。

第 4 章为中国能源和水资源消耗、建设用地总量及强度双控市场化概况。分地区、分行业描述了能源消耗总量和强度、水资源消耗总量和强度、建设用地总量和强度的现状和趋势，在此基础上分别论述了中国能源和水资源消耗、建设用地总量及强度双控行动的实施情况。

第 5 章为能源消耗总量和强度双控市场化机制构建。首先研究了能源消耗双控市场化机制基本构架，以及这些机制对能源消耗总量和强度的调控效果；然后分析了能源消耗双控市场化的政府规制经验，以及这些手段对能源消耗总量和强度的规制效果；最后研究了能源消耗双控市场化的协同治理理论，测度了能源市场与政府协同治理效果的秩序平稳程度，并对能源市场与政府协同治理效果的秩序调控进行了研究。

第 6 章为水资源消耗总量和强度双控市场化机制构建。首先研究了水资源消耗双控市场化机制基本构架，以及这些机制对水资源消耗总量和强度的调控效果；然后分析了水资源消耗双控市场化的政府规制经验，以及这些举措对水资源消耗总量和强度的规制效果；最后研究了水资源消耗双控市场化的市场与政府协同治理的理论，测度了水资源市场与政府协同治理效果的秩序平稳程度，并对水资源利用秩序耦合进行了讨论。

第 7 章为建设用地总量和强度双控市场化机制构建。首先研究了建设用地双控市场化机制基本构架，以及这些机制对建设用地总量和强度的调控效果；然后分析了建设用地双控市场化政府规制的基本措施，以及这些措施对建设用地总量和强度的规制效果；最后研究了建设用地双控市场化的协同治理理论，并测度了评估建设用地市场与政府协同治理效果的秩序平稳程度。

第 8 章为能源、水资源和建设用地耦合治理及风险评估。首先借鉴有关秩序与耦合治理的理论，定性分析了能源、水资源和建设用地利用秩序；然后基于实证研究评估了我国能源、水资源和建设用地经济秩序的耦合治理效果；最后对能源、水资源和房地产风险进行了评估。

1.2.2 研究方法

本书以传统和现代稀缺资源利用治理理论为基础，采用多种方法综合研究了建立和完善中国能源、水资源消耗和建设用地总量及强度双控市场化机制的路径选择。具体研究方法包括：

（1）文献研究法。通过阅读大量国内外相关文献，明晰学术界对能源、水资源和建设用地资源利用治理的研究深度及研究不足，经过总结、归纳相关的理论及观点，形成本书的研究思路。本书突破已有文献片面构建稀缺资源市场化治理路径的做法，基于市场与政府协同治理及能源、水资源和建设用地耦合治理的角度，建立了全面测度能源、水资源和建设用地资源协同治理及耦合治理的秩序评价体系，弥补了现有文献关于稀缺资源协同治理及耦合治理研究的不足。

（2）实证研究法。本书在借鉴已有研究成果的基础上，研究了能源、水资源和建设用地市场机制的基本构架及政府规制的基本手段，并利用静态面板模型检验了市场机制及政府规制对能源、水资源消耗和建设用地总量及强度的调控效果；然后借鉴中国古典管理科学原理，测度了评估能源、水资源和建设用地市场与政府协同治理效果的经济秩序，以及评估了能源、水资源和建设用地经济秩序的耦合治理效果。

（3）系统分析法。能源、水资源和建设用地均是关系国计民生的稀缺资源，虽然物理性状各异，但都受国民经济的供求关系、价格机制和国家政策的影响，因此，需要把中国能源、水资源消耗和建设用地总量及强度双控市场化作为一个系统进行研究。本书借鉴资源耦合治理理论，定性分析了能源、水资源和建设用地经济秩序的耦合治理系统，以及通过实证分析评估了中国能源、水资源和建设用地经济秩序的耦合治理效果。

（4）比较研究法。市场经济需要“两只手”的作用，建立能源、水资源消耗和建设用地总量及强度双控市场化机制需要市场机制与政府干预有机结合。本书基于市场和政府两个维度，对比分析了市场机制和政府规制对能源和水资源消耗、建设用地总量及强度的调控效果，在此基础上，构建能源、水资源和建设用地市场与政府协同治理体系及耦合治理体系。

1.3 研究重点与难点

1.3.1 研究重点

本书的研究重点在于：

第一，中国能源和水资源消耗、建设用地总量及强度市场机制的调控效果分析。市场机制在资源配置中起着决定性作用，掌握市场机制对能源和水资源消耗、建设用地总量及强度的调控效果对建立和完善能源和水资源消耗、建设用地总量及强度双控市场化机制有重要指导意义。本书首先定性分析了能源、水资源和建设用地市场机制的基本构架，重点分析了能源、水资源和建设用地价格机制的改革历程，然后运用静态面板回归模型检验了市场机制对能源、水资源消耗和建设用地总量及强度的调控效果。在此基础上提出建立和完善能源和水资源消耗、建设用地总量及强度双控市场机制的路径选择。

第二，中国能源和水资源消耗、建设用地总量及强度政府规制的调控效果分析。资源的有效配置离不开政府的功能发挥，掌握政府规制对能源和水资源消耗、建设用地总量及强度的调控效果对建立和完善能源和水资源消耗、建设用地总量及强度双控市场化机制有重要意义。本书首先定性分析了能源、水资源和建设用地政府规制的制度因素，重点分析了能源、水资源和建设用地双控行动的政策约束，然后运用静态面板回归模型检验了制度因素对能源、水资源消耗和建设用地总量及强度的调控效果。在此基础上提出建立和完善能源和水资源消耗、建设用地总量及强度政府规制的政策建议。

第三，中国能源和水资源消耗、建设用地总量及强度市场与政府协同治理的秩序测度。有效的资源治理体制要求市场机制与政府适度干预有机结合，使“看不见的手”和“看得见的手”协同发挥作用。追求高效平稳秩序是中国传统经济善治的精要，本书基于中国古典管理科学原理，融合中西经济学范式，创立了一种测度资源利用秩序的新方法，设置了衡量社会公平与资源利用效率一致性精准量化标尺，通过资源利用主体相对收入变动与全要素生产率变化测度其需求与供给侧的状态之轻重，评价了中国能源和水资源消耗、建设用地总量及强度市场与政府协同治理的秩序平稳程度。

第四，中国能源和水资源消耗、建设用地总量及强度耦合治理的效果评估。能源、水资源和建设用地均是关系国计民生的稀缺资源，虽然物理性状各异，但都受国民经济的供求关系、价格机制和国家政策的影响，因此需要把中国能源、水资源消耗和建设用地总量及强度双控市场化作为一个系统进行研究。本书借鉴资源耦合治理理论，定性分析了能源、水资源和建设用地经济秩序的耦合治理系统，以及通过实证分析评估了中国能源、水资源和建设用地经济秩序的耦合治理效果。

1.3.2 研究难点

本书的研究难点在于：

第一，能源、水资源和建设用地总量及强度双控市场化整合问题。市场整合指同一种物品在不同市场的价格一致性变动关系。一般研究商品市场整合的较多，研究资源市场整合的较少，研究能源、水资源消耗和建设用地总量及强度双控市场化整合确实是一个新问题。能源、水资源和建设用地都是影响国计民生的紧缺资源，虽然物理性状各异，但都受国民经济的供求关系、价格机制和国家财政政策等的影响。另外，国民经济最佳状态是个人成本收益率与全社会成本收益率均等。为此，有必要建立制度安排和财产权利，将全部外部性内在化。能源、水资源和建设用地不能脱离国民经济制度相互独立进行，把三者整合在一起研究，是理论原理研究和制度建设的前提。鉴于此，本书尝试利用资源耦合治理理论，建立初步的能源、水资源和建设用地总量及强度双控市场化耦合治理体系。

第二，能源、水资源和建设用地总量及强度双控市场化协同治理秩序问题。基于中国古典经济管理原理可知，建立能源、水资源消耗和建设用地总量及强度双控市场化机制，就是建立能源、水资源消耗和建设用地总量及强度双控市场化合理持续稳定健康运行秩序。资源利用秩序是资源经济系统结构要素的有序化，为资源经济要素相位关系的规律性变化。资源经济秩序要素相位结构量化是个难题，目前学术界尚未找出破解之道。本书根据中国古典治理机理与西方经济学原理差异中的一致性，设置秩序轻重量化标尺，衡量资源利用公平与效率的程度。

第三，能源、水资源和建设用地总量及强度双控市场化产权问题。本书着重研究如何建立能源和水资源消耗、建设用地总量及强度双控市场化机制共同的制度基础。物权市场和产品市场一样具有自发调节机制，因此能源和水资源消耗、建设用地总量及强度双控的关键性问题在于政府如何避免由于财政分权体制等对矿业权、水权和建设用地使用权市场的过度干预。另外，政府应以适当力度管制能源和水资源消耗、建设用地的总量，充分发挥矿业权、水权和建设用地使用权市场的自发调节作用，以市场自身的力量降低能源和水资源消耗、建设用地使用强度。

1.4 研究创新与不足

1.4.1 研究创新

本书的创新点主要表现在以下几方面：

第一，研究视角的创新。本书在问题选择上的创新之处在于以制度视角找出能源和水资源消耗、建设用地强度过高共同的原因，分析财政分权体制的负面作用。学术观点上的创新之处在于提出建立能源和水资源消耗、建设用地总量及强度双控市场化机制共同的制度基础，消除财政分权体制的负面作用，以适度管制的自发形成的市场机制来降低资源使用强度。已有研究大多只基于市场或政府等单一视角分析资源利用的治理途径，本书对比分析市场机制和政府规制对能源和水资源消耗、建设用地总量及强度的调控效果，以此构建能源、水资源和建设用地市场与政府协同治理体系及耦合治理体系。

第二，研究理论的创新。已有文献中资源治理大多借鉴西方理论及其研究范式，但建立中国能源和水资源消耗、建设用地总量及强度双控市场化机制是基于本国国情的重大课题，仅从国际上寻找经验借鉴，脱离本国经济、社会、政治发展背景，其启示和对策建议缺乏适用性。中国是历史悠久的文明古国，在社会发展推动下有着丰富灿烂的文化遗产，经济思想是其重要的组成部分。中国传统经济思想曾经繁荣而富有光辉成就，不仅为中国古代经济长期领先于世界提供了思想指导，而且也为西方现代经济学的形成与发展提供了先行思想要素。其中，中国传统经济理论就蕴含丰富的稀缺资源利用治理理论体系。本书借鉴中国传统稀缺资源利用理论，重点回顾了管仲、范蠡、李俚、桑弘羊、刘晏及王安石等的稀缺资源利用治理思想，经过总结、归纳相关的理论及观点，形成本书的研究思路与研究方法。

第三，研究方法的创新。追求高效平稳秩序是中国传统经济善治的精要。从某种意义上说，建立能源、水资源消耗和建设用地总量及强度双控市场化机制，就是建立能源、水资源消耗和建设用地总量及强度双控市场化合理持续稳定健康运行秩序。资源利用秩序是资源经济系统结构要素的有序化，为资源经济要素相位关系的规律性变化。资源经济秩序要素相位结构量化是一个难点，目前学术界尚未找出破解之法。本书寻求中国古典治理机理与中西经济管理原理的共同哲学基础，在“道”的层次上融合，在“器”的层次上互补，创立测度资源利用秩序的轻重标尺，衡量社会公平与资源利用效率一致性，评价了中国能源和水资源消耗、建设用地总量及强度的市场与政府结合的善治程度。

1.4.2 研究不足

本书的不足之处体现在以下几方面：

第一，研究深度的缺陷。能源、水资源和建设用地总量和强度双控市场化机制这一课题涵盖内容广，研究对象多，研究难度大。当前，国内外研究稀缺资源总量和强度双控市场化的文献较少，可供借鉴的经验少。本书仅从整体上构建了市场机制、政府规制、协同治理、耦合治理的行文脉络，对市场机制、政府规制所涉及的具体内容研究不够全面、不够深入，如市场机制中的风险机制、竞争机制等未完全纳入，政策建议部分也较简略，这也将成为今后进一步加强研究的重要方向。

第二，实证分析的缺陷。在实证研究中，虽然构建回归模型时尽量按照全面性的要求进行，但是由于指标量化、数据可得性、运算方法等方面的限制，仍然有一些影响因素没有包括进去，这在一定程度上也会影响实证结果的客观性和准确性。因此，自变量的选取还需要进一步完善。在样本的选取过程中，尽量争取做到均衡选取，包括区域均衡、经济发展程度的均衡等，以保证样本的代表性，同时尽量扩大样本数量。但是，由于对区域和经济发展程度的认知是有差异的，而且精力有限，不可能无限制地扩大样本容量，样本的科学性还有进一步加强的余地。

1.5　本章小结

本章为导论部分，主要阐述了本书的研究背景与意义、研究内容与方法、研究重点与难点以及研究创新与不足。

第 2 章　基础理论与文献综述

2.1　基 础 理 论

2.1.1　可持续发展理论

可持续发展理论的形成经历了较长的过程。1962 年，美国海洋生物学家蕾切尔·卡森（Rachel Carson）发表环境科普著作《寂静的春天》，描绘了一幅由农药污染所造成的可怕景象，惊呼人们将会失去“春光明媚的春天”，在世界范围内引发了人类关于发展观念的争论。1971 年，罗马俱乐部发表了关于人类发展状况研究的第一个报告——《增长的极限》，该报告对经济增长和人类前途做出了具体的、耸人听闻的预测，提出“持续增长”和“合理的持久的均衡发展”的概念，在国际学术界引起巨大震动。“可持续发展”一词，最早出现于 1980 年由世界自然保护联盟（International Union for Conservation of Nature，IUCN）、联合国环境规划署（United Nations Environment Programme，UNEP）和世界野生动物基金会（World Wildlife Fund International，WWF）共同发表的《世界自然保护大纲》。1987 年，世界环境与发展委员会在文件《我们共同的未来》中正式提出了“可持续发展”的概念和模式。该报告中，“可持续发展”被定义为“既满足当代人的需要，又对后代人满足其需要的能力不构成危害的发展”。可持续发展概念包含了两个基本要素：“需要”和对需要的“限制”。满足需要，即要满足世界各国人民尤其是贫困人民的基本需要；对需要的“限制”，主要是指技术状况和社会组织对环境满足眼前和将来需要的能力施加的限制。当前，这一定义被国际社会普遍认可，该理论也被广泛应用于经济学和社会学领域。

从世界环境与发展委员会对可持续发展的定义来看，可持续发展既要达到发展经济的目的，又要保护好人类赖以生存的大气、淡水、海洋、土地和森林等自然资源和环境，使子孙后代能够永续发展和安居乐业。作为指导人类走向 21 世纪的发展理论，可持续发展理论将环境与经济发展问题紧密地结合起来，经过几十年的发展，形成了丰富的内涵、研究内容和基本思想。

1. 可持续发展理论内涵

可持续发展理论的丰富内涵包括以下几方面。

1）共同发展

每个国家或地区都是系统内相互依存和相互联系的子系统，当一个子系统发生问题，会直接或间接影响其他系统，使其紊乱，甚至会诱发系统的整体突变。因此，可持续发展追求的是整体发展和协调发展，即共同发展。

2）协调发展

协调发展包括经济、社会、环境三大系统的整体协调，也包括世界、国家和地区三个空间层面的协调，还包括一个国家或地区经济与人口、资源、环境、社会以及内部各个阶层的协调。

3）公平发展

各国的经济发展水平存在着差异，当这种差异的层次性因不公平或不平等而加剧时，将影响整个世界的可持续发展。因而，可持续发展思想的公平发展包含两个维度：一是时间维度上的公平，当代人的发展不能以损害后代人的发展能力为代价；二是空间维度上的公平，一个国家或地区的发展不能以损害其他国家或地区的发展能力为代价。

4）高效发展

公平和效率是可持续发展的两个轮子。可持续发展的效率不同于经济学的效率，可持续发展的效率既包括经济意义上的效率，也包含着自然资源和环境的损益的成分。因此，可持续发展思想的高效发展是指经济、社会、资源、环境、人口等协调下的高效率发展。

5）多维发展

不同国家与地区的发展水平不同，且有着异质性的文化、体制、地理环境、国际环境等发展背景。考虑不同地域实体的可接受性，可持续发展本身包含了多样性、多模式的多维度选择的内涵。因此，各国与各地区在实施可持续发展战略时，应该从自身情况出发，走符合本国或本地区实际的、多样性、多模式的可持续发展道路。

2. 可持续发展理论研究内容

在研究内容方面，可持续发展注重可持续经济、可持续生态和可持续社会三个方面的协调统一，要求人类在发展中讲究经济效益、关注生态和谐与追求社会公平，最终达到人的全面发展（张德华，2016）。具体而言：

1）经济的可持续发展

可持续发展鼓励经济增长，而不是以环境保护为名取消经济增长。经济可持续发展不仅重视经济增长的数量，更加追求经济发展的质量。可持续发展改变了传统的以“高投入、高消耗、高污染”为特征的生产与消费模式，实行清洁生产与文明消费，以提高经济活动中的效益、节约资源和减少废物。从某种角度上，可以说集约型的经济增长方式就是可持续发展在经济方面的体现。

2）生态的可持续发展

可持续发展要求经济建设和社会发展要与自然承载能力相协调。发展的同时必须保护和改善地球生态环境，保证以可持续的方式使用自然资源和环境成本，使人类的发展控制在地球承载能力之内。因此，可持续发展强调了发展是有限制的，没有限制就没有发展的持续。生态可持续发展同样强调环境保护，但不同于以往将环境保护与社会发展对立的做法，可持续发展要求通过转变发展模式，从人类发展的源头、从根本上解决环境问题。

3）社会的可持续发展

在人类可持续发展系统中，经济可持续是基础，生态可持续是条件，社会可持续才是目的。尽管世界各国的发展阶段与具体目标不一样，但发展的本质都有相似之处，即改善人类生活质量，提高人类健康水平，创造一个保障人们平等、自由、教育、人权和免受暴力的社会环境。显然，在21世纪，人类共同追求的目标是，以人为本的自然-经济-社会复合系统的持续、稳定、健康的发展。

3. 可持续发展理论基本思想

可持续发展不仅适用于以资源利用和环境保护为主的环境领域，而且适用于以经济和社会发展为源头的生活领域。其基本思想包括以下几方面：

1）可持续发展并不否定经济增长

经济发展是人类生存和进步所必需的，也是社会发展和保持、改善环境的物质保障。特别是对发展中国家来说，发展尤为重要。目前发展中国家正经受贫困和生态恶化的双重压力，贫困是环境恶化的根源，生态恶化更加剧了贫困。目前急需解决的问题是研究经济发展中存在的扭曲和误区，要站在保护环境尤其是保护全部资本存量的立场上去纠正它们，使传统的经济增长模式逐步向可持续发展模式过渡。

2）可持续发展以自然资源为基础，同环境承载能力相协调

可持续发展追求人与自然的和谐。可持续性可以通过适当的经济手段、技术措施和政府干预得以实现，目的是减缓自然资源的消耗速度，使之低于再生速度。如形成有效的利益驱动机制，引导企业采用清洁工艺和生产非污染物品，引导消费者采用可持续消费方式，并推动生产方式的改革。“一流的环境政策就是一流的经济政策”的主张正在被越来越多的国家所接受，这是可持续发展区别于传统发展的一个重要标志。

3）以提高生活质量为目标，同社会进步相适应

单纯追求产值的增长不能体现发展的内涵。学术界多年来关于“增长”和“发展”的辩论已有结果。“经济发展”比“经济增长”的概念更广泛、意义更深远。若不能使社会经济结构发生变化，不能使一系列社会发展目标得以实现，就不能承认其为“发展”，就是所谓的“没有发展的增长”。

4）可持续发展承认自然环境的价值

这种价值不仅体现在环境对经济系统的支撑和服务上，也体现在环境对生命保障系统的支持上，应当把生产中环境资源的投入计入生产成本和产品价格之中，逐步修改和完善国民经济核算体系，即“绿色 GDP”。为了全面反映自然资源的价值，产品价格应当完整地反映三部分成本：资源开采或资源获取成本；与开采、获取、使用有关的环境成本，如环境净化成本和环境损害成本；由于当代人使用了某项资源而不可能为后代人使用的效益损失，即用户成本。产品销售价格应该是这些成本加上税及流通费用的总和，由生产者和消费者承担，最终由消费者承担。

5）可持续发展是培育新的经济增长点的有利因素

通常认为，贯彻可持续发展要治理污染、保护环境、限制乱采滥伐和浪费资源，其对经济发展是一种制约、一种限制。而实际上，贯彻可持续发展所限制的是那些质量差、效益低的产业，在对这些产业作某些限制的同时，恰恰为那些质优、效高，具有合理、持续、健康发展条件的绿色产业、环保产业、节能产业等提供了发展的良机，培育了大批新的经济增长点。

2.1.2　均衡发展理论

均衡发展理论产生于 20 世纪四五十年代，主张经济是有比例相互制约和支持发展的，其中市场机制是一只“看不见的手”，只要在完全市场竞争条件下，价格机制和竞争机制会促成社会资源的最优配置。该理论认为，区域经济增长取决于资本、劳动力和技术三个要素的投入状况，而各个要素的报酬取决于其边际生产力。在自由市场竞争机制下，生产要素为实现其最高边际报酬率而流动。在市场经济条件下，资本、劳动力与技术等生产要素的自由流动，将导致区域发展的均衡。因此，尽管各区域存在着要素禀赋和发展程度的差异，劳动力仍总是从低工资的欠发达地区向高工资的发达地区流动，以取得更多的劳动报酬。同理，资本从高工资的发达地区向低工资的欠发达地区流动，以取得更多的资本收益。要素的自由流动，最后将导致各要素收益平均化，从而达到各地区经济均衡增长的结果。

均衡发展理论典型的代表人物和主要思想有：美国经济学家赖宾斯坦（Leibenstein）的“临界最小努力命题论”（高志刚，2002）、美国经济学家纳尔森区域农业规划理论方法与应用研究的“低水平陷阱论”（Nelson，1956）、英籍美国经济学家罗森斯坦·罗丹的“大推进理论”（Rosenstein-Rodan，1943）和美国经济学家纳克斯的“贫闲恶性循环论和平衡增长理论”（Nurkse，1953）。

1. 赖宾斯坦的临界最小努力命题论

赖宾斯坦主张发展中国家应努力使经济达到一定水平，冲破低水平均衡状态，以取得长期的持续增长。不发达经济中，人均收入提高或下降的刺激力量并存，如果经济发展的努力达不到一定水平，提高人均收入的刺激小于临界规模，那就不能克服发展障碍，冲破低水平均衡状态。为使一国经济取得长期持续增长，就必须在一定时期受到大于临界最小规模的增长刺激。

2. 纳尔森的低水平陷阱论

纳尔森以马尔萨斯理论为基础，说明发展中国家存在低水平人均收入反复轮回的现象。不发达经济的痼疾表现为人均实际收入处于仅够糊口或接近于维持生命的低水平均衡状态；很低的居民收入使储蓄和投资受到极大局限；如果以增大国民收入来提高储蓄和投资，又通常导致人口增长，从而又将人均收入推回到低水平均衡状态中，这是不发达经济难以逾越的一个陷阱。在外界条件不变的情况下，要走出陷阱，就必须使人均收入增长率超过人口增长率。

3. 罗森斯坦·罗丹的大推进理论

罗森斯坦·罗丹主张发展中国家在投资上以一定的速度和规模持续作用于各产业，从而冲破其发展的瓶颈。此理论在发展中国家较有市场，原因在于它的三个"不可分性"的理论基础，即社会分摊资本的不可分性、需求的不可分性、储蓄供给的不可分性，以及外部经济效果具有更能说服人的证据。

4. 纳克斯的贫困恶性循环论和平衡增长理论

资本缺乏是阻碍不发达国家经济增长和发展的关键因素，是由投资诱惑力不足和储蓄能力太弱造成的，而这两个问题的产生又是由于资本供给和需求两方面都存在恶性循环。但贫困恶性循环并非一成不变，平衡增长可以摆脱恶性循环，是扩大市场容量和产生投资诱惑力的一种必需的方法。

均衡发展理论是假定市场在完全竞争条件下，区域规模报酬不变和技术条件一定，且生产要素可以无成本地自由流动的前提下建立起来的，它强调部门或产业间及区域间的协调发展、均衡发展。其出发点是促进产业协调发展和缩小地区发展差距。均衡发展理论提出之初，在一些发展中国家的区域经济开发中产生了一定的积极作用和影响。但该理论的建立有太多的限定条件，且与客观现实相去甚远。首先，不发达区域通常不具备平衡增长所需要的物力、财力，且生产要素也不可能无成本自由流动；即使在发达区域，由于其所拥有的资源、劳动力和技术等经济发展条件的不同，不同区域、不同产业的投资也会产生不同的效果，很难达到平衡发展。其次，该理论忽略了规模效应和技术进步因素，发达区域由于具有更好的基础设施、服务和更大的市场，必然对资本和劳动力具有更强的吸引力，从而产生极化效应，形成规模经济，虽然也有发达区域向周围区域的扩散效应，但在完全市场中，极化效应往往超过扩散效应，使区际差异加大。因此，区域均衡发展理论在实际操作中具有局限性。

2.1.3 稀缺性理论

阐述资源稀缺性的理论主要有：绝对稀缺论、相对稀缺论、稳态经济论、小型化经济以及补偿论。

1. 绝对稀缺论

"绝对稀缺论"源于马尔萨斯的《人口原理》和《政治经济学》两本著作中关于人口增长、资源稀缺性导致的报酬递减等论述（马尔萨斯，1992）。马尔萨斯认为，人口增长呈加速度的指数型增长，而自然资源数量是一定的、有限的，有增长性也是缓慢的，因此从动态而言，人口数量仍将超过自然资源所能承受的能力，同时自然资源的有限性使得人类会很快地占据并利用所有自然资源，此时随人口增长而新增加的劳动投入报酬必将呈递减态势。在马尔萨斯的思想中，自然资源数量有限性与稀缺性是必然存在的，是绝对的，其忽视了技术进步和社会发展对自然资源数量有限性与稀缺性、自然资源拓展延伸的影响，此外马尔萨斯还相信自然资源品位上具有均质性，这与现实经济不相吻合，如自然资源的肥力及区位差异是客观存在的。

2. 相对稀缺论

"相对稀缺论"是李嘉图对自然资源利用分析得出的观点（大卫·李嘉图，1976）。在李嘉图看来，自然资源不存在均质性，如土地有肥力上的差异，矿产资源有品位上的差异，只要自然资源存在质量差异，那么对其就会有一个从高到低的质量利用系列，较低肥力或品位的资源将随需求或人口的增加得到开发利用。所以，李嘉图认为肥力较高的自然资源数量不存在绝对稀缺，较低肥力的资源数量也不存在绝对稀缺。同时，李嘉图还注意到技术进步在改良土壤、提高土地生产力中的作用，因此认为相对稀缺并不构成对经济发展的不可逾越的障碍。

3. 稳态经济论

"稳态经济论"是戴利继承穆勒（约翰·穆勒，1991）的思想形成的。"稳态经济论"的主要思想是：自然环境、人口和财富均应保持在一个静止稳定的水平，而且这一水平要远离自然资源的极限水平，在必要时，应该不惜放弃短时期的经济增长和资源消耗，以维持整个社会长期生存和经济稳定。"稳态经济论"与"平衡稳定的社会论"虽然基本论点相同，但形成的基础不同。戴利等学者将稀缺概念拓展到更为广义的环境后，再从生态学、哲学的高度提出了“稳态经济论”，而戈德斯密斯等的“平衡稳定的社会论”则是从对增长极限的认识基础上提出的，将“平衡稳定的社会”作为人类社会生存的蓝图。戴利等西方经济学家将他们所研究的传统经济称为“增长经济”，而根据生态学、哲学所建立的经济，在戴利看来就是“稳态经济”。“稳态经济论”将未来描述成：宏观上是一个稳定的社会，微观上具有各种具体的稳定的制度，在这种稳定的社会及与之相适应的各种稳定制度中，人与人、人与自然之间永远和睦相处，人们享受较高生活水平和拥有鸟语花香般的美好环境。显而易见，“稳态经济论”解决资源稀缺的设想是理想家式的。

4. 小型化经济论

与“稳态经济论”相比，“小型化经济论”对资源稀缺原因的解释和解决资源稀缺的设想有其特殊性。“小型化经济论”是英国学者舒马赫（Schumacher，1973）提出的。舒马赫认为，现代科学技术的发展产生了大规模的现代生产，它刺激和促进了消费需求的不断增长，从而导致不可再生资源的严重短缺，同时大规模的现代生产还激化了人与自然的矛盾，造成了严重的环境污染，大量农业机械和化肥的使用破坏了土壤的肥力。舒马赫竭力反对高速度城市化的巨额投资、大规模扩大生产和集中发展计划等，其理由是：一方面，节约劳动力的机器应用导致大量人口失业和城市畸形繁荣，破坏了农村经济结构，使大批农村人口涌入城市，进一步加剧了城市的失业状况；另一方面，大规模生产忽视了人对自然的依赖性，加速了非再生资源消耗速度，造成了严重的资源破坏，产生了使世界经济不能继续增长的危机。舒马赫倡导一国的经济应尽量分散化，要稳定地促进传统经济，尤其是地方经济和农村经济的发展，他确信大规模经济形式是“自我毁灭”，而小型经济才是美好的选择。显然，“小型化经济论”是与城市化、大型经济背道而驰的。

5. 补偿论

“补偿论”则从物品的供求关系上理解资源稀缺性和从补偿角度处理人与自然的关系。补偿就是对资源造成的破坏要进行赔偿（张云和李国平，2004）。美国经济学家塞尼卡和陶希格等是“补偿论”的倡导者，他们认为，能满足人们生产和生活所需物品和服务的一切资源相对人的消费欲望来说都是有限的，稀缺物品之所以稀缺是人们对物品的需求超过了供给。洁净水、肥沃的土地等自然资源的稀缺是由经济增长与工业化发展导致对这些自然资源需求超过供给而产生的。他们主张，当生物圈的自然资源遭受严重破坏后，应投入额外的劳动和资本作为生物圈质量恢复的一种补偿。从“补偿论”的观点中不难看出，“补偿论”对资源稀缺原因的分析是深沉的，对解决资源稀缺方法的研究是积极的，如果说“稳态经济论”的设想是理想化模式，“补偿论”的设想则是现实化的模式。

2.1.4　要素替代理论

生产顺利进行，需要投入各种要素，包括土地、劳动力、资金、技术等。由于不同生产要素的价格，也就是投入成本不同，某种生产要素具有可以被其他的成本更低而效用更高的生产要素替代的可能，这就是生产要素的替代规律。1956 年，艾萨德（Isard）在《区位与空间经济》中阐明了要素替代对企业区位决策的影响。古典分工理论与区位理论只强调了相同因素的成本比较，而忽略了有些生产要素是可以相互替代的。能源之间、原材料之间、资本和劳动之间都可以相互替代。例如，煤、水、原子能、石油、天然气在能源生产中可相互替代；在一些生产中，塑料、钢材、铝材等可相互替代；资本与劳动力可相互替代；等等。因此，在分析区域生产优势时，不能仅简单地按统一的成本项目进行比较，而必须根据各区域最有利的投入组合方式计算出的成本进行比较。在要素可以替代的情况下，比较优势由要素边际替代率和要素在不同地区的价格共同决定（张秀生，2007）。

在经济增长中，资本、劳动和自然资源三者之间基本上是替代关系。要素的替代有两个依据：一是依据各种要素的产出弹性（对增长的贡献）。一般说来，哪种要素的产出弹性大，就要较多地使用哪种要素。二是依据本国资源的稀缺程度。哪种资源供给相对丰裕，就要较多地使用哪种资源。这两个方面可能有矛盾，这就提出了要素替代中的均衡问题。面对自然资源的稀缺性，特别是面对一些不可再生的资源，可持续发展的要求是寻求替代，即用相对宽裕的资源替代不可再生的稀缺资源，被消耗的自然资本必须由后天资本替代。

在市场经济条件下，市场决定资源配置的一个重要机制是各种要素都进入市场，各种要素的报酬（价格）由各个要素市场的供求调节。调节要素间相互替代的机制是各种要素的价格比例。例如，利率低于工资率就要鼓励多用资金、少用劳动力，这就可能导致经济增长受资金不足的束缚，而劳动力资源却没有得到有效而充分的利用，从而使经济没有得到应有的增长。解决不可再生资源的替代问题的关键是提高使用这些资源的价格。借助价格机制解决资源短缺问题。提高可能耗竭的自然资源价格，可驱使相互竞争的生产者用数量比较丰富、价格比较便宜的资源来代替它。如果没有其他资源来代替时，使用这种昂贵资源做原料的商品的价格相对比其他商品高，消费者便会少买这种商品，多买其他商品，最终起到降低资源需求的作用。

在经济增长的诸要素中，技术、组织是其他要素的补充要素。尽管就具体的生产过程来说，技术进步可能节约资金、节约劳动，起替代作用，但就整个国民经济发展来说，各种现存的资源都要充分地对经济增长起作用，技术进步的作用是克服资金供给不足的“瓶颈”，提高劳动力的素质，改善自然资源供给条件。技术在这里明显起到补充作用。至于组织，其补充作用更是毋庸置疑。各种要素的投入规模越大，组织便越重要。在经济增长过程中，配置技术和组织要素的关键是积极推进技术创新和组织创新，强化技术扩散和组织制度的完善，使各种要素的结合功能即全要素生产率得到充分释放。

2.1.5　经济治理理论

治理即主权者根据一定的法律、制度和行为准则，对天地万物的恰当处理。经济治理是指在一定范围内运用权威（法治）和道德（德治）来维持某种特定经济秩序，保持经济运行平稳，促进资源配置优化和分配合理化，满足各方利益要求，从而最大限度地增进公共利益的过程。经济治理理论的基本核心要素包括五个方面：第一，经济治理主体是各个经济利益主体，不仅仅包括农户、企业、产业组织，还包括国家、政府、非政府组织、社团组织、社会经济志愿者等，其中国家和政府的位置极其重要；第二，就治理客体而言，主要围绕着资源配置、经济运行、经济秩序和公共领域的治理影响因素，以及以传统国家治理模式为主要批评对象；第三，治理手段呈现出科层与网络结构结合，治理主体彼此之间相互参与、谈判和协商，计划指导和市场经济杠杆结合，宏观调控与公司治理结合，形成联动机制；第四，治理路径是一个上下互动的管理过程，既采取正统的法律规章制度，也采用非正式的措施和约束机制；第五，治理目标是追求善治，即实现经济秩序平稳渐进中的公共利益最大化（陈凯，2015）。

经济增长理论方法是经济学最成熟的研究范式。该范式在假设一系列条件下建立数学模型，求解模型参数确定经济变量并加以调控。如果存在下列条件，即市场充分竞争（信息对称完备、要素同质并自由流动、产品市场出清、“经济人”偏好、企业利润最大化、进入退出无门槛、无垄断），技术水平一定（不变），经济秩序一定（不变），制度背景一定（不变），等等，那么，市场机制会自动发挥作用，促进经济运行平稳高效。但这些假设条件现实中一般不能完全满足，实际中的自由市场机制往往失灵。这样，人为经济干预的管理就很有必要。经济管理主要解决经济效率问题。研究在不完全竞争市场中如何通过技术进步和制度进化促进经济快速增长。经济治理主要解决经济秩序问题。经济秩序主要靠权威规范和道德自律，即通过法治与德治的结合去实现。

1. 经济治理的本质与目标

经济治理的本质取决于并体现着治理主体意志。国家经济治理为缓和冲突与实现某种秩序而产生，实质上为了实现统治阶级意愿。这就规定了国家经济治理的走向与发展进程，国家经济治理的本质是通过国家职能的发挥，从而维护某种特定的秩序，以保证资源总体配置优化、经济高效和分配合理化。国家经济治理属性具有政治统治的阶级性，同时兼有社会公共事务管理的社会性。但国家政治功能与社会公共事务功能的实现方式却有本质区别。公共事务的功能主要以服务和管理方式来实现。公共事务管理职能是政治统治职能的前提和基础。可以预见，随着人类社会的发展，社会公共事务功能将不断扩大。

国家治理的目标就是善治。善是具体事物运动组成的完好状态，东汉·许慎《说文解字》曰："善，吉也。"善治就是公共利益最大化的社会管理过程，其本质特征是政府与公民对公共事务的合作管理，是政府与市场、社会的一种新颖关系。《国语·晋语》："善，德之建也。"善政仍然是实现善治的关键。《老子》说道："善闭，无关键而不可开；善结，无绳约而不可解。"董仲舒在《对贤良策》中写道："当更化而不更化，虽有大贤不能善治也。故汉得天下以来，常欲善治而至今不可善治者，失之于当更化而不更化也。"《道德经》第八章："上善若水，水善利万物而不争，处众人之所恶，故几于道。居善地，心善渊，与善仁，言善信，政善治，事善能，动善时。夫唯不争，故无尤。"俞可平（2014）认为善治基本要素有十个：合法性、法治、透明性、责任性、回应、有效性、参与、稳定性、廉洁、公正。

2. 经济治理的功能

国家治理的功能是通过国家职能的发挥来实现的。国家的本质决定国家的职能，按其作用主要分为以下四种类型。

1）经济高效

经济职能是实现国家治理的基础和前提。直接的物质生活资料的生产，是人类生存和社会发展的基础，国家要维持其统治阶级的某种秩序，首先要想方设法解决包括被统治者的衣食住行等基本生计问题。国家经济职能主要表现为建立并完善经济制度，保证经济体制的高效运行，提供公平的竞争秩序和规制安排。经济职能在国家治理中基本是相同的，但由于不同国家其经济职能的侧重点不同，同时各国会根据自身特殊情况派生出本国特有的经济职能，采取特定的方式来行使，因此在事件中形成不同的职能模式。

2）秩序安稳

政治职能是国家治理的核心功能，是由国家本质决定的。政治职能主要是指国家的统治职能，国家主要通过行政、立法与司法等机构维护本阶级统治，实现本阶级的利益，其中政府职能是国家本质的具体体现。政治秩序是统治阶级通过国家的权力系统制定一系列法律、政策等规则，把本阶级的意志合法化、法律化，代表了统治阶级的根本利益。社会主义政治秩序就是将人民民主法制化，保障人民的民主权利。在社会急速转型期，国家政治职能不仅仅是利益的执行者，更是利益的协调者。

3）价值导向

文化职能是指国家在文化领域中发挥指导和服务等职责和功能的一种政府行

为。文化职能主要为德治，其核心在于政府通过制定和实施各项文化政策，弘扬和维护某种特定的意识形态，用以论证和说明统治阶级的合法性。其外延主要体现为三个方面：①对物质文化的管理，如对文化事业、产业、行政部门的管理；②对制度文化的管理，包括对文化体制的改革及文化法律法规的颁布和实施等；③对精神文化的管理，主要指对价值观念的培育。秩序的本质是文化，价值是秩序的灵魂。秩序的有效性取决于外在约束与内在约束的有机结合，外在约束取决于法律制度的健全和完善，内在约束取决于人们内心的自觉和灵魂的价值导向。文化作为国家的精神，是维系国家生命和决定国家治理成长的关键，文化的强弱直接决定着国家治理能力的强弱。国家要不断增强文化职能来创造有效治理，不断通过意识形态的潜移默化、文化的教育和传播，深化文化对公民精神与心灵的塑造，使其自觉加强对国家的认同。文化价值功能为秩序提供一定内在约束，与国家用强制性的方式维护其统治地位相比，意识形态以软的方式影响人们的思想，以达到对社会的引导控制。

4）公平公正

管理社会公共事务是国家基本职能之一。社会职能主要指国家完善社会管理和提供公共服务事务的职能，由于它具有社会公共性特点，无法完全由市场解决，国家应当从社会角度加以引导、协调和管理。社会职能的核心是规范社会组织，培育形成合理的现代化社会结构，维护社会公平、社会秩序和社会稳定。社会职能主要通过制度供给的方式管理社会公共事务，提供公共产品和公共服务，维护和实现社会公共利益。随着社会经济不断发展，社会公共领域和公共空间不断扩展，形成大量与人们日常生活密切联系的社会公共事务，主要涉及社会福利、社会保险和社会救助，以及教育、医疗、卫生、交通、健康与环境保护等。

3. 经济治理传统理论

《管子》是中国古代哲学、政治、经济、社会、文化思想的一部重要典籍，其善治宏博精深。特别是其中的《轻重》十六篇，自成体系，是我国古代不可多得的一组经济论文，它以春秋齐国为背景，着重记述了齐桓公同管仲讨论治理国家的决策和行动，具有丰富的经济管理思想。《管子·轻重》重视农业，稳定个体农民经济，主张通过商品经济和国有经济来富民强国，提出了国家通过货币、商品的“轻重”关系来调控经济的理论，强调轻重之数是经济治理的根本方法。

1）巩固发展农业经济

《管子·轻重》诸篇所阐述的轻重之术是建立在重农的基础上的。这种轻重之术不仅与重农不矛盾，相反它还以轻重之术来稳定农民生活、促进农业发展。《管子·轻重》诸篇不少地方都论述了农业的重要性，如《管子·轻重甲》篇中“管子曰：‘一农不耕，民或为之饥；一女不织，民或为之寒。故事再其本，则无卖其子者；事三其本，则衣食足；事四其本，则正籍（征赋）给；事五其本，则远近通，死得藏（葬）。'"。《管子·轻重》篇还认为封建统治者应采取种种措施保证和促进农业生产的进行和发展，主要包括农时不误、技术进步（重奖技术能手，鼓励多种经营）、金融支持（农业借贷）、物价调节（稳粮价及抬高谷物价格）、税赋减免（增加盐业财政收入，减免农业税收）、以工代赈等措施。

2）稳定发展国民经济

轻重理论的宗旨在于安民强国，因此《管子·轻重》篇提出了一系列的经济主张，稳定经济秩序，推动国家经济持续发展。这些主张主要包括轻税赋、加强贸易、稳物价、控货币、行专卖等。其中，国内贸易是指国家参与粮食、纺织品、军需品、小农具等物品贸易，既可以使国家获利，财政充裕，又能平抑物价，安定民众生活，同时还能阻止"大贾蓄家"操纵市场，"豪夺"农民。《管子·山国轨》篇讲了国家对经济的规划和干预办法，主张以乡、县和国家进行规划，以了解田数、人口为基础，利用供求不平衡时的物价涨落来收购、销售，在一买一卖之间就可以谋取大利。《管子·轻重》篇认为国际贸易为商战，在商品价格上要采取合理策略，目的是使"天下之宝为我用"，国内价格要与贸易国价格相适应，防止物资外溢，做到"守国财，而毋税于天下"，而对别国所产物资，采取"天下下我高，天下轻我重，天下多我寡"。《管子·轻重》篇的货币思想在当时是很先进的，发人所未发，认为货币是流通手段，主张国家垄断货币，利用货币和其他物品轻重关系的变化，来增加国家收入。对于稀缺资源，《管子·轻重》篇主张对盐、铁和其他山泽产品都以适当方式去经营主张，实行局部专买和专卖，增加国家收入。

3）度轻重以经济治理之道

《管子·山至数》篇曰："以轻重御天下之道。"正确把握轻重之度，就是遵循经济治理中的规律。轻重是适度的把握。在经济领域中，轻重理论就是通过权衡货币、谷物的供需、贵贱，采取办法使国家富强，并平抑物价、安宁民众生活。在对外方面，就是要权衡轻重，在经济上通过对外贸易和商战制服别国。《管子·轻重》篇对经济治理的原理、调控的基础、目的、作用、方向和方法等，论述详细，其中国家的财政实力是国家对经济、政治进行调控的基础，而以人为本则是经济治理的出发点和归宿。

第一，经济治理是人民利益关系的调整。经济治理就是调节人民的利益关系，实现国家的大治。《管子·国蓄》指出："凡将为国，不通于轻重，不可为笼以守民；不能调通民利，不可以语制为大治。"

第二，经济治理以雄厚财政储备为基础。国家对经济的调控，说到底是国家运用财政机制对国民经济的调控，这就要求国家必须有雄厚的财政储备。《管子·国蓄》开篇指出："国有十年之蓄，而民不足于食，皆以其技能望君之禄也……故善者执其通施以御其司命，故民力可得而尽也。"《管子·轻重》主张采用寓税于价的方式取得财政收入，其中包括实行专卖、货款取息和运用轻重政策，“敛积之以轻，散行之以重”，这样国家就不必征收税赋，也能保证国家的用度。此外，发展外贸和旅游事业，采取“内守国财，而外因天下”的办法以增强国家财政的实力。

第三，经济治理注重以人为本的理念。国家的调控工具是物资、货币，但最终都体现为人与人的关系，都落实到具体的人。所以，在管仲为齐国“理财”的几十年中，始终突出人的作用，强调“以人为本”。《管子·霸言》指出：“夫霸王之所始也，以人为本。本理则国固，本乱则国危。”《管子·牧民》曰：“政之所兴，在顺民心；政之所废，在逆民心。”可见，管仲在处理国家大事的时候，总是从人的本性出发，尊重百姓的意愿，合民心，顺民意。此外，在制定理财的各项政策、措施和制度时也要从人的本性出发。《管子·国蓄》指出：“民予则喜，夺则怒，民情皆然。先王知其然，故见予之形，不见夺之理。故民爱可洽于上也。租籍者，所以强求也；租税者，所虑而请也。王伯之君去其所以强求，废其所虑而请，故天下乐从也。”其中，“租籍”是对人民强制性的征收，百姓对此十分反感，所以最好不采取这种形式取得财政收入；而“租税”这种征收方式，是经过谋划而取得财政收入的方式。这里所说的“租税”不是我们通常说的那种“赋税”，而是指运用轻重之策以获得各种专卖事业的收入。

第四，经济治理以物价调控为中心。《管子·国蓄》指出：“岁有凶穰，故谷有贵贱；令有缓急，故物有轻重。然而人君不能治，故使蓄贾游市，乘民之不给，百倍其本。”因为“谷有贵贱”“物有轻重”，所以需要国家运用财政手段加以平抑，否则就会使富商大贾乘年成不好、粮价上涨、人民生活困难之机，盘剥人民，以获取高额利润。同时，还能够打击不法商贾囤积居奇。因此，要求君主要借助财政工具，平抑物价，均平贫富。物价调控的办法包括用征收货币税而折成粮食缴纳的办法去平衡两地的粮食价格，调控丰年与歉年的粮食价格等。

第五，经济治理以调控贫富差距为目的。《管子·国蓄》认为，贫富差距要及时调整，“人君不能调，故民有相百倍之生也”，即如果人君不能及时调控，民间财产就会出现百倍的差距。“夫民富则不可以禄使也，贫则不可以罚威也。法令之不行，万民之不治，贫富之不齐也。”调控贫富差距的办法包括运用户籍、土地册了解贫富差别状况（《管子·禁藏》中有“户籍田结者，所以知贫富之不訾也。故善者必先知其田，乃知其人，田备然后民可足也”）、建立财政周转金（《管子·山国轨》中有“盐铁之策，足以立轨官”）、差别税赋（《管子·山国轨》中有“去其田赋，以租其山：巨家重葬其亲者服重租，小家菲葬其亲者服小租；巨家美修其宫室者服重租，小家为室庐者服小租”）、实行社会保障制度（《管子·乘马数》中有　“以平国策”）、实行积极就业政策（《管子·侈靡》中有“富者靡之，贫者为之”）等。

第六，经济治理以维护市场秩序为己任。富商大贾是国民经济发展的产物，“万乘之国必有万金之贾，千乘之国必有千金之贾”。而产生富商大贾的原因，多半是国家的财利被他们所侵夺，以致“国多失利”。而“国多失利”的后果则是“臣不尽其忠，士不尽其死矣”。对此，国家就应该通过粮食专卖、盐铁专卖等手段，垄断自然资源，将被富商大贾侵夺的财利，重新收回到国家手里。例如，《管子·国蓄》指出：“春以奉耕，夏以奉芸。耒耜械器，种饟粮食，毕取赡于君。故大贾蓄家不得豪夺吾民矣。然则何？君养其本谨也。春赋以敛缯帛，夏贷以收秋实，是故民无废事而国无失利也。”除了运用专卖的办法抑制商人以外，国家还要用“号令”抑制商人。《管子·治国》指出，“禁末作，止奇巧，而利农事”，才能富国强兵。所以“凡为国之急者，必先禁末作文巧。末作文巧禁，则民无所游食，民无所游食，则必事农。民事农则田垦，田垦则粟多，粟多则国富。国富者兵强，兵强者战胜，战胜者地广”。

2.2 文献综述

自然资源的稀缺性与日益高涨的需求之间的矛盾在当今更显突出。中国资源相对紧缺，尤其是关系国计民生的能源及水土资源。能源及水土资源已成为发展经济和提高人民生活水平的制约性稀缺资源，如何优化配置这些稀缺资源成为经济学领域的重要研究命题。

2.2.1 国内外关于稀缺资源市场化的研究

1. 关于能源市场化的研究进展

结合中国自身的实践经验，学者普遍认为中国能源市场化发展存在诸多问题，表现在能源改革进程不协调、价格机制不够顺畅、政府干预占主导、国有能源企业改革不到位、市场主体不规范、市场结构不合理、竞争协调机制不畅、市场交易机制缺失、竞争主体发育不完善等方面（武旭，2013；李晓西等，2013；王君安等，2017）。不同学者基于不同角度证实能源市场化改革的滞后或能源市场扭曲造成了能源生产要素的不必要浪费以及阻碍了能源效率的提升。林伯强和杜克锐（2013）对中国 1997～2009 年要素市场的研究发现，要素市场扭曲对中国能源效率的提升具有显著负作用。王芃和武英涛（2014）验证中国能源市场存在扭曲，并且这种扭曲制约了效率提升和技术进步。潘雄锋等（2017）引入非动态面板门限回归模型验证了能源市场扭曲对能源效率的间接影响机制和效果，发现能源市场扭曲抑制了技术进步对能源效率促进效应的发挥。张德钢和陆远权（2017）、魏楚和郑新业（2017）考察了市场分割对能源效率的影响，研究结果显示市场分割显著地抑制了能源效率的提升。

基于能源市场化存在的问题，学者从价格机制、交易机制、竞争机制等多个维度提出深化能源市场化改革的路径选择。

在价格机制方面，中国能源价格改革已取得部分成效，总体情况为煤炭价格市场化进程基本完成，油价实行与国际油价挂钩的政府指导价，天然气和电力价格上下游竞争环节逐步放开（白玫，2014；许光建和丁悦玮，2017）。但能源价格改革还存在很多问题，表现为：价格形成机制不完善，部分产品定价政府管制程度严重，能源价格扭曲现象不容乐观；资源性产品价格构成不合理，价格水平偏低，未将资源成本、环境成本、生态补偿成本等外部成本内部化；价格调整滞后，不能及时合理地反映用能成本及市场供求状况；能源比价关系不合理，导致能源产业发展不均衡；能源价格波动大，不确定性风险增加（史丹，2013；俞剑等，2017；杨冕等，2017；李佐军和盛三化，2017）。鉴于此，韩君（2015）通过梳理国内外能源资源定价机制，提出以生态环境为约束条件的能源资源定价机制，在此基础上，韩君和梁亚民（2016）以甘肃省作为经验分析对象，测算其生态环境质量和生态环境约束的能源价格，同时分析和总结生态环境约束条件下甘肃省能源价格的变化特征和变化规律；白玫（2014）认为能源价格改革要与能源禀赋相关联、与产业发展成熟度相协调、与市场结构同推进，同时防止价格垄断、哄抬物价、恶性竞争等行为发生；许光建和丁悦玮（2017）建议进一步放开石油价格，理顺居民用气价格，完善天然气管道运输价格形成机制，按照“管住中间、放开两头”的思路，加快推进电力、天然气价格机制改革；但吴玉萍和张云（2017）认为在改革能源价格形成机制时，要降低电力和天然气价格，利用国际天然气价格来充分降低国内天然气的终端价格，以提升天然气对煤炭、石油等传统能源的竞争力，拓宽中国天然气的市场消费空间；艾慧（2009）则认为能源价格改革短期内促成通胀，经济增长方式转变要依赖于一揽子措施，如财税金融补贴及产权配额等政策工具。

交易机制涉及交易主体规范、交易模式设定、交易平台构建等方面。张一清等（2014）从创新能源配置制度的视角，首次构建了跨行业能源交易的体系，从能源定额、能源配额和能源交易市场等方面阐述了其运行机制，并以高耗能企业和低耗能企业两部门模型为例，对跨行业能源市场交易的路径进行了探析。韩兴旺（2014）建议利用法律化的合同能源管理市场交易行为激发节能市场体系的活力，构建节能型生产消费体系，促进经济发展方式和生活消费模式转变。隗斌贤和刘晓红（2013）借鉴发达国家节能管理理论的演进及节能量认证的实践经验，以浙江为例提出了区域构建节能权交易机制的总体设计与对策措施。针对能源行业的异质性，学者还分别从电力市场、油气市场、煤炭市场等视角展开研究。对于电力市场，众多学者认为双边交易是当前较好的一种电力交易模式，如刘雅芳（2006）、张森林等（2010）、曾鸣等（2013）、韩锦瑞等（2013）、汪朝忠（2015）、汪朝忠等（2016）借鉴国外电力双边交易模式的实践经验，提出了中国在双边电力市场设计、电力平衡机制、交易模式、运行机制等方面的建议。对于煤炭市场，史金召等（2015）认为中国煤炭交易市场基本现状为区域性煤炭电子交易市场基本形成、地方性煤炭电子交易市场迅速发展、全国性煤炭电子交易市场正在酝酿。建议应从交易、物流、金融三条服务主线入手，协调助推实现全国煤炭电子交易市场的整合目标。对于油气市场，2016 年 11 月上海石油天然气交易中心正式运行，2017 年 9 月中国石油天然气集团有限公司（简称中石油）在上海石油天然气交易中心首次开展管道气网上竞价交易试点，实现了天然气市场化定价的积极探索。随着国际能源市场的发展，能源期货、期权以及其他场外衍生交易品应运而生，能源金融产品交易市场为国际能源市场提供了新的风险规避和价格发现的工具与手段。

在竞争机制方面，国内外学者围绕市场竞争引入、产业重组、产权制度改革、竞争策略等进行了广泛的研究。Zhang 等（2008）使用发展中国家数据进行研究发现，相比于产权改革与规制机构的建立，市场竞争对电力行业生产效率的影响更加显著。Fabrizio 等（2007）针对美国微观发电企业的数据，发现竞争性的市场结构提高了电厂的技术效率，相比于隶属于州政府的电厂，私有电厂在市场重组过程中的效率提升更显著。Craig 和 Savage（2013）在其基础上进一步将发电企业按所有制以及电源类型进行分类，也得出了类似的结论。陶锋等（2008）对中国各省份电力技术效率计算后进行实证分析，结果表明过高的国有资产比重会损害发电行业的技术效率，行业竞争程度与技术效率的关系不确定。张各兴和夏大慰（2011）同样使用省级面板数据分析了发电行业产权改革的效果，发现所有权结构对于发电行业技术效率存在正向影响。宫汝凯（2015）构建省级面板数据进行检验，发现竞争、产权改革和管制政策对电力行业生产效率具有正向影响。张雷和乐军（2016）采用微观火力发电企业的数据，考察了厂网分拆政策对发电企业全要素生产率的影响，发现竞争提高了火力发电企业的全要素生产率。庞雨蒙（2017）在对微观发电企业全要素生产率进行计算的基础上，将企业按所有制及电源类型区分并进行实证检验，结果表明市场竞争、有效规制与环境政策提升了电力生产企业的生产效率，而产权改革的效果并不明显。

2. 关于水资源市场化的研究进展

中国水资源短缺、时空分布不均衡、水污染日趋严重等问题严重制约着经济社会的可持续发展。构建高效、可行的水资源市场化管理体制是破解水危机的关键，学者从价格机制、交易机制等维度提出深化水资源市场化改革的路径选择。

在价格机制方面，中国水价形成机制经历了公益性无偿用水、政策性低价供水、按供水成本核算计收水费、商品供水价格管理等阶段（李梅和吴朝阳，2012），总体来看，中国水价改革在体系构成、定价机制、征收形式等方面已取得成效。但现行水价政策还存在很多问题，表现为水价收费标准低、水价结构失衡、水价行业差别小、水费标准区域差异大、排污监管不严等（周芳等，2014）。现行水价过低，导致水价杠杆作用无法达到预期效果。鉴于此，学者从居民水费计收形式、农业水价改革等视角提出改良建议。在居民水费征收形式方面，国外众多学者发现实施阶梯水价比统一水价更能减少居民水消耗（Olmstead et al.，2007；Klaiber et al.，2014；Schleich and Hillenbrand，2009），国内学者廖显春等（2016）通过计量研究也发现，统一水价制度下水价提高对水需求的抑制效果并不明显，而已实施阶梯水价的城市比统一水价的城市能减少 16.58%水消耗，并且该制度能显著提高低收入家庭福利水平。马训舟和张世秋（2014）的研究则表明，累进阶梯式定价有助于兼顾效率与公平，但不同的价格结构会影响收入分配效果和节水效应，因而梯式水价政策改革需对各种可能方案进行评估以确保在各种政策效果间进行合理的权衡。唐要家和李增喜（2016）的研究也得到类似结论。由于缩减农业用水量是优化用水结构的关键，学术界对农业水价综合改革的研究颇多。如周芳等（2014）基于水价政策的四个收费项目提出了环境无退化的全成本水价定价法，但 Tsur（2015）通过对比研究发现，全成本定价对于农户而言往往难以承受。胡继连和王秀鹏（2018）提出“节水成本定价”假说，认为农业水价应该根据节水成本进行核算和确定，进一步确定农业水价等于节水总投资与节水总量之比。还有学者应用可计算一般均衡模型评估水价政策效果，发现水价提升具有显著的节水效应（周芳和马中，2014；刘宇等，2016）。

在交易机制方面，以水权市场交易为方向的水资源管理改革成为资源环境领域研究的热点，具体涉及产权明晰、水权初始分配、水权交易制度设计等。水体空间的多功能性相对于土地、矿产资源复杂，缺乏严格的排他性，其资源资产产权制度发展相对薄弱，对于水空间与水资源，首先要解决所有者“形式上”所有的问题，明晰操作意义上的所有权归属，借鉴土地经营权与采矿权制度，加快推进产权系统的建立、完善与发展（谢高地等，2015）。在水权初始分配制度方面，初始水权的界定和分配是水资源管理的重要内容，其本质是利益在各区域的重新分配（赵培培等，2016）。水权分配模式存在行政分配与民主协商分配机制之争，我国应转变传统的行政分配方式，向民主协商与行政分配机制过渡（吴丹，2012）。在水权交易制度方面，水权交易制度是在初始分配制度之后，规范用水主体间相互转让、交易二次分配的相关规范。完善的水权交易制度有利于提高水资源的利用效率，弥补政府初始水权分配时的不足（钟玉秀，2016；Molinos-Senante et al.，2016），调控水资源流向高效利用模式。水权交易的主要研究内容聚焦于交易的前置条件、水权交易定价、水权市场的建设等方面。其中开展水权交易的前置条件是水资源稀缺的现实、清晰界定的水权、高效的水利基础设施和可进行水权交易的环境，即高度发育的市场经济环境（李胚等，2014）。在水权交易定价方面，各个国家政府一般较少直接干涉交易价格的制定过程，但为避免在水权交易中的价格垄断和牟取暴利现象，政府主要通过水权交易登记制度来管理水权交易，在不同程度上对水权价格进行管制和确认（张勇和常云昆，2006）。如法国政府一般先由用水户代表、供水公司、水利工程的投资者进行平等协商后提出建议价格，之后由市级政府部门举行包含各界社会代表参加的水价听证会；英国政府提出水价拟定前提是确保成本能够回收，在确保供水企业盈利的条件下，政府机构只对水价给出一个价格的上限，对超限采取宏观调控（Michelsen et al.，2000）。

3. 关于建设用地市场化的研究进展

中国建设用地利用过程中存在土地财政依赖严重、土地价格结构性偏离、行政性垄断供给、土地征地补偿低、城乡建设用地市场分割、政府过度干预和政策扭曲等问题，为此，学者从价格机制、集体经营性建设用地入市等维度提出深化建设用地市场化改革的路径选择。

价格机制方面，主要涉及土地价格差异原因剖析、土地有偿出让方式优化、土地征收改革等。随着改革开放后市场经济不断发展，中国土地使用制度经历了划拨使用到有偿使用再到市场配置渐进式的纵深推进，逐步发挥了土地“招拍挂”出让政策的调控作用，但在财政分权体制下，地方政府“以地谋发展”的竞争机制，导致土地价格结构性偏离、土地价格扭曲现象严重。在地方政府竞争机制下的土地出让价格差异性方面，薛白（2011）研究指出，地方政府倾向于拉升商业用地和居住用地出让价格，而出于流动性税基竞争需要会压低工业用地出让价格。王贺嘉等（2013）的实证分析结果表明，地方政府在工业用地定价中不存在策略互动特征，而是采取“竞次到底”的出让策略，使得地方政府长期低价出让工业用地。薛慧光等（2013）利用长三角地区的城市面板数据检验发现，中国式分权对地方政府的土地财政行为具有显著的激励作用。王乔和王丽娟（2014）分析指出，“招拍挂”类土地对地方政府财政收益的贡献机制是“财政效应”，而“协议”类土地对地方政府财政收益的贡献机制是“引资效应”，“招拍挂”类土地财政的互动行为是“朝顶互动”，即价格连续升高，而“协议”类土地财政的互动行为是“朝底互动”，不断压低出让价格。聂雷等（2015）研究指出，在财政分权下，地方政府通过出让更多的土地获得收支平衡，导致土地出让价格上涨；在经济目标下，地方政府会采取工业和商业混合发展模式，工业上采取“协议”方式低价出让土地，商业上采取“招拍挂”方式高价出让土地，使二者的差距逐渐拉大。为此，在土地有偿出让方式上，钱忠好和牟燕（2013）认为，土地优化政策导向上要进一步扩大政府城市土地招标、拍卖、挂牌出让的范围，加大一级土地市场化改革的力度；对经营性用地，“必须以招标、拍卖或者挂牌方式出让”；在严格控制划拨用地范围的同时，工业用地也由“要创造条件逐步实行招标、拍卖、挂牌出让”改变为“必须采用招标、拍卖、挂牌方式出让，其出让价格不得低于公布的最低价标准”。

集体经营性建设用地入市方面，涉及土地收益分配、土地权属明晰、法律制度完善、流转模式构建等。城乡统一建设用地市场是城乡融合发展机制的重要组成部分，其核心在于推动集体建设用地流转。集体建设用地流转入市成为解决建设用地资源紧缺的重要手段。在已有文献中，国外学者对中国集体建设用地产权鲜有研究，更多地集中在土地收益分配问题上。部分学者认为土地用途变更时的价值是土地征收前的价值和可转移的土地发展权价值的综合体现。土地发展权是管理者克服传统产权制度分区缺陷、建立灵活市场制度的有效工具。目前中国集体建设用地流转入市过程中，村集体组织和农民并不享有土地发展权，地方政府在土地征收和管理过程中占有了土地发展权收益。国内学者对于集体建设用地入市过程中参与主体的相关研究主要集中在四个方面：一是集体建设用地流转入市收益在各参与主体间的分配问题。政府直接参与流转收益的分配会导致流转市场的无序与失控，合理的收益分配体系是集体建设用地流转入市发展的基础。王小映（2014）从土地增值角度提出土地入市初次增值归公制度，指出应建立城乡不动产税收体系，规范农村集体资产的内部管理与分配。孙阿凡和杨遂全（2016）从演化博弈角度指出流转土地的土地增值收益一部分归社会共同所有，其余归农民集体所有，应建立适当机制保证农民长期分享土地增值收益。二是集体建设用地权属问题，明晰的土地产权是集体建设用地入市的前提条件。王宏娟等（2014）认为农民对集体建设用地缺乏自由交易处分的权利，集体建设用地的实际权利人是农民而不是集体经济组织。三是集体建设用地法律法规与制度问题。陆剑（2015）提出我国农村集体建设用地亟待通过立法确定流程、完善监管，并且应构建初始设立、确权颁证制度；杨庆媛等（2017）指出由于缺少政策法律依据，集体资产不能合理折股量化，集体建设用地入市流转收益难以得到有效实现。四是集体建设用地流转模式。黄忠（2018）认为集体建设用地流转应当包括实物和指标（地票）流转两种模式：在实物交易上应当放开宅基地使用权流转的限制，放松集体建设用地的使用管制，在符合规划的前提下允许在集体建设用地上开发建设公租房、商品房等商旅项目；在指标交易上应当进一步扩大交易范围，逐步构建全国统一的地票交易市场。

2.2.2 国内外关于稀缺资源管制的研究

1. 关于能源管制的研究进展

能源配置领域的政府管制效果评价一直是学术界研究的热点，然而研究结论各异。一些学者认为政府管制在能源配置中发挥着积极的作用，如 Hirst（1991）指出政府应该而且能够解决市场中资源配置的缺陷和低效率问题，可以通过强制性的政策来提升资源效率；潘雅茹和罗良文（2017）通过实证研究发现，在不考虑政府干预约束的条件下，资源禀赋对全要素能源效率存在“资源诅咒”，但政府干预能够显著改善资源禀赋所引起的“资源诅咒”现象，且政府补贴和政府处罚等不同政府干预方式对“资源诅咒”的影响存在差异；孙自愿等（2015）研究政府干预、资源禀赋与煤炭企业纵向多元化之间的关系，认为政府干预程度对企业的资源配置有显著正向影响。但另一些学者则认为政府管制在能源配置中起着消极的作用，师博和沈坤荣（2013）认为政府干预和环境治理的“搭便车”倾向导致产业集聚无法对能源效率产生预期效果，能源效率与表征区域聚集的城市密度呈“U”形变动特征，此外相机抉择使得政府节能减排战略对改善能源效率未能发挥应有效果。林卫斌和方敏（2016）认为中国现行的能源体制总体上是介于国营和政府规制两种体制之间，这种体制最核心的弊端是政府干预过度，没有充分发挥市场价格机制的作用，导致能源生产和消费领域系统性的低效和扭曲。尽管政府干预存在失灵现象，但应看到当市场价格机制在发挥资源配置的决定性作用时，政府规制能弥补以及矫正市场失灵，解决能源领域的自然垄断、负外部性等问题。因而李晓西等（2013）认为能源体制改革需要顶层设计，要求从市场主体、市场结构、市场规则和政府管理等各层面深化能源市场化改革，使“看不见的手”和“看得见的手”有机结合，协同发挥作用。师博和沈坤荣（2013）也认为虽然政府干预会导致潜在的资源配置扭曲，但也不能完全否认政府的作用。由于存在环境“公地悲剧”和货币信贷的道德风险，政府在环境质量监管和信用评级领域的适度干预能够抵消市场失灵在资源配置中的不利影响，因而提升能源效率、实现节能降耗目标需要借助市场力量和政府适度干预共同作用。

基于政府监管的必要性，国内外学者从经济手段、行政手段、法律手段等维度探讨能源管制领域的政策选择。

经济手段，主要涉及财税、补贴、金融等政策体系。资源税是能源管制领域的核心工具，国内外学者着重探讨了资源税的经济效应及适用税率确定等问题。Groth 和 Schou（2007）通过构建内生增长模型，发现资源税的增长效应对经济发展起到推动作用。Tietenberg 和 Lewis（1992）认为征收资源税实际上是对资源开采造成的环境破坏的补偿。Stefan 等（2008）进一步研究发现，资源价格的变化会进一步影响相关工业产品的生产及价格，进而影响国家的经济发展。朱顺贤（2011）分析了我国资源税的实施现状和存在的主要问题，并从计税税目、税率设计、征税方式等方面提出了我国资源税的调整方向。刘宇和周梅芳（2015）利用可计算的一般均衡（computable general equilibrium，CGE）模型，在无税收返还电价管制、无税收返还电价市场化、税收返还电价管制、税收返还电价市场化四种情景下，模拟征收 5%煤炭资源税对中国经济的影响，结果显示煤炭资源税改革对经济有微弱的负面冲击，考虑税收返还情景下，不但可以抵消冲击，而且可以拉动 GDP 小幅增长。陈玲和赵国春（2014）发现新疆维吾尔自治区政府环境规制产生了能源的非效率，政府环境污染治理投资和环境基础设施投资都会抑制能源的效率，而资源税却提高了能源效率，从而使得“波特假说”的观点在新疆维吾尔自治区表现得不是很明显。政府补贴是能源管制领域的重要手段，现阶段这一政策工具在新能源产业市场培育方面发挥了巨大的作用。国内学者重点讨论了新能源补贴机制的经济效应及最优补贴的策略优化（戚聿东和姜莱，2016；范如国和冯晓丹，2017），但李爽（2016）认为政府补助在新能源企业创新活动中的促进作用尚未得到有效发挥，为此建议加强政府补助的申请及落实制度。林伯强和刘畅（2016）也发现近年来中国化石能源补贴大幅削减，居民部门交叉补贴和煤炭消费环境外部成本补贴现象严重，建议应允许一定量的有效能源补贴，同时防止能源补贴反弹。金融支持是能源管制领域不可缺少的政策工具。Painuly 等（2003）指出金融是促进能源效率和节能公司发展的一个重要因素，政府应适当放松对能源产业融资的限制以促进能源产业的发展。Tang 等（2012）指出可再生能源需要大量的财政激励措施，因而设计了一种新型金融工具——“碳收益公债券”，用以支持可再生能源的发展。国内学者何凌云和刘传哲（2009）认为应从能源产业与金融产业的关联机理、金融支持能源产业的路径、能源金融风险控制、能源金融政策等层面建立能源与金融的产业共生机制。徐枫和陈昭豪（2013）经过实证研究发现金融行业可通过直接融资或间接融资支持新能源产业发展，且间接融资的贡献要大于直接融资，据此提出我国政府应加大银行对新能源产业的扶持，积极推动新能源产业的直接融资。

行政手段，主要涉及市场准入制度、行政处罚、责任考核等方面。市场准入制度是政府对市场主体进入特定市场领域的规制，它是国家对市场主体进入特定市场成为生产经营者的规制，也是国家对特定市场领域和投资活动的直接控制。最常见的市场准入方式是许可、审批和制定标准，其中能源许可是能源市场准入制度的核心，是政府对能源市场进行规制的最主要手段。由于国内行政性垄断和价格管制程度严重，刘满平（2015）借鉴国际经验以及中国（上海）自由贸易试验区实践经验，提出能源行业应实行市场准入“负面清单”制度。李晓西等（2013）认为石油领域改革应重点放开市场准入，特别是石油进口的市场准入。陶广峰

（2011）以国外能源行业引入民间资本经验为鉴，建议进行制度创新，放宽民间投资能源领域准入标准，细化和强化鼓励民间资本投资能源领域的政策支持。牛学杰和李常洪（2014）在考察中国新能源产业的政策问题和西方发达国家政策经验的基础上，提出了中国政府在新能源产业发展中的具体政策框架和政府角色定位，认为在政策框架体系方面，中国新能源产业的政策设计应当包括激励类政策、决策监管类政策、行业类政策和市场服务类政策；在政府角色定位方面，政府在新能源产业发展中应当切实担当起战略规划、政策设计、资金支持与监管服务角色。余达锦（2015）从博弈的角度研究了低碳城市建设中新能源发展及政府行为，当前存在地方政府和领导为片面追求 GDP 的增长，大搞政绩工程并对社会发展和民生问题重视不够的现象，因而建议推行绿色 GDP，创新政绩考核机制。孙伟增等（2014）基于 2004～2009 年中国 86 个重点城市的经验证据发现，随着中央对地方官员考核机制的科学化，以环境质量和能源利用效率改善为核心的环保考核对地方官员的晋升已经具有一定的正向作用，在大城市和政府行政力量较强的城市，这种作用更加显著，因而这种考核机制的变化能够有效促进中国城市经济增长的可持续性。

对于法律手段，现有研究集中在国际能源合作、可再生能源发展、能源环境等法律体系建设方面。岳树梅（2014，2017）以“金砖国家”能源合作和“一带一路”能源合作为研究背景，从能源合作组织机构、多边合作协议、能源共享机制和应急机制、争端解决机制、能源环保法律机制等方面提出法律制度框架的完善建议。柯坚（2015）以《中华人民共和国可再生能源法》为中心，提出制定和完善配套性法律与政策、分类立法与政策、地方立法、可再生能源技术标准和检测、认证体系等具体的政策与法律对策。冯辉（2017）认为政府主导经济发展的传统放大了以资金补助为代表的政府补贴对我国新能源汽车产业的促进功能，同时也存在补贴的实体与程序规则缺乏法治理念、补贴缺乏其他公共政策协同等问题，并产生了干扰市场供求、破坏公平竞争等体制性的弊端，以及产销数据与实际使用数据出现巨大落差、车企大面积骗补等市场性的不足。当前应以法治为理念指导新能源汽车产业政府补贴规则的确定和执行，重点强化对补贴规则的竞争中立审查，促进补贴与新能源汽车充电产业政策等公共政策之间的协同，优化补贴的绩效评估与调整、退出机制以提高补贴的科学性与精准性，并严格追究骗补行为的违法责任。任洪涛和黄锡生（2014）认为现有法律存在能源权属、能源财政税收、能源生态补偿和能源监管制度等方面的缺陷，建议应在生态文明理念的指导下从健全配套机制、强化协调机制、引入利益衡量机制等方面对能源法律制度进行完善和创新。

2. 关于水资源管制的研究进展

公共资源分为可再生资源和不可再生资源。可再生资源如果利用不当，有可能转化为不可再生资源。如果把公共资源的分配完全交由市场处理，其外部性则会导致资源的不可再生性，因此政府应该在公共资源的配置中发挥应有的作用（屈锡华和陈芳，2004）。由于水体空间的多功能性相对于土地、矿产资源复杂，缺乏严格的排他性，消费主体在使用过程中容易将水资源看成纯粹的公有公益物品，忽略水资源的公有私益物品属性。此外，市场机制的引导会使水资源流入高价值用途的领域，如果水资源的使用者仅仅是为了追求高额的利益回报而大量占用水资源，这就会引发很多社会问题。所以，政府必须对水权的交易进行必要的限制，以最大限度地满足人们对于生存用水和生态用水的需求（潘海英和叶晓丹，2018）。

基于政府监管的必要性，国内外学者从经济手段、行政手段、法律手段等维度探讨水资源管制领域的政策选择。

经济手段，主要涉及水价综合改革体系中的财税制度、农业用水补贴等政策。水资源领域的财税制度有两种具体形式：水资源费和水生态补偿。高萍和殷昌凡（2016）认为水资源应首先纳入征税范围，继而从水资源费占自来水单价比重、城市水费占人均可支配收入比重、水资源费占企业负担比重三个角度对水资源费负担水平进行了评估，并对水资源税的纳税人、征税范围、征收方式、税率、税收优惠等主要制度要素的设计进行了探讨。黄凤羽和黄晶（2016）通过 CGE 模型的测算显示，对宏观经济影响程度较小且能够起到节能减排作用的水资源税税负的合理区间为 3%～14%。在生态补偿方面，赵建彬等（2017）以赣江流域为研究区，根据“囚徒困境”博弈模型，分析了不同区域政府管理者之间、政府管理者与社区居民间生态补偿的选择过程。结果显示，在政府管理者之间的生态补偿博弈过程中，当赔偿金高于生态保护成本与内生收益的差值时，即政府管理者与社区居民间的生态补偿博弈是在赔偿金高于生态保护成本与内生收益的差值时，就可以跳出“囚徒困境”，实现流域生态补偿方选择生态补偿策略，受偿方选择环境保护策略，从而获得最佳的生态补偿效益。农业水价补贴问题关系农民的切身利益及农业综合性水价整体改革的顺利运行。田贵良等（2017）从水权的边际效用、边际成本理论切入，对水权交易价格的制定进行经济学解释，并分析了农业水价综合改革中农业用水精准补贴对水权交易基础价格的影响。邱书钦（2016）在对比分析典型国家相关农业用水分担模式经验的基础上，有针对性地提出了中国的农业水价财政全额补贴模式、财政直接补贴水管单位模式及财政直接补贴用水农户模式三种分担模式。

行政手段，主要涉及取水许可证、行政惩罚、制度设计、政府履责等方面。对于惩罚性赔偿制度引入，许君清和黄菊文（2016）认为，中国在水环境污染的执法处罚方面尤其是生态环境赔偿的制度设计方面存在不足，水资源管理中应设计对水环境污染损害赔偿制度，通过博弈分析发现提高损害者污染成本的同时降低索赔方索赔的成本，才能对污染企业破坏生态环境的行为起到一定的遏制作用。王贵作等（2015）认为初始水权确认方式可能会面临突破自然资源产权制度、有失公平、资源性国有资产流失、水权二级市场垄断等制度风险。裴丽萍和王军权（2016）也认为政府主导的行政许可模式过于注重政府的命令与控制，不利于调动各参与方的积极性，因而在水资源利用与管理过程中，引入行政合同，补充或替代行政许可模式，明确水资源管理部门与取水许可申请人的权利、义务及责任，可以调动被许可人的积极性，减少水资源利用过程中的浪费及对环境的损害，同时减少用水过程中用水人与管理机关以及与其他利益相关人的纠纷，进而为我国水权交易市场的培育与发展创造条件。谢慧明和沈满洪（2016）总结狭义的水制度包含资源制度、水环境制度和水生态制度，具体包括取水总量控制制度、水污染物总量控制制度、水资源费制度、水权交易制度、水污染权交易制度、水生态补偿制度、水环境污染问责制度和水环境损害赔偿制度八类，通过研究各地区水资源制度发现，水制度之间存在前置、替代或互补关系，每个地区都在寻求不同的水制度特色，但甚少有地区在水制度建设中一枝独秀，制度先发地区创新优势明显，但是否能够保持领先优势则因制度而异。潘海英和叶晓丹（2018）认为中国水权交易实践探索中存在政府责任的缺位问题，中国特色水权市场建设中政府责任的实现需要从健全水权交易法律法规保障机制、创新水权初始分配决策机制、完善水利基础设施投融资机制、构建水权市场监管机制、探索水权交易公众参与机制、建立水权市场建设中政府履责的效果评估机制等方面着手。

对于法律手段，现行节水法律制度主要包括用水总量控制与定额管理制度、水价与超额加价制度、节水“三同时”制度、淘汰名录制度、节水技术推广制度（杜寅，2016）。张莉莉（2015）认为中国水资源配置的市场化和法治化程度落后于社会经济发展，主要原因在于水资源市场化配置的法律保障存在结构性问题，如理论基础的缺失、立法形式和内容的缺陷等，因而认为中国水资源市场化配置的法律保障必须依靠经济法在宏观层面的指引性支持以及民商法在具体制度方面的建构，从确立理论基础、健全取水权交易体系、健全水权保障制度、建立水市场监管规则等方面促进水资源市场化配置法律保障体系的完善。张文松（2017）认为现行水污染管制模式的集权性、单向性和封闭性导致水污染治理目标的异化、公众参与回应性不足以及司法保障的乏力。因此，应在水污染治理中有序规束各治理主体的权力与权利，明晰治理目标，架构多元合作治理机制，实现环境司法模式及其功能的转型，推动水污染治理迈向顺应法治主流的社会合作治理模式。

3. 关于建设用地管制的研究进展

市场机制本质上是一种着眼于提高经济效益的机制，市场决定资源配置的优势在于可以引导资源配置使得既有土地最大净产出，但是土地市场的不完全竞争性带来的土地低效率配置，发散性蛛网模型的存在导致城市土地过度扩张，外部性问题和公共物品问题引起的土地市场失灵，加之中国特有的国家土地所有者代理人和土地行政性管理者的双重身份，决定了政府对于土地市场的必然参与和干预制度。曾伟（2015）认为在中国现行的城市土地制度下，地方政府并不能自觉地成为以“市场”有效配置城市土地的制度供给主体，也不具有与中央政府一致的制度创新动力，由此造成的“非均衡性”制度供给是中国城市土地配置低效率的重要制度根源。同时，地方政府的“行为失范”也会导致城市土地配置不合理。因而建议地方政府应从城市土地使用权流转交易中退出，仅参与对城市土地的开发和利用。

基于政府监管的必要性，国内外学者从经济手段、行政手段、法律手段等维度探讨建设用地管制领域的政策选择。

经济手段，主要涉及土地税收、土地出让管理等方面。万佳钰和陈志刚（2018）分析了土地税征收对建设用地利用效率的具体影响，发现土地取得环节耕地占用税的征收对建设用地利用效率的影响呈现先负后正的变化规律，土地流转环节土地增值税和契税的征收对建设用地利用效率有显著正向影响，不同环节土地税的征收对建设用地利用效率的影响在东、中、西部区域之间存在一定程度的差异。房地产税将是财产税的最主要税种，张平和邓郁松（2018）认为房地产税作为以受益税为特征的高效率地方税种，可以成为财权与事权匹配的天然工具，形成地方财政收支相连的治理体系，建议房地产税改革的制度设计要遵循地方自主、差异税率和渐进改革的思路。在土地出让管理方面，雷安琪（2018）发现政府对土地一级市场的宏观管控以及土地交易方式变革对土地价格有显著影响，进而提出中国土地出让方式应采取因地制宜的选择方法、优化政府职能、建立统一的交易平台等改革意见。

行政手段，主要涉及土地规划、行政审批、责任考核等方面。在土地规划方面，郭林涛（2017）认为现行的土地规划管理制度存在规划管制的单方垄断性、规划管制手段的非市场性、规划自由裁量权的低约束性和规划管制的被动性等问题，建议通过建立弹性规划管理模式，实行规划协商管制制度，建立不同规划区域的利益补偿机制以及市场与政府配置土地资源的协作机制等途径，实现规划管理制度的现代转型。严金明等（2017）也认为土地利用规划的供给侧结构性改革应坚持协调的系统观、有序的系统观和动态的系统观，着重对土地利用中的数量关系、空间关系和时序关系进行调整，形成功能协调、层次有序和动态反馈的土地利用规划制度，促进土地资源的高效配置，进而推动国民经济的调整和升级。在行政审批方面，邹爱华和娄明悦（2016）认为土地征收审批权配置存在缺陷，究其原因在于纵向审批权限过于集中，横向审批权垄断性分配以及中央审批权的权责不一致，因而需要下放土地征收审批权到县级政府，同时赋予省、市级人大常委会审批权，移转中央审批权至国土管理部门，而高飞（2018）建议确立集体土地征收审批前置程序、细化公告征收决定程序、改进征地补偿安置方案确定程序。土地财政是建设用地扩张的制度因素，学者基于土地财政的分析框架，建议转变政绩考核方式，抑制建设用地的扩张。张传勇和巩腾（2016）采用 2003～2012 年中国省级面板数据，从地方政府“财政压力”和“政绩考核”内外因两个方面检验土地财政的动机，发现地方政府受“政绩考核”的激励要远大于自身的“财政压力”。刘佳等（2012）认为地方政府官员晋升竞争是引发土地财政问题的原因之一，官员任期与土地财政之间存在显著的倒“U”形关系，提出缓解土地财政问题的关键在于变革官员晋升模式，创新干部考核评价体系，以及延长和稳定官员任期。

对于法律手段，汪晓华（2016）认为城乡统一建设用地市场的构建面临集体经营性建设用地法律性质定位不清、流转规划法律制度不健全、流转中政府职责（权力）定位不明、流转收益分配法律制度欠科学四大现实困境，因而要从这四方面来加强相应制度创新。李新仓和阎其华（2018）认为建设用地指标市场配置是对行政配置制度创新，其本质是引入私权机制，通过私权自治和合同自由对建设用地指标进行权利分配，推进土地供给侧改革。胡建（2017）认为集体土地征收制度改革的目标应定位于构建城乡统一建设用地市场，确立公平补偿为基本原则，明确列举涉及公共利益的具体事项，将残余地损失、被征地农民的社会保险费用和其他必要费用等间接损失纳入补偿范围，增加股权补偿、替代地补偿和就业补偿等方式，规范征收补偿程序和完善司法救助制度。

2.2.3 关于资源总量与强度双控市场化的研究

1. 关于能源消费总量和强度双控市场化的研究进展

1）关于能源消费的研究进展

中国是世界第一大能源消费国，能源消费的相关问题一直是国内学术界研究的重点。国内文献主要集中在能源消费的分布特征及能源消费的影响因素等方面。

掌握能源消费的分布特征是能源总量控制研究的基础，现有文献主要讨论了能源消费的区域差异、结构演变、空间关联等特征。能源消费的区域差异反映了各区域对能源依赖的不平衡性，对认清区域发展特征以及制定差异化的节能政策具有重要的现实意义。曹俊文（2012）运用离差指标测度中国能源消费水平区域差异，发现中国能源消费水平空间差异不断扩大，且总体差异主要是由三大地区内部差异引起的，其中地区内部差异主要来自于东部地区。但有学者基于不同的研究方法得出不同结论，张艳东和赵涛（2015）在三地区和富裕度分区两种方式下，应用泰尔指数分别讨论了能源消费与经济增长、工业以及人口的发展相似性程度差异，结果显示能源消费与人口具有最强的发展相似性特征，表明中国现行的能源强度节能目标要比人均能源消费节能目标具有更大的挑战。其中西部地区的差异成为最大的贡献者，且富裕度分区的研究结果更能揭示经济发展规律。能源消费的结构优化是节能减排目标实现的有效措施。周彦楠等（2017）采用 *K*-means 聚类法发现，研究期内中国能源终端消费结构呈现出不断改善的趋势，部分省份处于相对较优的低碳能源消费结构，其地域分布呈现明显的地带性分布特征及产地消费导向特征。柳亚琴和赵国浩（2015）认为在无能源规划约束情景下，能源消费结构的变动表现为以煤炭为主的高碳能源消费比重不断下降，高效清洁能源所占比重不断上升；而在有能源规划约束情景下，能源消费结构开始由以煤炭为主向多样化、低碳化过渡。能源消费的空间关联性也逐渐受到学者的关注，如吴健生等（2014）基于 DMSP/OLS 夜间灯光数据，在地级市尺度上模拟了中国 1995～2009 年能源消费的空间动态特征；申俊等（2016）基于省域尺度，证实居民能源消费具有显著的空间相关性；刘华军等（2015）利用社会网络分析方法对能源消费空间关联网络结构特征进行了经验考察，发现研究期内中国能源消费空间关联的紧密程度及稳定性逐步提高。能源消费的空间关联特性为能源政策的制定和实施带来严峻挑战，但也为跨区域协同节能机制构建创造了有利条件。

分析能源消费的影响因素是能源总量控制研究的关键，相关文献主要基于经济发展、城镇化、产业发展、技术进步、对外开放水平、人口增长、能源禀赋、资本投入等视角分析了能源消费的影响因素。关于能源消费和经济增长问题的观点可以分为以下几类：一是持有“中性假说”的“中性派”，认为能源消费与经济增长之间的影响并不明显（Yu and Jin，1992），因而政府在制定能源政策或者经济增长政策时，不需要将二者的关系考虑在内。二是以“增长假说”立论的“增长派”，他们认为能源是经济增长的核心要素，与劳动、资本类似，减少能源消费将导致经济增长的下降（Beaudreau，2005）。三是能源“节约派”，他们认为只有经济增长的变动会引起能源消费的变动，但能源消费却不能显著影响经济增长，因而旨在节约能源的政策无碍于经济增长（Apergis and Payne，2009）。四是“两面派”，即能源消费和经济增长之间存在双向的因果关系，二者相互作用、相互制约（张志新和任欣，2011），如刘惠敏（2016）采用 Tapio 基本模型构建中国能源消费与经济增长的脱钩模型，结果说明绝对而稳态的脱钩是不存在的，虽然大部分年份的中国处于弱脱钩状态，但长期来看经济增长与能源消费存在“连接—脱钩—复钩—再脱钩”的动态反复过程。关于城镇化对能源消费的影响主要有以下几方面观点：一部分学者认为城镇化促进了能源消费的增加，王蕾和魏后凯（2014）也得到类似结论，李欣和潘跃（2015）则认为两者存在正向门槛效应；一部分学者认为城镇化通过技术进步、产业结构、经济开放程度等方式降低了能源消费，如肖宏伟（2014）、吕连菊和阚大学（2016）；还有一部分学者发现城镇化对能源消费的影响较为复杂，如呈现复杂门槛效应（曹孜和陈洪波，2015；马海良等，2017）、倒“U”形关系（刘江华等，2015），吕连菊和阚大学（2017）则认为城镇化水平、速度和质量的差异对能源消费有不同影响。产业发展也是影响能源消费的重要因素，纪玉俊和赵娜（2017）发现产业结构变动与能源消费之间存在显著的负向非线性门槛效应，但尹硕等（2014）指出能源消费和产业结构变动呈现正向关系，李雪慧（2016）也认为2002～2007年区域间产业转移导致能源消费的增加，这说明产业转移未能促进产业结构的有效升级，其更多表现为由高能效的地区转向环境标准相对较低的地区。技术进步对能源消费的影响备受学者关注，如肖德和魏文婉（2015）认为技术进步对能源消费有显著的正向拉升作用，秦腾等（2015）则认为技术进步对能源消费的影响存在显著的正向“经济门槛效应”，周国富等（2017）还采用结构分解技术分析了能源强度、技术进步和最终需求变动对能源消耗变动的影响效应，庞敏等（2017）则发现技术进步通过降低能源强度来减少能源的消费量，但也会通过能源价格、产业结构和产权结构渠道对能源消费产生回弹效应。此外，学者还研究了国内外能源价格等因素对能源消费的影响（何凌云等，2016）。

2）关于能源强度的研究进展

国外学者对能源强度的研究主要集中在能源强度的变化趋势测度、能源强度的影响因素、能源强度降低的驱动因素等方面。

在能源强度的变化趋势测度及影响因素分析方面，Mendiluce 等（2010）研究了欧盟能源强度的变化趋势特点，结果表明西班牙的能源强度从 1990 年开始上升，而欧盟其他国家是下降的。经济结构差异是西班牙与欧盟其他国家能源强度差异的主要原因，其表现为西班牙交通部门的强劲增长，与建设热潮有关的各种活动的增加，以及欧盟家庭能源需求水平的收敛。Pen 和 Sevi（2010）则对 25 个经济合作与发展组织（Organization for Economic Co-operation and Development，OECD）国家能源强度的长期趋势进行了经验检验，长期来看，能源强度应该被模型化为一种决定性趋势，或是随机趋势，或者两者兼有。但其研究结论表明，1960～2004 年 25 个 OECD 国家中只有 8 个国家的能源强度包含了负的确定性趋势，3 个国家包含正的确定性趋势，14 个国家似乎模型化为随机趋势更好，而研究 73 个非 OECD 国家 1971～2004 年的样本，发现只有 22 个国家呈现出确定性趋势（15 个国家为负，7 个国家为正），因而认为能源强度主要存在随机趋势特征。Duro 等（2010）分析了石油输出国组织（Organization of the Petroleum Exporting Countries，OPEC）国家之间最终能源密度水平差异的原因后发现：虽然富裕程度的差别是解释人均能源消费差异的最关键因素，但研究期内能源密度差异的减小对 OPEC 国家中人均能源消费差距的缩小起显著作用；部门专业化在解释能源强度差异上越来越重要，同时国家部门间能源效率有明显收敛的趋势。这种趋势表明，能源强度作为人均能源消费差别的解释因素的权重在下降。Taylor 等（2010）也揭示，制造业的产业结构差异可以解释近一半的国际能源署（International Energy Agency，IEA）制造业能源密度的变化。Song 和 Zheng（2012）测度了中国 1995～2009 年的省级能源强度，结果表明除几个有经验的效率改进外，四分之三省份的经济能源强度在增加或保持不变，能源效率提高能解释中国能源强度变化的 90%以上，而不是经济结构变化。计量分析表明收入增长对能源强度的降低起到了重要作用，而能源价格的影响相对有限，结果可能反映了放开价格和建立中国能源领域的市场化定价制度的紧迫性。采用 2000～2012 年我国 30 个省份的平衡面板数据集，就城市化对我国的集聚和分散状态下的能源强度的影响展开实证研究，结果表明城市化进程显著增加了总能源强度，特别是电力强度和煤的强度。

在能源强度降低的驱动因素方面，Goldar（2011）发现印度制造业的能源强度自 1992 年以来显著下降，1992～1993 年及 2007～2008 年制造业能源强度下降约 50%，而高耗能行业能源利用效率的提高是能源强度下降的主要原因。Mulder 和 de Groot（2012）从国民账户一致的框架下计算和评估了 1970～2005 年 18 个 OECD 国家的 50 个行业能源强度发展程度，发现不同国家间的制造业能源强度水平往往在下降，但服务业能源强度以一个相对缓慢的速度下降，这与整个子行业多元化的发展趋势相背，分解分析表明经济部门的组成部分变化可以解释大部分总能量强度的动态变化。Cao 和 Karplus（2014）基于 2005～2009 年中国工业企业面板数据，研究了能源强度降低的驱动因素（通过测量直接一次能源和电力使用）和相关二氧化碳强度降低量，发现电力价格的上涨与电力强度的降低和一次能源强度的增加有关，且与替代效应相一致，由于减少直接用于工业和电力部门的煤炭量，“十一五”计划期间工业企业能源强度降低，由此转化成更高比例的二氧化碳强度降低，这是一个主要的减排策略。Wang（2014）基于投入产出表的 Divisia 方法设计了一个分解模型，并利用双比例尺度法（biproportional scaling method）技术调整投入产出矩阵，分别就有偏和无偏的技术变化对 2002～2007 年中国能源强度变化进行实证分析。结果显示：由于能源结构变化，煤炭和电力的能源强度都增加了，其贡献分别为 594.08%和 73.88%；由于生产技术的变化，原油和成品油的能源强度都下降了，其贡献分别是 978.89%和 246.95%；敏感性分析结果表明，有偏的技术变化每变化 1%将导致分解结果变化 0.6%，相比无偏的技术变化的分解，分解结果对有偏的技术变化是敏感的。

国内学者研究重点放在能源强度的影响因素与收敛性等方面。樊茂清等（2010）对我国制造业 20 个部门的技术变化、要素替代以及贸易和能源强度之间的关系作了实证研究。计量检验的结果表明，技术变化、要素替代、贸易、一次能源结构和部门结构变化是引起能源强度变化的重要因素。吴巧生（2010）利用费雪指数分解模型从产业层面考察了我国能源强度指数的变化及影响因素。结果表明，改革开放以来，中国能源消耗强度大幅下降的诸因素中，效率份额的贡献占绝对主导地位，结构份额的影响较小，产业部门结构变动对能源消耗强度的累计影响基本上可以忽略。孔婷等（2010）从区域差异角度对中国六个区域的工业能源消耗强度及其影响因素进行了实证分析。实证研究结果表明，六个区域工业能源消耗强度的关键影响因素各不相同。其中，工业结构调整、技术进步和外商直接投资是推动中国大部分区域工业能源消耗强度降低的主要因素，能源消费结构调整和能源价格的提升均可显著降低华东和西北地区的工业能源消耗强度，地区经济发展则可显著降低华北和西南地区的工业能源消耗强度。阚大学和罗良文（2010）对城市化水平与能源强度进行实证研究，得出以下三个结论：①我国城市化水平具有显著的空间溢出效应；②能源强度不仅受本地区的能源强度和城市化水平影响，也受相邻地区的能源强度和城市化水平影响；③短期内城市化水平对能源强度的影响和空间效应均在增强，但长远来看，城市化会通过各种渠道使能源利用效率得以提高，这有助于降低能源强度。李治等（2015）基于经济地理学的理论视角对城市群“圈层”结构降低能源强度的影响程度及其时空差异进行了分析。结果显示，成熟的城市群和适度的“圈层”结构更容易降低能源强度。从时间维度上看，相机抉择使得政府节能减排战略未能实现预期目标，短期内弱化了“圈层”结构降低能源强度的效果。控制行政分割等变量发现，政府干预更凸显拥挤效应的约束作用，借助市场和空间的力量更有利于节能减排目标的实现。张勇蒲和勇健（2015）研究表明产业结构的变迁升级发挥了能源强度下降的显著结构效应，因而认为从经济与能源持续协调发展的角度来看，产业结构升级与能源强度优化目标具有战略一致性和可行性，而且产业结构调整可以作为能源强度优化的中间目标被宏观调控。

2. 关于水资源消耗总量和强度双控市场化的研究进展

1）关于水资源消耗总量的研究进展

回顾已有研究，国内外学者首先从水资源消耗变化的驱动效应入手对各区域水资源利用问题展开分析。其中，Beatrice 等（2009）研究了南非西开普敦省 1952～2002 年水资源的农业全要素生产率，并提出了促进用水效率提升的建议措施。而国内学者如孙才志和王妍（2010）、秦昌波等（2015）和洪思扬等（2016）分别以辽宁省、陕西省和北京市为样本，探究了生产用水消耗的各种驱动效应，发现促进生产用水消耗的主要驱动效应大体上包括经济增长效应、产业结构效应、用水强度效应、经济产出效应、结构效应和技术效应等。刘晨跃和徐盈之（2018）应用对数均值边氏指数-I（logarithmic mean Divisia index-I，LMDI-I）分解模型，分析了驱动中国 2003～2014 年水资源消耗总量变化的经济效应、人口效应和用水效率效应的时空演绎特征，发现人口效应和经济水平效应对水资源消耗的变化皆表现为促进效应，其中经济水平效应的强度远大于人口效应，是中国水资源消耗量上涨的主要驱动因素。马剑锋等（2018）运用两阶段系统广义矩估计（system generalized method of moments，SYS-GMM）方法实证分析了以工业集聚和城市集聚为特征的经济集聚对用水量的影响，结果表明：工业集聚与用水量之间存在以 0.431 为拐点的显著的倒“U”形曲线关系，只有当工业集聚水平超过这一拐点时，工业集聚对用水量才能显现出正外部性的抑制效应；城市集聚与用水量之间呈现为正“U”形曲线关系，城市的适度集聚有利于水资源的节约，过度集聚则会产生负外部性的“拥挤效应”，推动用水量的增长；人口规模、人均 GDP、城镇化及技术进步均对用水量增长产生正向的驱动效应，而人力资本水平、外商直接投资及产业结构优化升级则有利于抑制用水量的增长。陈雯和王湘萍（2011）通过水资源消耗强度及其变化指数，研究了中国工业行业水资源消耗强度的演变趋势；采用对数均值迪氏指数分析方法，将中国工业行业水资源消耗强度的变化分解为技术进步与产业结构变迁两个层面的作用。研究结果显示，1996～2006 年中国工业水资源消耗强度总体上呈现不断下降的趋势；技术效应所导致的各部门用水效率提高是工业行业水资源消耗强度持续下降的最重要原因，结构效应所导致的用水密集部门的发展在一定程度上抑制了水资源消耗强度的下降。因此，加快技术升级和工业结构调整，有助于可持续利用水资源、建立节水型社会。Cazcarro 等（2013）利用 1980～2007 年的数据，分析了作为经济增长基础的技术、投入替代过程和最终需求如何影响西班牙水资源的消耗，构建了与一定时期内西班牙经济投入产出联系的水资源消耗量表，并开发了一个结构分解分析方法用于研究体现最终需求的水资源消耗主要变化。结果显示，在其他条件不变的情况下，需求增长暗示着水资源消耗量是实际观察值的 3 倍之多。农作物的变化是水资源消耗的直接关键因素，家庭消耗和出口是水资源消耗增长的主要因素，用水密度和技术进步能够抵消部分需求效应，从而放缓水资源消耗增长速度；进口和经济部门结构改革则能够降低水资源消耗量。

2）关于水资源消耗强度的研究进展

国内外有关水资源利用强度的研究主要集中在水资源利用效率评价、水资源利用效率驱动因素等方面。

关于水资源利用效率评价，采用的研究方法主要有数据包络分析方法、偏离-份额方法、改进序关系法等。以采用数据包络分析方法的居多，较有代表性的研究如下：钱文婧和贺灿飞（2011）在全要素生产框架下，采用数据包络分析方法，以水资源、资本和劳动力为投入，以 GDP 为产出，计算了我国 1998～2008 年水资源利用效率。结果显示，中国水资源利用效率总体上呈现出先下降后上升再下降的波动趋势，且自 2008 年开始水资源利用效率明显下降。并存在显著地区差异，东部省份水资源利用效率最高，西部水资源利用效率最低。产业结构、进出口需求以及地区水资源禀赋对水资源利用效率均有显著影响。也有学者将将数据包络分析与Ma-lmquist指数方法、Tobit回归模型等相结合，如马海良等（2012）使用2003～2009年中国30个省（区、市）的面板数据，基于投入导向的数据包络分析（data envelopment analysis，DEA）模型测算出各省（区、市）全要素水资源利用效率，又通过Ma-lmquist指数测算出技术效率、技术进步和全要素生产率，对水资源利用效率的影响进行分析。研究结果表明，中国近年来水资源利用效率变化的分界点出现在2007年，东部、中部和西部地区的水资源利用效率依次递减；技术进步和技术效率的增长都可导致水资源利用效率的改善，但技术进步由于回弹效应使得影响值较小；技术进步对中部地区水资源利用效率提高最为明显，而对西部地区效果较差。此外，少数学者采用其他方法进行研究，如张贤芳等（2011）采用偏离-份额方法对我国1999～2006年各省（区、市）水资源利用效率增长能力进行了定量分析。结果表明，我国省际水资源利用效率增长能力差异明显，31个省（区、市）水资源利用效率增长变化可划分为六种类型。经济发展水平、产业结构和区位条件差异是各省（区、市）水资源利用效率增长能力差异的驱动因素。陈午等（2015）建立了一个改进序关系法的水资源利用效率评价模型，对我国31个省（区、市）的水资源利用效率进行了评估。结果表明，我国水资源利用效率水平呈现出西低东高的分布特征；进一步运用Moran's *I*指数对梯度发展模式下中国水资源利用效率的全域和局部空间特点进行了分析，发现我国水资源利用效率存在较强的空间相关性，多数省（区、市）表现为HH和LL型相关。实证分析结果表明，我国水资源利用效率呈现出明显的梯度发展特征。

关于水资源利用效率驱动因素，Bao等（2012）、Yang等（2014）以中国新疆内陆河流域绿洲城市为例，探讨了干旱区水资源效率的主导因素，阐述了城镇化背景下西北地区城市水资源保障及水环境保护问题。陈东景（2008）利用因素分解法定量分析了部门结构调整和技术进步因素对降低中国内地（未统计港澳台）工业用水消耗强度的驱动作用，发现其结构份额逐渐降低、效率份额逐渐提高。姜蓓蕾等（2014）运用主成分分析法探讨了1997～2010年中国内地（未统计港澳台）不同地区工业用水效率的驱动因素，指出高耗水行业比重的负面作用及工业技术进步的正面作用均呈逐渐增强态势。Wang等（2014）从空间视角探讨了影响农业用水消耗强度变化的技术效率或种植结构效应，揭示了水资源相对匮乏地区农业用水效率的制约因素。丁绪辉等（2018）研究了水资源利用效率驱动因素，发现地区经济的发展水平、水资源的丰富程度、工农业结构、政府干预强度与水资源利用效率呈现负相关，进出口需求对其影响并不显著。俞雅乖和刘玲燕（2017）运用超效率DEA-Tobit两阶段模型对水资源效率进行评价，并对水资源效率的区域差异及其影响因素进行了分析，发现水资源效率与治理废水项目完成投资额和产业用水结构呈负相关关系，与供水总量和科技水平呈正相关关系。

3. 关于建设用地总量和强度双控市场化的研究进展

1）关于建设用地总量的研究进展

建设用地是中国所独有的概念，建设用地中的城市建设用地也称为城市土地。国外没有专门针对建设用地的研究，一般是针对农业土地和城市土地进行研究。国外对土地利用的研究最早见于农业土地，西方古典经济学中的边际报酬递减理论、地租理论、资源稀缺理论以及马克思的级差地租理论均涉及对农业土地集约利用的研究。此外，经典的农业区位论、工业区位论以土地的空间布局为研究对象，也涉及土地节约集约利用问题。

西方与建设用地联系密切的研究主要是针对城市土地的研究，而对城市土地的系统研究源于 20 世纪 20 年代兴起的生态学派（Brain and Berry，1965）。随后，随空间经济学（Wifiliam and Wheaton，1982）、行为分析（Suttles and Gerald，1972）和政治经济学（Harvcy，1978）等方法的引入，又出现了城市土地利用研究的经济区位学派、社会行为学派和政治经济学派。

国内学者对城市建设用地的扩张特征及驱动因素研究较多。例如，童陆亿和胡守庚（2016）利用城市扩张自由度、蔓延度、感观优劣度指数对中国 216 个主要城市 2000～2012 年的扩张特征进行了综合度量。结果表明，中国城市扩张总体趋于紧凑，但低约束扩张模式所催生的“低质量”城市发展态势严峻；不同维度城市扩张特征不尽相同，东部、中部地区是中国近年城市扩张的集中地，扩张自由度及蔓延度较高、区域差异明显，扩张模式不尽合理；广东、河北、山东、河南、安徽等省份“低质量”扩张现象较为严重，西部省份及少数民族自治地区扩张模式整体较优；城市圈地区扩张紧凑度较高，但统筹协调程度较低，区域扩张差异明显，局部地区扩张质量较低；内陆及城市圈地区将成为中国城市扩张的重要发生地；广州、石家庄、济南、合肥、湘潭等城市扩张感观优劣度相对较低。刘纪远等（2018）基于 Landsat 8 OLI、GF-2 等遥感图像和人机交互解译方法，获取的土地利用数据实现了中国 2010～2015 年土地利用变化遥感动态监测，发现东部建设用地持续扩张和耕地面积减少，但变化速率有所下降；中部建设用地扩张和耕地面积减少速度加快；西部建设用地扩张明显加速，耕地面积增速进一步加快，林草面积减少速率加快；东北地区建设用地扩展持续缓慢，耕地面积稳中有升，水旱田转换突出，林草面积略有下降。从“十二五”期间国家实施的主体功能区布局来看，东部地区的土地利用变化特征与优化和重点开发区的国土空间格局管控要求基本吻合；中部和西部地区则面临对重点生态功能区和农产品主产区相关土地利用类型实现有效保护的严峻挑战。

关于建设用地扩张方面，已有研究可以归纳为两个方面：从经济发展的角度归纳经济因素对城市用地扩张的影响和从政府行为的角度讨论城市用地扩张的影响因素。在经济因素方面，赵可等（2011）的实证研究表明，经济发展、城市人口增加和产业结构调整能够非常好地解释全国及东部、中部和西部地区城市建设用地的扩张。李进涛等（2018）以京津冀地区 13 个城市 1985～2015 年的城市建设用地为研究对象，发现城市建设用地时间演化过程的主导驱动因子包括 GDP 指数、人口密度指数、财政收入指数，空间演变格局差异的主导因子包括到城市中心距离、到主要河流距离、到主要公路距离。刘永健等（2017）基于半对数回归方程的 Shapley 值分解方法考察了 2006～2015 年中国 31 个省（区、市）城市建设用地扩张的区域差异及其驱动因素的贡献程度。结果表明，财政赤字率、经济政策执行力、经济增长、人口城镇化等因素对建设用地扩张具有正向驱动作用，产业结构调整、建设用地利用效率等因素对建设用地扩张具有负向驱动作用，且经济增长、财政赤字率、经济政策执行力等三个因素对建设用地扩张区域差异的贡献最大。在制度因素方面，各种制度体制仍不完善，城市扩展过程不可能完全按照市场原则自发进行（高金龙等，2013）。特别在中国特有的城乡二元土地制度安排之下，地方政府是城市用地的垄断供给者，凭借对土地资源的控制，地方政府形成了以低地价支撑高速工业化、土地资本化支持快速城市化的“以地谋发展”模式（刘守英等，2012），依靠土地资源投入支撑区域间的经济发展竞争，这就使得政府行为与土地非农化之间有密不可分的联系。实证检验中，踪家峰和杨琦（2012）分析了财政分权、转移支付与当前地方政府城市扩张之间的关系，认为“中国式”的财政分权体制是城市快速扩张的重要原因。杨志荣和吴次芳（2008）将土地非农化的面积纳入柯布-道格拉斯生产函数进行计算，结果发现土地投入带给地方政府的经济发展收益居然低于土地投入的制度收益（出让金、税费），所以制度收益对土地投入的影响更强。李永乐和吴群（2013）利用“公地悲剧”理论分析并实证检验了财政分权与城市扩张之间的关系，认为各自为政的地方政府为实现自身收益的增加对城市扩张有着显著的偏向，从而导致农业用地被过多地占用。

2）关于建设用地利用效率的研究进展

国内外有关建设用地强度的研究主要集中在对建设用地利用效率评价、建设用地利用效率驱动因素等方面。

在建设用地利用效率评价方面，主要方法包括参数分析方法和非参数分析方法等评价方法。参数分析法主要是基于生产函数的随机边界法，将土地要素纳入生产函数中，测算土地单要素效率，但该方法的局限性在于只能处理多投入单产出。有学者利用随机前沿方法（stochastic frontier approach，SFA）模型测算了省际建设用地单要素效率（李鑫和欧名豪，2012）。从研究结果来看，就全国整体而言，城市土地利用效率呈现出由东向西、由东南向西北逐步递减的规律，差距逐渐减小，呈现出持续收敛的态势（李永乐等，2014）；而长三角地区土地利用效率差异呈现逐步扩大的趋势（杨清可等，2014）。城市层面的土地利用效率也呈现东部、西部、中部逐渐递减的区域差异特征（张志辉，2014）。为避免单一指标的局限性，很多学者将城市建设用地的利用过程看成是一个具有多投入、多产出的生产系统，通过构建城市建设用地利用“投入＋产出”体系，借助数据包络分析进行综合评判，这也是目前进行城市建设用地利用效率测度较具代表性的研究范式。学者在数据包络分析（DEA）模型的基础上不断加入其他定量分析方法，如极差倍数、离散系数（王昱等，2012）、空间自相关（张雅杰和金海，2015）、泰尔指数（李永乐和吴群，2013）、基尼系数分解（卢新海等，2016）等，多层次、多角度地揭示不同尺度城市建设用地利用效率的总体特征及演变格局。张立新等（2017）构建DEA模型测度了2009～2013年中国31个省（区、市）城市建设用地利用效率，并利用空间统计模型分析其时空格局演变特征，运用灰色关联度模型探究了城市建设用地利用效率时空分异的主要驱动因素。研究结果表明，2009～2013年，中国省际城市建设用地利用综合效率呈上升态势，但效率不高，表现出显著的空间差异；中国省际城市建设用地利用效率呈现空间自关联性，且局部空间格局演变特征表现为综合效率空间格局变化不大，纯技术效率总体空间格局变化显著，规模效率空间格局与综合效率趋于一致。

在建设用地利用效率驱动因素方面，张立新等（2017）认为城市建设用地利用效率空间格局演变主要受城镇化水平、经济发展水平、产业结构、科技水平、区位条件、土地市场化程度六个因素影响。詹国辉（2017）建构面板数据回归模型，以土地、劳动力以及资本等投入要素对土地利用效率进行面板回归及协整检验，研究表明在投入因素方面，建设用地面积、固定资产投资总额、财政支出和第二产业从业人数均对江苏省域的土地利用效率产生显著性的正向效应，但第三产业从业人数并无显著影响。陈真玲等（2017）探讨了中国31个省（区、市）的2000～2012年城镇土地利用效率的影响因素及空间溢出效应，结果表明中国省（区、市）土地利用效率存在明显的空间自相关性，空间集聚现象主要集中在华中、华东地区；人均GDP、城镇就业、产业结构具有显著的空间溢出效应，并与土地利用效率呈现正相关关系；城镇投资的不断扩张并没有带来土地利用效率的提高；国有经济比重对土地利用效率的影响并不显著。还有学者基于土地收益分配制度的视角探讨其对城市建设用地利用效率的影响，发现土地出让金收益占比和税收占比均显著地抑制了城市建设用地利用效率的提升，但不同环节的土地税收分配结构对城市建设用地利用效率的调节作用存在着方向性差异；土地收益分配制度对城市土地利用效率的影响是非线性的，且存在着单一或双门限效应（钟成林和胡雪萍，2016）。

2.2.4 研究评述

通过以上文献梳理可以发现，学术界关于稀缺资源优化配置的研究由来已久，且取得较为丰硕的成果。稀缺资源的优化配置离不开“两只手”的作用，国内外学者基于稀缺资源市场化和稀缺资源管制两个层面探讨了能源、水资源和建设用地资源节约集约利用方式转变的路径选择。在稀缺资源市场化层面，学者从价格机制、交易机制、竞争机制、具体市场机制等维度提出深化能源、水资源和建设用地市场化改革的路径选择。在稀缺资源管制层面，学者从经济手段、行政手段、法律手段等维度分析了能源、水资源和建设用地管制领域的政策选择。以上两方面的学术成果为研究建立能源、水资源和建设用地总量及强度双控市场化机制奠定了坚实的理论基础。在稀缺资源总量和强度双控市场化的研究中，国内外文献主要集中在能源、水资源和建设用地消耗总量及消耗强度（利用效率）的趋势测度、影响因素（经济因素及制度因素）等方面，其中尤其以能源消耗总量及消耗强度的研究文献最为丰富，这对本书的研究展开起到较大的参考作用。然而，现有文献依然存在一些问题与不足：

其一，目前学术界对资源总量和资源强度的研究主要集中在资源强度趋势分析及其影响因素分析，或资源总量的影响因素分析上，鲜有从整体上同时考察市场机制对资源总量和资源强度的影响。一方面，市场机制是一个有机的整体，包括价格机制、供求机制、竞争机制等多个要素，如果仅仅考察某一因素对资源总量或资源强度的影响，显然是不够全面的；另一方面，现有研究较多考察资源强度控制，较少涉及资源总量控制，但实践证明，只控制资源消耗强度，难以约束地方政府的经济增长追求和重化工业的扩张冲动，也无法从根本上扭转敞开口资源消耗的状态，资源总量控制势在必行。

其二，关于能源、水资源和建设用地协同治理及耦合治理的实证文献较为缺乏。一方面，由于资源协同治理的指标测度不易操作，国内文献较多从理论层面定性分析资源协同治理体制，实证分析资源市场与政府协同治理效果的文章较少；另一方面，能源、水资源和建设用地均是关乎国计民生的紧缺资源，这三者的治理具有共性与联系，因此，能源、水资源和建设用地不能脱离国民经济制度相互独立进行，需要把三者整合在一起研究，这也是理论原理和制度建设的必需。然而，有关资源耦合治理研究的文献仍较少。

其三，现有关于资源市场化治理的文献大多从效率角度考量，缺少从社会公平角度的思考。由于效率和公平之间的本质差异，一味地促进资源效率会有失公平，而注重公平却又会牺牲效率。辩证来看，兼顾效率与公平，即效率与公平同等重要，对立的两者可以实现共存甚至共赢。资源市场化改革应当体现出效率和公平的一致性：资源系统效率的提升在促进经济增长的同时也减少了资源的利用和污染的排放，保障了资源短缺地区的供应，从而在一定程度上保障了公平；注重资源浪费和环境污染的不公平也能促使人们更多地考虑如何在保障经济增长的前提下提高资源利用效率，实现经济增长的良好转变和民生福祉的改善。因此，加强兼顾效率与公平的资源治理研究是当前急需进行的理论课题。

鉴于此，本书运用静态面板回归模型检验了市场机制及政府规制对能源、水资源消耗和建设用地总量及强度的调控效果。在供给侧衡量能源、水资源和建设用地利用效率；在需求侧考察资源利用主体收入及其地位的变化，测量社会公平。设置衡量社会公平与资源利用效率一致性精准量化轻重标尺，量化中国能源和水资源消耗、建设用地总量及强度协同治理的秩序平稳程度。整体分析并评价了能源、水资源和建设用地经济秩序的耦合治理效果，以期为提出建立能源、水资源消耗和建设用地总量及强度双控市场化机制的路径选择提供科学依据。

2.3 本章小结

本章为基础理论与文献综述。首先基于可持续发展理论、均衡发展理论、稀缺性理论、要素替代理论及经济治理理论探讨了能源、水资源和建设用地资源优化配置的治理目标及治理理念，为以下各章的研究提供了坚实的理论支撑。然后梳理了国内外学者关于稀缺资源市场化、稀缺资源管制、资源总量与强度双控市场化的研究进展。在稀缺资源市场化层面，学者从价格机制、交易机制、竞争机制、具体市场机制等维度提出深化能源、水资源和建设用地市场化改革的路径选择；在稀缺资源管制层面，学者从经济手段、行政手段、法律手段等维度分析了能源、水资源和建设用地管制领域的政策选择；在稀缺资源总量和强度双控市场化的研究中，国内外文献主要集中在能源、水资源和建设用地消耗总量及消耗强度的趋势测度及影响因素分析上。通过对已有研究文献的综述和总结，发现从整体上同时考察市场机制对资源总量和资源强度的影响的文献较少、有关资源协同治理及耦合治理的实证文献较为缺乏、兼顾效率和公平资源市场化治理的文献较少，由此，本书尝试弥补以上研究的不足，开展能源、水资源和建设用地双控市场化的研究。

第 3 章　中国传统稀缺资源利用治理

3.1　中国传统稀缺资源利用治理的概念界定

3.1.1　治理机制概念辨析

“机制”一词原指机器的构造和动作原理，其内涵包括两部分：一是机器由哪些部分组成和为什么由这些部分组成；二是机器是怎样工作和为什么这样工作。机制用以说明物体的构造、功能及其相互关系，将其基本含义引申到不同的领域，就产生了不同的机制。例如，引申到社会经济领域，就产生了社会经济机制。社会经济机制是社会经济系统内部各子系统要素之间的相互作用、相互制约、相互联系的形式，是其良性循环不可或缺的要约。

与现代“机制”对应的古汉语是“德”。“德”一般是指人们共同生活及行为的准则和规范，反映行为者操守和品行。德的本意为顺应自然、社会和人类客观需要，循道从事。道是规律，在昭示一切，德是道的载体，体现道的细节。大道无言无形，吾辈唯德而践行。德是机制，是实现道的形式、途径和程式。老子的《道德经》可以视为“有关规律与机制的学说”。

“言道以无形无名始成万物。”（王弼，2011）规律是无形的，它给出了世界所有事物产生、形成和发展的机理。虽然规律很难用语言文字加以描述，但人们可以用某种手段将其“复制”出来。复制“道”的过程称为“建德”，即建立机制。

老子曰：“建德若偷。”王弼注：“偷，匹也。建德者，因物自然，不在不施，故若偷匹。”道为阳，德为阴。阴受阳影。建德就是接受道的投影，即建德犹如复制“道痕”。道虽无方，但可聴（听）之，“聴”为“德”之假。有道是，“道隐无名，夫唯道，善贷且成。”（王弼，2011）

机制由九部分构成。《易经》的《系辞》（下）第七章对此论述如下：“《易》之兴也，其于中古乎？作《易》者，其有忧患乎？是故履，德之基也；谦，德之柄也；复，德之本也；恒，德之固也；损，德之修也；益，德之裕也；困，德之辨也；井，德之地也；巽，德之制也。”机制是可以根据事物发展规律人为设计的，设计者怀有忧患意识，目标是摆脱困境，防止衰败，设置九个部件，通过其相互作用，保障事物运转自如，经久不衰。

整理机制的表现形式为治理秩序。

3.1.2 治理秩序概念辨析

秩序指的是系统要素的时空排列，是指系统要素时空排列纵横关系的演化形式，即要素利用规律运行的体现程式。管子曰：道“不见其形，不闻其声，而序（秩序）其成”。秩序是机制的表现形式，是行为规范，既有底线，又有规矩。《论语·为政》中，子曰：“道（规律）之以德（机制），齐之以礼（秩序），有耻（底线）且格（规矩）。”

秩序分纵向秩序和横向秩序。纵向所表示的是需求侧要素相位关系；横向所表示的是供给侧结构功能联系。

要素相位关系是要素异质性时空差异变化。如果要素有阴阳之分，其阖、辟、往、来就会形成八种状态：“元”“亨”“利”“贞”“悔（渐吉）”“吝”“害（厉）”“凶（咎）”（陈凯，2015）。老子曰：“执大象，天下往。往而不害，安平泰。”除去“吝”“害（厉）”“凶（咎）”，留下的“元”“亨”“利”“贞”“悔（渐吉）”为“安、平、泰”。“害（厉）”原始定义为阴阳分离，即两变量差距的不断扩大，是一种秩序混乱状态。老子认为，事物永远向前发展，只要不出现两极分化，就能维持社会安全、平稳和健康。

结构功能联系是系统要素功能的匹配程度。要素所做贡献大小取决于系统整体对之要求及其与其他要素的协调程度。要素不能脱离系统整体而单独冒进，必须在系统运行规律作用下行动。如果要素是一个行为主体，该如何把握系统运行规律呢？《庄子·齐物论》曰：“道隐于小成。”《易传·系辞》曰：“八卦而小成。”“小成”，也为王阳明“知行合一”的“未发之中”。“未发之中”是“致良知”的关键，是把握规律“道”的基准，其“中”，即为小成图的“中宫”，是社会某一动态与心性某一瞬间之本，是事物动态的实质，取决于系统结构要素构成，是系统整体地位和功能的体现，可通过易学“归藏法”求得。“小成”也是事物发展变化瞬间之“截图”与“切片”，将其连接起来，规律尽显。既然系统运行规律可以揭示，那么系统要素状态就可以确定。“小成”模型测度的要素状态有八种，由优到劣依次为“延年”“天医”“生气”“辅弼”“禄存”“廉贞”“破军”“文曲”。

秩序以轻重度之。管子曰：“以轻重御天下之道也，谓之数应。”重者，紧于道，秩序平稳；轻者，松于道，秩序混乱。秩序轻重之标尺刻度如下。

旧制中一斤为十六两，故而中国传统经济理论中为要素利用秩序设立纵向和横向各八个梯度，即纵向和横向各“半斤八两”，合之为一斤，即十六两。

（1）纵向标尺。纵向秩序轻重对应关系为：元，8 两；亨，7 两；利，6 两；贞，5 两；悔，4 两；吝，3 两；厉，2 两；咎，1 两。

（2）横向标尺。横向秩序轻重对应关系为：延年，8 两；天医，7 两；生气，6 两；辅弼，5 两；禄存，4 两；廉贞，3 两；破军，2 两；文曲，1 两。

3.1.3 治理规律概念辨析

规律是指自然界和社会诸现象之间必然、本质、稳定和反复出现的关系，体现了事物之间的内在的必然联系，决定着事物发展的必然趋向。世界上的事物、现象千差万别，它们都有各自的互不相同的规律，就其根本内容来说可分为自然规律、社会规律和思维规律。自然规律和社会规律都是客观的物质世界的规律，它们的表现形式有所不同：自然规律是在自然界各种不自觉的、盲目的动力相互作用中表现出来的；社会规律则必须通过人们的自觉活动表现出来。思维规律是人的主观的思维形式对物质世界的客观规律的反映。

与现代“规律”对应的古汉语是“道”。《道德经》开章写道：“道，可道，非常道。名，可名，非常名。无，名天地之始；有，名万物之母。故常无，欲以观其妙；常有，欲以观其徼。此两者同出而异名，同谓之玄。玄之又玄，众妙之门。”“道”揭示了宇宙起源、地球产生、世界万物生育成长和社会经济发展的规律，给出了包容一切人间秩序和价值观念的超越的理想世界，是人类理性思维延伸的极限，它是一种终极的真理，因而同现代自然科学、社会科学和哲学的研究遥相呼应。

3.2 中国传统资源利用治理理论

3.2.1 资源利用治理理论基础

资源利用治理的中国哲学基础是四维框架体系之上的九宫八卦中的四维治理理论。

1. 四维治理

国家治理是一个四维架构的政府行为，如图 3-1 所示。

《管子·牧民》曰：“国有四维。”四维是按九宫八卦建构的，是有形与无形的统一。“有形”是指国民经济构成与国家管理体系的结合形式，“无形”指的是国家和全民的意识形态，即礼、义、廉、耻（房玄龄，2015）。

《周礼》（佚名，2014）将国民经济与职业分为九种：

“一曰三农，生九谷。二曰园圃，毓草木。三曰虞衡，作山泽之材。四曰薮牧，养蕃鸟兽。五曰百工，饬化八材。六曰商贾，阜通货贿。七曰嫔妇，化治丝枲。八曰臣妾，聚敛疏材。九曰闲民，无常职，转移执事。”

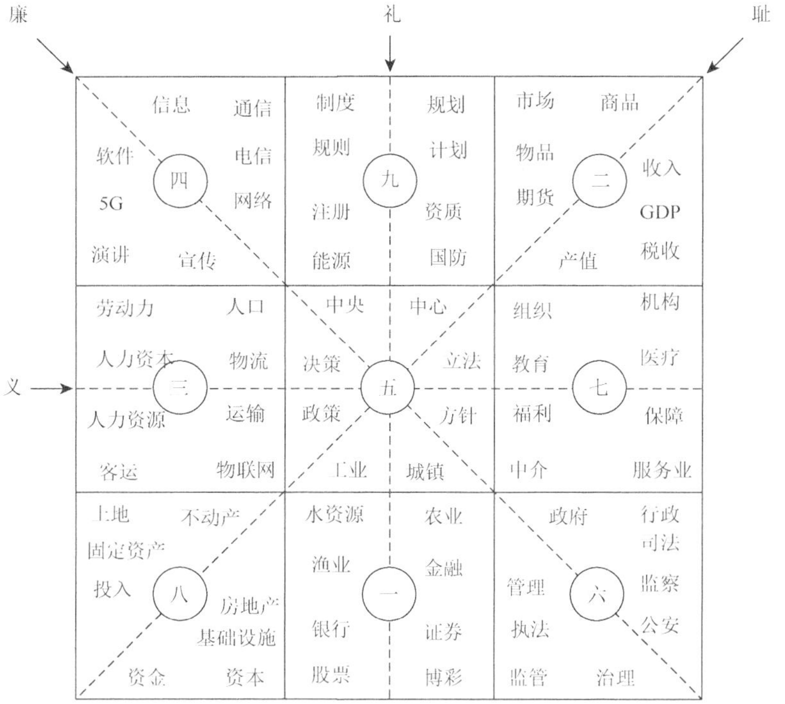

图 3-1　四维治理

经过 3000 多年的发展，国民经济构成越来越复杂，但基本架构没有发生本质性改变。

现代国民经济及治理仍分为九种：一为水资源、农业、渔业、金融、银行、证券、股票、博彩；二为市场、商品、物品、收入、期货、GDP、产值、税收；三为劳动力、人口、人力资本、人力资源、物流、运输、客运、物联网；四为信息、通信、软件、电信、5G、网络、演讲、宣传；五为中央、中心、决策、立法、政策、方针、工业、城镇；六为政府、行政、管理、执法、司法、监管、治理、监察、公安；七为组织、机构、教育、医疗、福利、保障、中介、服务业；八为土地、不动产、固定资产、房地产、基础设施、资本、投入、资金；九为制度、规划、规则、计划、资质、注册、能源、国防。

四维匀称、轻重平衡，伸缩同步、张弛有度。如果某一维加重或变轻，其他三维也随着加重或变轻。若某一维增长或缩短，其他三维也必须跟着增长或缩短。四维全面均衡，缺一不可。“一维绝则倾，二维绝则危，三维绝则覆，四维绝则灭。”（房玄龄，2015）

农业是国民经济的基础，无它则人类不能生存，为此，我国古代十分重视农业，视农业为本。随着社会生产力发展，农产品逐渐增加。人们基本生存食物问题解决后，对非农产品需求不断增加，社会会生产大量手工业品和工业品以满足人们日益增长的生活需求。由于人们食物收入需求弹性较低，而非农产品的收入需求弹性却很高，其变动趋势是：社会生产越发展，非农产品发展空间越大，占用的资源也越多，资金和劳动力等资源将源源不断地从农业流向工商业，农业本身也因土地与劳动力比例增加而效率提高。春秋时代，齐国在发展农业的同时，非常重视工商业的发展，因此，齐国在各诸侯国竞争中率先称霸。但到汉以后，历朝历代总认为工商业发展挤占了农业的资源，重农抑商思想盛行，采取限制工商业甚至执行打击工商业的政策，结果是工商业发展受到阻碍，不能有效吸收农民就业，农业失去土地规模效应而发展缓慢。更为严重的是，农业土地买卖及快速兼并，大批农民失去土地抛向社会，而工商业又不发达，无地农民就成为无业游民，为社会动荡埋下了隐患。不定期的农民土地战争时有发生，周期性农民土地战争形成改朝换代式的社会经济低水平陷阱。明中期，王阳明提出“四民异业而同道”理论，认为在“道”的面前，士、农、工、商完全处于平等地位，不存在地位的高低、职业的优劣。

各产业地位平等，但并不等于各产业配置资源相等。各产业配置资源多少要符合整体系统本质的要求。整体系统本质是其中央“道”的体现。王弼曰：“谷种，谷中央无也。无形无影，无道无违，处卑不动，守静不衰，以之成而不见其形，此至物也。”（王弼，2011）

道虽然无形，但我们可以测试其变动的先后次序，量其秩序的轻重配置对应的资源，如果其秩序重，配置较多的资源；如果秩序轻，则配置较少的资源。此为产业结构功能匹配准则。

鬼谷子曰：“治名入产业，曰揵而内合。”陶弘景注：“理君臣之名，使上下有序；入贡赋之业，使远近无差。上下有序则积分明，远近无差则徭简，如此则为国之基日固。”（鬼谷子，2012）产业内合，即产业资源利用秩序下的结构功能匹配。

各产业功能与中央要求相匹配。在形式上，各产业分散于九个“宫”之中，中央的“五宫”支配周围八宫，类似于人的身体各部分都受大脑的支配一样。王阳明指出，人之行于大脑的动意，称为“未发之中”，怎么行或行到什么程度都根据行动目标与身体各部分功能的一种匹配，称为“已发之和”。“未发之中”与“已发之和”同时进行，一体合成（王阳明，2014）。

易学归藏法能将产业资源利用功能匹配量化，而归藏法所用符号为八卦，八卦是一种模块化随机变动状态的表述（陈凯，2015），与现代经济函数变量对接，需要一系列的转换，目前许多细节仍处在初步探索之中。所幸的是，易学归藏法的匹配准则可供现代化经济学借鉴，其基本内容为：①强与强匹配更强；②弱与弱匹配变强；③强与弱匹配变弱。强弱与重轻相对应，强者重也，弱者轻也。世界万物皆以轻重量之，相关事物不管是有形的，还是无形的，只要时空合适，都可以根据其准则成功匹配。

2. 改革创新

资源利用治理是将所治理的要素在一定条件下按一定规则从无序状态涨落凝聚成具有一定结构功能的形态演化过程，其本质是一种秩序的进化。我们称之为“改革创新”的过程，董仲舒称之为“更化”，《汉书》记有：“为政而不行，甚者必变而更化之，乃可理也。当更张而不更张，虽有良工不能善调也；当更化而不更化，虽有大贤不能善治也。故汉得天下以来，常欲善治而至今不可善治者，失之于当更化而不更化也。”（班固，2016）改革创新是推动社会经济不断进步的一种力量，是善治的基础，其本质是社会经济发展秩序的进化。改革创新驱动过程如图 3-2 所示。图中文字无特定的物理学含义，仅是一种哲学关系的符号。改革创新引领善治具有五方面的特征。

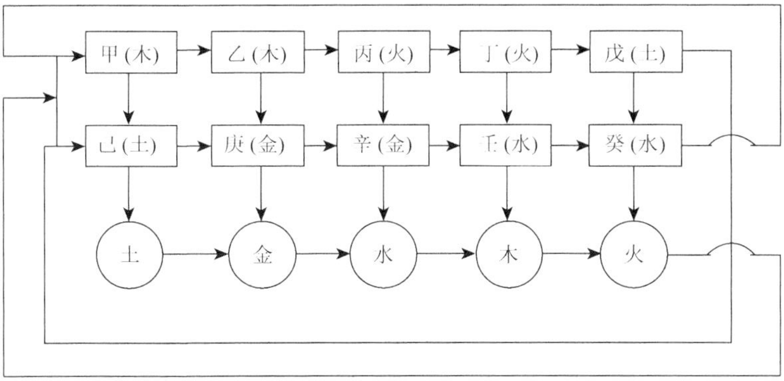

图 3-2　改革创新（更化）引领善治流程图

1）创新是社会经济发展的动力

世间万物运行均遵循阴阳五行法则。假设一个系统有十种元素，分别为甲、乙、丙、丁、戊、己、庚、辛、壬、癸。不同的元素、结构和系统可分为“木”“火”“土”“金”“水”五类。每类都有阴有阳，要素间相互激励不断进行着生化、合化和创新，通过五行转换，推动社会经济持续向前发展。

2）创新是全要素的

创新是全要素参与的五行演化。以甲、乙、丙、丁、戊、己、庚、辛、壬、癸十天干表示参与创新要素的全部。如果缺少任何一种要素，创新流程必然会出现缺口，致使五行演进回路不能闭合，阻止创新持续进行。创新要激发成千上万中小企业和个体经济主体的创新活力。

3）创新是连贯的

创新沿着两条路径进行：一条是传承路线，即甲乙—丙丁—戊己—庚辛—壬癸，再由壬癸回转到甲乙，循环往复，运行不止；另一条路线是矛盾化解路线，东方“甲乙”木受西方“庚辛”金所克，东方“甲”木将“妹妹”“乙”木嫁于西方“庚”金，结为“夫妻”的“庚与乙”合化为“金”，敌我矛盾顿时化为家庭内部矛盾，进入平和的五行相生循环路线。类似“庚与乙”合化为“金”的，还有“甲与己”合化为“土”、“丙与辛”合化为“水”、“壬与丁”合化为“木”、“戊与癸”合化为“火”。创新要化解各种矛盾和困难，保证产业链的畅通无阻。

4）创新趋势是正向运行的

两条创新路线都是沿着五行进化的方向发展的。横向由甲到癸，纵向由甲己到戊癸，分别以土生金，金生水，水生木，木生火，火生土序列合化。创新不能逆行。老子曰“执大象，天下往”，即世界万物，运行方向都是向前的。社会经济永远前进，不可能后退。创新要由数量扩张的高速增长向高质量发展转化运行。

5）创新驱动力是矢量合成的整合

创新驱动中的要素不仅有阴阳之分，而且变动具有方向性，创新的变量是矢量，其数值大小是在五行运行轴上的投影，两条五行运行轴线是高度耦合的。创新要汇集产业升级、消费升级、城乡结构升级、贸易开发转型升级、数字经济升级、绿色转型升级、人力资本升级等高质量提升力，合成整体创新力。

3. 治理是一个培育有机体的发育成长过程

治理是一个培育有机体的发育成长过程，经历完整的12个阶段，即长生、沐浴、冠带、临官、帝旺、衰、病、死、墓（库）、绝、胎、养，再到长生，如此周而复始，进化不止。有机体发育成长过程如图3-3所示。

从图3-3中可以看出，有机体发育成长过程是一个全要素参与的能量聚焦、扩散、存储的不断涨落转换形态的相生、相冲、相化过程。从子到亥顺时针转动，周而复始，永不休止。

制度规则，属火。以火为例：火在“寅”长生、在“卯”沐浴，在“辰”冠带、在“巳”临官、在“午”帝旺、在“未”衰、在“申”病、在“酉”死，在“戌”墓（库），在“亥”绝、在“子”胎、在“丑”养，循环一周回到“寅”再长生。火在最强胜时受到对立面水的对等冲击，能量被减少，但在“寅”和“戌”得到补充、积蓄而强化。火在正面受到消耗又在侧翼受到资助。火不但可以联合同一生命周期中的质变点“寅”和“戌”的资源壮大自己；同时，火也可以利用水与“辰”和“申”而合化，以“贪合忘冲”之原理，分散并转移对立方水对自身的冲击力。当然，“午”火也受到“丑”“害”“卯”“破”“自刑”的影响，但“午”火可与“未”合化，并会同“巳”而将不利因素化解。

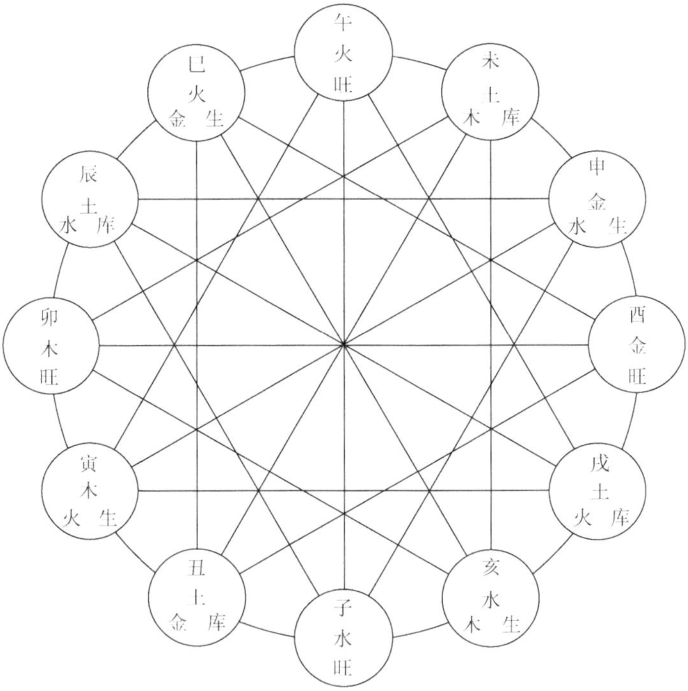

图 3-3　培育有机体发育成长过程

政府行政，属金。以金为例：金在“巳”长生、在“午”沐浴、在“未”冠带、在“申”临官、在“酉”帝旺、在“戌”衰、在“亥”病、在“子”死、在“丑”墓（库）、在“寅”绝、在“卯”胎、在“辰”养，循环一周回到“巳”再长生。金在最强胜时受到对立面“卯”的迎面冲击，能量被减少，但在“丑”和“巳”得到补充、积蓄而强化。金在正面受到消耗又在侧翼受到资助。金不但可以联合同一生命周期中的质变点“丑”和“巳”的资源壮大自己；同时，金也可以利用“未”与“亥”的合化，以“贪合忘冲”之原理，分散转移“卯”木对金的冲击力。当然，“酉”金也受到“戌害”、“子破”及“自刑”的影响，但“酉”金可与“辰”合化，并会同“申”而将不利因素化解。

可见，创新发展总会遇到这样那样的困难，但只要因时因地制宜，善于利用各种资源，化解各种矛盾，一定能使自身生命成长处在动态平衡的安全健康之中。创新要提供充足的营养让各产业亿万创新主体每个发展阶段发育成熟，延长旺盛期，不能拔苗助长，也不能超前进入将来发展阶段。例如，社会经济中心的工业，初始手工业，虽在五宫，但占用资源极少，像初生枝芽内部，质地空虚。随着经济发展，人们收入水平的提高，受工业品需求弹性持续增高的作用，不断吸收其他产业的资源而逐渐强大，质地充实，国家跟着也会强大起来。如果哪天制造业停止增长，中宫工业出现虚象，整个国家必然开始衰退，美国、日本、英国、法国、德国等发达国家，为此例证。受发展经济学的误导，一些发展中国家（如巴西）认为产业结构中第三产业比重超过工业比重是规律，提前去工业化，结果国家未盛先衰。

4. 善治是治理的基本要求

善治是维护社会经济持续不断地向前发展，调动所有的要素，化解所有的矛盾，通过全面整合，实现公共利益不断提升的社会经济全面均衡。为此应该营造适合善治的环境、条件和保障措施。

1）激励创新

创新是由某种激励所致，而激励又是由满足一定需求而引发。利用供需平衡计算需求与供给的差距可得激励程度之大小。从激励到创新的中间环节所包含的各种关系决定着创新，现代经济学委托代理理论方法较好地阐述了激励创新机制。但不是委托代理的家庭血缘关系、公有制集体关系、合作关系等，众多的激励创新机制需要深入研究。应该建立多维多均衡模型，测度各种关系支配下的激励创新机制。

溢出效应包含着激励，也是创新的源泉。应建立空间溢出激励创新模型，量化各种溢出激励创新行为。

交易成本的降低意味着相对收益的增加，具有激励创新效应。基础设施、互联网和电子信息技术建设能有效地缩小经济距离，从而大幅度降低交易费用，提高经济效益，强化激励创新。应建立信息化激励创新模型，测度信息化激励创新行为。

2）全要素

善治是全要素参与的系统结构有秩序的运动，排除某一种要素，或固定某一要素静止不动，整个系统结构将被锁定，治理就会被终止。因此，应建立全要素函数模型，模拟其要素间的变量关系。

3）治理链

治理链是治理参与主体按系统创新目标要求形成的秩序链状结构，体现不同治理主体在整个治理过程中的衔接、合作和价值传递及利益输送关系。应建立创新链模型，贯通并量化治理主体之间的相位和结构功能关系。

4）治理趋势

治理发展趋势主要为学科融合、多技术集成、网络创新组织全球化、发明创造持续深化、治理链条纵横贯通、有形与无形化一、法治与德治结合，等等。治理发展趋势决定了资源的流向及其流动机理。应建立模型模拟资源流动机制。

5）整合

整合是根据系统一致性变动原理，通过维度耦合、结构调整和要素融合，实现其价值提升的一种并行治理方式。应建立模型量化整合创新机制。

6）治理本质

生产力本质是由稀缺要素决定的，治理本质是一个稀缺要素逐渐被便宜要素替代的过程。应建立模型模拟稀缺要素被替代过程。

7）善治实现

善治能否实现，很大程度上取决于治理决策与执行者能否得道，即治理者是否清楚社会经济发展运行规律，并以其规律设置一套行之有效的治理机制。在某种意义上说，治理就是建立社会经济持续稳定健康运行秩序。机制与秩序都是规律的体现。机制与秩序都是行为者默认并共同遵守的一系列原则、规范、规则和程序。机制与秩序是规律的两个面。机制内向，是阴面；而秩序外向，是阳面。规律、机制和秩序是一体的，可以通过秩序的量化去测度机制，从而把握规律。

3.2.2　社会经济发展运行规律

1. 生产力性质决定规律

马克思主义认为，在社会经济关系中，生产力决定生产关系，生产关系总和构成的经济基础决定上层建筑。那么，生产力又是由什么决定的呢？生产力是生产要素的组合。生产要素都具有不同程度的稀缺性。在不同稀缺程度的要素中，必有一种要素是最稀缺的，它决定了生产多少以及如何生产，生产力的性质最终由最稀缺的生产要素所决定。在物质生活资料稀缺的世界中，物质生活资料生产起着决定性的作用。谁拥有最稀缺生产要素，谁就可以取得社会经济生活中的控制权，从而获得政治上的统治权。最稀缺要素的所有者就是这个历史阶段中社会的统治者。围绕最稀缺要素所形成的生产关系，体现了社会经济性状的本质。

生产能力本质由最稀缺要素的性质所决定，最早揭示这一规律的是中国的易学八卦。八卦是由三种要素组成的模块，模块的性质由较稀缺爻的性质所决定，如元素爻为阳、为阴，那么系统模块☶、☱、☵、☲、☳、☴的性质分别为：阳、阴、阳、阴、阳、阴。取此象为离卦。

经济形态是经济性质状态，是经济结构实质的表现，是经济结构演进的结果。结构演进的动力是需求的变动，推力是技术进步，基本条件为资源流动，而其实现途径则为要素替代。结构是要素的组合，结构演进是要素配置优化，优化是要素替代过程。要素替代在生产过程中是以廉价的要素代替昂贵的要素，即以稀缺性低的要素代替稀缺性高的要素。在总的历史发展进程中都表现为各个历史阶段中最稀缺要素的更替。整个人类文明史的各个阶段因其最稀缺的生产要素不同，而表现出不同的生产力及社会经济形态。纵观人类各历史阶段的社会经济，无一不是以当时最稀缺生产要素的性质所决定。

1）劳动部分稀缺性

在旧石器时代的中晚期，随着人口的增加及物质生活资料的稀缺，人们开始栽培作物和驯养牲畜来补充采集和狩猎食物的不足，原始农业的出现标志着人类通过生产活动来满足物质生活需要的开始。原始农业生产，土地和简陋的生产工具（石器）不稀缺，只有劳动表现为一定程度的稀缺。人类的生计，一方面仍依赖于自然；一方面依靠生产劳动。劳动的部分稀缺性为这个历史阶段的基本特点。

2）劳动保护能力稀缺性

当人类社会基本上能依靠自己的劳动来维持生计时，劳动成为稀缺的要素，但不是最稀缺的要素，此时最稀缺的要素是劳动与劳动成果保护的能力。因为战争掠夺是那时的一种正常的经济行为。战利品不仅有生活物品，而且包括劳动力（奴隶）。劳动和劳动成果掠夺的能力是武装。而武装具有明显的规模效应和外部性。武装集团保护和掠夺效率远大于个体和弱小团体。武装集团头目早期可以是部落首领、酋长、领主，后来是国王以及分封下的诸侯。武装集团具有的控制力能够保护劳动和劳动成果不被掠夺。拥有劳动和劳动成果保护能力这一稀缺要素的国王或领主，成为该社会的统治者。这个历史阶段包括整个奴隶制社会。

随着国家封建制度的产生和发展，劳动保护能力逐渐集中到中央集权的国王手中。国王提供了对农民及其农业的劳动生产物品等的保护，作为回报，农民就需要向他们献贡、劳役或赋税。以劳动保护为宗旨的按人丁征收的税和费大约是土地税的7～9倍。这说明了这一时期土地虽然稀缺，但不是最稀缺的，而最稀缺要素仍为劳动及其成果保护能力。这一历史时期包括欧洲的中世纪以前非奴隶制的大部分社会，也包括中国西周前直至秦朝。李建德（2000）认为，这一时期应延伸至秦汉，直至以后的唐朝、宋朝。

3）土地的稀缺性

中国秦、汉至唐、宋是由劳动保护能力稀缺性社会向土地稀缺性社会的过渡时期。随着农业生产技术进步和农产品产量增长，人口逐渐增加，劳动力相对增长速度加快。相对于劳动边际产出，土地的边际产出日益提高。这必将导致土地真正成为最稀缺的生产要素。与此相对应，土地可以自由买卖、农产品可自由交易和农民可自由迁移形成了封建私有制，相对明晰的产权激发了农民生产积极性，劳动投入的增加刺激了人口增长，人均资源的下降提高了土地的稀缺性。尽管新王朝均田政策可一定程度降低土地稀缺性，但封建强权豪夺和超经济强制却加速了土地集中，又增加了土地的稀缺性。劳动剩余征集的标准逐步从人丁向田亩转变，意味着从劳动与劳动保护的稀缺性相结合向劳动与土地的稀缺性结合转化。

唐初尚能实行均田，说明土地还不是十分稀缺。但唐朝所实行的人丁税与土地税并举的两税法是由劳动保护稀缺向土地稀缺的过渡。明代的一条鞭法的新税制，实行了赋役合并、以田为纲、以银代役、摊丁人田的征税法，从一个方面说明了土地已成为最稀缺的生产要素。

土地为最稀缺要素的社会经济较劳动保护为最稀缺要素的社会经济表现出如下特征。

（1）人身依附性减弱。在劳动保护为稀缺要素的社会中，劳动者人身完全依附于统治者，而在土地为稀缺要素的社会中，劳动者不再依附于统治者，而是依赖于土地生产要素，劳动者生命权得到法律保护，主人或官户不能随意杀害奴仆。

（2）合约关系建立并得以发展。在宋朝之后，在全部垦田中，国有土地约占 5%，自耕农的小土地所有制占 30%左右，而出租土地的地主的土地占 60%～70%。土地与农民之间的关系最具代表性的是租佃关系。地主将自己的土地租给佃客耕种，土地的数量、地租的多少，统统记载在契约之上，为两方共同遵守。不同生产要素所有者的关系用契约的形式予以确定。地租以实物租为主，以分成租（对分制租为主）和定额租分配产品。在经济较发达的地方，如以太湖流域为中心的两浙地区，货币定额地租占多数，而且佃客可以将自己租佃的土地佃种权通过买卖而转让，“田骨”与“田皮”，“田底权”与“田面权”，划分得十分清楚。

（3）生产要素自由流动。土地自由买卖、农产品自由交易和劳动者自由迁移，既是经济较发达的标志，又是经济得以持续发展的条件。要素自由流动和身份弱化下的生产契约关系的发展，使中国成为当时世界上最富强的国家。

4）资本的稀缺性

封建生产方式创造了更高的生产率，有可能供养更多的人口。而人口的增长形成了更大的物质生活资料的需求，并由此产生了对更高生产力的压力或要求。为提高生产率而分工专业化，有关的技术改进和发明创造受到重视，生产工艺和工具不断地得到革新和改进。生产资料的重要性越来越突出，其稀缺性也更加显露。

随着需求的增加，市场的发育，社会分工的细化，日益复杂的生产工具和日益复杂的生产方式被逐渐发明出来。这意味着在生产过程中所需要的生产资料日益增加。能够拥有先进生产技术和生产资料的人，在居民中的比例也就逐步下降。通俗地讲，这犹如简单工具人人具有，而复杂工具只有少数人才有的状况一样。换言之，生产资料的稀缺性日益增加了。蒸汽机这一动力机的发明，彻底改变了人畜为动力的低下生产力的状态。一场工业革命全面开始，内燃机、发电机和电动机的相继出现，成百倍、上千倍地提高了生产率，凝结在机械中的资本边际生产力远远大于劳动的边际生产力，资本无可争议地成了生产过程中最稀缺的生产要素。

随着工业革命的完成，生产也就完成了向资本主义生产的过渡。资本要素的所有者是资本家。资本家通过生产过程获得了控制剩余的权力，而且实际上得到了其中的大部分。与在任何一种私有制生产方式中一样，资本家也就成为这种生产方式中在政治上的统治者。

5）知识的稀缺性

与大机器生产方式相适应的资本主义经济形式，从自由竞争到垄断，资本始终是最稀缺生产要素。伴随科学技术的不断进步，生产过程中知识含量逐步增多，资本的边际报酬开始降低。随着信息时代的来临，知识作为一种生产要素的边际产出越来越高，逐渐成为最稀缺要素，社会也将进入知识为最稀缺生产要素的时代。知识成为一种独立的生产要素是与现代企业发展密切相关的。在企业组织出现以前，用来指导生产活动的是经验。经验不能等同于知识，知识是已经上升为理论认识的那些经验。

企业主在企业经营管理中需应用到知识，而且是系统知识，如投资、信贷、会计、统计、交易、市场、产品营销等，但这些知识还不是一个独立的生产要素，它渗透在资本之中，人格化于资本家身上。知识是资本的一种存在形式。凡是拥有资本的人，一般都能受到良好教育而获得知识。凡是有知识的人，大都是有钱的并拥有一定资本的人。经营管理知识是资本家的必备条件。资本所有者在社会中的分布与经营管理才能在社会中的分布，不会出现大的分离。具有一定专业知识的管理人员，与一般员工无本质区分，只是按要素契约行事的劳动者，其技术与管理方面的知识从属于劳动要素，尚未成为一种独立的要素。企业中技术与管理人员还没有形成一个独立的社会阶层。

在现代公司企业中，分工越来越细，专业化和自动化程度越来越高，管理层次越来越多，经营网络关系越来越复杂，对经营管理才能的要求也大大提高。这样的专门化知识并不是只要接受过一般的教育就能获得的，也不是拥有了投资知识就能拥有的。管理知识从资本运营知识中分化独立出来，并且与资本运营知识中仍然由资本所有者拥有的投资知识形成高度互补的关系。这时，除非企业家家族的成员本身受过职业经理人的训练，不然他们就很难在高阶层管理中发挥重要作用。由于家族式企业的利润通常总能保证其成员能有一笔很大的个人收入，因此这些家族也就缺乏经济刺激，懒得在经理职位晋升的阶梯上多花时间了。即使资本家的子弟个个奋发图强，精通业务，也很难充实到所有要控制的岗位。况且，现代企业为股份制公司，股东分散，企业所有者只能委托职业经理人来经营管理企业，形成企业所有权与经营权的分离。这本质上反映了管理知识作为一种新的独立要素在生产过程中的出现，其基础是资本分布与经营才能分布的不一致，以及拥有投资知识的人与拥有管理知识的人的分布的不一致。知识作为独立生产要素，是职业经理人成为社会的一个阶层并完全市场化以及知识产业化的标志。

知识成为独立的生产要素拓展了教育的功能。教育由原来的政治功能转变为经济功能。企业职工在职培训成为企业制度的一种安排，主要为企业培养人才的普通高等学校的大学本科、硕士研究生（特别是工商管理硕士）教育得到普及性的发展。知识不仅以独立的要素分享企业剩余，而且知识生产的场所终于超越了非营利组织范围，不仅以知识为最终产品形态的企业，如律师事务所、会计师事务所等得到了更大的发展，而且一类新兴企业，如各种发展研究所、广告公司、咨询公司、产品设计师事务所等纷纷涌现。它们主要依赖知识投入，其产出同样是知识。知识要素独立于机器大生产而获得了具有剩余性质的收益。与此相对应，在产业资产中技术入股、专利入股逐渐普及。在这些场合，知识具有了资本的形态，而且成为全社会的需求与供给行为。一个以知识要素的重要性逐步替代资本要素重要性的新的时代开始了。

要素替代发生在历史各个发展阶段，从各时期稀缺要素的更替中，可以观察到社会经济形态的演进轨迹。

6）历史各发展阶段间最稀缺要素的替代

每个历史阶段的社会经济结构所表现出的特性，最终是由当时最稀缺的生产要素所决定的。最稀缺要素量的多少和质的高低决定了生产力的大小和性质；最稀缺要素的所有权关系决定了社会经济制度；最稀缺要素的替代过程就是社会变迁和结构演进过程。

劳动保护能力稀缺要素替代劳动稀缺要素表明社会由原始的人与自然关系结构转化为奴隶制的人与自然和人与人两重关系结构，即由单边简单结构进化为双边复杂结构。

最稀缺要素土地对劳动保护能力的替代、资本对土地的替代、知识对资本的替代显示了奴隶社会到封建社会、封建社会到资本主义社会、资本主义社会到未来社会的演进过程。

奴隶制社会为二极结构，一极为劳动的提供者——奴隶，另一极为劳动的保护者——奴隶主。土地、劳动者和劳动场所固定，要素配置结构无弹性，经济行为军事化，生产效率低下，经济活动无活力。这种结构必然向具有多层次弹性和活力的封建结构演进。

封建私有制下的经济是多层次的。土地、农产品自由买卖以及劳动力自由迁移提高了资源配置效率，形成不同规模层次的农业经济实体。封建社会是二层的，下层由农民组成，上层由官僚、官商和士绅组成。上层社会通过地租、高利贷和各种超经济强制搜刮下层社会的劳动剩余以供其奢侈消费。封建经济的政治等级化结构抑制产业和商品经济发展，必然被资本主义的地位平等的市场经济结构所替代。

资本主义经济和现代经济已构成巨大复杂的系统结构。专业化和社会化程度越来越高，资本已渗透到每个经济环节。但资本的利润率都在下降，经济增长逐渐依靠科技进步，知识逐步成为一个独立要素发挥作用，横向经济联系强化，社会经济逐渐呈现出多元网络结构。

7）各历史发展阶段最稀缺要素的替代

每个历史阶段有各自不同的最稀缺生产要素，最稀缺生产要素决定了生产可能性曲线的位置。换言之，最稀缺生产要素决定了“蛋糕”的大小。为了将“蛋糕”做大，就必须增加最稀缺生产要素，或用丰富的要素替代稀缺要素，以各种措施降低最稀缺要素的稀缺性。

在劳动为最稀缺要素的社会里，为了增加劳动而增加人口，为了替代劳动力而驯养家畜，开垦荒地改进工具，广种薄收等，从而改变了劳动力与自然资源的配置结构。在劳动保护能力稀缺的社会里，暴力是这种稀缺要素的表现形式，发挥规模效应是其特征之一，降低内耗、集中全力对外是提高劳动保护能力的主要手段。由此，国家出现，奴隶逐步得到解放成为农民，而且可以自由迁移，土地和农产品自由买卖，资源配置结构得到一定程度的优化。

在土地为最稀缺要素的社会里，土地关系是社会经济关系的核心。垦荒扩大耕地面积是增加土地要素的主要方式。抑制土地集中是降低土地稀缺性的主要措施。官僚地主强取豪夺，兼并土地，往往使抑制土地集中的政策流于形式。土地兼并越来越强，失地农民越来越多。当无地农民积聚到一定程度时，农民战争爆发。农民战争实际上是土地战争，是土地稀缺性发展到极端的产物。农民战争的结果是改朝换代，土地得以一定程度上的均化，土地稀缺性降低。而后是下一个土地兼并—农民战争—土地均化的循环。土地稀缺引发可替代性要素劳动力的发展。为提高产量必须增加投入，而土地稀缺，只能增加劳动投入，对劳动力需求的增加刺激了人口的高增长。人口增长造成对土地需求的增加，从而加大了土地稀缺性。土地稀缺性引起劳动替代投入过量，造成劳动边际报酬递减，以至为零。农业劳动力价格走低，廉价的劳动力为工业化提供了条件，大量农业劳动力与土地分离而与资本结合，经济结构进化，国民经济转型。

在资本稀缺的社会里，资本积累机制是经济增长的轴心。为增加资本，出现了股份制的社会融资形式，并在此基础上形成了股份制公司，现代企业涌现。增加劳动投入，用劳动替代资本是降低资本稀缺性的措施之一。劳动力包含质和量两个方面：以劳动力量的增加来替代资本表现在劳动密集型经济中；以劳动力质的增加来替代资本表现在技术密集型经济中。

随着文化教育的普及与提高，科技进步，特别是信息技术的迅速发展，劳动者素质不断提高，凝结在劳动者素质中的知识成分比例也逐渐提高，劳动边际报酬也随着提高，当知识相对价格高于资本时，知识就成为最稀缺的要素。社会为增加知识要素而努力，并且以资本替代方式来降低知识的稀缺性，那将是一个知识普及的过程（陈凯，2009）。

2. 创新推动社会经济发展规律

1）创新理念

提起“创新”，一般都会引用西方人称作“创新理论之父”约瑟夫·熊彼特的说法，认为创新是企业家为垄断利润而发起的“创造性破坏”（creative destruction），把一种未曾有过的关于生产要素和生产条件引进生产体系中去，以实现对生产要素或生产条件的“新组合”，表现为一种新的“生产函数”。

熊彼特的创新理论主要包含两部分内容：①最大限度地获取超额利润是创新不竭的动力，创新是经济利益驱动的结果。创新者能从创新中获得私人收益（private benefit），对个人而言，私人收益是效用，对企业而言是利润，而政府支持创新是由于创新的外部性和创新带来的社会收益。②创新是新的技术取代旧的技术。由于这是一种破坏性的过程，对既得利益者造成威胁，创新体系也随着旧均衡的破坏和新均衡的产生而变迁。

无论从时间上说，还是以理论的系统性讲，“创新理论之父”真的轮不上熊彼特，应该是 2000 多年前中国的董仲舒。熊彼特的创新理论是物理功利性的，而董仲舒的创新理论不仅富有物理功利性，而且具有生物再生性。

董仲舒更化论的基础是阴阳五行。创新激励要素有阳必有阴，如果阳者是有形的物质利益，那么阴者则是无形的精神仁义。利与义兼容，两者任何一方都不可偏废。“天之生人也，使人生义与利。利以养其体，义以养其心。心不得义，不能乐；体不得利，不能安。义者，心之养也；利者，体之养也。体莫贵于心，故养莫重于义。”虽“民之皆趋利而不趋义”，但“义之养生人大于利”，故治理者要“重仁廉而轻财利，躬亲职此于上，而万民听生善于下矣。故曰：先王见教之可以化民也”（董仲舒，2012）。

董仲舒认为创新犹如春天草木之生长，是一个传承、再长、发育和成长过程。

“天道积聚众精以为光，圣人积聚众善以为功。故日月之明，非一精之光也；圣人致太平，非一善之功也。明所从生，不可为源，善所从出，不可为端，量势立权，因事制义。故圣人之为天下兴利也，其犹春气之生草也，各因其生小大而量其多少；其为天下除害也，若川渎之写于海也，各顺其势倾侧，而制于南北。故异孔而同归，殊施而钧德，其趣于兴利除害一也。是以兴利之要在于致之，不在于多少；除害之要在于去之，不在于南北。”“生育养长，成而更生，终而复始，其事所以利活民者无已。天虽不言，其欲赡足之意可见也。古之圣人，见天意之厚于人也，故南面而君天下，必以兼利之。”（董仲舒，2012）

创新是新陈代谢的更化，即新要素、新结构和新系统对旧要素、旧结构和旧系统的替代。新，意味着稀缺，稀缺肯定价格高。生产要素价格高，产品成本也高，利润就低。为了降低成本，人们在生产过程中，尽量用非稀缺的廉价要素替代稀缺的昂贵要素，进行要素功能转换及要素重新组合，这个过程称为技术进步及技术创新。可见，创新不是要素，而是要素的新组合。换言之，创新不是“东西”（有形的，如东方木、西方金），而是“南北”（无形的，如南方火、北方水），即创新不是有形的物品，而是无形的手段，它是替代机制作用下的要素不断改变其组合形态的演进过程。

社会经济发展是生产力性质改变的结果，即稀缺要素替代的过程，而稀缺要素替代又是一个创新过程，所以创新是社会经济发展的动力之一。创新驱动主要沿着技术、知识、组织和体系四种路径进行。

2）技术创新

技术创新始于技术与经济相结合。亚当·斯密（2010）在其《国富论》中就曾提出了分工可以提高劳动生产率的思想，分工的结果是带来生产的专业化，从而为创新打造基础。发明和技术变革增强了生产力，是创造国民财富的主要驱动力量。

马克思（2004）也认识到了劳动分工与技术进步之间的内在联系。他在《资本论》第一卷“资本的生产过程”第四篇“相对剩余价值的生产”中论证后得出：劳动的专业化分工是机器产生的前提。

技术被视为人类为达到特定的目的而设计出的方式方法，这种方式主要包括与其有关的知识、过程和人工产品的部分要素（霍尔和罗森伯格，2017）。技术创新就是对前述方式方法的改进。

技术创新是将竞争能力转化为竞争优势的传导机制与循环运动。它更强调以需求和应用为导向，以企业为主体，通过管理和组织创新，挖掘潜力，培育新技术，生产新产品。在科研机构和政府部门协同参与下，改善企业外部创新环境。

技术创新是企业获取有别于竞争者垄断优势的有效途径。从投入产出的视角看，企业内部的制度安排需要致力于激发研发人员的创新活力和能动性，并积极寻求与外部创新资源的对接与联合。围绕企业发展目标和技术创新活动的全过程，开展持续稳定的合作。因此，从这个意义上讲，技术创新是企业主动适应环境变化的理性选择，企业是技术创新活动的主要设计者和推进者。

技术创新的关键在于技术创新能力的传导不同于一般的辐射与平流，而是需要有介质接触才能进行能量、动力与信息的传导。所以，将技术创新能力转化为竞争优势，所需要的传导机制是技术创新活动的投入产出的过程。也正是这一过程的循环运动驱动经济社会不断向前发展（杨东方，2012）。

技术创新是一个全要素参与的创新链组合传导过程，创新链由基础科学—应用科学—实验技术—共性技术—应用技术—专有技术—商业应用连接而成。创新链的每一个环节都承载传递着创新驱动的能力与质量，成功的技术创新活动离不开各个环节之间的有机结合与结构功能匹配。企业与研究机构、高校科研力量的相互协调配合，将技术创新成果转化为生产力。参与技术创新活动的各个主体不仅要合作、促进、提高，还要协调、有序、均衡地发展。沿着技术创新的研究开发链，贯通每一环节，高质量、高效率地运行，推动科学发现、基础研究，向原理样机、应用实验、应用开发研究转化，继而进入中试阶段或转化为生产性技术的应用转化研究，最终实现创新技术或新产品生产技术的产业化和商业化。技术创新大致可分为四个连续的实践环节（李凌，2018）。

第一环节：科学发现与基础研究。推进知识高效流动的“知识分配力”，是影响创新能力和创新绩效的重要因素。基础研究本质上是知识再生产、知识共生产的过程，知识流动的状况不但影响基础研究的能力和水平，也影响基础研究成果的高效应用（李正风和尹雪慧，2012）。基础科学研究（基础研究）是指认识自然现象、揭示自然规律，获取新知识、新原理、新方法的研究活动（金银哲，2011）。

第二环节：原理样机或应用实验、应用开发研究。原理样机是还没有应用功能的仅供使用的模型，试验样机虽然是有实际功能的机器，但尚需通过试验进行对应用技术的开发研究。原理样机或应用实验等应用开发研究，是连接基础研究和应用转化研究的中间环节（这一中间环节如果不通，再好的创新知识和高新技术理论，也难以走出“空中楼阁”），是支撑产业升级和经济发展的新动力（李凌，2018）。

第三环节：中试或转化为生产性技术的应用转化研究。中试是中间性试验的简称，是科技成果向生产力转化的必要环节之一，中试的成败对于创新成果产业化的成败至关重要。有研究表明，科技成果经过中试的，产业化成功率可达80%以上；而未经过中试的，产业化成果率不足30%。因此，要实现科技成果转化与产业化，需要建立旨在进行中间性试验的专业试验基地，通过必要的资金、装备条件和技术支持，对科技成果进行成熟化处理和工业化考验的应用转化研究（曾莉，2010）。

第四环节：产业化和商品化。新技术产业化就是高新技术通过研究、开发、应用、扩散而不断形成产业的过程。它以高技术研究成果为起点，以市场为终点，经过技术开发、产品开发、生产能力开发和市场开发四个不同特征阶段，使知识形态的科研成果转化为物质财富，其最终目的是高新技术产品打入市场，获得高经济效益。高新技术产业化的各阶段相互联系，相互依存，构成了依次递进的线路，使高技术沿着产业链不断向商业化应用端延伸和扩展。新技术商业化则是使新技术充分实现其价值的有效手段，一项创新技术只有实现了商业化，才能真正体现出它对企业和社会的价值，最终促进经济社会的快速发展（李凌，2018）。

3）知识创新

知识创新是指在世界上首次发现、发明、创造、应用某种显著性变化的原理、结构、功能、性质、方法，或首次引入应用知识要素和知识载体的一种新组合（张风和何传启，2005）。

知识创新的载体主要是人力资本。人力资本是通过教育和培训投资形成的无形的知识技能。20 世纪 50 年代末至 60 年代初，美国著名经济学家西奥多 • 舒尔茨（Theodore Schultz）和加里 • 贝克尔（Gary Becker）认为，美国社会经济发展的巨大变化及其内在动力是人力资本，它是推动国家社会经济变迁与革新的主导力量。这一理论把人力资本视作推动经济发展的源泉，把知识创造引入传统的增长理论，突破了传统经济学中物质资本积累、边际生产力递减、无法支撑经济长期增长的局限性。而且在企业资本构成方面，物质资本与人力资本一起构成企业的生产力系统，其中居主导地位的是以知识、技术、信息和能力等为主要内容的人力资本，而不是土地、厂房、物质资料及资金等有形的物质资本。市场经济环境下，在企业的成长、竞争与发展过程中，人力资本的影响力已经逐渐超过了物质资本的影响力，成为企业发展的首要资本，是现代经济发展极其重要的内生变量和决定性要素之一（李凌，2018）。

人力资本在高技术产业的发展中主要通过内部效应和外部效应促进经济增长，而高技术产业本身就有着高智力、知识密集等特点，所以高技术产业中的人力资本具有创造性、异质性、高流动性、低替代性、难以监督性等特殊性（李凌，2018）。

（1）创造性。高技术产业中的人力资本是创造性的人力资本，他们可以不断地改变研发方式、管理方式等来不断改变生产效率，从而促进产业的持续发展。

（2）异质性。高技术产业中的人力资本在通过知识、技术、能力获得基本报酬的同时，更多的是通过技术创新、经营创新及决策管理创新来实现人力资本的边际报酬递增。这种异质性的人力资本在不断提高自身创新能力的同时，更好地促进了技术进一步转化为现实的生产力。

（3）高流动性。高技术产业中的人力资本素质相对较高，而高素质的人才资源就意味着人才流动的高可能性。

（4）低替代性。高技术产业中的人力资本在大部分情况下都是不可替代的，因为在高技术产业中的许多人才都有着特殊的才华，他们的特殊创意，可能会造就一个新的产业出现。高技术产业中的人力资本具有很高的资产专用性，难以替代并且有着较高替代成本。

（5）难以监督性。高技术产业发展中，企业家和研发人员都面临着巨大的研发风险和经营风险，一旦失败，较难确定外部环境因素影响与内部人员主观失误造成损失的比重。此外，高技术产业中大部分是复杂的非程序性脑力劳动，所以对人力资本的效率难以准确计量，从而形成监督困难。

根据高技术产业中的人力资本的上述特征，采取相关政策措施，通过教育、研发和培训等多种渠道，提升人力资本存量，为高涨的知识创新活动及知识经济的兴起奠定扎实的基础。

知识创新主要采用外力推动、契约平台和生态演替三种模式（龚玉玲和杨晔，2010）。

外力推动模式。外力包括知识创新市场需求和条件支持。社会化生产和人民生活水平不断提高对知识的广泛需要是知识创新的直接动力。知识创新提高了生产力水平、提升了劳动效率、降低了劳动成本、减小了劳动强度，知识创新提高了人类的生活质量并扩展了人们的活动空间。供给和需求都是创新成功的重要决定因素，而市场需求和条件支持是创新成功的基础。

契约平台模式。知识创新如果以规范且稳定的方式操作，就形成一种契约平台模式。它是在科研计划管理机构相关条件支持的前提下，以国家、区域、系统、单位等课题或项目的形式予以约定，做出一种硬性创新规定；或是机构、企业、单位、个人等根据自身或约定用户发展的需要部署创新计划。这类科研计划都是以有关合同条款为架构，按照契约的内容进行知识创新，且创新内容、创新标准、创新效果、完成时间、消耗资金等在契约中都有约定，是一种强制性知识创新。

生态演替模式。知识创新过程的长期性和不确定性，决定了知识创新不是一种由发明到扩散的简单线性模式，而是一种交互的学习过程，是不同主体和组织相互作用的产物。知识创新主体是一个由企业、科研机构、教育部门、中介服务机构、供应商和客户等所组成的复合体，知识创新离不开其他知识主体的协作。知识创新活动是一种动态的、相互反馈的非线性过程，也是一种连续性的互动过程。一般知识创新的栖息地，是由大学、研究机构、风险投资机构、高新技术产业、高质量劳动力等多种要素共同构成某种复杂的、动态的、相互依存的演进关系的集群，他们遵循生态学的进化原则，适者生存、优胜劣汰。这是社会竞争的必然，也是生态演替的要求。

以上三种知识创新模式既是相对独立的，也是相互联系的。外力推动型的知识创新模式是一切知识创新的前提和基础，没有市场需要和条件支持，一切知识创新就失去了存在价值。但该模式结构松散，效率低下，缺乏制度保障和竞争环境。契约平台型的知识创新模式具有目标明确、规律规范、拥有一定的强制性等优势，但该模式在指令性计划和职业创新的主导下，有过度实行知识产权保护的嫌疑，缺乏更深入的竞争和活力，往往容易导致知识保护主义。生态演替型的知识创新模式是以外力推动型和契约平台型的知识创新为基础，按照生态系统的竞争法则运行，能者上、庸者下，既尊重社会知识需求需要，又具有一定的契约规范，还能够引入市场化机制，激发创新活力。在克服了前两种创新模式不足的同时，生态演替型的知识创新模式使知识创新更优质高效，更具有生命力与可持续性。

4）组织创新

组织创新是近代西方世界兴起的主要原因。诺斯和托马斯（2014）认为“有效率的经济组织是经济增长的关键，一个有效率的经济组织在西欧的发展正是西方兴起的原因所在”，因为“有效率的组织需要在制度上做出安排和确立所有权以便造成一种刺激，将个人的经济努力变成私人收益率接近社会收益率的活动”，而且化解了风险，稳定了资本（包括人力资本）积累扩张过程。例如，16～17 世纪，荷兰商业组织中的新因素在对公众利用有利的商业机会的方法所进行的创新，这一方法比早先德国和意大利的大而集中的家族公司所使用的方法更加灵活变通。股份公司和代理商就是重要的好例子。在暂时性的组合中，入股的资金使许多小商人可以提供资助远洋航行所必需的大量资金，并使所含的巨大风险得到分担。付出一定佣金利用其他市场上的同行商人进行买卖，也使小商人得以参与本地市场以外的贸易。这些组织技术为小商人提供了参与重大冒险事业和横贯大陆贸易的手段。尽管大体上商人仍组织成家庭经济或小伙伴关系，但他们的方法已比较复杂了。他们不仅对交易的可能性消息灵通，而且善于利用它们。商人的人力资本在这一时期增长惊人。正规商业学校已成为一种公认的做法。复式簿记技术已被广泛传授，并成为标准的会计惯例。

现实世界中任何复杂的生产过程一般都包括了资本、劳动力、土地、专业知识和其他投入的所有者之间的很多交易，而这些交易是存在费用的。如果所有生产都必须通过市场关系进行，那么，对某种物品的生产感兴趣的生产组织者，必须知道与他所进入的交易相关的无数价格，因此，他面临着收集和评价信息的大量费用。另外，他在为每个交易准备、协商以及缔结各种契约性安排时，还需要耗费巨额成本。理性生产组织者总是希望找到一种方式将这些交易费用最小化。而被称为非市场契约性安排的“企业”这种经济组织可以通过交易内在化消除或极大地减少交易费用，因为企业一个契约取代了市场一系列契约。“在企业这一契约中，要素为获取一定报酬（可以是固定的也可以是浮动的），同意在一定限度内服从企业家的指挥。这一契约的本质在于它只能限定企业家的权力范围，他只能在该范围内指挥其他的生产要素。”（Coase，1937）因此，企业成为产业中主要的经济组织。

企业是成本核算单位，企业规模不断扩大，管理成本也会随着增加。当管理成本大于规模效应后，企业规模扩张停止。就企业规模而言，小有小的优势，大有大的难处。农民经济组织的农户，由于家庭血缘关系，其管理成本近乎为零。仅凭这一点，农户就可以在现代企业激烈竞争漩涡中生存。由于农户限制规模效应的发挥，常常被现代经济发展规划列入优化淘汰的对象，一些经济发展管理者也习惯用管理企业的方法管理农户。但农户不是小型企业：①农户劳动不计成本，也无工资成本与利润概念，再小的企业，劳动必须计入成本，并进行成本与利润核算。②农户说的是“生计”，而企业讲的是“利润”。③农户成员关系是血缘亲情关系，而企业劳资关系是雇主与雇员的雇佣关系（马克思称为剥削与被剥削的关系）。④农户几乎没有监督费用，而企业必然有监督成本。⑤再小的企业也是法人，有工商营业执照，投资仅负有限责任，而农户都是自然人，无工商营业执照，投资承担无限责任。⑥农户自己支配的生产要素与企业的生产要素具有本质的差别，企业的生产要素只发挥经济高效功能，而农户的土地、劳动力和资金不仅具有经济高效功能，而且承担着家庭社会福利保障功能。在广大的农村地区，福利保障尚未实现社会化，农户的生产要素经济高效功能很弱，任何圈地连片集中规模开发，都会激化矛盾，导致无序的更低效率。农业经济组织创新及其规模经营的推进速度要与农村福利社会化进展速度相协调。

成本最小化和效率最大化是组织规模的潜在基础。如果大组织比小组织、合作组织比单个组织、联合组织比独立组织的总价值要高，那么组织规模就会扩大；反之，规模就会缩小。

5）体系创新

技术、知识和组织创新的系统化延展形成了创新体系，其不断进化就形成了体系创新。体系创新是集成化的技术、知识和组织创新，它的推动和运行，需要科学发现、基础研究、应用实验开发中试、应用转化研究，直到首次商业化运行的相关机构组成一个协作系统。比较好的选择是由政府、企业、高校、科研机构、智库、教育培训、科技推广和中介之间相互作用形成的多层次隶属关系平台，规划、引领和调控一系列创新的高效运行。

创新体系是一个各创新主体构成的责、权、利空间分布格局，依据一套规划协调各利益主体的行为，配置各方的资源。创新主体建立需要与经济社会发展的阶段水平相一致，不同的经济发展阶段水平，需要定位不同功能的创新主体与之相对应。创新是一个持续不断上升的过程，如果创新主体的功能与社会发展阶段不相一致，那么，创新体系就不能发挥很好的作用。

创新体系是耦合系统，其本质内涵是高效整合：①技术、知识和组织要与市场整合。技术创新成功的标志是技术发明的首次商业化，技术创新成果必须使其发明者获得商业上的成功，满足社会和市场的需求。②创新链的整合。技术创新强调研究要与项目设计部门、发展部门、生产制造部门和营销部门有效整合。③创新项目内外整合。随着科技不断向综合化方向发展、创新所需要技术和知识越来越多，创新项目建立以知识为基础的联系网络成为信息化时代的显著特征，创新项目必须有效利用内部和外部资源。④发展共享经济匹配创新资源。许多创新产品具有公共品性质，其资源也多为公共资源。资源需要根据条块差异做到合理的结构功能匹配。

随着共享经济、服务经济和数字技术的高速发展，特别是互联网和信息技术的应用与普及，产业链在空间和时间维度上压缩，国际贸易和跨国投资借助互联网的力量消除了时空差异，互联网具备无限的虚拟容量，大幅度降低信息不对称，极大地降低了社会经济生活的交易成本，加之网络外部性作用，从而将传统的边际投入收益递减转化为收益递增，通过一系列的创新深刻影响生产、交换、分配和消费各个环节，使传统经济活动不可能做到的大量新的科教文化和商业实践成为可能，使体系创新急速向扁平化和平台化方向转变和发展。

扁平化主要表现为资源纵向流动渠道大量缩减，传统价值链分裂会产生新兴业态，如研发设计、采购、生产制造、销售、售后服务，以及与之耦合的政府科研项目审批、验收、人力资源管理、财务审计管理、法律监管等，分离析出第三方设计和制造机构及代理公司、第三方物流企业、猎头公司、专业咨询公司、会计师事务所、法律事务所等。另外，数字技术和信息化打破传统产业边界固定化及其相互间的分立，使不同产业部门融合，生产交换产品与服务，引领资源能够在更大范围内合理配置，开拓出新市场，巨大利润空间也会形成新兴业态。

网络平台是一种与现实耦合的虚拟空间，该空间可以引领或促成双方以及多家客户之间的交易。基于平台竞争机制形成的资源利用结构形态称为平台经济。平台提供者为供求双方提供信息空间、撮合市场交易、降低交易费用、提升交易效率。平台经济促进产业融合，产业结构组团式优化。基于数字技术和互联网平台的大规模需求导向的集成交易，必将引领要素资源更大范围的高效配置，进而催生更多新产品和新服务。发挥供求双边市场效应，促成消费者网络结构功能与生产者网络结构功能更加匹配，支持金融、财务、法律、物流、技术、人力等资源优化配置和合理流动，体现高质量发展的本质要求。

6）社会创新

“技术-经济”与“社会-制度”是系统耦合的，技术经济快速发展必然引起社会制度的变革。技术、知识、组织和体系创新一定会推动社会创新。社会是资源的空间载体、空间配置和空间流动的创新，通过制度、组织和文化等路径而实现。

土地既是重要的资源，也是资源的载体。有关土地的制度是社会制度的基础，是社会创新的始发者。中国土地制度的变迁过程说明了这一点。

周朝土地分封公有，经济效率低，但国家易控制。春秋时期，齐国管仲对土地进行“均地分力”改革，即国有土地实行使用权平均分配，类似于现代的“联产承包责任制”，极大地调动了农民的生产积极性，加之“国有民营市场经济”的发展，齐国随之称霸。

管仲治理下的齐国称霸后，各国纷纷效仿，改革土地井田制，如“初税亩”“作丘赋”“尽地力之教”，等等。秦国商鞅（公元前 395 年～公元前 338 年）则对井田制进行革命，开阡陌，吸引各国人来秦开荒种地，谁开垦的荒地归谁所有，而且可以交易，土地私有并市场化以及“六废六立”（废宗法，废井田，废封建，废礼乐，废世袭，废末利；立小户，立税赋，立郡县，立军功，立本业）的配套改革彻底解放了秦国生产力，秦国率先崛起并统一全国，这种制度延续了 2000 多年。

土地可以市场化，但买卖的应该是使用权，土地所有权当属国家，不能出卖。秦朝之后土地完全私有市场化形成单一产权结构，政府失去控制它的把手，结果形成如下格局：①土地买卖引发土地兼并，土地落入官僚地主手中，大批农民失去土地破产，被抛向社会；②由于工商业不发达，失地农民难以就业，落草为寇，成为农民土地战争义军；③官僚地主收地租兼放高利贷，其利远高于产业利润，产业实体发展无动力，土地小规模出租，小农经济成常态；④小农积蓄资金置买土地，并非扩大经营而是出租土地收取租金耗散于科举应考，土地规模效应失效；⑤工农业细小化导致产业资本积累扩大机制失灵，致使处于萌芽状态的中国资本主义难以有质的突破。

现在我国执行土地公有制下的国家批租多层次实体使用制度。虽然有些学者认为这种制度存在产权不清、寻租空间大的诸多弊端，但在赋予土地使用者70年使用并可延期的权利下充分调动了土地使用者投入的积极性，同时土地最终所有权归国家节省了巨额土地征收中的交易费用。显然，利远大于弊。当然，还是要继续通过土地法规建设和阳光操作及反腐败行动，最大限度地压缩政府人员的寻租空间。

在土地制度基础上发展起来的劳动、资本、企业、产业、金融、期货、股票、市场交换、分配、消费，以及利率、汇率、税率等构成一个庞大的规则系统。社会上任何一种创新活动都植根于这个广阔的制度框架中，创新是一个规划结构调整的过程。社会创新不是某一个人或某一团体单打独斗就可以实现的，是社会全要素集体的共同努力创造出的公平、合理规划、规范和文化认知，支撑新的领域向前发展。

网络化滋生了大量的交易平台，社会创新得到了新的载体——创新空间。社会创新活动在创新空间内发生、转移、扩散、成长、整合，极大地提升了社会创新的发展速度。

3. 社会经济无害而安平泰发展规律

社会经济发展规律成千上万条，最深刻的莫过于老子的社会经济无害而安平泰发展规律。老子曰：“执大象，天下往。往而不害，安平泰。”（王弼，2011）也就是说，宏观上观察，社会经济永远往前发展，如果发展过程中不出现严重的分化现象，那么社会就会平安和健康。

纵向考察社会经济发展从优到劣，依次可分为“元”“亨”“利”“贞”“悔”“吝”“害”“凶”。“害”表明阴阳分离、分崩离析、两极分化，状态接近“凶”。除去“害”及其两边的“吝”和“凶”，“元”“亨”“利”“贞”都是安平泰的状态。“悔”是由“坏”变“好”的临界点，为“渐吉”（陈凯，2015）。

阴阳阖之为“元”，是人们追求的团圆、和谐和统一状态。“阖家幸福”是中国人相互祝福的最佳用语。正是这种阖之吉、分之害的理念，促成了中华民族大统一的格局。纵观中国几千年的变迁史，天下合久必分，分久必合，但大统一的时间远大于分裂的时间。当然，中华 56 个民族生活在一个大家庭中，除去大统一大吉利的理念之外，还有其独特的社会经济结构和行之有效的去害的治理措施。

1）大统一的超稳定结构

如图 3-1 所示，国家社会经济及治理被纳入一个“九宫八卦”之中，中央调动周围八宫的资源，使其整体及各部分组成的结构与功能相匹配，维持大统一的格局动态平衡。

建筑物得以保持一体是因为有混凝土的黏合，社会各部分统一靠通信“黏合”（维纳，1978）。中国大统一格局的黏合主要是靠儒生（金观涛和刘青峰，2011）。

儒生又称士，位居九宫，排在士、农、工、商之首，是社会精英。古代中国知识分子，主要出身于富裕农民家庭，从小饱读诗书，熟习儒家经典，大部分通过科举或其他途径被选拔为国家官员，小部分为乡村绅士，是民间自治组织的领袖。

儒生政治观点、意识形态和人伦首先与社会主体取向同一，社会流动性大，组织能力强，能耦合意识形态结构、政治治理结构和社会经济结构，将国家一体化意识形态融入每个人的日常生活中。

2）抑制两极分化

无害就是社会无两极分化。孔子在《论语·季氏篇第十六》中指出：“闻有国有家者，不患寡而患不均，不患贫而患不安。盖均无贫，和无寡，安无倾。”（孟子等，2009）历史上，每个王朝初期自耕农占的比例较大，由于土地自由买卖，官僚地主集租、税、费和高利贷于一体，通过各种手段兼并土地，将自耕农的土地化为己有。大量自耕农失去土地成为无业游民。两极分化加剧，社会失去安平泰。历代国君都采取措施抑制土地兼并：①下令取缔土地买卖。如唐高宗曾发布“禁买卖世业分田”，唐玄宗下令“天下百姓口分永业田，频有处分，不许买卖典贴”，“若有违犯，科谴敕罪”。②均田。如北魏孝文帝颁布均田令，对不同性别的成年百姓和奴婢、耕地都做了详尽的受田规定。③对土地财产增税。如汉武帝实行算缗制度，让地主自报财产，按其值的 10%征税。如地主不肯如实上报资产，隐瞒、转移等，知情者可告发。被告者，如查证属实，财产全部没收，本人充军一年，被没收的财产一半分告发者。但封建君主作为地主阶级的代表，抑制土地兼并法令往往“雷声大，雨点小”。当社会两极分化矛盾达到不可调和时，社会不得不以农民土地战争的形式进行强制除害措施。

3）遏制分裂

周天子统一天下，分封诸侯，最终国家分裂。汉高祖分封皇亲国戚和有功之臣为“列候”和“诸侯王”，结果导致吴楚七国之乱。鉴于历史教训，公元 631 年唐太宗拟实行一种宗室勋贵的世袭州刺史制度，即刻遭众儒臣上书谏阻，未能实施。明清建朝初期分封藩王，都出现藩王之乱。因此，国家应在独立萌芽阶段就开始遏制分裂，从人力资源上削减分裂势力。

限制人身依附关系的发展不仅可以培育市场经济主体独立人格，而且可以抑制地主佃户的农奴化，削弱皇室、贵族、豪门望族和大地主的雇工、奴婢、仆役的私产化倾向。秦汉时代，已不允许对奴婢动用私刑，杀奴的权力已收归国家。秦律规定：小隶臣“非疾死者，以其诊书告官论文”。汉代，已禁止报官杀奴，奴婢“犯法”要由国家处置。西汉董仲舒建议除去主人杀奴之威。西汉末年，王莽之子杀奴婢，王莽追其自杀。宋代法律已严禁私设公堂、“私第处罚”。北宋国家保护客户在生产上的权益不受抑制，佃户有退佃的权利，如果主人非理阻拦，可以向官府起诉（徐松，1957）。

军事割据是对国家统一的最大威胁，中国历代皇帝牢牢掌握着军队的指挥权和统率权，带兵的武官只有军队的管理权，调动军队的“虎符”一半在皇帝手中，而且军队实战也是在皇帝亲信的“监军”监督下执行。除镇守边疆将领外，内地将领“前后命帅，皆用儒臣”（刘昫，1975）。

3.2.3　治理机制

1. 顺势而为

“欲粟者务时，欲治者因世（势）”（桓宽，2017），王夫子（2013b）在《宋论》中曰“顺必然之势者，理也。理之自然者，天也”，又曰“天者，理而已矣；理者，势之顺而已矣”。董仲舒（2012）指出：“故为治，逆之则乱，顺之则治。”社会经济之治理，顺势而为。

1）治理之势

古代国家治理中的“势”，某种含义类似于现代语言中的“政权”。我们强调权力在人民，古代则强调权力在君主。如《管子》中有“明主之治天下也，威势独在于主而不与臣共，法政独制于主而不从臣出”“凡人君之所以为君者，势也。故人君失势，则臣制之矣。势在下，则君制于臣矣；势在上，则臣制于君矣”“权势者，人主之所独守也。故人主失守则危”（管子，2015）。

商鞅（2011）对“势”的意义做了进一步的解释：“凡知道者，势、数也，故先王不恃其强，而恃其势；不恃其信，而恃其数。今夫飞蓬遇飘风而行千里，乘风之势也；探渊者知千仞之深，悬绳之数也。故托其势者，虽远必至；守其数者，虽深必得。”

韩非子对势的解释较为详细，他认为：“柄者，杀生之制也；势者，胜众之资也。”也就是说，势为生杀大权和控制群众的资本。

韩非子认为国家治理任贤不如任势。“民者固服于势，寡能怀于义。”“上古竞于道德，中世逐于智谋，当今争于气力。”国内民众服从于权势，国家之间只承认实力。韩非子谈到治理时，强调依势压服，否定儒家的以理服人的思想。

治理要守自然之道，法、术、势兼备，名正言顺。《韩非子·功名》写道：

“明君之所以立功成名者四：一曰天时，二曰人心，三曰技能，四曰势位。非天时，虽十尧不能冬生一穗；逆人心，虽贲、育不能尽人力。故得天时则不务而自生，得人心，则不趣而自劝；因技能则不急而自疾；得势位则不推进而名成。若水之流，若船之浮。守自然之道，行毋穷之令，故曰明主。

夫有材而无势，虽贤不能制不肖。故立尺材于高山之上，下则临千仞之谷，材非长也，位高也。桀为天子，能制天下，非贤也，势重也；尧为匹夫，不能正三家，非不肖也，位卑也。千钧得船则浮，锱铢失船则沉，非千钧轻锱铢重也，有势之与无势也。故短之临高也以位，不肖之制贤也以势。人主者，天下一力以共载之，故安；众同心以共立之，故尊。人臣守所长，尽所能，故忠。以尊主御忠臣，则长乐生而功名成。名实相持而成，形影相应而立，故臣主同欲而异使。人主之患在莫之应，故曰，一手独拍，虽疾无声。人臣之忧在不得一，故曰，右手画圆，左手画方，不能两成。故曰，至治之国，君若桴，臣若鼓，技若车，事若马。故人有余力易于应，而技有余巧便于事。立功者不足于力，亲近者不足于信，成名者不足于势。近者不亲，而远者不结，则名不称实者也。圣人德若尧、舜，行若伯夷，而位不载于世，则功不立，名不遂。故古之能致功名者，众人助之以力，近者结之以成，远者誉之以名，尊者载之以势。如此，故太山之功长立于国家，而日月之名久著于天地。此尧之所以南面而守名，舜之所以北面而效功也。”

韩非子认为治理应符合天道。天道从众。“为治者用众而舍寡。”遁天道不是被动适应，而当主动为之。商鞅、慎到、申不害三人分别提倡重法、重势、重术，韩非子综合了他们的思想，提出了法、术和势整合的理论。用现代语言概括，法是规范，术是司法的手段，势是执法的资本。“抱法处势则治，背法去势则乱。”“无威严之势，赏罚之法，虽尧舜不能以为治。”

韩非子遵循规律的法、术、势整合方法是国家治理理论的重要组成部分，其精华仍有借鉴的现实意义。秦国用该理论先后征服了东方六国，实现了国家的统一。不过该理论也强化了秦的强权政治的暴力化倾向，毁灭了先秦时代思想领域的竞争与繁荣，破坏了经济均衡秩序，从而导致秦二世的灭亡。但秦的政治治理体系并未消亡，而是被后续王朝所传承。

2）势中之序

势多指发展趋势。发展趋势是发展规律的表达，也是发展秩序的体现。

秩序指的是系统要素的时空动态有序化排列，社会经济秩序是资源利用时空关系的合成演化形式，即社会经济运行规律的程式化的体现过程。“道无方，而位物于有方。”“道无体，以成事之有体。”（王夫之，2013a）秩序是经济社会运行机制的表现形式，是行为主体规范，既有底线，又有规矩。孟子等（2009）

《论语·为政》中有“道（规律）之以德（机制），齐之以礼（秩序），有耻（底线）且格（规矩）”。

秩序变动主要因素有要素异质性、要素相位和时空扩缩。哈耶克（2000）指出：“秩序的重要性和价值会随着构成因素多样性的发展而增加，而更大的秩序又会提高多样性的价值，由此使人类合作秩序的发展变得无限广阔。”

（1）市场经济秩序扩展。

市场经济秩序是从生产领域开始的，马克思（1979）指出：“在再生产的行为本身中，不但客观条件改变着，而且生产者也改变着，炼出新的品质，通过生产而发展和改造着自身，造成新的力量和新的观念，造成新的交往方式、新的需要和新的语言。”中国经济改革是从农村联产承包开始的，而后承包制扩展到乡镇企业、城市工业，以及各种经济组织。契约现象成为人们日常生活中一种最普遍、最基本的现象，它不仅成为构建新型社会关系和社会组织的一种可供借用的理论资源，而且在人们的思想中产生了新的范式，用以解释人们普遍接触的各种契约关系。与此同时，各种旨在维护市场主体权益和降低市场交易成本的社会中介组织开始出现，现代扩展性市场经济开始发育成长，进而整个社会结构、政治制度、文化体系乃至社会行为主体精神世界都发生持续性的深刻变革，各种现代性因素错综复杂的互动关系，共同构成了人类文明秩序的扩展进程。市场主体的发育壮大，促进了社会个体权利意识、平等意识、法律意识和民主意识的觉醒，造就了新的社会行为主体。市场经济体系的发育，不仅改变了经济生活的节奏，而且重塑了整个社会生活规则。随着市场逻辑向社会生活各个领域的全面渗透，市场体系及与之相适应、相补充的政治制度、社会结构和文化体系共同构成了一个庞大的市场社会生活秩序（何显明，2008）。

（2）国家治理面临新挑战。

随着市场化改革的深入，社会资源配置方式深刻变迁，极大地促进了社会生活秩序的结构性变迁。从社会个体的生存方式、思维方式和价值观念到社会关系的构成规则，从社会组织的行为逻辑到各级政府的角色定位及其合法性基础，从经济、社会体制到国家与社会关系等，无一不正在经历着一场历史性的变革。国家传统治理体系面临新变化（何显明，2008）。

第一，市场化进程中社会个体权利意识出现历史性觉醒，民众对自身合法权益的执着捍卫，表明法律意识、平等意识、民主意识日益增强，将会以各种方式拒斥公权的任意扩张，自上而下的强制行为将面临越来越大的社会阻力。老百姓不仅不会奉献自己的合法权益，而且还可能公然质疑政府行为的合法性和合理性。

第二，市场化进程中社会资源的日益分散化，导致政府再也无法通过垄断社会资源来控制社会成员，维护封闭的社会秩序。在计划经济时代，国家（政府）

的权威性及其实现的“统一思想、统一意志、统一行动、统一步调”的社会控制，如行政指令、红头文件、政治动员以及意识形态宣传等，是建立在国家垄断所有社会资源，社会成员的生存与发展完全依附于国家基础之上。市场化进程中社会个体和社会组织资源获取和利益实现的渠道、方式的日益多元化，从根本上改变了社会成员不得不完全依附于国家的局面。于是，国家与社会个体和组织的关系不再是传统的命令服从关系，而是嵌入了大量横向的契约性关系和博弈性行为。在市场主体依赖地方政府获取某些稀缺资源，并利用权力的庇护关系规避政治和政策的任意干涉的同时，地方政府也依赖私营企业解决当地的就业问题，加快地方经济的发展。在激烈的区域发展竞争面前，通过经济增长绩效、社会治理绩效来争取地方民众特别是地方精英的支持，已经成为地方政府巩固自己权威的重要途径。过去那些成效显著的社会控制机制，实施成本日益提高，而实际效果却日益式微。治理资源的重新挖掘和治理方式、治理手段不得不进行创新。

第三，市场化进程中社会大流动的开放性格局，导致国家（政府）无法借助以往的城乡分割以及严格的户籍管理体制，对社会秩序进行静态的网格状管理。市场体系的扩展，社会多层次、全方位的开放，必然带来各种社会资源和生产要素在越来越大的空间范围的自由流动，带来社会成员日益频繁的机械流动和有机流动。原先依赖森严的户籍制度实施的社会福利匹配管理遇到了严峻的挑战。同时，随着市场体系不断突破地域性的限制，经济区域与行政区域的重合性日益降低，传统的等级制的行政体制弊端也日益明显地暴露出来。

第四，社会利益结构的日益分化，导致各级政府越来越难以以全民利益或公共利益的天然代表身份进行公共决策和利益整合。竞争机制是市场机制的核心。社会资源的稀缺性决定了只要我们承认社会个体的自主选择权利，社会成员对稀缺性资源的竞争就无法避免。有竞争，就会有成功和失败，就会有社会利益格局的分化。依法享有各项民主权利，享有市场主体自主选择权利的社会成员，根据自身的价值偏好努力实现个人收益的最大化，由此导致社会利益不断分化，并在这种分化过程中形成各种利益矛盾和利益冲突，这是现代开放社会的生活常态。在社会利益高度分化的背景下，社会阶层分化达到一定的复杂程度时，社会往往很难形成某种一致的选择，或对事物进行一致的优劣排序。政府如何从利益的直接分配者转变为社会利益冲突的协调者，通过建立有效的公共选择机制，避免社会两极分化和社会阶层矛盾激化冲突，实现多元利益主体共存双赢，就成为公共决策面临的一个新的重大课题。

第五，市场机制在社会资源配置中的基础性地位的奠定，使得政府角色的重塑、政府功能的再造问题变得日益紧迫。一方面，市场主体的充分发育及其在私人物品供给方面所发挥的主导作用，要求政府必须加快退出竞争性领域；另一方面，市场失灵现象的广泛存在，以及公众日益增长的公共服务需求，又要求政府切实承担起公共物品供给的职责。于是，政府角色的转型，就成为市场化进程中公共管理体系改革的主题。

第六，市场体系扩展导致中国经济日益广泛、深入地融入世界经济一体化进程，以及外来资本大量涌入中国，并渗入到各种经济社会生活过程之中，也使各级政府的管理模式和行为方式遇到了前所未有的挑战。一方面，各级政府都面临着“入世”带来的按国际规则办事的考验；另一方面，经济、文化及政治的全球化，又要求各级政府能够有效地应对世界文明的示范效应所撩拨起来的公众对政府行为的种种可能超前的期待。

第七，市场化进程所交织的社会结构转型与体制转轨的社会大变革，使各级政府应对社会风险的能力面临巨大的挑战。从某种意义上说，转型期中国社会面临的潜在的社会风险挑战是空前的。这里既有西方某些国家“民主模式渗透与颠覆”风险，也有全球化高科技风险、生态风险和社会风险（乌尔里希·贝克，2018），更有中国特有的社会转型与体制转轨交织，以及现代化时序错位、发展战略失误带来的特殊风险，还有国家人口和疆域的超大规模对各种风险的放大作用。而在社会生活秩序已经发生重大变迁的背景下，政府既无法单方面应对各种突如其来的风险，又无法像以往那样通过垄断社会资源来实现全民动员，而迫切需要建立适应新的社会生活秩序的公共事务管理模式。

（3）民主治理讨论。

全面推进依法治国必须走对路。要从中国国情和实际出发，走适合自己的法治道路，决不能照搬别国模式和做法，决不能走西方“宪政”“三权鼎立”“司法独立”的路子（习近平，2018）。

比较成熟的国家治理理论出自古代中国，但现在学术界治理理论则引自西方。人们在有关“治理”概念的理解和运用上分歧较大，但并不影响在一些基本问题上的讨论，其中也不乏形成许多共识。

治理行为主体。传统治理主体被认为是一元的，即以政府或公共机构为唯一权威主体，而现代意义上的治理是多元的。“现代意义上的治理将打破传统的以政府或公共机构为唯一权威主体的模式，参与公共事务治理的既可以是公共机构，也可以是私人机构，或公共机构和私人机构的合作。多元性的治理主体通过相互沟通、相互合作，共同形成一种多中心、互动式、开放型的治理结构。”（何显明，2008）“各国政府并不完全垄断一切合法的权力，政府之外，社会上还有一些其他机构和单位负责维持秩序，参加经济和社会调节。”（塞纳克伦斯，2000）确切地说，“治理是政治国家与公民社会的合作、政府与非政府的合作、公共机构与私人机构的合作、强制与自愿的合作。”（俞可平，2002）治理主体再增加，也不会降低政府作为治理核心的主导作用。越是多元，越需要整合，政府统帅的角色会越强。

治理运行模式。“从权力运作向度和方式来看，现代意义上的治理将改变传统的单向度的自上而下权力运作模式，建立起一种上下互动、权力双向运行的管理模式，通过合作、协商、伙伴关系等方式实施对公共事务的有效管理。”（何显明，2008）俞可平（2016）认为，自上而下权力运作是“统治”，现代国家治理的本质是民主治理。“治理的概念是，它所要创造的结构或秩序不能由外部强加；它发挥作用，要依靠多种进行统治的以及互相发生影响的行为者的互动。”（斯托克，1999）权力运作方式的这种改革，意味着从等级行政向复合行政的转变。参与治理的行为主体在此不再形成一种等级式的隶属关系，而是结成一种平等的合作关系或伙伴关系，它们通过多元互动，找到共同的利益和目标。由此，“参与”、“谈判”和“协商”成为治理的三大关键词（唐贤兴，2000）。将中国传统治理模式称作“单向度的自上而下权力运作”是一种误解，中国四维治理模式强调纵向与横向的均衡、上下关系的和谐、左右结构功能的匹配。中国传统治理模式有坚实的哲学基础，《周易》中的“连山易”和“归藏易”就是分别量化社会经济纵向和横向关系的方法（陈凯，2015）。

协商民主（deliberative democracy）。当今西方政治思想学者（博曼和雷吉，2006）根据政治选举之后公共事务治理存在的问题，提出通过完善治理过程的民主程序，建立公民广泛参与的民主协商机制，通过自由平等的对话来消除冲突，保证公共理性和普遍利益的实现，扩大公共政策的合法性基础，从而有效地回应多元文化和多元社会的不同利益诉求，增进政治话语的相互理解。国内学者（陈家刚，2007）认为，协商民主的核心概念是协商或公共协商，强调对话、讨论、辩论、审议与共识。协商民主既可以理解为一种公民广泛的直接参与的治理形式，也可以理解为一种每个参与者能够自由表达、愿意倾听并考虑相反的观点的公共政策的民主决策机制。协商民主不是对占据西方主流地位的代议制民主的代替，而是对它的补充。它试图将协商从一种政治手段上升为多样化的制度安排，把协商主体从精英扩展到广大公民，促使现代民主从注重选举，转向关注政治与行政的微观具体过程。

西方学者协商民主的民主治理理论是在西方现有的宪政体制和代议制民主的政治框架下，优化社会治理结构和公共选择机制的理论尝试。它们不是对西方现有治理模式的制度框架的否定，而是试图从运行机制或微观机制上对此进行补充和完善。作为正在致力于民主政治建设的转型国家，有着根本不同的政治前提和制度环境。忽视这一前提，单纯用民主治理和协商民主理论来阐释中国政府创新实践，有可能造成对这一创新实践的内生逻辑的严重误读，以多中心治理和协商民主来展望、设定政府创新实践的前景，甚至以此作为中国行政体制改革和民主政治发展的主题，则可能陷入政治发展的误区。创新协商民主的制度形式，从微观政治或治理层面丰富民主参与的渠道，当然有着重要的现实意义，但是我们却不能因为它容易为既有政治制度框架容纳而过度拔高协商民主的功能，甚至视之为民主政治建设的主体工程。否则，极易造成对本根性问题的遮蔽。同样，推进政府与民间组织及公民的合作治理，如果忽视了对政府权限、职责的严格界定，则可能演变出政府权限没有得到有效限制，其职责却因多元治理而被进一步模糊的糟糕局面（何显明，2008）。

在西方主导的民主治理语境中，西方民主治理标榜为具有普世价值的绝对优秀治理模式，而中国社会主义民主治理被认为是“集权统治”或“集中治理”的终将被代替的落后治理模式。其实，作为社会经济发展规律及其运行机制的管理方式的西方“民主治理”与中国“集中治理”无优劣之分，只有适用与否之别。民主体现在政府行政的全过程，西方全民初选出的领导人，在其大位到手后，再无实质性约束，可一意孤行，肆意妄为。这种先民主后独裁的决策过程，无科学性而言，更容易脱离客观规律；而中国社会主义民主，在初选领导人时进行了严格的民主程序，如组织部门的多层次民众打分评价、财务部门的审计、纪检部门廉政考察、业务部门的绩效考核、精英阶层的协商推荐、党政联席会议的民主讨论、人民代表大会或职工代表大会的投票表决，确保优秀人才进入领导层。基层领导和村委委员则实行村民一人一票全民选举，保证基础政权牢牢掌握在人民手中。中国各级领导层都由一个委员会组成，每一个行政决策，事先须经充分的科学论证，形成决议后投票表决通过，才能形成政策执行。中国政体实行民主集中制，在民主与集中间取得均衡，既保证充分的民主，又避免了可能产生的偏差。

3）治理导向

新时代的国家治理体系和治理能力现代化，中国已经明确表示，决不能走西方“宪政”“三权鼎立”“司法独立”的路子，而是在中国特色社会主义民主制度框架内对治理资源的充分发掘与利用，降低交易费用，由中国共产党领导人民建构发达民主国家的路径。

（1）国家治理现代化的文化意蕴。

任何一种制度形态都有与之相匹配的文化基础，中国文化有无限的包容性，能容纳不同地域各种异质性文化而和谐共荣。中国包容性文化有坚实的哲学基础。如图 3-2 所示，看似水（壬）火（丙）互不相容的东西，其实是可以化为一体的。壬水与丙火势不两立，壬水（阳）欲将敌方丙火（阴）灭之。但处在下风的火不想与上风的水正面冲突，于是丙将其“妹妹”丁“嫁”给壬，丁（阴）壬（阳）结为“夫妻”，合化为木，木生火，双方成为秦晋而耦合一体；又如图 3-3 所示，北方的子水，正面受到南方午火的冲煞，子水不但可以整合同一生命周期中的质变点辰（水库）和申（水长生）“三合”得以补充，积蓄而增强自己的力量，同时“子”也可以找“午”火的亲密战友“寅”和“戌”去与“午”火进行合作，以“贪合忘冲”之原理，分散转移火对水的冲击力，化解矛盾，组成一个利益相关的网络系统。受此理念的影响，人们一般在自家门前两侧立上一对石狮子（寅虎的同类），以此化解一切迎面冲来的煞气。中国文化“以人为本”(房玄龄，2015)，其他一切都是“末”，是手段，可用易学原理变通融合。

西方自由主义公民型的政治文化，中国拿来并非替代自己集中统一文化，而是选择性吸收其精华补充完善自己的治理方式方法，形成中国特有的民主集中制文化。社会主义国家并不反对民主，认为民主是现代化治理模式的本质与核心，“人民主权”和“人民当家做主”，以及“确保人民真正享有管理国家和社会的主人权利”一直是中国政治文化的根本价值指向。十九大报告郑重提出“以人民为中心”的发展思想，要“健全人民当家做主制度体系，发展社会主义民主政治”，“要体现人民意志、保障人民权益、激发人民创造活力，用制度体系保证人民当家做主”。

西方政治文化中共和主义对公民美德、责任、参与、国家认同等价值理念与中国传统政治文化资源中的“共和”理想多有契合，也与当代中国社会主义核心价值观及在其指引下的国家治理理念相吻合。党的十九大报告提出，培育和践行社会主义核心价值观，“要以培养担当民族复兴大任的时代新人为着眼点，强化教育引导、实践养成、制度保障……把社会主义核心价值观融入社会发展各方面，转化为人们的情感认同和行为习惯”“广泛开展理想信念教育，深化中国特色社会主义和中国梦宣传教育，弘扬民族精神和时代精神，加强爱国主义、集体主义、社会主义教育，引导人们树立正确的历史观、民族观、国家观、文化观。深入实施公民道德建设工程，推进社会公德、职业道德、家庭美德、个人品德建设，激励人们向上向善、孝老爱亲，忠于祖国、忠于人民”。

(2)把握民主与集中的平衡关系。

中国国家治理采用民主与集中制，集中国传统治理的精华与现代国家治理的文明成果，形成相对西方民主更为优越的中国特色社会主义民主制度体系。这种实体民主在国家与社会治理过程中要能得到有效的运转，必须战胜并克服一系列的挑战和困境，不断调整姿态，时刻把握民主与集中的平衡关系。

弱化管控型思维。子曰：“民可使由之，不可使知之。”(孟子等，2009)从政声称民之父母官，是封建官僚的自我期允。国家管理为“牧民”，人民是被管控和教化的对象。中华人民共和国成立后，人民当家做主。但行政管理“代民做主”的思维仍然根深蒂固。随着改革开放的推进和市场经济的开启，我国的民主集中制度逐渐深入，民众公民意识逐渐增强和成熟。去除管控型思维定式成为必然，民主决策成为法定的程序。

强化程序性民主。实体民主与程序民主是民主政治建设的两个基本维度。实体民主侧重强调民主的价值性内涵和目标性设定，具有一定的抽象性和概括性，程序民主则更为注重民主的过程、规则、机制和策略，具有一定的具体性和应用性。我国以国体、政体和基本政治制度确立的主权在民的原则和人民当家做主的地位，为民主发展确定了最终价值和理想追求，但有时过分注重结果正义而忽视程序正义，甚至认为在最终价值追求的过程中可以采取代民做主的手段，为一些机会主义者压制民意、滥用权力提供了制度空间；程序民主体现在治理领域，是对国家政治制度的具体运作和程序设定，以过程化、规则化、程序化确保人民主权的实现。一定程度上而言，“没有程序，就没有现代文明的政治秩序；没有程序理性，就没有现代文明的政治秩序的理想境界”（朱海英，2004）。我们要十分重视民主的具体实施过程，在立法、决策、执行、司法、监督、选举、管理、公开等各个领域确定民主程序并纳入法律体系。建立并完善程序性的保障机制。实现民主程序的细致化和可操作化。

（3）重在创新及提高治理质量。

政府治理能力的衡量标准不仅是经济增长与维持稳定局面方面，其重心考察的是对国家核心制度与基本制度的执行与创新能力，以及治理质量的提高。随着中国经济的发展，转型期的矛盾会越来越凸显和扩大，社会对政府治理效果标准会越来越高，发展主义思路、经济绩效导向的评价、强力维持稳定的措施等已不足以满足人民对国家治理预期的要求，只有通过国家治理制度不断创新才能使国家摆脱转型期的困境，保持经济新常态下的国家有序化发展。

在新时代的国家治理中，我们应该贯彻党的十九大报告倡导的新发展理念，更加注重治理的体制机制创新，提高治理质量。而要实现政府治理能力由经济发展向制度创新和治理质量提升的转变，首先要改变我国政府官员的晋升机制，由以GDP经济绩效为中心转向对善治绩效的衡量；进一步建立健全政治绩效的测评指标体系，把民生、民主和人民福祉提高能力及法治建设能力作为硬性指标，并加大民意在民主测评中的分量；鼓励地方制度创新，加大对官方或民间智库为政府治理创新奖和社会治理创新奖评定的支持力度，继续坚持以组织为主体的奖项评定的同时，增设个人创新奖项，对在国家治理领域具有创新性精神和创新性措施的个人进行奖励。同时要努力寻求政府与智库组织的合作机制，对由智库评定的创新组织或个人予以官方确认，构建创新及提高治理质量激励机制（罗大蒙，2018）。

（4）支持地方政府创新实践。

支持地方政府创新实践，促进传统治理模式向现代治理模式变迁，能以较少的成本实践治理预期发生机理和演进逻辑。地方政府创新是适应市场化进程所引致的经济社会生活秩序变迁对公共事务管理模式挑战的产物，是政府转型与民主政治发展双重历史主题在政府角色及其行为模式变迁上的反映。它适应了中国民主政治发展和政治行政体制改革微观先行的政治逻辑，反映了地方政府作为国家政治意志的代理人和地方公共事务治理主体，通过创新政府运行机制，将体制内资源和体制外资源、传统控制机制与现代治理技术有机整合在一起，努力提升公共事务治理的有效性，以缓解传统治理模式危机的努力（何显明，2008）。

2. 无为而治

“无为而治”是《道德经》最为鲜明的主张。从字面上讲，“无为”就是无所事事，什么都不做，无所作为。关于老子“无为”而治的思想，一般理解是一种“不作为”的主张，表现的是一种消极无为的政治态度，或者对万物的发展不加干预，任其发展，放任自流。但认真体悟《道德经》，不难发现，这样理解“无为而治”甚为偏颇。其实，“无为而治”是指无形的治理、遵道的治理和道化万物的治理。

1）无形的治理

治理是统筹运作系统化、层次化和程式化规律及机制的整合。社会经济组织活动是有形的，而其规律是无形的。基于社会经济发展规律基础上的社会经济组织活动治理机制应该是无形治理与有形治理的结合。

《道德经》开章写道：世界是物质的，物质存在粒子性和波动性两种状态（同出而异名），当在牛顿力学科学层次上观察对象时，物质呈粒子态，它是有形的，有关信息是显性的，如经济活动中的有形资源、企业、法规条例、国家机器等，我们可以对它定义（可名）用以观其徼（状态、模式、结构、边界、终结、结果）；当在量子和灵子物理科学层次上观察对象时，物质呈现波的性状，有关信息是隐性的，如意识形态、人文精神、教化思想、道德理念等，对这种非常状态，我们用以观其妙（趋势、频率、概率、联系、程序、过程）。物质处在常态（有粒子态），我们可以对其描述、分析和测度（可名），揭示其规律（可道）；物质处于非常态（无量子态），其机理是一种非常道，我们只能利用现有技术将其隐性信息转换为显性信息，将非常道转换为常道。在这种信息传递、变通、转换（玄之又玄）中，重在把握转换的机制与要领（门），这种信息转换的法门就是周易八卦（陈凯，2015）。

人的行为受其思想所支配。对人的治理实际上是对其思想的引导、感召和同化。“王者乘势，圣人乘幼，与物皆宜”（房玄龄，2015）。作为国家领导者，要树立、维护和推行自己国家和民族的意识形态、价值体系和行为规则。习近平同志在十九大报告中指出，培育和践行社会主义核心价值观……要以培养担当民族复兴大任的时代新人为着眼点，强化教育引导、实践养成、制度保障，发挥社会主义核心价值观对国民教育、精神文明创建、精神文化产品创作生产传播的引领作用，把社会主义核心价值观融入社会发展各方面，转化为人们的情感认同和行为习惯[①]。

社会主义核心价值观基本内容包括富强、民主、文明、和谐、自由、平等、公正、法治、爱国、敬业、诚信、友善。这24个字的社会主义核心价值观分三个

① 习近平：决胜全面建成小康社会 夺取新时代中国特色社会主义伟大胜利——在中国共产党第十九次全国代表大会上的报告. 2017-10-27. http://www.gov.cn/zhuanti/2017-10/27/content-5234876.htm

层次：富强、民主、文明、和谐是国家层面的价值目标；自由、平等、公正、法治是社会层面的价值取向；爱国、敬业、诚信、友善是公民个人层面的价值准则。

《管子·乘马》曰："无为者帝，为而无以为者王，为而不贵者霸，不自以为所贵，则君道也。贵而不过度，则臣道也。"（房玄龄，2015）"无为而治"是精神领袖所为，能做到者，可成为国家最高领导人。政府各部门为政而不为政务所累，显得无可操劳的，是把握住了社会经济发展规律和治理机制的称职官员。为官平易近人、谦虚谨慎、廉洁奉公，不超越应守的规范。

2）遵道的治理

"无为而治"的"无为"是指凡事要"顺天之时，随地之性，因人之心"，不能凭主观愿望和想象行事，无主观臆断的作为，无人为之为，是一切遵循客观规律的行为。只有按照事物发展的规律办事，因势利导，善于把不利转化为有利条件，才能成功。"无为"就是科学地、合理地、客观务实地作为，也就是言行实事求是，与时俱进。它不走极端，也不消极，而是积极地遵循规律的作为。

（1）有所为与有所不为。

"无为而治"的治理思想第一层含义是在决策上应"有所为，有所不为"，即要求管理者在"小事"上有所不为，在"大事"上有所为。只有在"小事"上有所不为，然后才能在"大事"有所作为。汉代学者刘向指出："将治大者不治小，成大功者不小苛。"

在现代企业的管理中，任何一个管理者都会遇到两类事情：一类是事关企业全局和长远利益的大事；另一类是相对次要的琐碎的小事。随着经济的快速发展，各种企业的规模都在迅速地扩大，部门层次增多，即使是精明能干、智慧超群的企业家，也无法事无巨细，事事"有为"。因为任何一个管理人员的能力、体力、时间都是有限的，而不是法力无边的"神"，所以一个高层的管理人员应做到在小事上"有所不为"，而在大事上"有所为"。

（2）顺自然而为。

"无为"并不是其表面的含义，并非禁止人们的一切行动，而是要求人们顺应自然地有所作为和行动。"自然"是"道"的本性，因此，由"道"产生自然界的万事万物也是"自然而然"，并非人为如此。

"人法地，地法天，天法道，道法自然"，即认为宇宙万物都是以"自然"为本性的。这里所说的"自然"，并不是指存在于人类之外的自然界，而是指"道"和由它派生的宇宙万物"本性如此"的自然存在。在社会经济治理中，只要不违背客观经济规律，不任凭主观想象发号施令，就能获得社会经济的成功。

（3）上无为而下有为。

在国家治理体系中，要想在自己职位上"无为而治"，就应该不要过度干涉下属的具体事务，让称职的下属"有所作为"。例如，宋朝时期，宋仁宗深知"无为之道”，认识到“君无为”要以“臣有为”为先决条件，否则，“无为而治”的理想是难以实现的。有一次，大臣向他请教如何实现“无为而治”。他说：如果君主手下有得力的群臣，代替君主操劳政事，又不存私心，人君就可以“无为而治”了。这里，谈到高层管理者要实现“无为而治”的条件，就是要有聪明能干且为人正直的得力助手。这样高层管理者才能实现“无为而治”的管理理想，抽出更多的时间思考政府、企业、组织的未来和长远利益。

（4）限制管理者乱为的权力。

老子强调“无为而治”，并不是无的放矢地空发议论，而是因为当时的统治者滥用权力，祸害百姓。他揭露当时的社会现实说：“民之难治，以其上之有为，是以难治。”当官的滥用权力，胡作非为，这是许多社会祸害的根源。“始制有名，名亦既有，夫亦将知止，知止可以不殆。”本来管理者和民众都能质朴自然是最好的，但后来有了官职（始制有名），既然有了官职，那就必须限制他们的权力（知止），限制了他们的权力，才可以避免危险（不殆）。限制管理者的权力，本来就是“无为而治”的题中应有之义。管理者的权力范围越小，无为而治的范围也就越大；反之，社会能够无为而治的范围越大，需要管理者“有为”去治理的范围也就越小。在一定程度上限制政府的权力，才能充分发挥社会自我管理的功能。

3）道化万物的治理

老子曰：“我无为，而民自化；我好静，而民自正；我无事，而民自富；我无欲，而民自朴。”领导者学习老子的无为而治，那么民众就会自然化育；领导者喜欢清静，民众就自然纯正无私；领导者对民众不横加干涉、扰乱，民众就自然会富足常乐；领导者自己没有贪欲，民众就自然会淳朴不贪。

做到“无为而治”，治理者选择正确的价值取向引导民众，上善若水，循序渐进，潜移默化。“不尚贤，使民不争；不贵难得之货，使民不为盗；不见可欲，使民心不乱。是以圣人之治，虚其心，实其腹，弱其志，强其骨，常使民无知无欲。使夫知者不敢为也。为无为，则无不治。”圣人之治，应是使民众经常保持平常心态，让他们衣食无忧，削弱他们争强好胜的志向，使他们身强力壮。常使民众返朴守淳，不生妄想，使那些自以为聪明的人也不敢轻举妄动。这样，对国家社会的管理就不需要特别的举措，天下也能治理得很好。反过来说，社会上为什么人人争权夺利，盗抢成风，人心不稳？根本原因是管理者厚此薄彼，贪得无厌，不顾民众的死活。如果是这样，不论制定出多少严厉的惩罚措施，社会的混乱也是不可避免的。

道化万物，在于变通。把握变通法则，可以化治理行为于无形。如征税，民众一般为被动接受，如果国家税收有道，则人们将缴税变为积极主动的自觉行为。《管子 · 地数》记述了化征税无形的典故：

桓公问于管子曰：“吾欲守国财而毋税于天下，而外因天下，可乎？”管子对曰："可。夫水激而流渠，令疾而物重。先王理其号令之徐疾，内守国财而外因天下矣。"桓公问于管子曰："其行事奈何？"管子对曰："夫昔者武王有巨桥之粟贵籴之数。"桓公曰："为之奈何？"管子对曰："武王立重泉之戍，令曰：'民自有百鼓之粟者不行。'民举所最粟以避重泉之戍，而国谷二什倍，巨桥之粟亦二什倍。武王以巨桥之粟二什倍而市缯帛，军五岁毋籍衣于民。以巨桥之粟二什倍而衡黄金百万，终身无籍于民。"

3.2.4　资源利用治理历史经验

中国历史不乏治理大师，他们的治理理论体系主要包括齐成霸国相管仲的轻重理论、越复国功臣范蠡的市场经济计量理论、魏强国宰相李俚的平籴法理论、西汉巨资武帝扩军开疆重臣桑弘羊的平准理论、唐朝兴国宰相刘晏的信息经济理论、北宋宰相王安石的制度经济理论等。

春秋战国时期，商品经济发达，市场繁荣，经济管理思想家大批涌现，其代表人物有管仲、范蠡和李俚等。汉唐经济持续稳定发展，又出现桑弘羊和刘晏等经济治理大师。

1）管仲稀缺资源利用治理理论

齐成霸国相管仲，如前所述，重商兴农，富国强兵，治国有方。管仲经济管理思想成书为《管子》轻重篇，是经济学的经典。《管子·国蓄》曰：善者委施于民之所不足，操事于民之所有余。夫民有余则轻之，故人君敛之以轻；民不足则重之，故人君散之以重。敛积之以轻，散行之以重，故君必有十倍之利，而财之櫎可得而平也。

物价是国民经济问题的中心。管仲认为，优秀的国民经济治理者，应时刻关注市场的供给与需求，并及时调节。当供过于求时，粮食价格（轻）降低，国家应收购粮食并储备；而当供不应求时，粮食价格（重）上升，国家应将储备的粮食投放市场，平抑物价。这样市场平稳，国家收入成倍增加。

2）范蠡稀缺资源利用治理理论

越复国功臣范蠡（公元前 536 年～公元前 448 年）指出价格对商品流通发挥核心作用，建议政府利用平籴政策调节价格变动，以实现农民与市商双赢。《史记·货殖列传》记载为：夫粜，二十病农，九十病末。末病则财不出，农病则草不辟矣。上不过八十，下不减三十，则农末俱利，平粜齐物，关市不乏，治国之道也。

范蠡指出，粮食价格如果是其生产成本（农户家庭劳力劳动报酬不在其内）的 120%就会损害农民，但如果是其生产成本的 190%就会损害工商业。如果把粮食价格限制在生产成本的 130%～180%的幅度内，则对农业和工商业都有利。如能按照这样的法则管理经济，必然供给与需求平衡，市场稳定繁荣，这是治理国民经济的规律。

3）李俚稀缺资源利用治理理论

魏强国宰相李俚（公元前 455 年～公元前 395 年）也认为米价太贵对消费者不利，米价太贱则对农民有害，他建议行“平籴法”，即控制米价在一个合理的水平。平籴之法为：把好年成分为上中下三等，坏年成也分为上中下三等。丰收年按年成的丰收情况，国家收购多余的粮食。歉收年则按歉收的程度，国家拿出收购的粮食平价卖出。上等歉收年卖上等丰收年收购的粮食，中等歉收年卖出中等丰收年收购的粮食，下等歉收年卖下等丰收年收购的粮食。《汉书·食货志》记述为：

籴甚贵伤民，甚贱伤农。民伤则离散，农伤则国贫。故甚贵与甚贱，其伤一也……是故善平籴者，必谨观岁有上、中、下孰……大孰则上籴三而舍一，中孰则籴二，下孰则籴一，使民适足，贾平则止。小饥则发小孰之所敛、中饥则发中孰之所敛、大饥则发大孰之所敛而粜之。故虽遇饥馑、水旱，籴不贵而民不散，取有余以补不足也。行之魏国，国以富强。

4）桑弘羊稀缺资源利用治理理论

西汉巨资武帝扩军开疆重臣桑弘羊（公元前 152 年～公元前 80 年）从元封元年（公元前 110 年）根据管仲和范蠡的思想以及李俚的经验，将政府税收体系的财产税、“均输”与平抑粮价的仓廪体系的“平准”结合进行。

（1）财产税。

算缗。让财主自报财产，按其值的 10%征税。

告缗。如财主不肯如实上报财产，隐瞒、转移等，知情者可告发，被告者如查证属实，财产全部没收，本人充军一年，被没收财产一半分发告发者。

财产税满足了武帝征伐匈奴的军事费用，并调整缩小了国内人均收入差异。但对中高阶层的杀伤力也是明显的。“中家以上大抵皆遇告”，政府“得民财物以亿计，奴婢以千万数，田大县数百倾，小县百馀顷，宅亦如之”。

（2）均输。

由于天下所缴赋税多为实物，边远地区将实物税长途运京，耗资巨大。各郡国诸侯都必须把本地的土特产品作为贡物输送封建中央，这不仅要征用大量农民从事劳役，妨碍农业生产，而且贡物运到京师后按市价售卖，有的还不够偿还转运的脚力钱。这是由于较远郡国交通不便，转运困难，贡品在长途运输中损坏或变质；另外有些贡品在当地为优品，运到京师后与其他地区同类产品比较，则属于劣品，其市场价格更不能抵偿运费。

为了克服这些弊端，桑弘羊创行均输。均输的具体内容是：在各郡国设置均输官吏，令工官造车辆，加强运输力量，各郡国应交的贡品，除特优者仍应直接运送京师外，一般贡品则按当地市场价格，折合成当地丰饶而价廉的土特产品，交给均输官，由他负责运到其他价高地区销售。各地应征的物品，只运到邻境，邻境把这些物品接过来，加上自己的，再一起运到邻境的邻境，这样接力一般地运到京师，既可免除各郡国直接输送贡物入京的繁难，减轻农民的劳役负担，又可避免贡物在运输中损坏和变质，而且保持郡国运输费均等，故为均输。

（3）平准。

《史记·平准书》对此描述为："置平准于京师，都受天下委输。召工官治车诸器，皆仰给大农。大农之诸官尽笼天下之货物，贵即卖之，贱则买之。如此，富商大贾无所牟大利，则反本，而万物不得腾踊。故抑天下物，名曰'平准'。"

桑弘羊设立大农部丞官数十名，分别掌管各郡国的大农事务，各自又在主要县分别设立均输官和盐铁官，命原来商人承揽从该地区向外地贩运的税赋贡品，均由政府互相转输。召雇工官制造车辆等器物，都由大农供给费用。大农所属各个机构全部调运天下的货物，物贵则卖出，贱则买入。这样，富商大贾无从牟取大利，就会反本为农，而所有商品都不会出现价格忽涨忽落的现象。由于天下物品价格都受其管制，称之为"平准"。

桑弘羊财政多被人诛之，但未加重人民负担而撑天文巨资助汉武帝扩军开疆之历史功绩，莫能抹之，当时与桑弘羊政见相左者司马迁为之刻下了重重一笔，"敛不及民而用度足"。

汉宣帝时，大司农中丞耿寿昌把平准法着重施之于粮食的收储，在一些地区设立了粮仓，收购价格过低的粮食入官，以"利百姓"。当时边疆金城（今甘肃永靖西北）、湟水（今青海湟水两岸）一带，谷每石八钱，耿寿昌曾在这带地区收购谷物四十万斛。五凤元年到二年（公元前 57 年～公元前 56 年），耿寿昌鉴于过去每年从关东向京师漕谷四百万斛，用漕卒六万人，费用过大，建议从近处的三辅（今陕西中部地区）、弘农（今河南西部和陕西东南部地区）、河东（今山西沁水以西、霍山以南地区）、上党（今山西和顺、榆社以南、沁水流域以东地区）、太原等地籴谷以供京师，可省关东漕卒过半。这一措施收到成效后，耿寿昌又于五凤四年奏请在边郡普遍设置粮仓，"以谷贱时增其贾而籴，以利农，谷贵时减贾而粜，名曰常平仓。民便之"。常平仓遂作为一项正式的制度推行于天下。

5）刘晏稀缺资源利用治理理论

唐朝兴国宰相刘晏（715～780 年）从政正逢"安史之乱，天下户口十亡八九""人烟断绝，千里萧条""太仓空虚，鼠雀犹饿"。八年的安史之乱后，唐王朝千疮百孔，经济濒临奔溃边缘，财政极为困难。刘晏采取一系列有效措施，复兴产业，开源节流，发展经济，使唐代财政逐步好转，国力提升。刘晏在职（764～779 年）15 年间，国家人口户数从不到两百万（1 933 125）增长到近四百万（3 805 076）户，财政收入从不到四百力缗增加到一千三百万缗。

（1）改进漕运。

唐代宗广德二年（764 年），刘晏受命接办漕运。但当时漕运废弛阻塞，关中缺粮上百万石，饥荒四伏，粮价暴涨。刘晏果断提出"疏浚河道，南粮北调"的宏伟计划。开始组织人力逐段疏浚由江淮到高师的河道，打造了二千艘坚固的大漕船，训练军士运粮，每十船为一队，军官负责押运。船工由经调为雇募。他不再征发沿河壮丁服役，而是用政府的盐利雇用船夫。他沿用过去裴耀卿的办法，改直法为段运法，将全程分成四个运输段，建转运站。使江船不入汴水，汴船不入黄河，河船不入渭水，提高了运粮效率，杜绝了翻船事故。为此又在扬州、汴口、河阴、渭口等河道的交界处设仓储粮，以备转运。漕运改革后，比过去用江南民工直运的方法提高了效率，减少了损耗，降低了运费，免除了南方人民一项旷日持久而又十分艰辛的劳役。江淮的粮食因此源源不断地输送到长安，每年运量达一十万石至四十万石，解决了粮荒还有所储备。

（2）改进盐政。

唐初，实行自由贩卖，不收盐税。后实行国家专卖，官府大幅提高盐价，甚至贪官污吏还抓夫抓差无偿运盐，勒孛百姓，中饱私囊。人民怨声载道，恨透食盐专卖。同时政府盐务机构庞大，开支惊人。他首先大力削减了盐监、盐场等盐务机构，又调整了食盐专卖制度，改官收、官运、官销为官收、商运、商销、统一征收盐税，改变了肃宗时第五琦（唐朝官员）规定的官运官卖的盐法。规定盐官统一收购亭户（专门生产盐的民户）所产的盐，然后加价卖给盐商，由他们贩运到各地销售。国家只通过掌握统购、批发两个环节来控制盐政。为防盐商哄抬盐价，在各地设立常平盐仓，以平盐价，这样一来，大批盐吏被精简，盐价下跌，万民称颂，税收也缴增。政府收取的盐利，原来每年只有六十万缗，到大历末年增至六百多万缗，占全国财政收入的一半，被用以支付漕运费用和政府各项开支。

（3）建立物价信息系统情报网数据库。

市场物价，瞬息万变。旧制粮价信息传递迟缓，常致决策失误。如发运司从郡县购粮，预先并不知道粮价的高低，需要郡县先将粮价真实禀报，然后根据粮价的贵贱，贵就少收，贱就多购。只有收齐了各郡县的粮价，才能审核数量发下执行。但等公文到达而粮价已经增高，结果违令高价收粮。

针对此情，刘晏建立物价信息系统情报网。他在诸道置设巡院官，选择勤廉干练的士人作知院官，管理诸巡院，诸巡院收集本道各州县气候变化，即雨雪多少、庄稼好坏的情况。每季、每月、每旬都申报转运使司。刘晏所在处又招募善走的人，将各地物价即日即时迅速申报。“四方货殖低昂及它利害，虽甚远，不数日即至。”近处当天便知。

刘晏的物价信息系统情报体系类似现代交易市场数据库，让粮食多、交通便利的郡县将数十年粮价的高低和所购粮食数的多少，各自开列为五等，详细地登记造册申报给主管机关，统一归发运司管控。粮价刚一确定，郡县不再需要禀告，即时开仓收粮。只要是第一类价就按第五等数收购；第五类价就按第一等数收购；第二类价就按第四等数收购；第四类价就按第二等数收购。同时派人将收购数量飞速报告发运司。这样，粮价低贱的地方自然会收购到最大数量，其余的地方各自按等级收购到适当的数目，再不会有收购不合理的情况发生。发运司综合各郡所收购粮食之数目作出计划，如果收储粮食过多，就减少价贵和路远地方的数量；如果还少，就增加价贱和路近地方的数量。从此以后，掌握粮价再也不会贻误时节，各自与本地粮食的丰歉相适应，当天就能敲定价格。

刘晏注重选拔、任用和培养财政专业管理人才。他以精明能干、忠于职守、廉洁奉公作为用人的标准。"晏常以办众务，在于得人，故必择通敏精悍廉勤之士而用之。"他认为："士陷赃贿弃于时，名重于利，故士多清修；吏虽洁廉，终无荣显，利重于名，故吏多贪污。"所以他"句捡薄书、出纳钱谷，事虽至细、必委之士类；吏惟书符牒，不得轻出一言。其属官虽居数千里外，奉教令如在目前，起居语言，无敢欺绐"。他选用了几百名各种专才和实干家，分布在各部门及各州县把关。史称"积数百人，皆新进锐敏，尽当时之选，趣督倚办，故能成功"。刘晏指挥的庞大理财系统，如臂使指，运动自如。

刘晏通道精儒，"晏有精力，多机智，变通有无，曲尽其妙"。刘晏"为人勤力，事无闲剧，必于一日中决之"（《资治通鉴·唐纪》）。由于刘晏能及时准确地掌握全国经济和市场动态，并根据这些情报，调剂有无，平抑物价，扶持生产，积极救灾。他用"丰则贵取，饥则贱与"的办法，防止了谷贱伤农、水旱民散。同时又多购谷物菽粟运往歉收地区，贱价出售，换取农民的土产杂物转卖丰处，这样既救了灾，又不损国用，还刺激了生产。他在实践中总结了这样一条经验："王者爱人，不在赐与，当使之耕耘织纴，常岁平敛之，荒年蠲救之"。他认为"善治病者，不使至危惫；善救灾者，勿使至赈给"（《新唐书·刘晏传》）。刘晏救灾为了做到"应民之急"，还在其所辖各州县储粮三百万石，以作备荒之用。

刘晏认为人口增长是经济发展的源泉，他认为"户口滋多，则赋税自广，故其理财以爱民为先"（《资治通鉴》卷二百二十六）。他大胆改革了过去只管收取金钱，不管人民死活的税收政策，实行了安定社会、发展生产的财政政策。这一政策，对后世也产生了深远影响。

6）王安石稀缺资源利用治理理论

北宋宰相王安石（1021—1086）借鉴唐朝青苗钱制定青苗法改进常平仓，将常平仓扩展到财政金融和农业基础设施领域。在中央设立改革机构，制置三司条例司，推行了青苗法、农田水利法和募役法等新法，形成王安石制度经济学问。

（1）制置三司条例司。

宋朝的财政由三司（类似现代的财政部）掌握。神宗熙宁元年（1068年），王安石设立制置三司条例司来作为三司的上级机构统筹财政，是当时最高的财政机关，此机关除了研究变法的方案、规划财政改革外，也制订国家一年内的财政预算，并将财政收入列为法定形式执行。

（2）均输法。

均输法最初由西汉桑弘羊提出试行，唐代以后各郡置均输官。神宗熙宁二年（1069 年）七月，为了供应京城皇室、百官的消费又要避免商人囤积，在淮、浙、江、湖六路设置发运使，按照“徙贵就贱，用近易远”“从便变易蓄买，以待上令”的原则，负责督运各地“上供”物质。意在省劳费、去重敛，减少人民（税捐）负担。

（3）青苗法。

宋朝初期，在各地设有常平仓和广惠仓，调剂人民粮食歉收时的食粮不足，但收效不大。《宋史李参传》有：“部多戍兵，苦食少。参审订其阙，令民自隐度麦粟之赢，先贷以钱，俟谷熟还之官，号‘青苗钱’。经数年，廪有羡粮”，称之为“青苗钱”。王安石参照李参的经验，又在鄞县实验，效果良好。一县成功后着手全国推广。神宗熙宁二年（1069 年）九月，青苗法颁布实施，规定凡州县各等民户，在每年夏秋青黄不接之际，可到当地官府借贷现钱或粮谷，以补助耕作。借户贫富搭配，十人为保，互相检查。贷款数额依各户资产分五等，一等户不超过十五贯、二等户十贯、三等户六贯、四等户三贯、末等户一贯五百文。半年后加利息二分（20%）归还。出发点是以政府信贷抵制民间高利贷，降低农业风险，遏制官僚地主猖狂的土地兼并之势，巩固农村主户（自耕农）的地位。青苗法贷款，当年借款随春秋两税归还，每期取息二分，实际上贷款年利率高达 40%，也算得上高利贷。但政府高利贷取代官僚地主高利贷，等于断了官僚地主兼并农民土地的生路，触动了地主官僚的核心利益，自始至终都遭到了地主官僚的极力反对。当然，青苗贷款采用“散俵”“抑配”的办法，带有强制性，对不想借贷的农户来讲，无形中多了一种变相的税收，是一种负担。

（4）农田水利法。

农田水利法规定各地兴修水利工程，用工的材料由当地居民照每户等高下分派。只要是靠民力不能兴修的，其不足部分可向政府贷款，取息一分，如一州一县不能胜任的，可联合若干州县共同负责。此法令在颁布之后的七年内，《宋会要辑稿》记载，全国兴修水利工程 17 093 处，收益民田达 36 177 888 亩。

（5）免役法。

宋代职役名目繁多，主要由主户中的上三等户承担，但实施中下等户的稍富裕者无不充役，往往被职役压得倾家荡产，于是形成应役人户千方百计逃避职役，“贫者不敢求富”的反常现象。针对这种状况，提出“使民出钱雇役”的改革方案。神宗熙宁三年（1070 年）十二月，颁布免役法全国实施。免役法又称“募役法”：①凡当役人户按户等高低出钱雇役，谓之“免役钱”；②凡有产业物力者而不承担职役的人户出钱助役，谓之“助役钱”；③州县政府所需役钱按雇役多少而定，在此数额以外多征两成（20%），谓之“免役宽剩钱”。

免役法实行后，一般平民的负担减轻。官僚及大地主因新增负担，坚决反对。也有的官府除征钱外，又假借名义科派差役，多征小户役钱，克扣雇值。

（6）方田均税法。

方田，意指清丈土地。北宋初期，由于土地买卖兼并已久，地籍紊乱，富者田产日增而田赋并未随之增加，贫者田产日少而田赋并不随之减少。据《宋史》载，当时纳税者才十之三，甚而有私田百亩者，只纳四亩的税。各地天赋不均，地主富豪相率隐田逃税，赋税负担都加在了中小地主和农民身上。

宋仁宗时，大理寺郭谘首创千步方田法，在洛州肥乡县试行，据以免除无地而有租税者 400 家，纠正有地而无租税者 100 家，收逃漏税款白银 80 万两，逃亡的农民又重新归来，稍后在个别州县继续试办，都是屡试屡止。王安石执政后于熙宁五年（1072 年）推行方田均税法。方田均税法包括方田与均税两个部分：

第一，方田，是一种清丈土地整理田赋地籍的制度。具体办法是以东西南北四边各千步，其面积相当于 41 顷 66 亩。每年九月县令派人分地丈量，按照地势和土质的肥瘠分为五等，依地之等级和各县原来租税数额分派定税。至次年三月丈量完毕，公布于民。

第二，均税，是对清丈完毕的土地重新定税，做到：①纠正无租之地，使良田税重，瘠田税轻；②对无生产的田地，包括陂塘、道路、沟河、坟墓、荒地等都不征税。首先，对已经耕种的各州、县土地进行清丈，核定各户占有土地的数量，并按照田地的地势、肥瘠，把田地划分等级，制定地籍，分别规定各等级的税额。其次，编造方帐、庄帐、户帖和甲帖作为存案和凭证。田产和税额稍有转移，官立即清点，改契，县置簿，并以所方之田为准。

王安石在京东、河北、陕西、河东等五路之地清丈了 2 484 349 顷田地，占当时全国征税田亩的 54%。方田均税法不仅限于北方诸路，在南方许多地区也曾推行。

方田均税法的施行对社会发展起到了一定的积极作用，它消除了隐田逃税的现象，增加了赋税收入，一定程度上减轻了农民的负担，但它却侵害了豪强地主阶级的利益，所以遭到他们的强烈反对。

（7）市易法。

针对商业行为中存在的市无定价，富商大贾从中操纵获利的状况，神宗熙宁五年（1072 年）三月，颁行王安石的市易法。

市易法规定：在汴京（今河南开封）设都市易司，边境和大城市设市易务（共 21 个）。设提举官（政府指派）和监官、勾当公事官（吸收守法的可合作的商人担任），招募诸行铺户和牙人充当市易务的行人和牙人，在官员的约束下担当货物买卖工作。外来客商如愿将货物卖给市易务，由行人、牙人一道公平议价；市上暂不需要的也予“收蓄转变”，待时出售；客商愿与市易务中的其他货物折合交换，也尽可能给予满足。市易法还规定：参加市易务工作的行人，可将地产或金银充抵押，向市易务贷款，由五人以上相互作保，向市易务赊购货物，酌加利润在市上售卖，货款在半年至一年内偿还，年利 20%，过期不归另加罚款。

市易务平价收购市上滞销的货物，并允许商贾贷款或赊货，出钱收购滞销货物，市场短缺时再卖出。市易务通过控制批发与行人零售环节管理市场，物价贱时增价收购，物价贵时减价出售，平抑物价以调剂供求，并要求商人以产业作抵押，向其借款，按规定收取息金；以“契书金银抵当”与“结保贷请”建立“合同签约”关系；招募行人、牙人，培养市场经营管理专业人员；将商业机制与金融机制相结合；把商富大贾的商业利益加以分割，限制奸商垄断居奇。这有利于稳定物价、商品交流和市场经济发展，也增加了政府的财政收入。

从管仲到王安石，历经1700年，形成了资源总量和强度双控市场化的“常平仓”制度，并被世界各国所传承。

3.3 中国“常平仓”理论的传承发展

常平仓（the constantly normal granary or the ever normal granary）是一种以平抑物价为主线的稳定紧缺资源总量和强度的市场化制度系统与社会治理措施的整合。常平仓产生于商品经济发达、市场繁荣、经济管理思想活跃的春秋战国时期，经历代政治经济治理者紧密结合社会经济发展实际的不断修改完善，形成比较完整的紧缺资源总量和强度双控市场化机制的理论体系。

常平仓产生前经过一个漫长的孕育阶段，即自然经济形态中的普通粮仓。粮仓具有两个功能：一是为日常消费储存粮食；二是在丰年积蓄余粮供灾年所用。这样为生存所自发调节粮食余缺的行为能应对自然灾害稳定粮食供给。

古代粮仓，一般称储谷的建筑为仓，储米的建筑为廪。2000年前，中国就已有仓廪体系的应用记载。《史记·五帝本纪》：“尧乃赐舜絺衣，与琴，为筑仓廪，予牛羊。”

有仓廪，就需管理，为此政府专设官职，司其周济之能。《礼记·月令》：“孟春之月……命有司发仓廪，赐贫穷，振乏绝。”《周礼·地官司徒第二》曰：“仓人掌粟入之藏，辨九谷之物，以待邦用。若谷不足，则止余法用。有余，则藏之，以待凶而颁之。凡国之大事，共道路之谷积，食饮之具。”

在商品经济出现以后，生产者与消费者均受市场价格所左右。当粮食丰收后，供过于求，价格暴跌，农业生产者破产；而当自然灾害降临后，粮食大幅减产，供不应求，价格猛涨，消费者无钱购买，饥荒蔓延。西周政府设立的司稼官职，根据农业年成丰歉，决定粮食价格，周济紧急，平抑价格。

《周礼·地官司徒第二》中：“司稼掌巡邦野之稼，而辨穜稑之种，周知其名，与其所宜地。以为法而县于邑闾，巡野观稼，以年之上下出敛法。掌均万民之食，而赒其急而平其兴。”

常平仓削峰填谷平抑物价稳定经济运行的功能，按现代物理学概念理解，它与电路中的电容器以充放电稳定电路运行一样，也与动力装置中的飞轮同理，它的地位是不可取代的。一组电路或一部运动装置，不管其如何简单与复杂，都必须设置电容器或飞轮，去之，电路或运动体就会剧烈振荡不能稳定运行。一个国家，不管其如何落后与发达都必须设置常平仓，去之，国民经济就会剧烈波动不能稳定运转。所以常平仓产生形成于中国，传承于世界各国。

中国是世界农业的发源地之一，公元前 5000 年已种粟，公元前 4000 年已种稻，公元前 1300 年已种小麦。随着生产发展和粮食剩余增多，作物栽培和粮食储藏技术逐渐发达起来。到春秋战国时期，我国已具备先进的农业生产技术和健全的仓廪体制。进入商品经济较发达的北宋，仓廪制度逐渐演进为巩固产业稳定经济的常平仓系列制度。在古物质和文化交流过程中，中国常平仓思想也以各种方式传播到东南亚、日本、欧洲和美洲各国。

美国常平仓的建立归功于常平仓的传播人陈焕章和承接人华莱士。1911 年，中国留学生陈焕章在其博士学位论文“孔门理财学：孔子及其学派的经济思想”中，全面系统地介绍了中国常平仓制度。当年，华莱士拜读了陈焕章的博士学位论文，对中国常平仓极为赞赏并加大宣传，后克服重重困难，在他 1933 年出任美国农业部部长时，中国常平仓制度终于为美国所采纳。在华莱士的力推及其思想影响下，美国先后出台了 1933 年《农业调整法》、1936 年《土壤保护和国内配额法》、1938 年《农业调整法》、1971 年《农场信贷法》、1987 年《农业信贷法》等法规，并设立相关政府职能机构，贯彻常平仓制度。

常平仓的基本功能是保证农业及国民经济稳定运行。随着农业及国民经济不断发展，决定与影响因素也逐渐增多。常平仓稳定农业及国民经济的手段也随着增多。现在常平仓已逐渐发展成为一系列法规的组合。

3.4 本章小结

本章介绍了中国传统稀缺资源利用治理理论。首先对中国传统稀缺资源利用治理理论中的治理机制、治理秩序及治理规律等基本概念做了辨析；其次阐述了中国传统资源利用治理原理；再次回顾了管仲、范蠡、李俚、桑弘羊、刘晏及王安石等古代经济管理者的稀缺资源利用治理理论；最后介绍了中国“常平仓”理论的传承发展。通过对中国传统稀缺资源利用治理理论的梳理与学习，为本书研究协同治理的秩序测度提供理论支持和方法借鉴。

第 4 章　中国能源和水资源消耗、建设用地总量及强度双控市场化概况

4.1　能源消耗总量和强度双控市场化概况

4.1.1　能源消耗总量

能源是国民经济和社会发展的基础，改革开放以来中国能源消费总量出现了较大幅度的增长。由表 4-1 可知，1978～1995 年，能源消费总量由 5.7 亿吨标准煤增加到 13.1 亿吨标准煤，增长了 1.3 倍。“九五”期间中国能源消费总量年均增长率为 2.3%，年均增加量为 0.32 亿吨标准煤。进入 21 世纪，中国能源消费总量呈现迅速增长的局面,“十五”期间,中国能源消费总量的年均增长率达到 10.84%，年均增加量为 2.3 亿吨标准煤。“十一五”期间中国能源消费总量的年均增长率达到 4.64%，年均增加量为 2.0 亿吨标准煤。“十二五”期间中国能源消费总量的年均增长率为 2.13%，年均增加量为 1.4 亿吨标准煤。可见，“十二五”至今，中国能源消费增量有所缩减，但中国能源消费总量仍数额庞大，2016 年中国能源消费总量已高达 43.6 亿吨标准煤，与 1978 年相比增加了 6.6 倍。

表 4-1　1978～2016 年中国能源消费总量及构成

年份	能源消费总量/亿吨标准煤	占能源消费总量的比例/%			
		煤炭	石油	天然气	一次电力及其他能源
1978	5.7	70.7	22.7	3.2	3.4
1985	7.7	75.8	17.1	2.2	4.9
1990	9.9	76.2	16.6	2.1	5.1
1995	13.1	74.6	17.5	1.8	6.1
2000	14.7	68.5	22.0	2.2	7.3
2001	15.6	68.0	21.2	2.4	8.4
2002	17.0	68.5	21.0	2.3	8.2
2003	19.7	70.2	20.1	2.3	7.4
2004	23.0	70.2	19.9	2.3	7.6
2005	26.1	72.4	17.8	2.4	7.4

续表

年份	能源消费总量/亿吨标准煤	占能源消费总量的比例/%			
		煤炭	石油	天然气	一次电力及其他能源
2006	28.7	72.4	17.5	2.7	7.4
2007	31.1	72.5	17.0	3.0	7.5
2008	32.0	71.5	16.7	3.4	8.4
2009	33.6	71.6	16.4	3.5	8.5
2010	36.0	69.2	17.4	4.0	9.4
2011	38.7	70.2	16.8	4.6	8.4
2012	40.2	68.5	17.0	4.8	9.7
2013	41.7	67.4	17.1	5.3	10.2
2014	42.6	65.6	17.4	5.7	11.3
2015	43.0	63.7	18.3	5.9	12.1
2016	43.6	62.0	18.3	6.4	13.3

资料来源：《中国统计年鉴（2017）》。

中国的能源消费在世界能源市场上占有极其重要的地位。从表4-2可知，2006～2016年，中国一次能源消费总量占世界能源消费总量的比例逐年增加。2006年中国一次能源消费量为19.75亿吨油当量，占世界能源消费总量的17.5%；2009年，中国一次能源消费量达到23.28亿吨油当量，占世界能源消费总量的20.1%，首次超过美国成为世界上最大的能源消费国；此后，继续保持上升态势，2016年中国一次能源消费量增长至30.53亿吨油当量，占世界能源消费总量的23.0%，接近俄罗斯、印度、日本、加拿大、德国、巴西、韩国七国能源消费总量之和。此外，中国能源消费总量增长速度高于世界其他国家，而同期美国、俄罗斯、日本等发达国家能源消费出现负增长，可见未来很长时间内中国能源消费占世界比例仍居高位。

表4-2　2006～2016年世界九大能源消费国一次能源消费总量（单位：亿吨油当量）

国别	2006年	2009年	2010年	2011年	2012年	2013年	2014年	2015年	2016年
中国	19.75	23.28	24.91	26.90	27.97	29.05	29.71	30.06	30.53
美国	23.32	22.05	22.84	22.65	22.09	22.71	22.97	22.76	22.73
俄罗斯	6.76	6.48	6.73	6.95	6.95	6.87	6.89	6.82	6.74
印度	4.14	5.13	5.37	5.69	6.12	6.22	6.64	6.85	7.24
日本	5.20	4.67	4.96	4.70	4.68	4.64	4.52	4.46	4.45
加拿大	3.20	3.11	3.16	3.28	3.27	3.36	3.34	3.28	3.30
德国	3.41	3.10	3.24	3.12	3.16	3.26	3.12	3.18	3.23
巴西	2.17	2.43	2.68	2.80	2.85	2.97	3.05	3.03	3.30

续表

国别	2006年	2009年	2010年	2011年	2012年	2013年	2014年	2015年	2016年
韩国	2.23	2.37	2.55	2.69	2.72	2.72	2.75	2.80	2.86
总计	112.67	116.02	121.70	124.55	126.34	128.66	129.89	131.05	132.76

资料来源：2017版《BP世界能源统计年鉴》。

能源消费结构主要反映整个能源消费量中各种能源所占的比例关系。从能源结构角度来看，天然气、一次电力及其他能源（含水电、核电、风电）、石油三项能源消费量呈递增排列，且表现出逐年缓慢增长的趋势；但煤炭消费量变化较为复杂，1978年中国煤炭消费占总能源的比例为70.7%，此后，这一比例开始经历了两阶段的小幅上升和小幅回落，到2016年末，煤炭消费占总能源消费的比例降低为62%，达到历史最低值水平。虽然中国对煤炭的消费总体上呈波浪形下降，但中国对煤炭消费的依存度较高，该比例仍维持在60%以上，而石油的消费比例在20%左右，一次电力及其他能源、天然气消费比例更低，由于能源禀赋和立足国内的政策导向，中国在未来很长时期内仍将保持以煤炭为主导地位的能源消费格局。

能源供需平衡关乎能源市场的稳定与发展，改革开放以来中国能源供给也呈现较快的增长态势。1978年中国能源生产总量为6.3亿吨标准煤，能源消费总量为5.7亿吨标准煤，处于供大于求的状态，这一状态一直持续到1991年，这意味该阶段中国能源能够维持自给自足的状态；然而，从1992年之后，中国能源消费总量开始超过能源生产总量，虽然2008年和2011年能源供应缺口有所缩小，但整体基本呈现逐渐拉大的趋势，且在2016年表现尤为明显，2016年中国能源供应缺口已达9亿吨标准煤，同比增长了31.5%。由图4-1可知，研究期间能源生产总量虽大致稳步提升，但依然追赶不上能源消费的增长趋势，能源缺口逐渐拉大，这表明中国能源对外依存度在不断增加。进一步由统计数据可知，国内石油生产占能源生产总量比例不断下降，由1978年的23.78%下降到2016年的8.2%，但石油消费量却不断增加，由1980年的1.06亿吨，增长到2016年的5.64亿吨。到2004年，中国石油进口规模突破1亿吨大关，达到1.2亿吨，2016年中国石油进口量达到4.5亿吨，石油对外依存度超过78.9%，2016年中国仅次于美国，成为世界第二大石油消费国及第二大石油进口国。石油供需安全无疑是中国能源安全的核心问题，并在一定程度上影响全球的石油供需走势。

从图4-2可知，工业，生活消费，批发、零售业和住宿、餐饮业是中国能源消费的主要行业，2016年这三者的能源消费量分别为36.3亿吨标准煤，0.95亿吨标准煤，0.38亿吨标准煤，占全国能源消耗总量的97.9%，其中工业是能源消耗的主体，1995年工业耗能消费量为11.8亿吨标准煤，占能源消耗总量的85.4%，之后耗能总量和比例不断增长，2009～2016年该比例稳定在94%左右。总体来看，

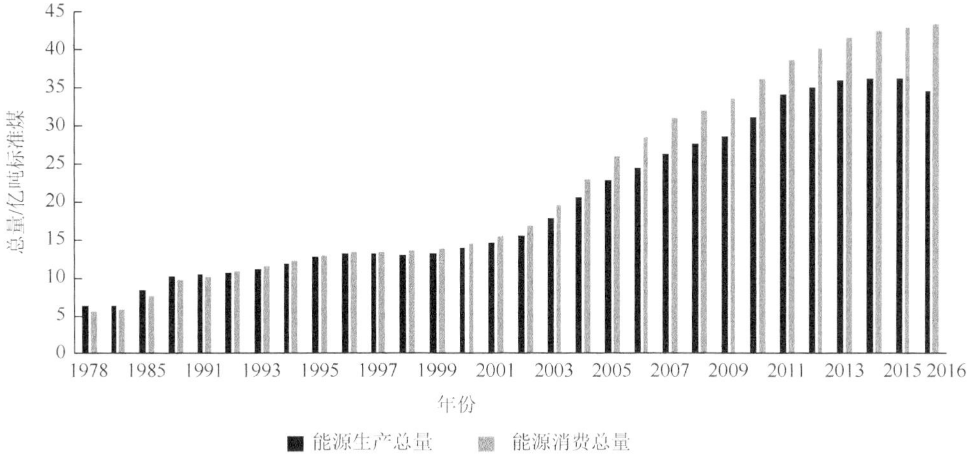

图 4-1　1978～2016 年中国能源生产总量和消费总量

资料来源：《中国统计年鉴（2017）》

1995～2016 年中国大部分行业基本保持上升态势。其中，批发、零售业和住宿、餐饮业年均增速最快，为 7.06%；工业次之，为 5.8%；建筑业和农、林、牧、渔业年均增长率分别为 3.07%和 2.03%。然而，研究期间交通运输、仓储和邮政业及生活消费则表现出明显的下降幅度，其中交通运输、仓储和邮政业下降幅度最大，从 1995 年的 0.13 亿吨标准煤下降至 2016 年的 0.04 亿吨标准煤，降幅达 69.2%；而生活消费也从 1995 年的 1.35 亿吨标准煤下降至 2016 年的 0.95 亿吨标准煤，降幅为 29.6%。

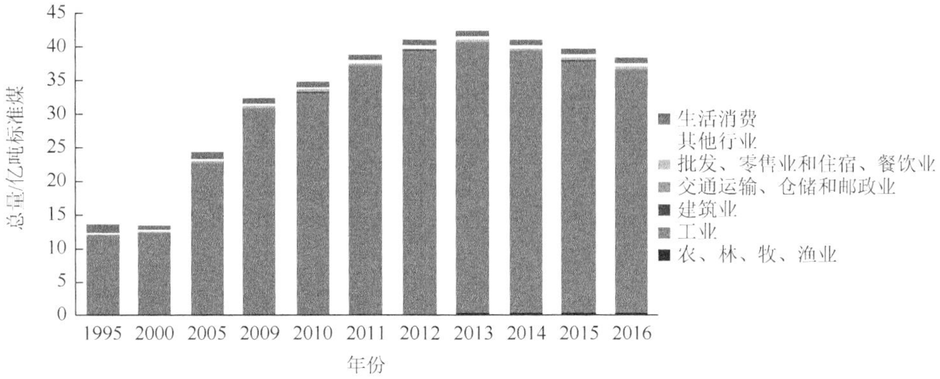

图 4-2　1995～2016 年中国分行业能源消费总量

资料来源：《中国能源统计年鉴（2017）》

由图 4-3 可见，2000 年山东、河北、辽宁、广东和江苏能源消费量位居全国前五位，分别为 1.14 亿吨标准煤、1.12 亿吨标准煤、1.07 亿吨标准煤、0.94 亿吨标准煤和 0.86 亿吨标准煤。2000～2010 年，全国各省份能源消费量均出现大幅度增长，其中内蒙古从 2000 年的 0.35 亿吨标准煤增长至 2010 年的 1.68 亿吨标准煤，年均增速最快，达到 16.9%；山东次之，2010 年能源消费量增长至 3.48 亿吨标准煤，与 2000 年相比增长了 2.05 倍，年均增长率为 11.8%。2016 年山东、广东、江苏、河北、河南、辽宁、四川、浙江、内蒙古及山西等能源消费量位居全国前十位，分别为 3.87 亿吨标准煤、3.12 亿吨标准煤、3.10 亿吨标准煤、2.98 亿吨标准煤、2.31 亿吨标准煤、2.10 亿吨标准煤、2.04 亿吨标准煤、2.03 亿吨标准煤、1.95 亿吨标准煤及 1.94 亿吨标准煤，这些省份能源消费总量占全国消费量的 58.4%，与 2010 年相比下降 1.8 个百分点。

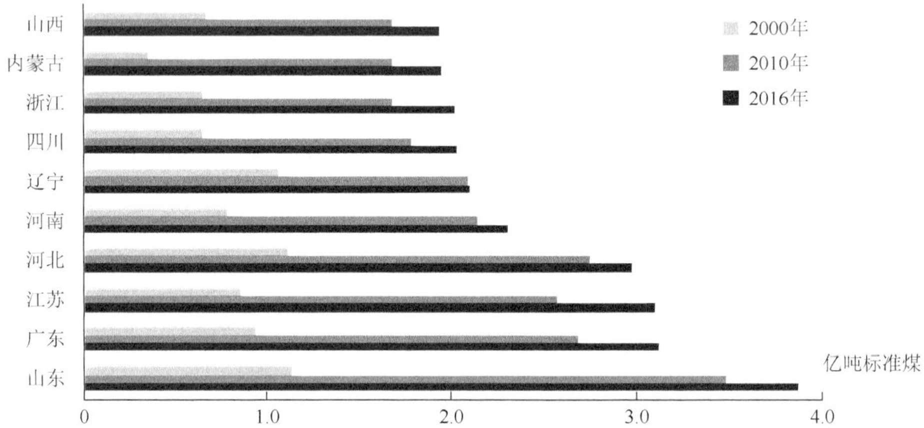

图 4-3　中国十大能源消费省级行政区

资料来源：《中国能源统计年鉴（2001～2017）》

中国地域辽阔，地质结构各不相同，进而形成了能源资源的两大基本特征，其一为分布广泛；其二为分布不均衡。由能源生产数据可知，内蒙古、山西和陕西的原煤生产量位居全国前三，占全国原煤生产总量的 64.3%；黑龙江、陕西、天津、新疆和山东的原油生产量位居全国前五，占全国原油生产总量的 65.1%；陕西、四川和新疆的天然气生产量位居全国前三，占全国天然气生产总量的 73%；山东、江苏、广东和内蒙古的发电量位居全国前四，占全国发电总量的 30%。各个地区的能源消费构成，与其经济发展状况、能源结构类型分布、地区政策等因素有着密不可分的关系。表 4-3 列出了 2016 年中国各地区分品种能源消费情况，各个地区的能源消费总量及构成呈现不同的特点。从消费绝对量来看，山东、内蒙古、山西、河北、江苏和河南的煤炭消费量位居全国前六，占全国煤炭消费总量的 45.3%；广东、辽宁、山东、上海、江苏和四川的石油消费量位居全国前六，占全国石油消费总量的 43.3%；四川、江苏、广东、北京和新疆的天然气消费量位居全国前五，占全国天然气消费总量的 39.2%；广东、山东、江苏、浙江和河北的电力消费量位居全国前五，占全国电力消费总量的 39.2%。由各地区能源生产量和能源消费量对比来看，内蒙古、山西、陕西、新疆是能源生产大省，而山东、广东、江苏和河北是能源消费大省，能源消费量更多与经济发展水平和工业化程度紧密相关。

表 4-3　2016 年中国各地区分品种能源消费情况

地区	能源合计/亿吨标准煤	煤炭/万吨	焦炭/万吨	石油/万吨	原油/万吨	汽油/万吨	煤油/万吨	柴油/万吨	天然气/亿立方米	电力/千瓦时
北京	0.696	848	0.21	1 578	821	470	594	173	162	1 020
天津	0.825	4 230	887	1 778	1 434	274	82	370	75	862
河北	2.979	28 106	8 079	1 788	1 762	495	29	844	70	3 265
山西	1.940	35 621	2 198	803	—	228	27	536.11	69	1 797
内蒙古	1.946	36 675	1 635	896	420	353	35	427	45	2 605
辽宁	2.103	16 944	2 993	4 442	7 057	786	39	1 009	51	2 083
吉林	0.801	9 417	478	974	1 051	179	20	344	22	668
黑龙江	1.228	14 034	184	1 915	2 210	316	79	330	38	897
上海	1.171	4 626	597	3 633	2 474	638	586	562	79	1 486
江苏	3.105	28 048	3 840	3 178	4 092	1 012	91	821	173	5 459
浙江	2.028	13 948	329	2 909	2 667	797	127	882	88	3 873
安徽	1.270	15 729	1 165	1 452	539	510	16	623	39	1 795
福建	1.236	6 827	609	2 075	2 089	495	124	430	49	1 997
江西	0.875	7 618	840	1 048	726	295	2	547	20	1 183
山东	3.872	40 939	3 718	4 361	10 203	739	115	1 369	99	5 561
河南	2.312	23 227	3 046	2 159	707	700	74	808	93	3 215
湖北	1.685	11 686	1 095	2 529	1 240	743	95	866	42	1 971
湖南	1.580	11 444	961	1 844	842	576	55	713	28	1 583
广东	3.124	16 135	783	5 942	5 044	1 502	292	1 676	168	5 610
广西	1.009	6 518	1 121	1 299	1 340	379	63	538	13	1 360
海南	0.201	1 015	—	449	1 119	102	106	108	41	287
重庆	0.920	5 674	384	864	—	219	81	514	89	919
四川	2.036	8 869	1 636	3 137	903	940	309	801	182	2 101
贵州	1.023	13 643	253	945	0.02	344	39	491	17	1 242
云南	1.066	7 461	912	1 174	0.04	340	103	602	8	1 411
陕西	1.212	19 671	840	862	1 824	257	30	410	98	1 457

续表

地区	能源合计/亿吨标准煤	煤炭/万吨	焦炭/万吨	石油/万吨	原油/万吨	汽油/万吨	煤油/万吨	柴油/万吨	天然气/亿立方米	电力/千瓦时
甘肃	0.733	6 378	549	884	1 367	199	8	307	26	1 065
青海	0.411	1 962	228	300	149	56	0.01	129	46	638
宁夏	0.559	8 665	451	221	576	29	0.02	124	22	887
新疆	1.630	18 985	804	1 582	2 453	276	28	651	132	2 363
合计	45.576	424 943	40 615.21	57 021	55 109.06	14 249	3 249.03	17 469	2 084	60 660

资料来源：《中国能源统计年鉴（2017）》；港澳台、西藏数据暂缺。

4.1.2 能耗强度

能源消耗强度是指单位经济产出所需的能源消耗量，能源消耗强度越低，说明该地区经济产出的能源利用效率越高，其属于单要素生产率框架下的能源效率指标。单要素，就是指在测算能源效率时只考虑能源投入一个指标，而不将其他指标纳入，其计算方法为能源消费量和 GDP 两者的比值，单位为“吨标准煤/万元”。由于能源消耗强度计算简单、可操作性强，成为测量一个国家或者地区能源效率最为常用的混合指标。图 4-4 描绘了 1978～2016 年中国能源消费总量和能耗强度（按 2005 年价格计算）变化情况，不难看出，自 1978 年以来，中国能源消费总量呈阶梯式上升，但能耗强度则基本保持了持续下降趋势，整体经历了三阶段变化。

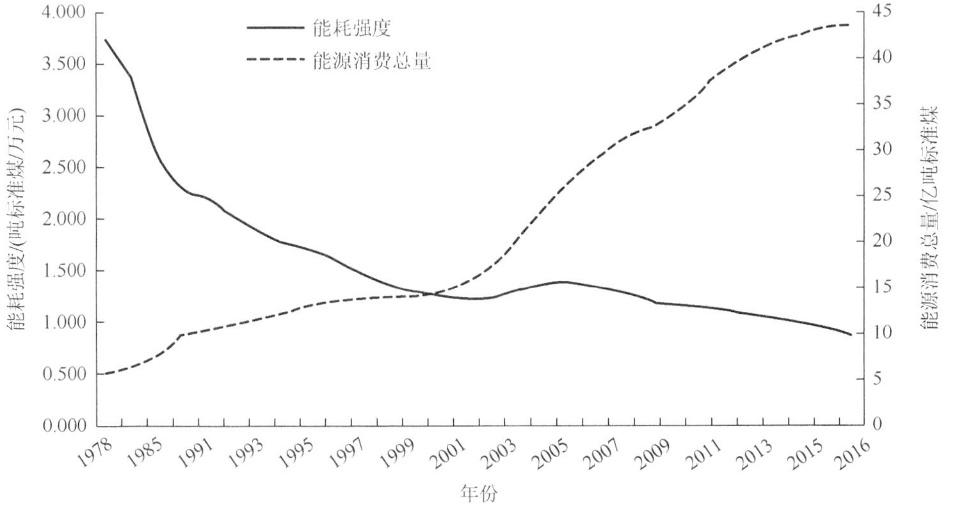

图 4-4　1978～2016 年中国能源消费总量和能耗强度变化情况

资料来源：根据《中国统计年鉴（2017）》计算得到

第一阶段，1978～2001年。在这一阶段，中国能耗强度持续下降。1978年后，中国对外开放和经济体制改革给经济发展注入了活力。经济得以迅速发展，能耗强度快速下降。1988～1992年，中国产业结构尤其是工业结构的变动提高了能耗强度，使这一时期能耗强度下降幅度降低。1993年，由于经济快速增长，能耗强度出现了加速下降的情况。1996年关停部分小煤矿引起能源消费量下降，能耗强度也快速下降。但这一势头在2000年就被逆转，能源消费量不再下降，从而能耗强度下降速度也减缓。

第二阶段，2002～2005年。在这一阶段，中国能耗强度环比反弹回升。由于中国经济结构变化，特别是工业结构重型化，2000年以后，中国能耗强度反弹回升。2002～2005年，为了刺激经济增长，政府启动了以增加投资为主导的经济复苏方案。推动了能源消费总量和能耗强度快速上升。定性来看，能源消费增长主要源于三个方面：一是对以煤炭消费为主的电力需求快速增加；二是以水泥、钢材消费为主的基础设施投资增长；三是出口和消费两方面都带来旺盛的需求，且这一时期中国没有限制高耗能产品的出口。粗放型的经济扩张导致了这一时期的经济结构失衡，“十五”期间，中国一次能源消费总量上升了55%，其中2002～2005年就上升了44%，由图4-4可见，这四年能耗强度有所回升。

第三阶段，2006～2016年。在这一阶段，中国能耗强度再度下降。其主要原因在于，政府开始强制控制单位GDP能源消费量，将能耗强度降低指标纳入“十一五”“十二五”“十三五”规划中，并将此作为政府官员的考核指标。

综上所述，改革开放以来中国能耗强度变化总体上呈现一种持续降低的态势，该指标由1978年的3.701吨标准煤/万元下降至2016年的0.874吨标准煤/万元，下降幅度达 76.4%。虽然受中国工业化进程和政府实施扩张型财政货币政策的影响出现过短暂的反复，但在技术水平、经济体制改革及节能减排政策等综合因素的共同作用下，直接或间接地带动了中国能耗强度的下降，这也说明了从单要素能源效率指标来看，中国能源效率利用状况逐年改善。

根据世界银行世界发展指标（world development indicators，WDI）数据库的研究结果也可知，21世纪以来，中国的能耗强度处于不断下降的态势，且下降速度比工业发达国家要快。但是，从国际比较来看，中国能耗情况仍远远明显高于高收入国家水平、中等收入国家水平和世界水平。表4-4显示了2000～2013年世界部分国家万美元国内生产总值能耗（以2011年不变价）情况，发现2013年中国单位国内生产总值能耗为1.89吨标准油/万美元，是世界平均水平的1.44倍，而高收入国家仅有1.22吨标准油/万美元。进一步观察世界九大能源消费国的能耗情况可知，巴西和德国的能耗强度最低，仅有0.9吨标准油/万美元左右；日本的能耗水平也只有1.00吨标准油/万美元；美国的能耗水平为1.35吨标准油/万美元，而中国能耗水平仅低于俄罗斯，位居九大能源消费国的第八位。

表 4-4 2000～2013 年世界部分国家万美元国内生产总值能耗 （单位：吨标准油/万美元）

国家或地区	2000 年	2005 年	2010 年	2011 年	2012 年	2013 年
世界	1.56	1.48	1.37	1.34	1.32	1.31
高收入国家	1.50	1.39	1.30	1.25	1.23	1.22
中等收入国家	1.65	1.60	1.44	1.43	1.41	1.40
巴西	0.94	0.94	0.93	0.91	0.93	0.94
德国	1.11	1.08	0.98	0.90	0.90	0.92
日本	1.27	1.20	1.13	1.05	1.01	1.00
印度	1.66	1.41	1.26	1.23	1.22	1.18
美国	1.75	1.58	1.45	1.41	1.35	1.35
韩国	1.93	1.71	1.66	1.67	1.65	1.61
加拿大	2.19	2.08	1.81	1.80	1.73	1.71
中国	2.50	2.40	1.96	1.94	1.89	1.89
俄罗斯	3.21	2.51	2.23	2.24	2.22	2.16

资料来源：《国际统计年鉴（2016）》。

能源消费弹性系数是反映能源消费增长速度与国民经济增长速度之间比例关系的指标，通常用两者年平均增长率间的比值表示，该指标主要根据国民经济发展与能源消费间的关系，预测今后能源消费与国民经济的增长速度比。由此可见，如果能源消费弹性系数小于 1，说明国内生产总值的增长比能源消费增长要快，能耗强度进入下降通道；如果能源消费弹性系数大于 1，说明能源消费增长比国内生产总值的增长要快，能耗强度进入上升通道。图 4-5 描绘了 1985～2016 年中

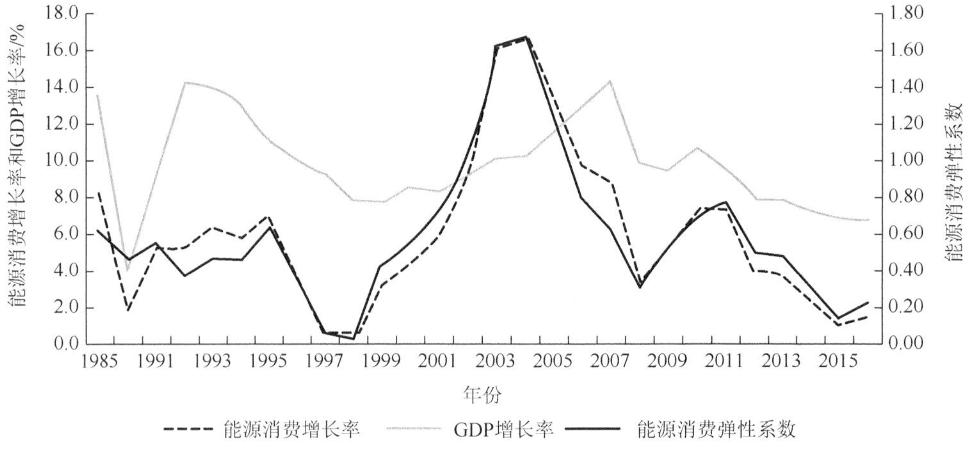

图 4-5 1985～2016 年中国能源消费增长率、GDP 增长率和能源消费弹性系数变化情况

资料来源：《中国统计年鉴（2017）》

国能源消费增长率、GDP 增长率和能源消费弹性系数变化情况。除个别年份（2002～2006 年）外，中国 GDP 增长率总是高于能源消费增长率，但两者基本存在明显的正相关关系，这也反映出能源消费随经济增长不断上升的事实；相对于 GDP 增长率来说，能源消费弹性系数的变化轨迹与能源消费增长率更为相似，其中，1985～1996 年能源消费弹性系数维持在 0.3～0.7，1997～2008 年能源消费弹性系数变动幅度较大，且 2002～2006 年能源消费弹性系数大于 1，2009～2011 年伴有小幅度上升但系数仍低于 1，“十二五”至 2016 年表现出下降趋势，2016 年基本维持在 0.2 左右，这也在一定程度上反映了能源需求波动与经济增长耦合关系的减弱。

表 4-5 列出了 1995～2016 年中国分行业能耗强度，因数据可得性的限制，本书只列出农林牧渔业、工业和建筑业等五大行业能耗强度情况。由表 4-5 可知，部门能耗强度的变化有两个明显特征：第一，各部门的能耗强度绝对值都在下降。1995～2016 年，农林牧渔业部门能耗强度下降了 47.9%；工业部门能耗强度下降幅度达到了 41.1%；建筑业部门下降了 74.2%；交通运输、仓储和邮政业下降了 94.4%，批发、零售、住宿和餐饮业下降了 47.3%。第二，不同部门能耗强度差异很大，工业部门明显高于其他部门。2016 年工业能耗强度为 2.186 吨标准煤/万元，而其他行业的能耗强度均在 0.07 吨标准煤/万元以下。工业部门的能耗强度变化对整体经济能耗强度的影响较大，马晓微等（2017）的研究表明，目前中国总能耗强度的下降主要是由于各产业能源效率的提高，产业结构在 2013 年之前起到了阻碍作用，在 2013 年之后起到了微弱正向促进作用；从各产业对总能耗强度的影响上看：工业、建筑业和第三产业的结构因素对总能耗强度下降的负向影响程度大于第一产业结构因素的正向影响程度；但工业、建筑业和第三产业的效率因素对总能耗强度下降起到了主要的推动作用。由此可见，产业结构调整对能耗强度变化有很大影响。

表 4-5　1995～2016 年中国分行业能耗强度　（单位：吨标准煤/万元）

年份	农林牧渔业	工业	建筑业	交通运输、仓储和邮政业	批发、零售、住宿和餐饮业
1995	0.121	3.713	0.093	0.320	0.129
2000	0.060	2.585	0.083	0.122	0.121
2005	0.080	2.883	0.058	0.076	0.145
2010	0.068	2.576	0.035	0.044	0.094
2011	0.065	2.638	0.034	0.041	0.095
2012	0.062	2.676	0.030	0.037	0.090
2013	0.063	2.648	0.029	0.034	0.087
2014	0.063	2.459	0.030	0.029	0.075
2015	0.062	2.341	0.028	0.024	0.073
2016	0.063	2.186	0.024	0.018	0.068

资料来源：根据《中国统计年鉴（2017）》和《中国能源统计年鉴（2017）》计算得到。

由于区域大小、人口数量、资源禀赋、产业结构等诸多不同，不同地区能源消费量和能耗强度差别很大。例如，2016 年，山东能源消费量为 3.872 亿吨标准煤，海南能源消费量为 0.201 亿吨标准煤，山东省是海南省的 19.3 倍；而 2016 年全国能耗强度为 0.874 吨标准煤/万元，单位 GDP 能耗最低的北京为 0.405 吨标准煤/万元，最高的宁夏为 2.633 吨标准煤/万元，能耗强度最高值与最低值之比高达 6.5。图 4-6 显示了 2016 年中国 30 个省（自治区、直辖市）能耗强度的分布情况（西藏和港澳台数据未计入），宁夏、新疆、青海和山西的能耗强度位居全国前四，从地区间横向比较来看，影响能耗强度的主要因素为非经济结构影响、产业结构和行业能耗强度等。从非经济结构影响因素来看，中国东部地区经济发展水平、科技水平、研发实力和城镇化率远高于中西部地区，而如果地区的经济发展水平、科技水平落后，能源利用率低，总体能耗强度将较高；从产业结构来看，中国各地区的高耗能行业比例差异很大，如山西、青海、宁夏等地区，高耗能行业占工业增加值的比例高达 80%以上，而北京、上海、浙江、江苏等地区高耗能行业比例仅占工业增加值比例的 30%左右。定性分析来看，中国高耗能行业比例高的地区往往也是能耗强度高的地区，反之亦然。此外，煤炭消费占比也是一个重要的因素，直观来看，中国煤炭生产和消费量大的地区常常也是能耗强度高的地区，如山西、贵州、宁夏等。

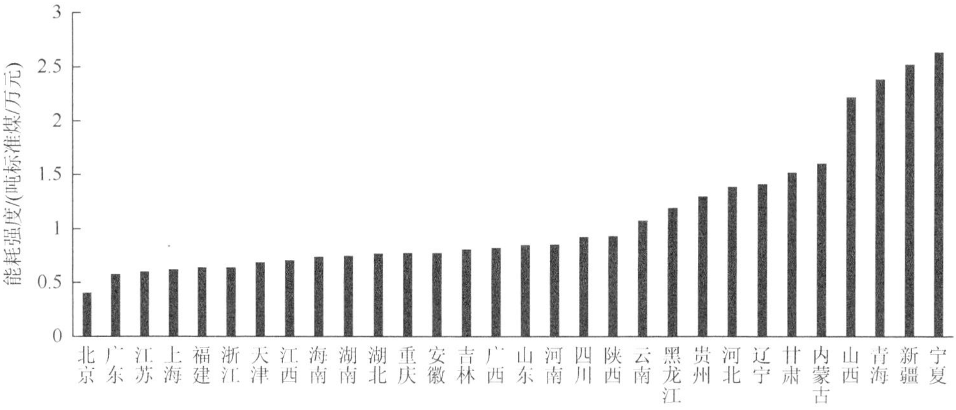

图 4-6　2016 年中国部分省级行政区能耗强度

资料来源：根据《中国统计年鉴（2017）》和《中国能源统计年鉴（2017）》计算得到

4.1.3　能源消耗总量和能耗强度双控

近年来，随着经济社会发展，能源供应紧张、气候变化等问题日益凸现。“十五”以后，为实现 GDP 到 2020 年比 2000 年翻两番的目标，中国钢铁、有色金属、石化、化工、水泥等高耗能行业加速发展。随着人民生活水平的提高，消费结构升级，汽车和家用电器大量进入家庭；城镇化进程加快，建筑和生活用能大幅度上升。

为化解能源供需矛盾，控制能源消费增长速度，单位GDP能耗五年降低20%左右被作为约束性指标纳入国家“十一五”规划纲要，并由十届全国人大四次会议表决通过。根据国家“十一五”规划纲要，国家发展和改革委员会（简称国家发改委）同国务院制定了《“十一五”期间各地区单位生产总值能源消耗降低指标计划》，该计划无疑对节约能源起到了良好的约束作用，增强了地区政府主管部门的节能意识。“十一五”期间，中国单位GDP能耗下降19.1%，而同期世界平均水平基本没有变化，发达国家只下降6.4%。然而，由于中国经济快速增长，能源消费总量大、增长快的趋势仍难以扭转，“十一五”期间中国能源消费总量从26.1亿吨标准煤增长到36.1亿吨标准煤，增长了38.3%。“十一五”节能工作实践证明，只控制单位GDP能耗，难以约束地方政府的经济增长追求和重化工业的扩张冲动，也无法从根本上扭转敞开口消耗能源的状态，能耗总量控制势在必行。

在总结吸取“十一五”经验教训后，党的十七届五中全会和国家“十二五”规划纲要均提出了“合理控制能源消费总量”的要求，继而将合理控制能源消费总量的目标列入《“十二五”节能减排综合性工作方案》，“能源消费总量40亿吨标准煤”与“全国单位能源消耗强度下降16%”成为能源增速约束上的双控指标，这是中国政府第一次把能源消费总量写进了国家发展规划之中，从能源消耗强度控制到能源消费总量控制显示了中国政府能源政策的进步，是中国积极应对气候变化、降低碳排放量的必然选择，对中国实现能源可持续供应，保障经济、社会、生态协调发展具有十分重要的意义。然而，“十二五”时期，中国单位国内生产总值能耗降低18.4%，超额完成能耗强度控制目标任务，但2015年能源消耗量达43亿吨标准煤，能源消费总量控制目标未能实现。当前，节能减排形势依然严峻，为将能源消耗总量和强度双控工作推向深入，国务院于2016年12月印发了《“十三五”节能减排综合工作方案》，规划在2020年实现“全国万元国内生产总值能耗比2015年下降15%”和“能源消费总量控制在50亿吨标准煤以内”的双控目标。相较于《“十二五”节能减排综合性工作方案》，《“十三五”节能减排综合工作方案》在“能源消费总量控制”和“行业及部门节能控制”方面有更明确的目标设定，这将更有利于各地区各行业节能减排的责任履行。为了更好地了解能源消耗总量和强度双控计划，本书简要回顾了“十一五”“十二五”及“十三五”期间的能耗总量和强度分配方案及其实施情况，如表4-6所示。

表 4-6 各地区能耗总量和强度分配方案及其实施情况

地区	2005 年		2010 年			2015 年	
	能耗强度/（吨标准煤/万元）	“十一五”规划降低/%	能耗强度/（吨标准煤/万元）	比 2005 年降低/%	“十二五”规划降低/%	“十三五”规划降低/%	“十三五”能耗增量控制目标/万吨标准煤
北京	0.792	20	0.582	26.52	17	17	800
天津	1.046	20	0.826	21.03	18	17	1040
河北	1.981	20	1.583	20.09	17	17	3390
山西	2.89	22	2.235	22.66	16	15	3010
内蒙古	2.475	22	1.915	22.63	15	14	3570
辽宁	1.726	20	1.38	20.05	17	15	3550
吉林	1.468	22	1.145	22.00	16	15	1360
黑龙江	1.46	20	1.156	20.82	16	15	1880
上海	0.889	20	0.712	19.91	18	17	970
江苏	0.92	20	0.734	20.22	18	17	3480
浙江	0.897	20	0.717	20.07	18	17	2380
安徽	1.216	20	0.969	20.31	16	16	1870
福建	0.937	16	0.783	16.44	16	16	2320
江西	1.057	20	0.845	20.06	16	16	1510
山东	1.316	22	1.025	22.11	17	17	4070
河南	1.396	20	1.115	20.13	16	16	3540
湖北	1.51	20	1.183	21.66	16	16	2500
湖南	1.472	20	1.17	20.52	16	16	2380
广东	0.794	16	0.664	16.37	18	17	3650
广西	1.222	15	1.036	15.22	15	14	1840
海南	0.92	12	0.808	12.17	10	10	660
重庆	1.425	20	1.127	20.91	16	16	1660
四川	1.6	20	1.275	20.31	16	16	3020
贵州	2.813	20	2.248	20.09	15	14	1850
云南	1.74	17	1.438	17.36	15	14	1940
西藏	1.45	12	1.276	12.00	10	10	—
陕西	1.416	20	1.129	20.27	16	15	2170
甘肃	2.26	20	1.801	20.31	15	14	1430
青海	3.074	17	2.55	17.05	10	10	1120
宁夏	4.14	20	3.308	20.10	15	14	1500
新疆	（另行考核）				10	10	3540

资料来源：《中国统计年鉴（2017）》及《“十三五”节能减排综合工作方案》。

注：港澳台未计入。

中国经济高速发展了40多年，成就固然瞩目，但是经济增长基本是以能源的高消耗为代价的，能源消费总量持续增长，能源使用效率始终较低。《BP世界能源统计（2017）》显示，中国于2009年首次超过美国成为世界第一大能源消耗国，2010～2016年，相较于美国，中国能源消费总量已连续七年持续增长，在世界能源消费总量中的占比也持续扩大，而美国能源消费总量在近七年中有增有减，在世界能源消费总量中的占比也有所减少。中国的能源消费畸形突出，不管是能源消费强度还是能源消费总量都对中国经济社会发展形成了极大威胁与挑战。基于有限的能源供给增量，满足中国“十三五”以及更长远未来经济社会发展的需求，将是中国各级政府面临的追切问题与巨大挑战。

4.2　水资源消耗总量和强度双控市场化概况

4.2.1　水资源消耗总量

水是人类生存的基础，是经济发展和社会进步的必要条件。一定区域内的水资源总量指当地降水形成的地表和地下产水量，即地表径流量与降水入渗补给量之和，不包括过境水量。在计算中，既可由地表水资源量与地下水资源量相加，扣除两者之间的重复量求得，也可由地表水资源量加上地下水与地表水资源不重复量求得。由统计数据可知，近几年，尽管中国的水资源总量在不同年份有较大幅度的波动，但其绝对水平较高。2005～2016年，水资源总量最低的年份是2011年，为23 256.7亿立方米；最高的则是2016年，为32 466.4亿立方米。在这12年间，中国水资源总量年均为27 466.4亿立方米。中国是一个水资源短缺的国家，虽然水资源总量位居世界前列（仅次于巴西、俄罗斯、加拿大、美国和印度尼西亚，位居世界第六），但人均水资源量少，仅为世界人均水平的1/4，是全球人均水资源最贫乏的国家之一。

如表4-7所示，近几年，中国水资源消耗总量经历了缓慢增长到逐步下降的过程，其中2005～2013年处于缓慢增长阶段，2014～2016年又有小幅下降，到2016年，全国用水总量为6040.2亿立方米，比2005年增长了407.2亿立方米，2016年全国用水总量占水资源总量的比例约为19%。从用水结构来看，农业用水是水资源消耗的主体，2016年农业用水为3768亿立方米，占用水总量的62.4%；工业用水次之，占比为21.7%；生活用水821.6亿立方米，占用水总量的13.6%。2014～2016年，随着人民生活水平的提高和生态文明建设的推进，中国用水增长的结构特征明显，具体而言，生活用水和生态用水小幅上升，而工业用水和农业用水有所下降。

表 4-7　2005～2016 年中国用水情况统计

年份	用水总量/亿立方米	农业/亿立方米	工业/亿立方米	生活/亿立方米	生态/亿立方米	用水量/水资源总量/%
2005	5633.0	3580.0	1285.2	675.1	92.7	20.1
2006	5795.0	3664.4	1343.8	693.8	93.0	22.9
2007	5818.7	3599.5	1403.0	710.4	105.7	23.0
2008	5910.0	3663.5	1397.1	729.3	120.2	21.5
2009	5965.2	3723.1	1390.9	748.2	103.0	24.7
2010	6022.0	3689.1	1447.3	765.8	119.8	19.5
2011	6107.2	3743.6	1461.8	789.9	111.9	26.3
2012	6141.8	3880.3	1423.9	728.8	108.8	20.8
2013	6183.4	3921.5	1406.4	750.1	105.4	22.1
2014	6094.9	3869.0	1356.1	766.6	103.2	22.4
2015	6103.2	3851.5	1334.8	794.2	122.7	21.8
2016	6040.2	3768.0	1308.0	821.6	142.6	18.6

资料来源：《中国统计年鉴（2017）》。

通常以用水量与可用水量的比率之高低来衡量水资源供需形势，水资源供需形势的紧张程度分为四个等级：较低程度用水紧张，即用水量不到可用水量的 10%；中等程度用水紧张，即用水量与可用水量的比率大于 10%小于 20%；中高程度用水紧张，即用水量与可用水量的比率大于 20%小于 40%；高度用水紧张，即用水量与可用水量的比率超过 40%（郭帅和张士乔，2008）。由表 4-7 可知，2005～2016 年，中国用水量占水资源总量的比例平均值为 22%，说明中国整体上处于中高程度用水紧张程度，虽然近两年该比例有所下降，但整体来看供需形势还比较严峻。

众所周知，中国经济发展水平具有明显的地域差异性，水资源的分布状况同样如此。总体来看，从中国的东南到西北，水资源拥有量逐步减少。根据水利部发布的《2016 年中国水资源公报》，全国水资源总量为 32 466 亿立方米，北方六区（松花江区、辽河区、海河区、黄河区、淮河区和西北诸河区）水资源总量仅 5592.7 亿立方米，占全国的 17.2%，但用水总量为 2748.9 亿立方米，占全国的 45.5%；南方四区（长江、珠江、东南诸河、西南诸河）水资源总量达 26 873.7 亿立方米，占全国的 82.8%，用水总量为 3291.3 亿立方米，占全国的 54.5%。可见，中国水资源空间分布的不平衡性，加剧了区域用水的矛盾。根据国际公认的缺水标准，2016 年北京、天津、河北、山西、上海、山东、河南、宁夏八个人均水资源量小于 500 立方米的省级行政区属于极度缺水；辽宁、江苏、陕西和甘肃这四个人均水资源量大于 500 立方米小于 1000 立方米的省份属于重度缺水；内蒙古、吉林和重庆三个人均水资源量大于 1000 立方米小于 2000 立方米的省份属于中度缺水；黑龙江、浙江、安徽、湖北、广东和四川六个人均水资源量大于 2000 立方米小于 3000 立方米的省份属于轻度缺水。在人均水资源量低于全国平均水平的 18 个省级行政区中，超过 2/3 属于北方地区省份，尤其是在八个极度缺水的省级行政区中，除了上海之外，其他七个都属于北方地区。由此可见，中国南北水资源分布不平衡的特征相当明显，南方水资源丰裕，而北方水资源严重短缺。

受水资源条件、人口总量、经济结构等多种因素的影响，各省级行政区的用水总量差别很大。由表 4-8 可知，2016 年江苏、新疆、广东、黑龙江、湖南、安徽、广西、湖北、四川及江西用水总量位居全国前十位，分别为 577.4 亿立方米、565.4 亿立方米、435 亿立方米、352.6 亿立方米、330.4 亿立方米、290.7 亿立方米、290.6 亿立方米、282 亿立方米、267.3 亿立方米及 245.4 亿立方米，这些省份用水量占全国总用水量的 60%，而青海、天津、西藏、北京、海南、宁夏、山西、重庆等行政区用水总量最少，用水总量分别为 26.4 亿立方米、27.2 亿立方米、31.1 亿立方米、38.8 亿立方米、45 亿立方米、64.9 亿立方米、75.5 亿立方米和 77.5 亿立方米。可见，这些省份的用水量与水资源禀赋条件密切相关。从区域用水结构来看，农业为用水主体，其次为工业用水和生活用水，生态用水比例最低。其中，新疆、黑龙江、宁夏、西藏、甘肃、青海、海南、内蒙古和河北等地区的农业用水占比最高，比例均在 70%以上；上海、江苏、重庆、福建、湖北、安徽等地区的工业用水占比均大于 30%，而上海工业用水占比高达 61.5%；生活用水整体差异较大，北京生活用水占比最高，为 45.9%，而新疆、宁夏和黑龙江生活用水占比均低于 5%；生态用水比例普遍最低，基本小于 10%，但北京生态用水占比高达 28.6%。

表 4-8 列出了中国各省级行政区用水情况。从区域用水效率指标来看，天津、北京、山西、山东、陕西、河南、河北、重庆、贵州、辽宁等地人均用水量最少，其中北京人均用水量仅有 178.6 立方米，新疆的人均用水量则高达 2376.6 立方米，是北京人均用水量的 13.3 倍；北京、天津、山东、上海、浙江、重庆、陕西、广东、河南、河北、山西、辽宁、福建、江苏等地区万元 GDP 用水量均低于全国平均水平，其中北京和天津的万元 GDP 用水量仅有 23 立方米左右；天津、北京、山东、河北、陕西、内蒙古、浙江、辽宁、青海、河南和山西的万元工业增加值用水量最少，该指标用水量仅为全国平均水平的 1/2，其中天津万元工业增加值用水量仅为 9.4 立方米。总体来看，北方地区用水效率明显高于南方地区。

表 4-8　2016 年中国各省级行政区用水情况统计

省级行政区	用水总量/亿立方米	占用水总量的比例/%				人均用水量/立方米	万元 GDP 用水量/立方米	万元工业增加值用水量/立方米
		农业	工业	生活	生态			
北京	38.8	15.5	9.8	45.9	28.6	178.6	22.6	11.0
天津	27.2	44.1	20.2	20.6	15.1	175.0	22.7	9.4
河北	182.6	70.1	12.0	14.2	3.7	245.2	85.0	19.1
山西	75.5	61.9	17.1	16.7	4.4	205.6	86.3	36.3
内蒙古	190.3	73.1	9.1	5.6	12.1	756.5	156.6	28.1
辽宁	135.4	62.7	14.5	18.7	4.1	309.1	90.8	33.5
吉林	132.5	68.8	15.8	10.8	4.8	483.0	133.8	40.2
黑龙江	352.6	89.0	5.8	4.4	0.7	926.6	341.9	65.9
上海	104.8	13.8	61.5	24.0	0.8	433.5	55.5	99.4
江苏	577.4	46.9	43.0	9.7	0.3	722.9	111.3	95.2
浙江	181.1	44.7	26.7	25.6	3.0	325.5	57.2	30.3
安徽	290.7	54.6	32.0	11.5	1.9	471.2	177.7	107.8
福建	189.1	44.5	36.3	17.5	1.6	490.3	97.9	68.4
江西	245.4	62.8	24.7	11.6	0.9	535.9	197.9	97.7
山东	214.0	66.1	14.3	16.0	3.6	216.2	46.9	12.9
河南	227.6	55.2	22.1	17.0	5.7	239.4	83.9	34.4
湖北	282.0	48.6	32.4	18.6	0.4	480.5	128.8	85.0
湖南	330.4	59.0	26.9	13.2	0.8	485.7	156.3	91.6
广东	435.0	50.7	25.1	23.0	1.2	398.2	80.3	39.0
广西	290.6	68.2	17.1	13.7	0.9	603.3	236.7	85.2
海南	45.0	73.6	6.9	18.4	1.1	492.3	165.7	74.9
重庆	77.5	32.9	39.6	26.1	1.4	255.6	65.2	57.9
四川	267.3	58.3	20.9	18.6	2.2	324.7	121.1	58.8
贵州	100.3	56.2	25.6	17.3	0.9	283.1	127.1	80.7
云南	150.2	70.0	14.0	14.0	1.9	315.8	151.5	63.2
西藏	31.1	86.5	4.8	8.0	1.0	949.6	403.0	202.4
陕西	90.8	63.4	15.1	18.1	3.4	238.8	69.8	21.0
甘肃	118.4	80.0	9.4	7.0	3.5	454.5	245.4	73.7
青海	26.4	75.4	9.8	10.6	4.2	447.1	153.1	33.6
宁夏	64.9	86.7	6.8	3.4	3.1	966.5	305.6	48.7
新疆	565.4	94.3	2.1	2.5	1.1	2 376.6	874.3	51.0

注：港澳台数据暂缺。

4.2.2 水资源消耗强度

从时间序列的角度看，2005～2016 年，中国人均用水量呈现先上升后下降的态势，到 2016 年人均用水量为 438.1 立方米；城镇人均生活用水量经历了先降低后保持相对稳定的过程，自 2005 年以来，除少数年份之外，其他年份基本保持在 212 升/天的水平；农村人均生活用水量则表现出升高的趋势，但其绝对水平仍然大幅低于城镇，以 2016 年为例，农村人均生活用水量为 86 升/天，仅为城镇居民的 39.1%；耕地灌溉亩均用水量基本上是在逐年降低，2016 年该用水量降至 380 立方米。近几年，中国用水效率明显提高，其中，体现国民经济总产出用水效率和工业产出用水效率的指标万元 GDP 用水量和万元工业增加值用水量保持持续下降的趋势，2005 年万元 GDP 用水量和万元工业增加值用水量分别为 300.7 立方米和 164.9 立方米，到 2016 年分别下降到 121.1 立方米和 61.5 立方米，下降幅度分别为 59.7%和 62.7%；农田灌溉水有效利用系数持续上升，2016 年该系数增长至 0.542（表 4-9）。然而，从国际角度的比较来看，中国水资源利用方式较粗放，水资源浪费现象仍然严重，虽然全国农田灌溉用水有效利用系数有所提升，但与发达国家 0.7～0.8 的水平仍有较大差距。

表 4-9 2005～2016 中国主要用水指标

年份	人均用水量/立方米	城镇人均生活用水量/(升/天)	农村人均生活用水量/(升/天)	万元 GDP 用水量/立方米	万元工业增加值用水量/立方米	耕地灌溉亩均用水量/立方米	农田灌溉水有效利用系数
2005	432.1	211	68	300.7	164.9	448	—
2006	442.0	212	69	274.5	152.6	449	—
2007	441.5	211	71	241.2	138.6	434	—
2008	446.2	212	72	223.5	125.5	435	—
2009	448.0	212	73	206.2	114.6	431	—
2010	450.2	193	83	188.1	105.9	421	0.51
2011	454.4	198	82	174.2	96.4	415	0.51
2012	454.7	216	79	162.4	86.8	404	0.516
2013	455.5	212	80	151.7	79.6	418	0.523
2014	446.7	213	81	139.4	71.7	402	0.53
2015	445.1	217	82	130.6	66.6	394	0.536
2016	438.1	220	86	121.1	61.5	380	0.542

数据来源：《中国水资源公报（2005～2016）》和《中国统计年鉴（2017）》。

注：万元 GDP 用水量和万元工业增加值用水量均为 2005 年不变价计算，其中价值量指标 GDP 和工业增加值分别根据 GDP 缩减指数和工业增加值缩减指数换算成 2005 年不变价可比数据。

4.2.3　水资源消耗总量和强度双控

中国具有水资源总量丰富，但人均水资源量少，且水资源时空分布不均衡的基本国情。当前，中国正处于新型工业化、城镇化和农业现代化加快发展的历史阶段，加之全球气候变化影响大，极端天气情况频发多发，水资源短缺、水污染严重、水生态环境恶化等问题日益突出。长期以来，中国的粗放发展付出了巨大的资源环境代价，转变经济发展方式迫在眉睫，而用水方式转变是经济发展方式转变的重要推动力，必须从根本上更新思路，将水资源要素作为经济布局、产业发展、结构调整的约束性、控制性和先导性指标，通过设定水资源消耗上限形成水资源的硬约束。

为了解决水资源问题，《中共中央　国务院关于加快水利改革发展的决定》明确提出实行“最严格的水资源管理制度”，基于用水总量控制的水资源开发利用红线连同水功能区限制纳污、用水效率控制红线共同作为该制度核心的“三条红线”。中国对水资源实行流域管理与行政区域管理相结合的管理体制。2012 年 1 月 12 日，国务院又发布《关于实行最严格水资源管理制度的意见》，要求“加快制定主要江河流域水量分配方案，建立覆盖流域和省市县三级行政区域的取用水总量控制指标体系，实施流域和区域取用水总量控制”，要求从全局和战略高度出发，明确到 2030 年，全国用水总量控制在 7000 亿立方米以内。同时要求，到 2015 年，全国用水总量力争控制在 6350 亿立方米以内；到 2020 年，全国用水总量力争控制在 6700 亿立方米以内（表 4-10）。

表 4-10　2020 年中国各省（自治区、直辖市）用水强度控制目标

地区	万元国内生产总值用水量比 2015 年下降比例/%	万元工业增加值用水量比 2015 年下降比例/%	农田灌溉水有效利用系数
全国	23	20	0.550
北京	15	15	0.750
天津	10	5	0.684
河北	25	23	0.675
山西	15	13	0.550
内蒙古	25	20	0.532
辽宁	20	15	0.592
吉林	25	23	0.582
黑龙江	21	23	0.600

续表

地区	万元国内生产总值用水量比2015 年下降比例/%	万元工业增加值用水量比2015 年下降比例/%	农田灌溉水有效利用系数
上海	23	20	0.738
江苏	25	20	0.600
浙江	23	20	0.600
安徽	28	21	0.535
福建	33	35	0.547
江西	28	33	0.510
山东	18	10	0.646
河南	25	25	0.616
湖北	30	30	0.524
湖南	30	30	0.521
广东	30	25	0.500
广西	33	25	0.500
海南	25	25	0.570
重庆	29	30	0.500
四川	23	23	0.476
贵州	29	30	0.480
云南	29	30	0.472
西藏	20	25	0.450
陕西	20	15	0.570
甘肃	33	30	0.570
青海	18	15	0.500
宁夏	25	18	0.506
新疆	33	22	0.570

资料来源：《“十三五”水资源消耗总量和强度双控行动方案》；港澳台数据暂缺。

为进一步化解水资源供需矛盾，控制水资源消费增长速度，国家“十三五”规划纲要首次提出“实行水资源消耗总量和强度双控行动”。“水资源消耗总量和消耗强度”双控指标，是继实行最严格水资源管理制度后又一项强有力的节水控制指标，这是中国政府第一次把水资源消费总量和消耗强度控制写进了国家发展规划之中，对中国实现水资源可持续供应，保障经济、社会、生态协调发展具有十分重要的意义。为进一步健全完善水资源管理的双控指标体系，水资源消耗强度指标在已有的万元工业增加值用水量、农田灌溉水有效利用系数的基础上，增加了万元 GDP 用水量。《“十三五”水资源消耗总量和强度双控行动方案》要求，到2020年，万元GDP用水量要比2015年降低23%，万元工业增加值用水量要比2015年降低20%，农田灌溉水有效利用系数要提到高0.55以上。为将水资源消耗总量和强度双控工作推向深入，《“十三五”水资源消耗总量和强度双控行动方案》将水资源消耗强度控制目标细分到各地区及各行业，这将更有利于各地区各行业明确节能减排责任。

4.3 建设用地总量和强度双控市场化概况

4.3.1 建设用地总量

土地资源是一切资源与环境要素的载体，是可持续发展的资源基础，土地的可持续利用是中国实现可持续发展的基本保障。建设用地是一种土地利用的用地类型，它是利用土地的承载力，把土地作为生产基地和生活场所，而不是以取得生物产品为主要目的的用地。由图4-7可知，“十一五”以来，中国建设用地一直呈持续增长态势。2005～2016年，中国建设用地总量从3192.2万公顷增长到3909.51万公顷，净增717.31万公顷，年均增量达65.21万公顷，年均增速为1.86%。值得注意的是，2008～2012年，中国建设用地总量从3305.8万公顷增长到3690.7万公顷，净增384.9万公顷，年均增量96.23万公顷，年均增速为2.79%。因而，从总体来看，建设用地总量消耗经历了小幅上涨、加速上升至增速放缓的过程。2016年，中国建设用地总面积达到3909.51万公顷，占领土面积的4.06%，其中居民点及工矿面积3179.47万公顷，占建设用地面积的81.33%，

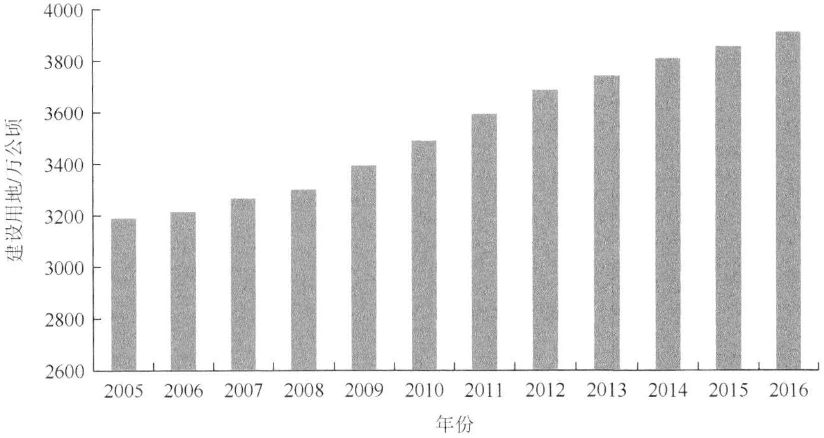

图4-7 2005～2016年中国建设用地总量

资料来源：《中国国土资源公报（2005～2016）》和《中国统计年鉴（2005～2017）》；2009～2011年中国建设用地总量数据未公布，采用2008～2012年年均增速换算

交通运输用地面积371.03万公顷，水利设施用地面积为359.02万公顷。同期，中国耕地面积由2011年的13 523.86万公顷减少到2017年的13 492.09万公顷。相对农业结构调整、生态退耕和灾害损毁等影响耕地减少的因素，建设用地占用无疑是危害最严重的，而2005～2016年每年批准建设用地中30%～80%来源于耕地占用，超过农业结构调整、生态退耕和灾害损害导致耕地面积减少的总和，成为耕地减少的绝对主导因素。可见，坚守18亿亩耕地红线不触碰，从控制建设用扩张的角度来考虑耕地保护问题才是最有效的。

中国区域建设用地分布差异显著，呈现规模东多西少、分布东密西疏的特点。从四大政策分区来看，建设用地绝对规模从大到小依次为东部（面积1295.327万公顷，占总量的33.13%）、西部（面积1149.073万公顷，占总量的29.39%）、中部（面积1029.227万公顷，占总量的26.33%）、东北（面积435.873万公顷，占总量的11.15%）；从相对规模分析，东部（北京、天津、河北、山东、江苏、上海、浙江、福建、广东、海南）、中部（山西、河南、湖北、湖南、安徽、江西）、东北（黑龙江、吉林、辽宁）、西部（内蒙古、陕西、宁夏、甘肃、新疆、青海、四川、贵州、云南、广西、西藏、重庆）依次递减，分别为14.14%、10.01%、5.53%、1.67%；以建设用地区位指数（某一区域建设用地占全国建设用地总量的比例/该区域面积占全国比例）来衡量一定面积上建设用地的分布，东部、中部、东北和西部依次为3.49、2.46、1.40和0.41，最高的东部是最小的西部的8.51倍。从各省级地区来看，建设用地空间上呈现局部集聚的状况。相对水平较高的省份有上海（37.45%）、天津（34.77%）、北京（21.92%）、江苏（21.47%）、山东（18.10%），全部位于东部地区，远高于全国的平均水平（4.07%）。同时，西部地区除重庆外，其他的11省份和东北地区的黑龙江、吉林排在全国后13位（表4-11）。从国际对比数据来看，日本、韩国的土地开发强度（区域建设用地面积占区域总面积的比例）都在10%以下，即使是国土面积较小的荷兰也只有13%；人口产业高度集中的日本三大都市圈土地开发强度仅为15.6%，德国斯图加特为20%，法国巴黎地区为21%。按照国际惯例，一个地区国土开发强度的警戒线为30%，超过该强度，人的生存环境就会受到影响。

表4-11　2016年中国各地区建设用地指标情况

地区	建设用地/万公顷	建设面积占全国比例/%	建设区位指数	建设面积占区域总面积比例	万元GDP建设用地使用面积/平方米
北京	35.97	0.92	5.38	0.22	20.91
天津	41.44	1.06	8.54	0.35	34.57
河北	221.89	5.68	2.89	0.12	103.23
山西	103.33	2.64	1.62	0.07	118.14
内蒙古	165.67	4.24	0.36	0.01	136.36

续表

地区	建设用地/万公顷	建设面积占全国比例/%	建设区位指数	建设面积占区域总面积比例	万元GDP建设用地使用面积/平方米
辽宁	163.05	4.17	2.70	0.11	109.36
吉林	109.73	2.81	1.41	0.06	110.80
黑龙江	163.09	4.17	0.88	0.04	158.16
上海	30.85	0.79	9.20	0.37	16.34
江苏	229.19	5.86	5.27	0.21	44.19
浙江	130.09	3.33	3.03	0.12	41.08
安徽	199.87	5.11	3.50	0.14	122.19
福建	83.29	2.13	1.65	0.07	43.13
江西	128.98	3.30	1.90	0.08	104.03
山东	284.44	7.28	4.45	0.18	62.39
河南	261.69	6.69	3.88	0.16	96.48
湖北	171.65	4.39	2.27	0.09	78.41
湖南	163.71	4.19	1.90	0.08	77.42
广东	203.76	5.21	2.78	0.11	37.60
广西	123.37	3.16	1.28	0.05	100.50
海南	34.41	0.88	2.39	0.10	126.66
重庆	67.57	1.73	2.02	0.08	56.83
四川	183.51	4.69	0.93	0.04	83.14
贵州	70.42	1.80	0.98	0.04	89.22
云南	108.73	2.78	0.70	0.03	109.71
西藏	15.28	0.39	0.03	0.00	197.55
陕西	95.36	2.44	1.14	0.05	73.35
甘肃	91.12	2.33	0.55	0.02	188.82
青海	35.37	0.90	0.12	0.00	205.14
宁夏	31.93	0.82	1.51	0.06	150.34
新疆	160.75	4.11	0.24	0.01	248.57

注：未统计港澳台。

4.3.2 建设用地利用强度

不同的用地规模和结构布局会产生不同的土地效益，建设用地利用效益主要是以土地的经济产出为衡量尺度。近几年来，全国建设用地总量不断增长，建设用地利用效率也在不断提高。由图 4-8 可知，2005～2016 年，中国建设用地利用强度呈现不断下降的态势，万元 GDP 建设用地使用面积从 2005 年的 170.42 平方米下降至 2016 年的 78.39 平方米，降幅达 54%。表 4-11 列出了 2016 年中国各地区建设用地指标情况。从区域万元 GDP 建设用地使用面积来看，上海、北京、天津、广东、浙江、福建、江苏、重庆、山东、陕西、湖南 11 个地区建设用地消耗强度低于全国平均水平。其中，上海建设用地消耗强度最低，为 16.34 平方米；北京其次，为 20.91 平方米；而新疆万元 GDP 建设用地使用面积最高，为 248.57 平方米，是上海建设用地利用强度的 15.2 倍。总体来看，全国建设用地集约节约水平在不断上升，但区域空间差异较大。

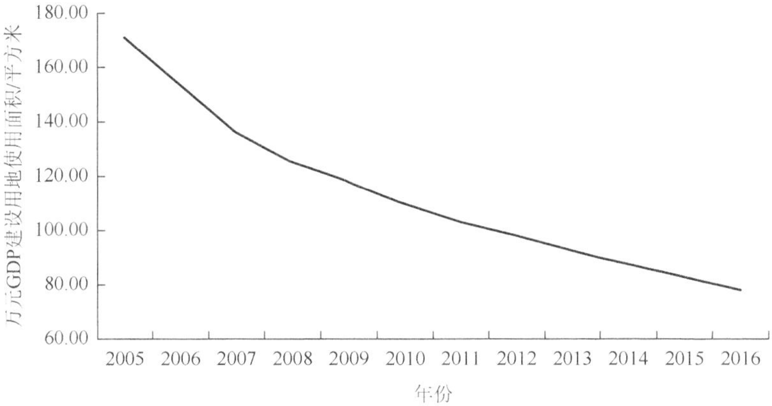

图 4-8 2005～2016 年中国万元 GDP 建设用地使用面积

4.3.3 建设用地总量和强度双控

20 世纪以来，在新一轮“开发区热”“房地产热”的背景下，大量的耕地资源被占有，土地利用的非理性行为愈演愈烈，国家开始对建设用地利用采取空前严厉的管控政策。在中央政府及国土资源部（2018 年已整合到自然资源部）的领导下，依据《土地管理法》，中国利用规划、年度计划、行政审批、用地供应、集约利用等管控工具，已经初步形成了包括土地规划、计划管理政策、土地审批政策、土地供应政策、土地督察政策等在内的建设用地管控政策体系。经过历年的不断探索，中国建设用地管制政策经历了从总量管控到总量和强度双控市场化的逐步完善。

反思“增量控制”管理模式的弊端，为适应工业化、城镇化发展要求，中央政府及国土资源部对增量管控思路进行创新，建立了建设用地“总量控制”管控体系。“建设用地总量控制”强调的是在加强和改进供给的同时，根据区域功能定位，统筹经济发展、粮食安全及生态安全的用地需求，结合不同地区的经济发展阶段和资源禀赋状况，科学合理地确定不同地区的建设用地总量扩张的“天花板”，在建设用地总量刚性约束下通过存量挖潜等手段自主提高建设用地节约集约利用水平，实现建设用地总量控制下的用地需求倒逼机制，推进土地利用方式和经济增长方式的转变。2004 年，《国务院关于深化改革严格土地管理的决定》，第一次提出了“鼓励农村建设用地整理，城镇建设用地增加要与农村建设用地减少相挂钩”；2006 年第二次修订《土地利用年度计划管理办法》，明确将新增建设用地总量、新增建设占用农用地及耕地指标纳入土地利用年度计划指标，强调根据经济形势、实行差别化土地计划管理，严格控制新增建设用地总量；2008 年 10 月，国务院发布《全国土地利用总体规划纲要（2006～2020 年）》，提出严格控制建设用地总规模，控制城镇工矿用地过快扩张，整合规范农村建设用地。2010 年 3 月，国土资源部出台《关于进一步完善农村宅基地管理制度切实维护农民权益的通知》，将新增农村宅基地建设用地纳入土地利用年度计划，提出要因地制宜推进“空心村”治理和旧村改造。

中央政府及国土资源部（现自然资源部）不断深化和完善建设用地节约集约高效利用政策，逐步在市场体系建设和效率水平提高等方面实现新的创新。2006 年，《国务院关于加强土地调控有关问题的通知》，提高新增建设用地土地有偿使用费缴纳标准，建立工业用地出让最低价标准统一公布制度。2009 年国土资源部又发布《单位 GDP 和固定资产投资规模增长的新增建设用地消耗考核办法》，对行政区新增建设用地的集约利用水平进行评价与考核。2011 年，《国务院关于支持河南省加快建设中原经济区的指导意见》明确提出，开展“人地挂钩”等建设用地管控实践的探索。在中国经济社会发展进入新的历史阶段，中共中央明确提出了建设节约型社会，要在经济和社会发展的各个方面切实保护和合理利用各种资源，提高资源利用效率，以尽可能少的资源消耗获得最大的经济效益和社会效益。十八届五中全会通过的“十三五”规划建议提出，“全面节约和高效利用资源，坚持节约优先，树立节约集约循环利用的资源观”；并专门指出，“强化约束性指标管理，实行能源和水资源消耗、建设用地等总量和强度双控行动”。2016 年，《国土资源“十三五”规划纲要》提出，将实行建设用地总量和强度双控措施，逐步减少新增建设用地计划，控制单位国内生产总值建设用地强度，规划至 2020 年，新增建设用地总量控制在 3256 万亩（1 亩≈666.67 平方米），单位国内生产总值建设用地使用面积降低 20%。这是中国首次在国家规划中将建设用地总量和单位生产总值建设用地强度作为约束性指标。建设用地总量强度双控，是指对建设用地指标的管控从总量和强度两个方面予以控制，其中建设用地强度控制，是指从建设用地开发强度、投资强度等方面综合考虑分析，反映土地资源利用的效率、单位用地面积投资强度等情况。强度控制指标主要应包括单位 GDP 建设用地使用面积、人均城镇工矿用地指标、区域平均容积率等指标。

4.4 本 章 小 结

本章介绍了中国目前能源和水资源消耗、建设用地总量及强度双控市场化概况。

改革开放以来，中国能源消费总量出现了较大幅度的增长，2016 年能源消费总量已高达 43.6 亿吨标准煤，现为世界上最大的能源消费国。从能源结构角度来看，煤炭消费比例维持在 60%以上，石油消费占比大约 20%，但石油对外依存度超过 78.9%。工业是能源消耗的主体，2016 年该比例稳定在 94%左右。能源强度基本保持持续下降趋势，但仍远高于世界水平；能源消费弹性系数 2016 年在 0.2 左右，表明了能源需求波动与经济增长耦合关系的减弱；工业部门能源强度明显高于其他部门；分地区能源消费量和能源强度差别大。此外，国家“十一五”“十二五”“十三五”逐步展开能源消耗总量和强度双控计划。

中国的水资源总量高，位居世界第六，但人均水资源量仅为世界人均水平的 1/4。水资源消耗总量经历了缓慢增长到逐步下降的过程，2016 年用水总量为 6040.2 亿立方米，其中农业用水是水资源消耗的主体，占用水总量的 62.4%。水资源的分布具有明显地域差异性，南方水资源丰裕，而北方水资源严重短缺。万元 GDP 水资源消耗强度保持持续下降趋势，2016 年为 121.1 立方米；人均用水量呈现先上升后下降的态势，2016 年为 438.1 立方米；农田灌溉水有效利用系数持续上升，2016 年该系数增长至 0.542。此外，水资源管理政策经历了从“最严格的水资源管理制度”到总量和强度双控计划的逐步完善。

“十一五”以来，中国建设用地总量经历了小幅上涨、加速上升至增速放缓的过程，2016 年总面积达到 3909.51 万公顷，其中新增用地 30%～80%来源于耕地占用。区域建设用地分布差异显著，呈现规模东多西少、分布东密西疏的特点，建设用地区位指数东部、中部、东北和西部依次为 3.49、2.46、1.40 和 0.41。建设用地空间上呈现局部集聚现象，相对水平较高的省份有上海、天津、北京、江苏、山东。万元 GDP 建设用地利用强度呈现下降态势，2016 年为 78.39 平方米，但区域空间差异较大。经过历年的不断探索，中国建设用地管制政策经历了从总量管控到总量和强度双控市场化的逐步完善。

第5章　能源消耗总量和强度双控市场化机制构建

市场机制（market mechanism）是通过市场竞争配置资源的方式，即资源在市场上通过自由竞争与自由交换来实现配置的机制，也是价值规律的实现形式。具体来说，它是指市场机制体内的供求、价格、竞争、风险等要素之间互相联系及作用机理。建立市场机制的目的，就是要按照市场经济的规律来配置资源、调节经济活动，从而使市场能够高效、有序地运行。显然，建立能源消耗总量和强度双控市场化机制就是要通过市场要素的相互作用，自发调节能源市场交易，进而达到合理控制能源消耗总量和能源强度的目的。建立能源消耗总量和强度双控市场化机制，既是推动中国绿色发展、破除资源环境瓶颈、推动生态文明建设的必然选择，也是提高能源高效利用、优化资源配置、完善社会主义市场经济体制的重要内容。然而，由于能源自身的特殊性和复杂性及其在经济社会发展中的基础性、重要性，单纯依靠市场或者单纯依靠政府都难以管理好能源行业，有效的能源治理体制要求市场机制与政府干预有机结合，使“看不见的手”和“看得见的手”协同发挥作用。

5.1　能源消耗总量和强度双控市场化机制研究

5.1.1　能源消耗双控市场化机制基本构架

市场化运行机制有一般市场机制和具体市场机制之分。一般市场机制是指在任何市场都存在并发生作用的市场机制，主要包括价格机制、供求机制和竞争机制等。具体市场机制是指各类市场上特定的并起独特作用的市场机制，如金融市场的利率机制、外汇市场的汇率机制和劳动力市场的工资机制等。显然，能源消耗总量和强度双控市场化机制的基本构架也包括与之相关的价格机制、供求机制、竞争机制及具体市场机制（如用能权交易机制及合同能源管理模式）等。

1. 能源价格机制

价格机制是市场机制的核心，能源价格与能源消耗的关系在本质上同属于“价格-需求”研究范畴。从一般商品理论来看，影响需求的因素很多，包括消费者偏好、社会公众的收入、替代品价格、产品价格、预期等。其中，价格是非常重要的因素，基于经济学理论可知，即“市场配置资源的决定性作用主要是通过价格信号的引导来实现的，市场化的能源价格是重要的经济杠杆”。然而，结合中国的实际经验来看，特殊的体制及经济环境决定了能源价格带有很强的政策性特征。在能源领域，长期以来政府意志起主导作用，导致能源价格在很长的时间段都处于低位，难以反映资源的稀缺程度，也很难充分发挥其资源配置手段的作用。但是，不可否认的是，其市场化程度是不断提高的。1992 年，中国政府明确提出了要构建市场化经济体系，能源市场上也开始强调市场化的定价机制，价格波动日趋灵活。从分类能源来看，1993 年，中国政府决定对计划性煤炭实行全面的市场定价，放开了部分行业和地区的煤炭价格；1996～2002 年，政府对电煤采取指导价格；到 2005 年，国家停止对电煤价格进行调控，煤价基本实现市场化改革。对于石油而言，1998 年，我国对原油、成品油价格形成机制进行了重大改革，确立了国内原油价格、成品油价格与国际原油价格联动的机制，原油价格由购销双方按国内陆上原油运达炼厂的成本与进口原油运达炼厂成本相当的原则协商确定，成品油价格由政府以国际市场油品进口到岸完税成本为基础确定。此后，油价改革一直有效推进。天然气和电力价格的市场化改革虽然一直受阻，但近年来也有一定的进展。总体来说，中国能源价格市场化程度在逐步加快，但政府仍在价格形成中起主导作用。

2. 能源供求机制

供求机制是调节市场供给与需求矛盾，使之趋于均衡的机制。落实能源消耗总量和能源强度双控目标，不仅仅要改变以需求为主导的能源生产方式，更需要转向对需求侧、供应侧进行双向管理。从供给层面来看，依据要素禀赋论，能源禀赋较高的地区必然会在能源生产和供给上具有比较优势，从而影响该地区最终的能源消费量及能源消费强度。一般来说，自然资源丰裕的地区资源相对价格较低，容易产生资源的粗放利用，导致资源使用效率低下。当前中国能源禀赋存在显著区域差异，但能源丰裕的西部地区并没有比能源匮乏的东部地区实现更高的能源利用效率。此外，煤炭在中国能源消费结构中长期居主导地位，而煤炭热效率低，以煤为主的能源结构显然影响着中国的能源消费总量和能源消费强度。从需求层面来看，第二产业的能耗指数远高于第一、第三产业的能耗指数，第二产业中的工业是能源消耗的主体，2009 年至今工业耗能消费量占能源消耗总量比例稳定在 94%左右。可见，产业结构的差异会导致能源消费需求量的不同，如果能源消费量大的产业在产业结构构成中占比突出且增速较快，能源消费增量也会特别显现。因而，产业结构的调整是控制能源总量、提高能源效率的最有效的措施。

3. 能源竞争机制

市场竞争是市场经济的基本特征。通过竞争，企业优胜劣汰，要素得到优化配置。能源是中国计划经济时期严格实行计划管理的产品，这成为能源供应长期短缺、利用效率较低的重要原因。能源是否要进行市场化改革，各方面认识并不统一。不赞成能源市场化改革的观点包括："特殊论"，煤炭、电力、油气是特殊商品，是市场失灵的领域；"安全论"，改革会影响社会稳定和生产安全；"控制论"，这些领域是国民经济命脉，必须垄断经营，等等。然而，发达市场经济国家的历史经验表明，能源领域完全可以市场化（滕泰等，2016）。随着中国确立市场化改革方向，国家首先放开了煤炭价格，又在电力行业实行厂网分开。通过引入竞争机制，煤炭、电力的供给能力明显增加，效率大幅提高。但是，能源市场化改革的步伐是缓慢的。至今为止，生产计划、电量计划、运输计划、项目审批、国家定价仍普遍存在。一些国有能源企业仍在代行政府职能。各种行政审批数量众多，耗费大量时间和金钱，提高了交易成本。可以说，能源领域普遍存在着计划与市场并存的双轨制，价格机制使能源供求关系的自动调节受到了抑制。

4. 用能权交易机制

为推进生态文明体制改革、促进能源消耗总量和强度"双控"目标完成，2015年中共中央、国务院出台了《生态文明体制改革总体方案》，旨在建立健全用能权、用水权、排污权、碳排放权初始分配制度。其中，用能权是指在能源消费总量控制的背景下，用能单位经政府分配或二级市场交易取得的以用能权指标的使用为核心内容的权利（刘明明，2017）。用能权交易侧重从供给侧实现节能降耗目标，是中国推进绿色发展、与节能量交易和碳排放权交易并行的节能减排市场化机制。为培育和发展用能权有偿使用和交易制度，2016年9月国家发展和改革委员会发布《用能权有偿使用和交易制度试点方案》，方案中提出：选择在已有一定的工作基础，开展试点工作积极性较高，具有代表性的浙江省、福建省、河南省、四川省开展用能权有偿使用和交易试点。

用能权有偿使用和交易制度的建立兼顾着"实现'十三五'能耗总量和强度'双控'目标任务"和"创新（能源）有偿使用，发挥市场对配置能源资源的决定性作用"的双重目标。总体来说，中国用能权有偿使用和交易制度尚处于地方试点和立法探索阶段，相关规则制度仍然不尽完备。首先，科学确定初始用能指标分配关系到整个用能权"一级市场"的建立，应始终坚持公平和效率并重的基本原则，对同类企业采取相同的分配标准，同时应依照国家的产业结构部署、供给侧改革等公共目标，"区分产能过剩行业和其他行业、高耗能行业和非高耗能行业、重点用能单位和非重点用能单位、现有产能和新增产能"，构建差异化指标分配规则。其次，应加快制定用能权交易管理办法，明确各项交易规则和交易流程，构建透明公开的交易信息平台。最后，要构建用能权有偿使用和交易制度与他项制度的衔接。其中，节能量交易与用能权交易的规制对象、规制手段、制度设计目的和约束功能相近，故两者存在制度重复建设问题；而用能权交易和碳排放权交易的制度设计目的具有协同性、规制对象有交叉，但两者在用能权指标和碳排放配额初始分配、履约等方面存在制度衔接不畅问题，因而应逐步取消节能量交易制度，并向用能权有偿使用和交易制度逐渐过渡，同时应着眼于用能权交易体系和碳排放权交易体系的共性特征，建立两项制度间的衔接机制和接口规范，逐步形成用能权和碳排放权统一化的监管规则和信息共享平台，构建用能权与碳排放权之间的科学换算与抵扣机制（韩英夫和黄锡生，2017）。

5. 合同能源管理模式

在节能降耗的诸多措施中，合同能源管理是一种在国际上成功运作的模式，其实质就是以减少的能源费用来支付节能项目全部成本的节能方式。具体来说，就是由专业节能服务公司为客户的节能改造提供诊断、节能项目设计、设备选购、安装调试、维修保养等一条龙服务。节能服务公司负责全部投资，并在双方合同期间与客户分享节能效益，合同结束后，节能设备和节能效益为客户所有。这种节能投资方式改变了以往节能项目投资及其风险均由实施节能项目单位承担的状况。客户获得的好处是不用投资即可获得节能效益，从而实现了零风险；而节能服务公司通过节能效益分享，回收项目投资并获得利润，这是一种互利双赢的运行模式。

1996 年开始，北京、辽宁、山东建立了三家基于合同能源管理，直接参与市场化运营，以营利为目的的节能服务示范公司。“十二五”期间，该项目全国累计投资 3710.72 亿元，形成年节能能力 1.24 亿吨标准煤，减排二氧化碳 3.1 亿吨。合同能源管理作为一种节能市场化机制，在近年中发展迅速，但也出现了诸多制约因素，如示范运行遇法律法规障碍、缺乏配套政策支持、客户征信管理滞后、市场运作不规范、企业融资困难等，因而要落实节能服务公司税收优惠政策，鼓励各级政府加大对合同能源管理的支持力度。政府机构按照合同能源管理支付给节能服务公司的支出，视同能源费用支出。培育以合同能源管理资产交易为特色的资产交易平台，鼓励社会资本建立节能服务产业投资基金，支持节能服务公司发行绿色债券，创新投债贷结合促进合同能源管理业务发展，建立节能服务公司、用能单位、第三方机构失信黑名单制度，将失信行为纳入全国信用信息共享平台。

5.1.2 能源消耗双控市场化机制调控效果实证分析

掌握市场机制对能源消耗总量和能源强度的调控效果对建立和完善能源消耗总量和强度双控市场化机制有重要指导意义。从研究层面来看，国内外学者对能源价格、产业结构、能源结构等某一因素与能源效率、能源强度的关系进行了卓有成效的研究，但尚未有文献研究价格机制、供求机制、竞争机制等一般市场机制对能源消耗总量和能源强度的共同影响。由于价格机制和竞争机制主要通过价格来反映，而供求机制主要通过能源禀赋、能源结构和产业结构来反映，本书将能源价格作为价格机制和竞争机制的代理变量，能源禀赋、能源结构和产业结构作为供求机制的代理变量，拟建立面板回归模型检验一般市场机制对能源消耗总量和能源强度的调控效果。

1. 面板回归模型设定

根据本书的研究主题，分别设立了以能源消耗总量和能源强度为被解释变量，以能源价格、产业结构、能源结构和能源禀赋为核心解释变量的静态面板回归模型。

$$\ln \mathrm{EC}_{it} = \alpha_0^1 + \beta^1 \ln \mathrm{EP}_{it} + \chi^1 \ln \mathrm{IS}_{it} + \delta^1 \ln \mathrm{ES}_{it} + \varphi \ln \mathrm{END}_{it} + \boldsymbol{\gamma}^1 \ln \boldsymbol{X}_{it} + \boldsymbol{\varepsilon}_{it}^1 \tag{5.1}$$

$$\ln \mathrm{EI}_{it} = \alpha_0^2 + \beta^2 \ln \mathrm{EP}_{it} + \chi^2 \ln \mathrm{IS}_{it} + \delta^2 \ln \mathrm{ES}_{it} + \varphi \ln \mathrm{END}_{it} + \boldsymbol{\gamma}^2 \ln \boldsymbol{X}_{it} + \boldsymbol{\varepsilon}_{it}^2 \tag{5.2}$$

式中，被解释变量分别为能源消耗总量对数 lnEC 、能源强度对数 lnEI ；核心解释变量分别为能源价格对数 lnEP 、产业结构对数 lnIS 、能源结构对数 lnES 和能源禀赋对数 lnEND ； β 、 χ 、 δ 、 φ 分别为核心解释变量能源价格、产业结构、能源结构和能源禀赋的回归系数； $\boldsymbol{X}$ 为控制变量向量； $\boldsymbol{\gamma}$ 为控制变量回归系数向量； $\boldsymbol{\varepsilon}$ 为随机误差项向量；所有变量的下标中 i 为个体， t 为时间。

2. 变量选取和数据说明

模型中，被解释变量为能源消耗总量 EC 和能源强度 EI，核心解释变量为能源价格 EP、产业结构 IS、能源结构 ES 和能源禀赋 END。此外，借鉴已有文献的研究成果，把经济发展水平 GDP、人口规模 POP、城镇化率 UR、技术水平 TECH 等变量纳入控制变量。其中，能源价格是决定能源需求的最基本变量，当前中国还没有综合的能源价格指数，相关研究在能源价格的选择上也都不统一，考虑燃料、动力类购进价格指数能比较全面反映能源价格情况，本书借鉴周五七（2016）、杨瑾和曹梦楠（2017）的做法，选择燃料、动力类购进价格指数作为能源价格的替代变量；产业结构即构成国内生产总值组成各产业的比例，由于各产业的能耗指数相差较多，第二产业的能耗指数远高于第一、第三产业的能耗指数，第二产业特别是工业是能源消费大户，也是中国能源强度的主导因素之一，故本书选取各地区第二产业增加值占 GDP 的比例来衡量产业结构（余康，2017）；煤炭在中国能源消费结构中长期居主导地位，考虑数据的可获得性、可计算性及现阶段省际能源消费结构特点，能源消费结构采用以煤炭消费量占一次能源消费总量的比例来衡量（江洪和陈亮，2017）；依据要素禀赋理论，资源丰裕的地区在资源供给和使用成本上具有比较优势，能够影响地区资源要素的相对价格和消费数量，进而影响区域资源使用效率，本书用“各省份人均能源生产量与全国人均能源生产量比值”作为能源禀赋 END 的代理变量（潘雅茹和罗良文，2017）；经济发展水平 GDP 不仅反映了国民收入水平，还包含了经济增长的信息，因此本书把 GDP 引入能源需求函数，以解释收入水平提高和经济增长对能源需求的影响（王锋和冯根福，2011）；无论是对能源的生产性需求还是生活消费需求，其最终目的都是满足人们对物质产品和服务产品的需要，因此人口数量的变化是研究能源需求不可忽视的一个重要因素，本书用“分地区年末人口数”衡量人口规模 POP（王锋和冯根福，2011）；城镇化率 UR 是能源消耗总量和能源强度的另一主要因素，本书用“年末城镇人口占人口总数比例”度量各地区城镇化水平（王蕾和魏后凯，2014）；由于专利申请授权数可以侧面反映各地区自主创新能力的强弱，数据获取比较方便且具有可追溯性，本书用“每万人拥有三种专利申请授权数”作为技术水平 TECH 的代理变量（孙庆刚等，2013）。

为了增加数据的平稳性，本书对所有变量进行对数变换。综合考虑本节最终所选取的各种变量以及数据的可得性，本书采用 2000～2016 年中国 28 个省级行政区域（海南、四川及西藏的能源价格数据缺失较多，故没有列入；不含港澳台）的面板数据开展分析。本节数据来源于 2001～2017 年《中国统计年鉴》、《中国能源统计年鉴》、《新中国 60 年统计资料汇编》、中经网统计数据库、搜数网、各省（自治区、直辖市）统计年鉴及地方统计局网站。为消除通货膨胀因素对最终结果的影响，书中涉及的 GDP、能源强度以及能源价格数据均以 2000 年为基期进行了相应的指数平减。模型中所有变量的描述性特征见表 5-1。

表 5-1　各变量的描述性特征

变量名称	变量含义	均值	标准差	最小值	最大值	变量说明
lnEC	能源消耗总量	9.071	0.708	6.8	10.57	能源消耗总量
lnEI	能耗强度	0.387	0.515	–0.6	1.75	能源消费量/GDP
lnEP	能源价格	5.105	0.343	4.56	6.09	燃料、动力类购进价格指数
lnIS	产业结构	3.848	0.166	2.96	4.12	第二产业增加值占 GDP 比例
lnES	能源结构	4.108	0.327	2.28	4.55	煤炭消费量占一次能源消费总量比例
lnEND	能源禀赋	–0.44	1.271	–4.71	2.294	各省份人均能源生产量/全国人均能源生产量
lnGDP	经济发展水平	8.684	1.040	5.57	10.86	地区生产总值
lnPOP	人口规模	8.171	0.721	6.25	9.31	分地区年末人口数
lnUR	城镇化率	3.862	0.302	3.14	4.5	年末城镇人口占人口总数比例
lnTECH	技术水平	0.525	1.369	–2.04	3.835	每万人拥有三种专利申请授权数

3. 实证回归结果分析

模型回归采用 STATA15.0 软件，考虑估计方法的准确性与稳健性，本书同时采用固定效应（fixed effects，FE）模型、随机效应（random effects，RE）模型、允许个体截距项不同且考虑组间异方差与同期相关的“最小二乘虚拟变量模型”（LSDV）和允许个体截距项不同且解决组间异方差、同期相关与组内自相关的全面“可行广义最小二乘法模型”（FGLS）进行估计与对比，所有模型均采用稳健标准误。经过 F 检验、BP 检验以及 Hausman 检验，认为应该使用固定效应模型，而非随机效应模型，所以个体随机效应模型形式不再列出。表 5-2 给出了其他面板回归模型的结果，模型 1、模型 2 对应的被解释变量分别为能源消耗总量 lnEC、能耗强度 lnEI。从表 5-2 可以看出，FE 模型和 LSDV 模型的估计结果差别不大，全面 FGLS 模型回归系数有所减小但回归系数符号并没有发生变化，故验证模型估计具有较好的稳健性及准确性。由于 LSDV 估计方法对回归系数及标准误的估计都是一致的，而 FGLS 模型的优点主要体现在大样本下，根据 Stock 和 Watson 推荐，在大多数情况下应该使用 LSDV 模型（詹姆斯和马克，2010），故下面将只对 LSDV 模型作详细分析。

表 5-2 静态面板数据模型回归结果

回归方法	FE		LSDV		FGLS	
模型分类	模型 1	模型 2	模型 1	模型 2	模型 1	模型 2
lnEP	0.227***	0.227***	0.227***	0.227***	0.135***	0.137***
	（3.91）	（3.88）	（5.74）	（5.70）	（8.08）	（8.54）
lnIS	0.286**	0.287**	0.286***	0.287***	0.254***	0.274***
	（2.6）	（2.6）	（6.22）	（6.32）	（11.91）	（14.86）
lnES	0.243***	0.241***	0.243***	0.241***	0.140***	0.160***
	（3.33）	（3.33）	（6.92）	（6.85）	（12.42）	（14.33）
lnEND	0.108***	0.108***	0.108***	0.108***	0.104***	0.101***
	（2.89）	（2.9）	（8.76）	（8.74）	（17.91）	（14.97）
lnGDP	0.52***	−0.471***	0.52***	−0.471***	0.546***	−0.448***
	（6.24）	（−5.58）	（14.50）	（−12.83）	（34.45）	（−29.75）
lnPOP	0.733*	0.732*	0.733***	0.732***	0.529***	0.580***
	（1.98）	（1.99）	（5.53）	（5.51）	（9.60）	（11.92）
lnUR	0.450**	0.453**	0.450***	0.453***	0.329***	0.333***
	（2.29）	（2.33）	（7.22）	（7.27）	（10.34）	（9.41）
lnTECH	−0.053*	−0.054*	−0.053***	−0.054***	−0.026***	−0.027***

续表

回归方法	FE		LSDV		FGLS	
模型分类	模型 1	模型 2	模型 1	模型 2	模型 1	模型 2
lnTECH	（−1.96）	（−2.00）	（−3.25）	（−3.31）	（−5.25）	（−5.22）
Constant	−6.442**	−6.434**	−6.057***	−6.049***	−3.253***	−3.841***
	（−2.05）	（−2.05）	（−6.11）	（−6.10）	（−7.27）	（−9.41）
R^2	0.955	0.840	0.986	0.973	—	—
Hausman	23.27***	23.07***	—	—	—	—
Wald	593.48***	609.98***	—	—	—	—
Wooldridge	68.616***	72.476***	—	—	—	—
Pesaran	10.806***	10.820***	—	—	—	—

注：表中括号内为相应的 Z 统计量；*、**和***分别表示在 10%、5%和 1%的水平上显著；R^2 是回归方程的拟合优度；Wald、Wooldridge 和 Pesaran 分别对应个体固定效应中的异方差、序列相关和截面相关检验；限于篇幅，地区个体虚拟变量没有在表中报告。

模型 1 及模型 2 的回归结果均显示，在控制其他因素不变的情况下，能源价格 EP、产业结构 IS 和能源结构 ES、能源禀赋 END 对能源消耗总量和能耗强度的正向影响均十分显著。其中，能源价格的回归系数符号与理论预期相反，出现这一反常现象在于，尽管研究期内中国能源价格改革不断深化，但现阶段能源价格仍带有很强的政策性特征，致使能源价格仍处于低位，难以反映能源的稀缺程度，进而导致能源市场不能对能源利用进行有效配置，这也验证了中国能源价格机制处于失灵状态。产业结构对能源消耗总量和能耗强度的影响均为正，说明第二产业占比越大，越不利于能源消耗总量和能耗强度的降低。当前，中国经济发展尤其是中西部地区的经济发展正处于工业化中后期阶段，高耗能的重工业在经济结构中比例的增加将直接导致能源消耗的增加，此外，能源价格长期偏低将导致高耗能行业中本应被淘汰的落后产能仍然有利可图，这将在一定程度上阻碍地区产业的转型与升级，从而形成对粗放型发展方式的锁定效应。能源结构中煤炭占比越高，越不利于节能降耗，主要原因在于，受以煤为主的能源资源禀赋存量结构的影响，中国一次能源消费中煤炭占比一直较高，而与其他种类的能源相比，煤炭热效率较低，进而导致以煤为主的能源结构会显著增加能源消耗总量和能源消费强度。能源禀赋对能源消耗的增加起推动作用，主要在于资源丰裕的地区在资源供给和使用成本上具有比较优势，容易形成粗放式的惯性消费方式，能源效率很低，导致能源消费量及能耗强度居高。进一步对比三者的回归系数可知，产业结构对能源消耗总量和能耗强度的正向影响作用明显高于能源结构和能源禀赋，这也说明产业结构变动引起的能耗变化是结构节能的重要途径。

从控制变量来看，经济发展水平、人口规模、城镇化率及技术水平均显著影响地区能源消耗总量及能耗强度。其中，经济发展水平与能耗强度呈显著负相关关系，但与能源消费量呈显著正相关关系，这是因为能源是经济增长中重要的投入要素，目前中国仍处于经济中高速发展阶段，工业化和城镇化进程还需不断推进，生产及生活刚性用能需求旺盛。但与此同时，随着经济发展水平的提高，一些先进的知识、技术、管理经验和现代化的节能设备会被逐渐应用于生产过程之中，从而有利于降低能源消耗强度。人口规模对能源消耗总量和能耗强度的增加起推动作用，人口增长是决定能源需求的传统因素，较高的人口增长率会增加能源消费需求量，近些年来，随着社会公众的收入和生活水平的不断提高，居民生活能源消费将随着人口增长、工业化和城市化而稳定增长，进而推动人均能源消耗继续上升，加大能耗强度的上升压力。城镇化对能源消耗总量和能耗强度的增加也起正向作用，主要在于大规模城市基础设施和住房建设需要大量的水泥、钢铁、砖瓦等高耗能的建筑原材料，而且城市化带来居民生活水平提高和生活方式的转变，也会导致生活能源需求的迅速增长，然而中国城镇化发展道路中并没有持续发挥其在集约利用能源方面的优势，以至于城镇化对能耗强度的影响表现为正。技术水平可以显著降低能源消耗总量和能耗强度，说明技术水平的提高能改善能源使用效率进而节约能源消费，但影响程度较小，原因：其一可能是当前技术生产力转换水平低下，高的技术投入并没有带来相应的科技产出，其二，当前能源节约宏观市场调控机制还不成熟，长效机制缺失导致行业或企业的技术创新诱导效应弱，因此技术水平对节能降耗的影响有限。

4. 结论及政策建议

本节重点探讨市场机制对能源消耗总量和能耗强度的调控效果。本书基于2000～2016年中国28个省级行政区域的面板数据，构建了以能源价格作为价格机制和竞争机制的代理变量，能源禀赋、能源结构和产业结构作为供求机制的代理变量的回归模型。结果表明：能源价格的变动对节能降耗起抑制作用，说明中国能源价格机制及能源竞争机制处于失灵状态；产业结构对能源消耗总量和能耗强度增加的正向推动作用明显高于能源结构和能源禀赋，说明产业结构变动引起的能耗变化是结构节能的重要途径。此外，经济发展水平、人口规模、城镇化率及技术水平均显著影响地区能源消耗总量及能耗强度。为充分发挥市场机制的资源配置作用，建立和完善能源消耗双控市场化机制十分必要，具体路径选择主要包括以下几个方面。

第一，完善能源价格形成机制，逐步减少能源竞争性环节的市场干预。虽然中国能源价格市场化程度在逐步加快，但电力、天然气价格仍以政府定价为主，石油价格虽已和国际市场接轨，但定价机制仍处于不断完善之中，政府对煤炭价格管制虽然较少，但受电力市场影响较大，因此需要深化能源市场改革，打破地区分割界限，要结合中国当前的能源价格状况及其与资本、劳动力等生产要素的比价关系，制定能够充分反映其市场供求关系、资源稀缺程度以及环境保护成本的能源价格形成机制。相关部门要改进“保民生”的方式，注重将其与工资、社会救助和保障等标准调整相结合，使交叉补贴和低保制度相结合，把用能成本引入低保中，进一步改革交叉补贴，还原能源品的商品属性。要逐步减少对上下游竞争性环节的市场干预，尤其是对电煤市场、天然气上下游市场和石油上下游市场的干预。考虑中国宏观信息的价格波动会对国际市场产生影响，相关部门在发布信息前必须要做好评估工作，健全价格监测分析预警机制，密切跟踪分析国内外价格总水平和重要商品价格走势，及时提出调控建议，加强预期管理。

第二，促进传统产业转型升级，加快新兴产业发展。由本书的研究结论可知，产业结构对节能降耗的负向影响最大，因而推动产业结构升级是转变传统粗放式经济发展、加快结构节能的重要途径。首先，要深化制造业与互联网融合发展，促进制造业高端化、智能化、绿色化、服务化。构建绿色制造体系，推进产品全生命周期绿色管理，不断优化工业产品结构，支持重点行业改造升级。其次，强化节能环保标准约束，严格行业规范、准入管理和节能审查，对电力、钢铁、建材、有色、化工、石油石化、煤炭等行业环保、能耗、安全等不达标或生产、使用淘汰类产品的企业和产能，要依法依规有序退出，严禁核准产能严重过剩行业的增加产能项目。同时，加快发展壮大新一代信息技术、高端装备、新材料、生物、新能源、新能源汽车、节能环保、数字创意等战略性新兴产业，打造一批节能环保产业基地，培育一批具有国际竞争力的大型节能环保企业。然后，鼓励发展节能环保技术咨询、系统设计、设备制造、工程施工、运营管理、计量检测认证等专业化服务。最后，与发达国家相比，中国第三产业比重仍然较低，还有进一步的提升空间，“十三五”规划中提出第三产业比重增加 5.5%，无论对经济结构，还是对能源消耗和碳减排，都具有正向促进作用，应制造政策便利，培育有利于第三产业发展的良好土壤。

第三，推进能源结构优化，构建优质经济清洁安全的供应体系。中国能源结构面临重大调整，需要早日走出煤炭时代，构建优质经济清洁安全的供应体系。首先，要加强煤炭安全绿色开发和清洁高效利用，推广使用优质煤、洁净型煤，推进煤改气、煤改电，鼓励利用可再生能源、天然气、电力等优质能源替代燃煤使用，在居民采暖、工业与农业生产、港口码头等领域推进天然气、电能替代，减少散烧煤和燃油消费。其次，要因地制宜发展海岛太阳能、海上风能、潮汐能、波浪能等可再生能源。安全发展核电，有序发展水电和天然气发电，协调推进风电开发，推动太阳能大规模发展和多元化利用，增加清洁低碳电力供应。值得注意的是，当前中国存在严重的“弃风弃光弃水”现象，究其原因，主要是成本和并网技术问题，需要在政府的引导下，设备生产企业、发电企业和电网共同努力，解决新能源并网消纳问题，合力推进中国能源结构优化。最后，要推动能源技术创新和应用，发挥市场对创新资源配置的决定性作用。支持节能和可再生能源企业参与研究制订技术创新规划、计划、政策和标准。鼓励企业主导成立可再生能源产业技术创新联盟。设立可再生能源研发与产业化应用专项资金，运用财政后补助、间接投入等方式，支持可再生能源企业开展重大产业关键共性技术、装备和标准研发。鼓励具有技术优势的企业建立可再生能源技术创新基地、工程技术研发和创新中心，形成可再生能源技术创新平台。支持可再生能源创业孵化、知识产权服务、第三方检验检测认证等机构建设，建立可再生能源技术交易市场，形成一批可再生能源产业创新服务中心。

第四，依托地区能源禀赋特征，实现产业结构优化升级。各地区不同的能源资源禀赋差异决定了各地的能耗水平有高有低，能源禀赋丰裕的地区由于可供利用的能源相对丰富，其能源密集型产业具有比较优势，从而造成当地的能耗水平较高。因而，要明确中国各个地区的资源禀赋特征以及经济发展情况，制定产业结构优化升级的具体路径，东部地区要依托自身优势，向高技术行业和高端制造业发展，提升服务业的质量和水平，中西部地区要实现产业的更新换代，逐步减少高消耗、高污染、高排放企业的存在，加大技术投入力度，实现经济转型升级。

第五，破除能源市场垄断，鼓励和引导市场主体进入竞争性领域。中国能源市场竞争格局还未形成，不仅仅体现在能源价格机制失灵，国有企业在能源领域的垄断程度也十分明显。要大力破除能源市场垄断，分离自然垄断业务和竞争性业务，放开竞争性领域和环节。实行统一的市场准入制度，在制定负面清单的基础上，鼓励和引导各类市场主体依法平等进入负面清单以外的领域。推动能源投资主体多元化。推进官网业务从上下游一体化中分离出来，组建若干油气管网公司。建立完善电网、油气管网企业的公共监管制度，逐步在油气领域尤其是天然气领域形成“管住中间、放开两头”的监管模式，促进公平竞争。同时，要打破不同部门、产业和地区相互分割的屏障，构建电力、热力和燃气供应共享平台和综合能源服务体系。鼓励智能电网、微电网、微能源网、能源互联网的商业模式探索创新和推广。鼓励建立各种产业联盟推动市场化发展，促进形成统一规范的技术和产品标准，构建多方共赢的市场运作模式。构建以智能电网为配送平台、以电子商务为交易平台，融合储能设施、物联网、智能用电设施等硬件以及碳交易、互联网金融等衍生服务于一体的绿色能源网络。大力发展“互联网+”智慧能源，通过互联网促进能源系统扁平化，逐步建成开放共享的能源网络，发展能源共享经济和能源自由交易，推进能源生产与消费模式革命。探索互联网与能源领域相结合的模式和路径，鼓励将用户主导、线上线下结合、平台化思维、大数据等互联网理念与智能电网增值服务结合。依托示范工程开展电动汽车智能充电服务、可再生能源发电与储能协调运行、智能用电一站式服务、虚拟电厂等重点领域的商业模式创新。

5.2　能源消耗双控市场化的政府规制研究

政府规制就是由行政机构依据有关法律法规制定并执行的直接干预市场配置机制或间接改变企业或消费者供需决策的一般规则或特殊行为。尽管政府干预存在失灵现象，但应看到当市场价格机制在发挥资源配置的决定性作用时，政府规制能弥补以及矫正市场失灵，解决能源领域的自然垄断、负外部性及维护公共利益等问题。

5.2.1　能源消耗双控市场化的政府规制经验分析

1. 财政分权

除了能源禀赋和刚性需求等直接因素之外，国内外多数文献认为中国财政分权体制形成的地方经济发展模式及地方政府间关系是能源粗放使用的间接因素。中国市场化改革所带来的经济领域上的分权，特别是财政分权使得地方政府在财政支出、资源配置上拥有很大的裁量权。1994 年中国实行分税制改革，对中央–地方的财政关系进行调整，中央重新收回财政收入权，但没有调整财政支出任务，省级以下各级政府需负责提供所有的公共产品与服务。在中央财政转移支付不足或未到位的情况下，尤其是中西部地区地方政府的财政压力日趋严重，为改变分税制后收入减少的窘境，地方政府大规模从事土地开发和能源开采。中国财政分权改革所形成的地区间关系还具有地方保护的特征，这一制度安排诱导地方政府努力发展地方非公有制经济、改善商业环境，促使地方经济发展，虽然这种竞争成为中国在分税制改革后经济快速增长的主要原因之一，但是也使各地区只注重经济增长速度，而忽视了经济的可持续增长，并且阻碍了国内市场一体化，不利于资源有效配置，使地方经济陷于分割的粗放增长模式，造成了资源的大量浪费。

在中国财政分权改革之后，中央政府和地方政府之间在保持着改革前行政隶属关系的同时，还具有了契约关系的性质。地方政府成为拥有独立经济利益的政治组织，它可以在一定程度上支配财政收入并负担相应的财政支出责任，但又必须应对来自上级政府的考核，其中经济发展是一个关键指标，因而地方政府具有了十分明确且相对独立的经济利益和行为目标，即追求地方经济利益最大化。中国转型时期的政府治理机制对地方干部政绩的评价与考核办法强调与其管辖地区经济发展业绩直接挂钩，地方政府为了追求本地的经济增长，增加地方财政收入，必然会选择短期内最有效的资源投入方式，即实施以强化经济增长为先、环境保护为后的发展策略。这种策略弱化公共品供给，强化直接的经济建设支出，结果造成地方政府之间围绕经济发展而展开竞争，这种竞争促进了宏观上的经济增长，但同时也加剧了经济波动、公共品供给不足、资源配置效率不高等一系列问题。

总之，中国的财政分权体制使地方政府受引资竞争、职务升迁及提高财政收入影响，盲目追求经济增速、政绩工程及形象工程，以高耗能产业为支撑促使经济快速增长，资源新城新区、开发区和工业园区占地过大，建成区人口密度偏低，致使能源消耗总量和强度居高不下。从制度视角来说，降低中国能源消耗总量和强度，需要消除以上财政分权体制的负面影响，因此，提高国内市场一体化水平，转 GDP 竞争为资源集约利用竞争，以及减轻地方财政压力，是建立能源消耗总量和强度市场化机制的思考切入点。

2. 节能政策

改革开放以来，伴随经济大幅增长，中国能源消费也呈现快速上升趋势。尤其在“十五”开始以后，为实现 GDP 到 2020 年比 2000 年翻两番的目标，中国钢铁、有色金属、石化、化工、水泥等高耗能行业加速发展；随着人民生活水平的提高，消费结构升级，汽车和家用电器大量进入家庭；城镇化进程加快，建筑和生活用能大幅度上升。面对工业化、城镇化的加快发展所带来能源消费的刚性增长需求，节能降耗成为缓解中国能源供求矛盾、降低污染的必然选择。然而，节约能源、提高能效是具有明显正外部性和公共性特点的经济行为，不仅市场机制难以实现其外部性的内部化，而且受到技术、资金、产业结构等因素的约束，市场主体节能的主动性和积极性并不高，这就决定了政府必须通过强有力的节能政策加以扶持和引导。

中国政府从 20 世纪 80 年代开始就采取了大量措施来推动能源节约，赵晓丽和洪东悦（2010）将 1978～2008 年的能源节约政策梳理为两个阶段：第一阶段（1978～1990 年）的节能政策以行政措施为主，注重抑制能源需求，如电力消费定额分配、成立节能管理服务机构、采取财政经济激励政策等；第二阶段（1991～2008 年）的节能政策则以市场机制为主，注重提高能源效率，如逐步放开能源价格、出台节约能源法、开征资源税、加大能源补贴等。可以说，定额分配、淘汰落后生产能力等行政措施有利于在较短的时间内降低能耗；财政拨款、补贴、税收优惠等经济政策是一种遵循市场规律的长效政策；法律政策则使节能降耗有法可依，推动全社会节能降耗。然而，结合历史情况可以判断，这些政策无法从根本上扭转敞开口能源消耗的状态，该阶段内中国能源消耗仍处于快速增长的状态。

为化解能源供需矛盾，控制能源消费增长速度，国家“十一五”规划纲要提出单位 GDP 能耗五年降低 20%左右的约束性指标。然而，“十一五”节能工作实践证明，只控制单位 GDP 能耗，难以约束地方政府的经济增长追求和重化工业的扩张冲动，在总结吸取“十一五”经验教训后，国家“十二五”规划纲要提出了“合理控制能源消费总量”的要求，设定“能源消费总量 40 亿吨标煤”与“全国单位能源消耗强度下降 16%”能源增速约束双控指标。这是中国政府第一次把能耗消费总量写进了国家发展规划之中，从能源消耗强度控制到能源消费总量和能耗强度双控显示了中国政府能源政策的进步，对中国实现能源可持续供应，保障经济、社会、生态协调发展具有十分重要的战略意义。虽然“十二五”能源消费总量控制目标未能实现，但结合数据资料可以发现，在这五年期间，中国大部分省份的能源消费量均处于明显的持续下降趋势。为将能源消耗总量和强度双控工作推向深入，《“十三五”节能减排综合工作方案》将能源消费总量控制目标细分到各地区及各行业，这更有利于各地区各行业明确节能减排责任。除此之外，中央逐步落实节能目标责任考核机制，将节能降耗实绩考核作为干部选拔任用的重要依据，考核等级为未完成的省级人民政府、领导干部不得参加年度评奖、授予荣誉称号等，实行问责制和“一票否决”制。“十一五”“十二五”及“十三五”规划中新添加的考核指标使得中央政府对地方政府考察的核心从经济增长转向了经济增长和节能减排双重重心上。因此，实现经济效益与节能效益的双赢是地方政府的最优目标，由此也对地方政府形成强有力的节能激励约束。

结合以上的经验分析可得，财政分权制度和节能规制政策均能通过地方政府行为激励对能源消耗产生作用，但目前鲜有文献综合以上两个因素讨论节能降耗的效应。因此，本书尝试构建实证模型，检验以上制度因素对中国能源消耗双控市场化的影响。

5.2.2　能源消耗双控市场化的政府规制效果实证分析

1. 变量选择和模型设定

本节主要探讨财政分权及节能政策等制度因素对中国能源消耗总量和能源强度的影响。考虑数据的可得性，本书选取中国 30 个省级行政区域（西藏数据缺失较多，故没有列入；不含香港、澳门、台湾）2000～2016 年的相关数据展开研究。

为体现地区节能降耗效果的公平性，书中对能源消费总量剔除人口规模的影响，采用人均能源消费量作为代理变量。故被解释变量设定为人均能源消耗量和能耗强度，核心解释变量设定为财政分权度和节能政策。其中，关于财政分权度的衡量指标，目前学术界尚未达成一致看法，本书借鉴陈菁和李建发（2015）及宋姗姗（2018）的研究成果，采用财政支出分权对财政分权进行衡量，并将其定义为省级人均财政支出与中央人均财政支出的比值，比值越大，表明财政支出分权越大，财政分权程度就越大。对于节能政策，“十二五”规划纲要以来，中国政府首次提出能源消耗总量和能耗强度双控指标，并将其作为地方政府的主要考核指标。与之前相比，无论是政策作用范围，还是政策作用力度都有很大的不同。因此，为考察 2010 年前后不同的政策环境对中国能源双控行动所产生的影响，本书借鉴吴琦和曾凡银（2014）、彭月兰和迟美青（2015）对时期因素引入虚拟变量的处理方式，在模型中引用虚拟变量 D 来代表 2010 年以来实施能源消耗双控行动的影响。为体现分阶段政策环境的不同，本书以双控行动的转折点为界划分样本期，将样本期分为 2000～2010 年和 2011～2016 年两个阶段。模型中引入虚拟变量 D 来衡量上述政策因素的影响。虚拟变量的引入同时还可以达到提高模型精度，减少模型设定误差的作用，从而避免了直接分段回归导致的样本量的减少和估计精度的降低。本书引入的虚拟变量如下：

$$D=\begin{cases}1, & 2010\text{年以后}\\0, & 2010\text{年及以前}\end{cases}$$

由于中国能源价格不能反映真正的供求关系，选择地区经济发展水平、能源禀赋和技术水平作为控制变量，其中，为保证地区经济发展水平可比性，选取人均地区生产总值作为地区经济发展水平代理变量，其他变量的定义及数据来源参考 5.1 节。书中涉及的 GDP、能耗强度均以 2000 年为基期进行相应的指数平减，为增加数据的平稳性，本书对相应变量进行对数变换。拟建立的面板数据模型如下：

$$\text{lnPEC}_{it}=\alpha_0^1+\beta^1\text{lnFD}_{it}+\chi^1 D+\boldsymbol{\gamma}^1\ln\boldsymbol{X}_{it}+\boldsymbol{\varepsilon}_{it}^1 \tag{5.3}$$

$$\text{lnEI}_{it}=\alpha_0^2+\beta^2\text{lnFD}_{it}+\chi^2 D+\boldsymbol{\gamma}^2\ln\boldsymbol{X}_{it}+\boldsymbol{\varepsilon}_{it}^2 \tag{5.4}$$

式中，被解释变量分别为人均能源消耗总量对数 lnPEC、能耗强度对数 lnEI；核心解释变量分别为财政分权度 lnFD、节能政策虚拟变量 D；β、χ 分别为核心解释变量财政分权度、节能政策的回归系数；$\boldsymbol{X}$ 为控制变量向量；$\boldsymbol{\gamma}$ 为控制变量回归系数向量；$\boldsymbol{\varepsilon}$ 为随机误差项向量；所有变量的下标中 i 为个体，t 为时间。

2. 实证回归结果分析

模型回归采用 STATA15.0 软件，考虑估计方法的准确性与稳健性，本书同时采用固定效应（FE）模型、随机效应（RE）模型、允许个体截距项不同且考虑组间异方差与同期相关的最小二乘虚拟变量（LSDV）模型和允许个体截距项不同且解决组间异方差、同期相关与组内自相关的全面可行广义最小二乘法（FGLS）模型进行估计与对比，所有模型均采用稳健标准误。经过 F 检验、BP 检验以及 Hausman 检验，认为应该使用固定效应模型，而非随机效应模型，所以个体随机效应模型形式不再列出。表 5-3 给出了其他面板回归模型的结果，模型 1、模型 2

对应的被解释变量分别为人均能源消耗总量对数 lnPEC、能耗强度对数 lnEI。从表 5-3 可以看出，FE 模型和 LSDV 模型的估计结果差别不大，全面 FGLS 模型回归系数有所减小，但回归系数符号并没有发生变化，故验证模型估计具有较好的稳健性及准确性，下面只对 LSDV 模型作详细分析。

表 5-3　静态面板数据模型回归结果

回归方法	FE		LSDV		FGLS	
模型分类	模型 1	模型 2	模型 1	模型 2	模型 1	模型 2
lnFD	0.756***	0.756***	0.756***	0.756***	0.450***	0.450***
	(2.84)	(2.84)	(4.12)	(4.12)	(8.93)	(8.93)
D	−0.103***	−0.103***	−0.103**	−0.103**	−0.015**	−0.015**
	(−3.9)	(−3.9)	(−2.22)	(−2.22)	(−2.12)	(−2.12)
lnGDP	0.751***	−0.249***	0.751***	−0.249***	0.712***	−0.288***
	(9.41)	(−3.13)	(14.36)	(−4.77)	(39.03)	(−15.8)
lnTECH	−0.076**	−0.076**	−0.076***	−0.076***	−0.064***	−0.064***
	(−2.28)	(−2.28)	(−3.36)	(−3.36)	(−14.27)	(−14.27)
lnEND	0.127***	0.127***	0.127***	0.127***	0.108***	0.108***
	(4.1)	(4.1)	(8.35)	(8.35)	(18.74)	(18.74)
Constant	0.820***	0.820***	0.841***	0.841***	0.769***	0.769***
	(8.6)	(8.6)	(10.04)	(10.04)	(17.65)	(17.65)
R^2	0.930	0.78	0.969	0.963	—	—

注：表中括号内为相应的 *Z* 统计量；**和***分别表示在 5%和 1%的水平上显著；R^2 是回归方程的拟合优度；限于篇幅，地区个体虚拟变量没有在表中报告。

模型 1 及模型 2 的回归结果均显示，在控制其他因素不变的情况下，财政分权度在 1%的水平对中国能源消耗和能耗强度具有显著正向影响，且影响系数较大，表明财政分权度的提高会直接导致能源消耗量的增加及能耗强度的提高，进一步验证了上述经验分析的合理性。这也反映现行财政分权体制对地方政府节能降耗治理存在一定的激励扭曲和约束不足等问题，虽然财政分权度的提高会促使地方政府提升税收激励，但这也会间接影响地方政府财政支出能力及支出偏好，尤其在政府受引资竞争、职务升迁及财政压力等因素的影响下，强化经济粗放式增长发展策略便成为地方政府的优先选择，进而导致资源大量浪费、资源配置效率不高等一系列问题。尽管当前中央逐步转变了官员政绩考核方式，但是这没有从根本上改变地方政府的经济发展政绩压力及地方财政体制的现状，短期内以高耗能产业等支撑经济快速增长的方式依然成为惯性选择，这一点在经济发展落后的地区表现尤为明显。回归结果还显示，在控制其他因素不变的情况下，节能政策对中国能源消耗和能耗强度的增加具有负向影响，且在5%的水平上显著，表明“十二五”以来所实施的节能政策对降低能源消耗总量和能耗强度都起到了积极的作用，但影响程度较小，原因之一可能是当前节能政策主要以政府行政管制为主，而市场节能型工具效果还未有效发挥，如能源价格机制、用能权交易机制仍不完善等，行政性工具对节能虽有短期效应，但长效机制缺失导致对行业或企业的技术创新诱导效应弱，因此节能降耗效果有限，这也说明当前节能政策在坚持行政性手段节能的基础上，更应注重发挥节能的市场作用及政策组合的互补协同作用。

从控制变量来看，经济发展水平、技术水平、能源禀赋均显著影响地区人均能源消耗量和能耗强度。其中，经济发展水平与能耗强度呈显著负相关关系，但与人均能源消费量呈显著正相关关系，这是因为能源是经济增长中重要的投入要素，目前中国仍处于经济中高速发展阶段，工业化和城镇化进程还需不断推进，生产及生活刚性用能需求旺盛。但与此同时，随着经济发展水平的提高，一些先进的知识、技术、管理经验和现代化的节能设备会被逐渐应用于生产过程之中，从而有利于降低能源消耗强度。技术水平可以显著降低能源消耗总量和能耗强度，说明技术水平的提高能改善能源使用效率降低能源消费，但影响程度较小，原因之一可能是当前技术生产力转换水平低下，高的技术投入并没有带来相应的科技产出，另外，当前能源节约宏观市场调控机制还不成熟，长效机制缺失导致行业或企业的技术创新诱导效应弱，因此技术水平对节能降耗的影响有限。能源禀赋对能源消耗的增加起促进作用，主要在于资源丰裕的地区在资源供给和使用成本上具有比较优势，容易形成粗放式的惯性消费方式，能源利用效率低，导致能源消费量及能耗强度居高。

3. 结论及政策建议

本节基于中国30个省级行政区域2000～2016年的面板数据，探讨了财政分权及节能政策等制度因素对中国能源消耗总量和能耗强度的影响。结果表明，财政分权制度是中国能源消耗和能耗强度增加的正向推动因素，这反映现行财政分权体制对地方政府节能降耗治理存在一定的激励扭曲和约束不足等问题；节能政策对降低能源消耗总量和能耗强度都起到了积极的作用，但长效机制缺失导致节能降耗效果有限。此外，经济发展水平、技术水平、能源禀赋均显著影响地区人均能源消耗量和能耗强度。基于以上分析，本书认为为提高节能降耗的政府规制效果，应重点考虑以下几点：

第一，改进财政体制，建立合理的政绩考核体系。财政分权对地方经济的增长贡献很大，但本书认为它却是能源消耗量和能耗强度不断增加的重要制度根源。中国幅员辽阔，各个地区资源禀赋、人口状况、经济发展程度、技术水平等都不尽相同，结合国外财政分权治理的经验，本书认为改善中国高耗能、低效率现状的重点不是抛弃分权体制，而在于加强其合理性。要明确划分各级政府的事权和财权，使地方政府的财权和事权基本对称，要调整及完善地方政府的财税结构及财政转移支付制度，对于经济发展水平落后的区域尤其要加强财政转移支付力度及政策支持偏向，为地区节能降耗政策的推进排除难度。在地方政府政绩考核时，单一的经济目标显然已经不能满足能源消耗与经济增长和谐发展的需要，而引入多目标的激励机制必然能让地方政府在发展经济的同时更愿意去关注长远利益，这也是有利于节能降耗的有效途径之一。

第二，建立节能政策长效机制，注重发挥节能的市场作用及政策组合的互补协同作用。节能减排是中国一项长期的战略任务，事关今后国家的整体发展及人民的福祉，需要建立完善的长效机制才能顺利实施。本书研究指出，当前节能降耗效果有限的原因在于市场节能型工具等长效性机制的不完善。当前，节能政策主要以政府行政管制为主，而市场节能型工具效果还未有效发挥，如能源价格机制、用能权交易机制仍不完善等，行政性工具对节能虽有短期效应，但长效机制缺失导致对行业或企业的技术创新诱导效应弱。因此，当前节能政策在坚持行政性手段节能的基础上，更应注重发挥节能的市场作用及政策组合的互补协同作用。

第三，完善科技、产业、人口等相关配套政策，助力经济增长模式快速转型。经济发展水平、技术水平、能源禀赋均是影响中国节能政策有效性的关键因素。从进一步改进中国省际能源节约政策的有效性来看，中国政府不仅应当不断完善相关能源节约政策，还要进一步充分从经济系统全面的角度来考虑和完善科技、产业、人口等多种相关配套政策，以此才能更加有效地促使中国粗放型能源消耗经济增长模式快速转型，从而实现中国国民经济健康可持续的增长。

5.3　能源消耗双控市场化的市场与政府协同治理研究

鉴于能源自身的特殊性和复杂性及其在经济社会发展中的基础性、重要性，单纯依靠市场或者单纯依靠政府都难以管理好能源行业，会导致严重的市场失灵或者政府失灵。有效的能源体制要求市场机制与政府干预有机结合，使“看不见的手”和“看得见的手”协同发挥作用。国际上能源管理的实践经验表明，市场与政府有机结合、协同作用的主流方式是建立“以市场为基础的机制”，即以市场为基础，尽可能充分地发挥市场机制配置资源的基础性作用，同时政府加强管理和服务，积极发挥作用以弥补、矫正市场失灵，继而达到提升能源效率、实现节能降耗的目标。

5.3.1 能源消耗双控市场化的协同治理理论分析

作为资源配置的两种基本方式，市场和政府各有其优劣性。一般认为，政府权威制度与市场交换制度的内在结构决定了其各自的功能优势与功能劣势：政府权威制度的最大功能优势是通过公共选择的过程来制定公共政策，提供公共物品和服务，最大的功能劣势是难以实现资源的有效配置。市场交换制度的最大功能优势则是实现资源的有效配置，最大的功能劣势是难以消除外部效应和保证社会公平。市场机制的完全有效性只有在严格的假说条件下才成立，而政府干预的完美无缺同样也仅仅与“理性的政府”相联系。因此，在资源配置过程中，如果过分强调或依赖某一种方式，而忽视甚至否定另一种方式的作用，极易出现市场失灵或政府失灵，导致资源配置无效率。

当前，中国能源体制的核心问题是行政性垄断和价格规制，因此能源体制改革的方向是全面推进能源领域的市场化改革，破除行政性垄断，取消竞争性领域的价格规制，形成有效竞争市场。尽管政府规制存在失灵，但应看到政府规制有助于解决能源领域的自然垄断、负外部性及维护公共利益等问题。鉴于能源自身的特殊性和复杂性及其在经济社会发展中的基础性、重要性，需要市场机制与政府干预有机结合，协同发挥“看不见的手”和“看得见的手”的治理功能。但是，市场与政府目标也有相异性，市场以价格、成本收益及优胜劣汰原则配置资源，主要关注经济效率；而政府在资源再分配时，为履行公共职能及维持社会稳定，更加关注社会公平（李锐等，2015）。能源利用配置涉及需求与供给两侧，能源协同治理不仅要考察需求侧利用主体的公平问题，还要考虑供给侧要素功能的效率问题。那么，在现有的能源治理体制中，市场和政府是否发挥了公平与效率的协同治理功能？如何科学评估政府与市场协同治理的整体调控效果？这些均是学术界亟待解决的问题。由于现代数量经济学尚无需求与供给结构异质一致变动的梯度客观测度标尺，各种带有主观成分的综合性层次分析法评价效果都不尽理想，但中国古典管理科学原理为测度政府与市场协同治理调控效果提供了理论参考。

追求高效平稳秩序是中国传统经济善治理论的精要，这一理念既重视需求侧要素相位关系的协调（公平），也考虑供给侧系统要素功能的匹配程度（效率）。其中，秩序指的是系统要素的时空排列，能源利用秩序是能源利用时空排列纵横关系的演化形式，即能源利用规律运行的体现程式。

能源利用秩序分纵向秩序和横向秩序，纵向所表示的是需求侧要素相位关系，即能源利用主体收入相对变化，高低收入之间的距离逐渐缩小，既是规律，也是社会公平的体现；横向所表达的是供给侧的结构功能联系，即能源利用全要素生产率与其前沿之间的距离无限接近，此为规律，也是资源利用效率提升程度的体现。

要素相位关系是要素异质性时空差异变化。其状态从高到低，依次为“元”“亨”“利”“贞”“悔（渐吉）”“吝”“害（厉）”“凶（咎）”。“害（厉）”基本含义为阴阳分离，即两变量之间变动的距离不断扩大，是一种秩序混乱状态。老子认为，社会经济发展永远向前迈进，只要不出现两极分化，国家政局一定稳定，经济也会维持在安全、平稳和健康状态。

结构功能联系是系统要素功能的匹配程度。要素责任大小取决于系统整体对之要求及其与其他要素的配合程度。要素不能脱离系统整体而单独行动，必须在系统运行规律作用下协同运行。这种协调状态有八种，由优到劣依次为“延年”“天医”“生气”“辅弼”“禄存”“廉贞”“破军”“文曲”。

5.3.2　能源消耗双控市场化的协同治理秩序测度

秩序以轻重度之。管子曰：“以轻重御天下之道也，谓之数应。”重者，紧于道，秩序平稳；轻者，松于道，秩序混乱。资源利用秩序分为纵向秩序和横向秩序，因此，能源利用秩序测评设立纵向标尺和横向标尺。旧制中一斤为十六两，故而中国传统经济理论中为资源利用秩序设立纵向和横向各八个梯度，即纵向和横向各“半斤八两”，合之为一斤，即十六两。

纵向标尺梯度衡量能源利用不同层次主体收入的相对变化关系。如果高收入利用主体的收入平均增长速度慢于低收入主体，即收入差距逐渐缩小，其秩序为“元”；前者慢于后者且均上升，为“亨”；前者快于后者且均下降，为“贞”；若前者上升，后者下降，则为“害（厉）”。如果各层次人均收入的年均增长稳定，其中有一个层次的人均收入年平均增长率呈上升状态，则其秩序为“利”；如果两者保持不变，其秩序为“悔”；如果二者中有一个年平均增长率下降，则其秩序为“吝”；若两层次之间的关系是相互掠夺，一者所得为另一者所失，其秩序为“凶（咎）”。纵向秩序轻重对应关系为：元，8 两；亨，7 两；利，6 两；贞，5 两；悔，4 两；吝，3 两；害（厉），2 两；凶（咎），1 两。

横向标尺梯度测度全要素生产率（TFP）的技术进步改进、技术效率改进、规模效率改进、配置效率改进。当全要素生产率（TFP）增长为正，其技术进步改进、技术效率改进、规模效率改进、配置效率改进有四个为正时是“延年”，三个为正时是“天医”，两个为正时是“生气”，一个或零个为正时是“辅弼”；当全要素生产率（TFP）增长为负，其技术进步改进、技术效率改进、规模效率改进、配置效率改进有四个为正时是“禄存”，三个为正时是“廉贞”，两个为正时是“破军”，一个或零个为正时是“文曲”。横纵向秩序轻重对应关系为：延年，8 两；天医，7 两；生气，6 两；辅弼，5 两；禄存，4 两；廉贞，3 两；破军，2 两；文曲，1 两。

1. 能源利用纵向秩序测度

纵向秩序测度的是能源各层次利用主体收入相对变化关系。将能源利用主体分为高收入与低收入两层，通过城乡居民人均收入推算。能源利用主体高低收入主体的变化主要体现在两者收入的年均增长率上。采用 1998～2016 中国统计年鉴数据折算，测度结果如表 5-4 所示。

表 5-4　1998～2016 年中国东部、中部、西部地区能源利用纵向秩序

年份	东部			中部			西部		
	高收入速度年增/%	低收入速度年增/%	秩序	高收入速度年增/%	低收入速度年增/%	秩序	高收入速度年增/%	低收入速度年增/%	秩序
1998	–1.41	–1.57	吝	–1.74	–0.35	吝	–0.48	–0.57	吝
1999	1.00	–1.24	害	0.80	–2.11	害	0.29	–2.06	害
2000	0.18	–0.49	害	0.21	–1.01	害	–0.17	–0.91	吝
2001	0.49	0.28	悔	0.66	0.33	悔	0.34	0.29	悔
2002	0.16	0.22	亨	0.97	0.35	悔	0.22	0.27	亨
2003	0.41	0.25	悔	0.40	0.08	悔	0.17	0.14	悔
2004	0.36	0.57	亨	0.39	1.42	亨	0.47	0.50	亨
2005	0.35	0.39	亨	0.35	0.40	亨	0.16	0.37	亨
2006	0.34	–0.08	害	0.33	0.43	亨	0.33	0.24	悔
2007	0.41	0.54	亨	0.64	0.90	亨	0.60	1.02	亨
2008	0.35	0.46	亨	0.30	0.72	亨	0.41	0.66	亨
2009	–0.08	0.04	元	–0.11	–0.05	贞	–0.05	0.02	元
2010	0.09	0.39	亨	0.06	0.55	亨	0.09	0.40	亨
2011	0.24	0.58	亨	0.31	0.68	亨	0.35	0.50	亨
2012	0.09	0.22	亨	0.17	0.29	亨	0.22	0.30	亨
2013	–0.17	–0.48	吝	0.09	0.44	亨	060	–0.52	害
2014	–0.18	0.06	元	–0.08	0.09	元	–0.10	0.11	元
2015	–0.11	–0.11	贞	–0.11	–0.05	贞	–0.15	0.01	元
2016	0.35	0.18	悔	0.46	0.29	悔	0.26	0.07	悔

资料来源：根据历年中国统计年鉴计算。

如表 5-4 所示，1998 年东部地区的纵向秩序为六等水平“吝”，第二年和第三年下降为七等水平“害（厉）”，即出现两极分化。2000～2005 年纵向秩序从“害（厉）”稳步增长至二等水平“亨”，2006 年骤降五个档次回到“害（厉）”，2007 年又再次猛增至“亨”。在此后的六年间东部地区的能源利用纵向秩序基本保持不变，除了2009 年为一等水平“元”外，其余大部分年份均为“亨”。2013 年下降至六等水平“吝”，2014 年上升至“元”，2016 年又回落至“悔”。东部地区能源利用的纵向秩序趋稳中不断波动。

中部地区 1998～2015 年能源利用的纵向秩序与东部地区基本一致，2006 年中部地区纵向秩序继续保持二等水平“亨”不变，至 2009 年下降两个档次至“贞”，2010 年回升为“亨”，并维持至 2013 年。2014 年中部地区纵向秩序上升至最优“元”，2016 年又下降为五等水平“悔”。总体而言，中部地区与东部地区纵向秩序的波动趋势大致相似。

1998 年西部地区的纵向秩序与中部和东部一样，皆为六等水平“吝”，第二年下降为七等水平“害（厉）”，后很快反弹，2000～2012 年纵向秩序从“吝”小幅波动，逐渐增长至二等水平“亨”，但 2013 年突然断崖式下跌五个档次回到“害（厉）”，2014 年上升至“元”，2016 年又回落至“悔”。西部地区能源利用的纵向秩序波动幅度与频率较大，总体也处于上升态势。

由测算结果可知，1998～2016 年东部、中部、西部地区整体上经历了纵向利用秩序稳步增长的过程。期间，三个地区的纵向秩序均经历了不同程度的波动。2010～2012 年三个地区均保持在二等水平的“亨”的高层次。2006 年东部地区和 2013 年西部地区能源利用纵向秩序出现两极分化“害（厉）”的状态。总体而言，中部地区的能源利用纵向秩序较优且平稳，其余地区的波动程度较大，东部和西部纵向秩序相似，但均略次于中部地区。2014～2016 年，西部地区纵向秩序好于中部和东部地区。

2. 能源利用横向秩序测度

1）指标选取

本书通过参数法中的随机前沿生产函数法对能源利用的全要素生产率（TFP）进行测度。其中，随机前沿生产函数模型的一般形式为

$$Y_{it} = f(x_{it}, t)\exp(v_{it} - u_{it}) \tag{5.5}$$

式中，Y_{it} 和 x_{it} 分别为实际产出和要素投入，反映了投入和产出水平；$f(x_{it}, t)$为前沿生产函数，代表完全效率时的最大经济产出；u_{it} 为非负的随机变量，是技术无效项；exp（$v_{it}-u_{it}$）为实际产出对最大产出的偏离，v_{it} 为随机误差项，表示经济波动及统计误差等因素所造成的随机扰动，i 和 t 分别为各地区和年份。

由于超越对数生产函数放松了常替代弹性的假设，在形式上更具有灵活性，能够更好地避免由于函数误设所带来的估计偏差，本书采用超越对数生产函数作为具体的随机前沿生产函数形式，构建模型具体如下：

$$\ln y_{it}=\beta_0+\sum_j\beta_j\ln x_{nit}+\beta_t t+\frac{1}{2}\sum_j\sum_m\beta_{jin}\ln x_{jit}\ln x_{mit}$$
$$+\frac{1}{2}\beta_{tt}t^2+\sum_j\beta_{jt}t\ln x_{jit}+v_{it}-u_{it} \qquad (5.6)$$

式中，y_{it}为第 t 年 i 省份的产出总量；x_{jit}和x_{mit}为第 t 年的要素投入，在生产要素特指的情况下，代入本书所涉及的三个投入要素，则式（5.6）转化为

$$\ln y_{it}=\beta_0+\beta_1\ln L_{it}+\beta_2\ln K_{it}+\beta_3\ln E_{it}+\beta_4(\ln L_{it})^2+\beta_5(\ln K_{it})^2$$
$$+\beta_6(\ln E_{it})^2+\beta_7(\ln L_{it})(\ln K_{it})+\beta_8(\ln L_{it})(\ln E_{it})+\beta_9(\ln K_{it})(\ln E_{it})$$
$$+\beta_{10}(\ln L_{it})t+\beta_{11}(\ln K_{it})t+\beta_{12}(\ln E_{it})t+\beta_{13}t+\beta_{14}t^2+\varepsilon_{it} \qquad (5.7)$$

式中，β_0～β_{14}为待估计参数；$\varepsilon_{it}=v_{it}-u_{it}$；$t$ 为趋势变量；L、K 和 E 分别为劳动力投入、资本投入和能源投入。

如式（5.7）所示，TFP 增长率可分解为技术进步改进、技术效率改进、规模效率改进以及配置效率改进四大部分。

$$\text{TFP}=\text{TC}+\text{TEC}+\text{SEC}+\text{AEC} \qquad (5.8)$$

式（5.8）右第一项为技术进步（TC），指控制要素投入以后，技术前沿随时间而变化的速率，现有技术水平的高低决定了生产者能够在既定资源中获得的最大产值。技术进步的公式具体表示为

$$\text{TC}_{it}=\frac{\partial f(x_{it},t)}{\partial t}=\beta_{10}(\ln L_{it})+\beta_{11}(\ln K_{it})+\beta_{12}(\ln E_{it})+\beta_{13}+2\beta_{14}t \qquad (5.9)$$

式（5.8）右第二项为技术效率改进（TEC），是一定的技术水平下所能够实现的最大产出，即在既定的投入下各决策单元所能获得的最大。技术效率 TE 的计算可以采用 Frontier4.1 程序对面板数据进行处理获得，技术效率公式为

$$\text{TE}_{it}=\frac{y_{it}}{f(x_{it},t)\cdot\exp(v_{it})}=\exp(u_{it}) \qquad (5.10)$$

则技术效率改进的计算公式：

$$\text{TEC}_{it}=\frac{\text{TE}_{it}-\text{TE}_{it-1}}{\text{TE}_{it-1}} \qquad (5.11)$$

式（5.8）右第三项为规模效率改进（SEC），指决策单元报酬与固定规模报酬之间的偏离程度，偏离越大，规模效率越高。规模效率改进的公式为

$$\text{SEC}_j=(\text{RTS}-1)\sum_j\lambda_j\dot{x}_j \qquad (5.12)$$

设ε_j为投入要素 j 的产出弹性，并有如下关系：

$$\varepsilon_j\equiv\frac{\partial\ln f(\cdot)}{\partial\ln x_j}，\ \text{RTS}\equiv\sum_j\varepsilon_j，\ \lambda_j=\frac{\varepsilon_j}{\text{RTS}}$$

式（5.8）右第四项指配置效率（AEC），为生产者在给定要素价格的前提下，能够以合理的比例安排要素投入的能力。配置效率改进的公式为

$$\mathrm{AEC}_j = \sum_j (\lambda_j - s_j)\dot{x}_j \tag{5.13}$$

式中，s_j 为要素 j 所占的要素总成本份额，$\sum_j s_j = 1$；$\dot{x}_j$ 为要素 j 的产出增长率。

2）数据的收集与处理

本书选取 1998～2016 年各地区的能源数据进行分析。其中，由于对能源的利用存在于各个行业和产业，本书直接选取区域生产总值（GDP）作为能源的产出指标，数据来源于《中国统计年鉴》（1998～2017 年），单位为亿元，生产总值指数统一以 1998 年为基期的指数折算。本书选取劳动、资本和能源三项为投入变量。劳动投入的指标为就业人员数量，数据来源于《中国劳动统计年鉴》（1998～2017 年），单位为万人。资本投入采用“永续盘存法”计算每年的实际资本存量作为资本投入的数据，计算方法为 $K_{it} = I_{it} + (1-\delta_{it})K_{it-1}$，$K_{it}$ 为地区 i 第 t 年的资本存量；I_{it} 为地区 i 第 t 年的投资；δ_{it} 为地区 i 第 t 年的固定资产折旧，折旧率的选择借鉴了张军的研究结果，取 0.096。选取《中国能源年鉴》（1998～2017 年）中“各地区能源消费总量”作为能源投入的指标，单位为万吨标准煤。对于个别年份缺失的数据，从各省级行政区年鉴及《新中国 60 年统计资料汇编》中予以补充。

3）结果分析

用随机前沿生产函数进行估计，1998～2016 年东部、中部、西部地区的 SFA 模型的估计值如表 5-5 所示。东部、中部、西部地区 log 似然函数值分别为 69.02、74.36 和 69.83，LR 单边检验分别为 157.59、112.24 和 157.59，γ 值分别为 0.89、0.84 和 0.93。这说明我国各区域能源发展过程中存在着技术无效，生产函数偏离前沿面主要是由生产的无效率造成的。同时，γ 值趋近于 1，且 LR 单边检验均通过了显著性和分布检验，说明误差项存在着明显的复合结构，采用 SFA 方法对其进行分析是十分必要的。

表 5-5　1998～2016 年东部、中部、西部地区能源随机前沿生产函数估计值

名称	参数	估计系数			标准差			t 值		
		东部	中部	西部	东部	中部	西部	东部	中部	西部
常数项	β_0	−48.69	17.15	−2.78	31.15	27.01	24.49	−1.56	3.65	−3.11
$\ln L_{it}$	β_1	−8.08	−0.28	−4.31	3.41	1.92	1.74	−2.37	−2.15	−2.48
$\ln K_{it}$	β_2	8.27	1.84	1.23	3.95	1.04	1.96	2.09	1.76	1.63
$\ln E_{it}$	β_3	3.58	−4.14	0.96	2.11	2.15	2.21	1.69	−1.92	2.43
$(\ln L_{it})^2$	β_4	1.19	−1.82	3.06	1.04	0.89	1.16	4.15	−2.04	2.64
$(\ln K_{it})^2$	β_5	0.35	−0.30	0.29	0.35	0.22	0.25	3.87	−1.33	1.20

续表

名称	参数	估计系数			标准差			t 值		
		东部	中部	西部	东部	中部	西部	东部	中部	西部
$(\ln E_{it})^2$	β_6	−0.19	0.76	−0.02	0.92	0.70	0.60	−2.20	1.08	−3.58
$(\ln L_{it})(\ln K_{it})$	β_7	−1.19	2.67	−3.23	1.64	1.42	1.18	−2.73	2.88	−2.74
$(\ln L_{it})(\ln E_{it})$	β_8	0.28	0.95	−2.25	1.38	0.98	1.43	0.20	0.97	−1.57
$(\ln K_{it})(\ln E_{it})$	β_9	−0.22	−2.08	2.49	1.19	1.16	0.83	−4.19	−1.78	3.01
$(\ln L_{it})t$	β_{10}	−0.07	−0.46	0.55	0.29	0.44	0.24	−4.23	−3.05	2.27
$(\ln K_{it})t$	β_{11}	−0.09	0.26	−0.31	0.15	0.16	0.14	−5.58	1.67	−2.16
$(\ln E_{it})t$	β_{12}	0.05	0.19	−0.44	0.13	0.11	0.19	2.37	1.76	−2.30
t	β_{13}	0.76	−0.14	1.81	2.46	2.87	1.60	0.31	−5.60	1.14
t^2	β_{14}	0.01	−0.03	0.05	0.02	0.01	0.03	2.62	−1.91	2.36
σ^2		0.08	0.08	0.07	0.05	0.04	0.04	4.37	11.54	7.46
γ		0.89	0.84	0.93	0.03	0.03	0.03	5.73	6.25	5.87

资料来源：根据超越对数生产函数模型测算数据整理得出。

横向秩序如表 5-6～表 5-8 所示，其结果显示，中国东、中、西三个区域在 1998～2016 年的横向秩序都较为混乱。其中，西部地区的波动幅度较大且横向秩序较差，东部地区次之，中部地区的横向秩序较好。

如表 5-6 所示，1998～2005 年，东部地区能源利用横向秩序较好，除 2002 年为第六等级的“廉贞”，其余年份均在第二等级的“天医”和第三等级的“生气”之间小幅度波动，其全要素生产率基本均为正值。2006～2016 年东部地区能源利用横向秩序下滑至较低水平，全要素生产率大部分为负值，只有 2008 年和 2011 年为二等水平的“天医”及 2010 年为三等水平的“生气”，全要素生产率为正值，其余年份均为五等“禄存”、六等“廉贞”或七等“破军”。总体而言，1998～2016 年东部地区横向秩序处于中等水平，且波动比较剧烈。

表 5-6　1998～2016 年中国东部地区能源利用横向秩序

年份	技术进步改进	技术效率改进	规模效率改进	配置效率改进	TFP 增长率	横向秩序
1998	−0.141	−0.0188	0.0624	0.1155	0.0184	生气
1999	−0.109	0.0018	0.0459	0.086	0.0249	天医
2000	−0.099	−0.0013	0.05	0.0793	0.0286	生气
2001	−0.091	−0.0001	0.0391	0.0684	0.0163	生气
2002	−0.086	−0.0055	0.0389	0.0513	−0.0011	廉贞
2003	−0.060	0.0007	0.0397	0.0502	0.0304	天医

续表

年份	技术进步改进	技术效率改进	规模效率改进	配置效率改进	TFP 增长率	横向秩序
2004	−0.053	−0.0014	0.0454	0.0182	0.0095	生气
2005	−0.040	0.004	0.039	0.019	0.022	天医
2006	−0.036	0.003	0.031	−0.005	−0.007	廉贞
2007	−0.040	−0.006	0.039	0.006	−0.001	廉贞
2008	−0.051	0.008	0.035	0.031	0.023	天医
2009	−0.061	−0.009	0.047	−0.076	−0.099	破军
2010	−0.066	−0.001	0.050	0.081	0.063	生气
2011	−0.078	0.010	0.052	0.019	0.003	天医
2012	−0.094	−0.006	0.053	−0.015	−0.063	破军
2013	−0.129	0.005	0.066	0.032	−0.025	禄存
2014	−0.152	−0.004	0.064	0.085	−0.006	廉贞
2015	−0.179	0.002	0.063	0.105	−0.009	禄存
2016	−0.153	0.001	0.064	0.074	−0.014	禄存

资料来源：根据超越对数生产函数模型测算数据整理得出。

如表 5-7 所示，中部地区在 1998～2016 年的能源利用横向秩序波动频繁且剧烈，除了 2000 年的“辅弼”为四等水平外，其余年份都在二等“天医”、三等“生气”和六等“廉贞”、七等“破军”之间波动，中间至少跨越四个档次，且相近等级的秩序连续不超过两年就会骤降或猛增。除波动剧烈外，中部地区的能源利用横向秩序也仅处于中等水平，还有较大提升空间。

表 5-7　1998～2016 年中国中部地区能源利用横向秩序

年份	技术进步改进	技术效率改进	规模效率改进	配置效率改进	TFP 增长率	横向秩序
1998	−0.213	0.0023	0.2655	0.0483	0.1028	天医
1999	−0.220	−0.0023	0.2197	0.0406	0.0378	生气
2000	−0.220	−0.0002	0.2437	−0.0111	0.0128	辅弼
2001	−0.214	0.0028	0.1446	0.1661	0.0996	天医
2002	−0.206	−0.0008	0.1839	−0.0287	−0.0516	破军
2003	−0.194	−0.007	0.200	0.012	0.010	生气
2004	−0.184	0.005	0.198	0.028	0.047	天医
2005	−0.176	0.003	0.202	−0.062	−0.032	廉贞
2006	−0.169	−0.003	0.191	−0.029	−0.010	破军
2007	−0.163	−0.001	0.187	0.011	0.0342	生气

续表

年份	技术进步改进	技术效率改进	规模效率改进	配置效率改进	TFP 增长率	横向秩序
2008	–0.158	0.003	0.166	0.024	0.035	天医
2009	–0.153	–0.003	0.169	–0.109	–0.096	破军
2010	–0.147	0.002	0.171	0.057	0.083	天医
2011	–0.139	–0.002	0.156	0.007	0.023	生气
2012	–0.131	–0.0004	0.129	–0.038	–0.040	破军
2013	–0.127	0.002	0.111	0.032	0.019	天医
2014	–0.117	–0.002	0.087	0.056	0.024	生气
2015	–0.107	0.002	0.068	0.041	0.005	天医
2016	–0.117	0.002	0.052	0.043	0.078	天医

资料来源：根据超越对数生产函数模型测算数据整理得出。

如表 5-8 所示，西部地区 1998～2016 年的能源利用横向秩序较差，19 年中有 13 个年份的全要素增长率为负，即这些年份的横向秩序水平均低于五等水平。此外，2013 年为最优水平“延年”，2000 年、2007 年为二等水平“天医”，1999 年、2008 年和 2010 年为三等水平“生气”。西部地区的能源利用横向秩序波动也较为频繁，2007 年以后尤为明显。

表 5-8　1998～2016 年中国西部地区能源利用横向秩序

年份	技术进步改进	技术效率改进	规模效率改进	配置效率改进	TFP 增长率	横向秩序
1998	0.047	0.0002	–0.0648	–0.0269	–0.0445	廉贞
1999	0.040	–0.0009	–0.0722	0.0428	0.0096	生气
2000	0.050	0.0019	–0.0624	0.0225	0.0123	天医
2001	0.076	–0.001	–0.058	–0.018	–0.002	破军
2002	0.078	–0.001	–0.044	–0.053	–0.021	破军
2003	0.033	0.001	0.014	–0.111	–0.063	禄存
2004	0.003	–0.002	0.049	–0.062	–0.012	廉贞
2005	–0.026	0.001	0.041	–0.035	–0.019	廉贞
2006	–0.028	–0.0004	0.048	–0.031	–0.012	破军
2007	–0.029	0.001	0.039	0.013	0.024	天医
2008	–0.012	–0.0001	0.023	0.039	0.050	生气
2009	–0.001	–0.0001	0.015	–0.110	–0.097	破军
2010	–0.004	–0.001	0.015	0.070	0.080	生气
2011	–0.007	0.002	0.014	–0.017	–0.007	廉贞

续表

年份	技术进步改进	技术效率改进	规模效率改进	配置效率改进	TFP 增长率	横向秩序
2012	0.001	–0.007	0.001	–0.026	–0.031	廉贞
2013	0.067	0.005	0.017	0.016	0.105	延年
2014	0.105	–0.001	0.038	–0.170	–0.028	廉贞
2015	0.043	0.0003	0.011	–0.190	–0.136	禄存
2016	0.072	0.004	0.022	–0.115	–0.020	禄存

资料来源：根据超越对数生产函数模型测算数据整理得出。

3. 能源利用总秩序测度

以轻重度量秩序是道统经济学的精髓，即纵向秩序“半斤八两”，横向秩序“半斤八两”，合之“一斤十六两”。秩序较重，能源经济贴近其规律运行；秩序较轻，能源经济远离其规律运行。秩序轻重是能源经济实际运行与目标运行之间距离远近的度量。纵向重量测度能源利用主体相对位置及活动范围与目标地位及范围之间的距离，重者，距离短，轻者，距离长；横向重量测量能源利用全要素生产率与目标函数前沿生产率之间的距离，重者，距离近，轻者，距离远。1998～2016年东部、中部、西部地区能源利用秩序轻重及其接近理想运行状态（100%）的程度如表 5-9 和图 5-1 所示。

表 5-9　1998～2016 年东部、中部、西部地区能源利用秩序轻重

年份	东部			中部			西部		
	纵向秩序	横向秩序	总秩序轻重	纵向秩序	横向秩序	总秩序轻重	纵向秩序	横向秩序	总秩序轻重
1998	吝	生气	9 两	吝	天医	10 两	吝	廉贞	6 两
1999	害	天医	9 两	害	生气	8 两	害	生气	8 两
2000	害	生气	8 两	害	辅弼	7 两	吝	天医	10 两
2001	悔	生气	10 两	悔	天医	11 两	悔	破军	6 两
2002	亨	廉贞	10 两	悔	破军	6 两	亨	破军	9 两
2003	悔	天医	11 两	悔	生气	10 两	悔	禄存	8 两
2004	亨	生气	13 两	亨	天医	14 两	亨	廉贞	10 两
2005	亨	天医	14 两	亨	廉贞	10 两	亨	廉贞	10 两
2006	害	廉贞	5 两	亨	破军	9 两	悔	破军	6 两
2007	亨	廉贞	10 两	亨	生气	13 两	亨	天医	14 两
2008	亨	天医	14 两	亨	天医	14 两	亨	生气	13 两
2009	元	破军	10 两	贞	破军	7 两	元	破军	10 两

续表

年份	东部			中部			西部		
	纵向秩序	横向秩序	总秩序轻重	纵向秩序	横向秩序	总秩序轻重	纵向秩序	横向秩序	总秩序轻重
2010	亨	生气	13 两	亨	天医	14 两	亨	生气	13 两
2011	亨	天医	14 两	亨	生气	13 两	亨	廉贞	10 两
2012	亨	破军	9 两	亨	破军	9 两	亨	廉贞	10 两
2013	吝	禄存	7 两	亨	天医	14 两	害	延年	10 两
2014	元	廉贞	11 两	元	生气	14 两	元	廉贞	11 两
2015	贞	禄存	9 两	贞	天医	12 两	元	禄存	12 两
2016	悔	禄存	8 两	悔	天医	11 两	悔	禄存	8 两

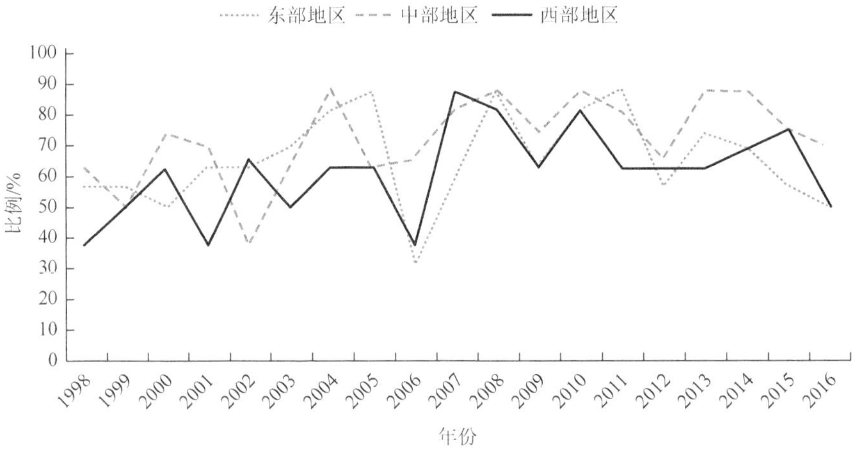

图 5-1　1998～2016 年东部、中部、西部地区能源利用接近理想的程度

5.3.3　能源消耗双控市场化的协同治理秩序调控

有效的能源体制要求市场机制与政府干预有机结合，使“看不见的手”和“看得见的手”协同发挥作用。由于市场与政府目标相异，市场以价格、成本收益及优胜劣汰原则配置资源，主要关注经济效率；而政府在资源再分配时，为履行公共职能及维持社会稳定，更加关注社会公平，因而能源协同治理不仅要考察需求侧利用主体的公平协调程度，还要考虑供给侧效率的功能匹配程度，即统一考虑能源需求侧与供给侧的不同层次主体关系协调及其配置的资源功能匹配所构成的秩序问题。追求高效平稳秩序是中国传统经济善治理论的精要，能源利用秩序的理想状态即为能源需求侧与供给侧平稳及高效利用的有序化。

本章基于中国古典管理科学原理，融合中西经济学范式，创立了一种测度能源利用秩序的新方法，设置衡量社会公平与能源利用效率一致性精准量化标尺，通过能源利用主体相对收入变动与全要素生产率变化测度其需求与供给侧的状态之轻重，评价能源利用秩序平稳程度。研究结果表明：

（1）能源利用总秩序：中国东、中、西三个地区的能源利用秩序在 1998～2016 年均波动频繁，总体趋势由低向高逐渐向理想状态靠近。19 年中各地区纵向秩序出现老子所指出的“厉（害）”2～3 年次，能源利用绝大多数年份处于“安平泰”善治状态。

（2）能源利用纵向秩序：1998 年东部、中部、西部地区为六等水平“吝”，1999 年各区域均出现七等水平“害（厉）”，说明能源利用状态已经出现“两极分化”。2000 年西部地区的能源利用纵向秩序为六等水平“吝”，东部、中部地区纵向秩序皆为七等水平“害（厉）”，随后几年各地纵向秩序均得到改善。但东部地区在 2006 年又出现了一次“害（厉）”，说明经济快速发展，增加了能源利用的“两极分化”的概率。随着西部经济快速跟进，2013 年西部也再次出现“害（厉）”的“两极分化”状态。

（3）能源利用横向秩序：1998 年东部和中部能源要素发挥正常，分别处于三级“生气”和二级“天医”水平，而西部地区能源要素只处于六等“廉贞”水平。在随后各年中，各地能源要素生产率不断波动。中部波动较小，西部和东部波动较大。2014～2016 年，中部地区能源横向秩序处在 2～3 级水平，要素生产率发挥靠近理想水平，西部和东部横向秩序处在 5～6 级水平，要素生产率发挥背离目标水平。西部能源要素低效主要受制于技术进步，东部能源要素低效主要原因是高交易成本，而高交易成本缘于能源远距离传输及区位高地租。因此，降低交易费用成为提升能源利用绩效及秩序的主要途径。

Redding 和 Venables（2004）把距离作为反映贸易成本的指标，Linders 等（2008）认为距离可用来反映非贸易相关的壁垒，Rodríguez-Pose（2010）认为距离还可用来反映区域的空间位置特征和区域间的互相作用程度。此外，Yotov（2012）还把距离作为相对贸易成本的代理变量。距离不仅是交易费用的代理变量，而且是量化秩序的核心变量。提升能源利用秩序就是缩小能源利用主体地位相对距离及其要素生产率与目标水平的差距，也就是降低能源利用直接费用和与此有关的一切交易费用。为了达到区域能源经济均衡发展，主要措施是缩小区域能源利用相对经济距离，具体包括以下几点。

第一，加强交通、物流和互联网基础设施建设，缩短区域经济距离，降低交易费用。

第二，科技创新，缩减能源全要素生产率与其目标函数前沿生产率的距离。

第三，缩小城乡居民收入差距，防止两极分化，抑制房地产过快增长，缩小区域间地租差距。

第四，开发东部新能源，缓解能源生产与消费的区域非均衡布局，减少远距离运输成本和交易费用。

能源利用是社会经济发展中的一维。管子曰，“国有四维”，“一曰礼、二曰义、三曰廉、四曰耻。礼不踰节，义不自进。廉不蔽恶，耻不从枉”。四维匀称，伸缩同步，张弛有度。能源贯通“九宫”与“一宫”金融维上，如果这一维因轻浮而加重后，那么其他三个维也应充实其重量，以维持东部、中部和西部及整个社会经济运行秩序的稳重。例如，在“八宫”的固定资产与“二宫”的市场及收入维上，要完善建设用地、房地产和个人所得税等法规，抑制两极分化。又如，在“三宫”劳动与“七宫”组织维上，要加强教育及劳动者职业培训，推动技术进步。再如，在“四宫”信息与“六宫”政府行政维上，要信息畅通，根治腐败，善治为之。

追求高效秩序平稳是中国传统经济善治的精要。在能源经济治理体系中，治理者与被治理者、德治与法治以及精神与物质等纠缠在一个四维框架中。能源利用不能只讲西方市场效率而忘掉社会主义秩序，市场与政府行为都应有底线，失之失灵。

5.4 本章小结

建立能源消耗总量和强度双控市场化机制是破除资源环境瓶颈、推动生态文明建设的必然选择。从微观层面来看，能源消耗总量和强度双控治理体制需要市场机制与政府干预有机结合，使“看不见的手”和“看得见的手”协同发挥作用；从宏观层面来看，能源双控市场化治理还要重视能源公平高效利用有序化，即统一考虑能源需求侧与供给侧的不同层次主体关系协调及其配置的资源功能匹配所构成的能源利用秩序。

能源消耗双控市场化机制包括价格机制、供求机制和竞争机制等一般市场机制和用能权交易机制、合同能源管理模式等具体市场机制。通过检验一般市场机制对能源消耗总量和能耗强度的调控效果发现，能源价格的变动对节能降耗起抑制作用，且产业结构对能源消耗总量和能耗强度增加的正向推动作用明显高于能源结构和能源禀赋。为充分发挥能源市场机制的资源配置作用，需要从完善能源价格形成机制、推动产业结构和能源结构优化、减少竞争性环节、市场干预等方面改进。

能源消耗双控市场化治理体制需要借助市场力量和政府适度干预的共同作用。通过分析财政分权及节能政策等制度因素对中国能源消耗总量和能源强度的影响发现，财政分权是推动能源消耗和能耗强度增加的因素，而节能政策对降低能源消耗总量和能耗强度起到了积极的作用，但影响程度有限。为提高节能降耗的政府规制效果，需要从改进财政体制和政绩考核体系、建立节能政策长效机制和相关配套政策等方面入手。

能源利用秩序是其需求侧与供给侧平稳及高效利用的有序化。通过测度能源利用纵向秩序、能源利用横向秩序及能源利用总秩序发现，中国能源利用秩序上下波动，总体趋势由低向高逐渐向期望状态靠近，且中部地区能源利用秩序较好，东部地区和西部地区能源利用秩序次之。为驱动区域能源经济均衡发展，需要从加强基础设施建设、科技创新、缩小城乡居民收入差距等方面缩小区域能源利用相对经济距离。

第6章　水资源消耗总量和强度双控市场化机制构建

市场机制是通过市场竞争配置资源的方式，即资源在市场上通过自由竞争与自由交换来实现配置的机制，也是价值规律的实现形式。显然，建立水资源消耗总量和强度双控市场化机制就是要通过市场要素的相互作用，自发调节水资源市场交易，进而达到合理控制水资源消耗总量和用水强度的目的。建立水资源消耗总量和强度双控市场化机制，既是推动中国绿色发展、破除资源环境瓶颈、推动生态文明建设的必然选择，也是提高水资源高效利用、优化资源配置、完善社会主义市场经济体制的重要内容。然而，由于水资源自身的特殊性和复杂性及其在经济社会发展中的基础性、重要性，单纯依靠市场或者单纯依靠政府都难以治理好水资源领域，有效的水资源治理体制要求市场机制与政府干预有机结合，使“看不见的手”和“看得见的手”协同发挥作用。

6.1　水资源消耗总量和强度双控市场化机制研究

6.1.1　水资源消耗双控市场化机制基本构架

水资源双控市场化运行机制包括水资源价格机制、水资源供求机制和水权交易机制等。

1. 水资源价格机制

价格机制是市场机制的核心，水资源价格与水资源消耗的关系在本质上同属于“价格-需求”研究范畴。合理的水价能够起到节约水资源与防治水污染的作用，使水资源发挥最大的经济、社会和环境效益。回顾中国水价发展历程，水价改革在体系构成、定价机制、征收形式等方面取得成效。中国现行水价政策由中央、省级、市级三级政府会同价格、财政、水利、城建、环保、经济贸易六个部门制定，包括水资源费、供水价格、污水处理费和污水排污费四项收费项目。其中，污水排污费的决策权在中央政府，水资源费的决策权在省级政府，供水价格和污水处理费的决策权在市级政府。但是，综合水价的征收部门和征收对象相对集中，由县级及以上政府的相应行政主管部门（包括水行政、市政建设和环保部门）向用水户（包括居民生活、行政事业、工业、经营服务业、特种行业五类）征收。

水费收入归不同层级的政府使用和支配。其中，水资源费和污水排污费由中央和地方政府按 1∶9 比例共享，供水价格和污水处理费归地方政府独享。但是，现行水价政策仍存在水价收费标准低、水价结构失衡、水价行业差别小、水费标准区域差异大、排污监管不严等问题（周芳等，2014），客观上导致水资源的利用效率不高、水污染及用水浪费现象的加剧。总体来看，中国水资源价格体系还不完善，水价形成机制还不健全，市场机制在调节水资源配置中的作用需要进一步提升。

2. 水资源供求机制

供求机制是调节市场供给与需求矛盾，使之趋于均衡的机制。落实水资源消耗总量和强度双控目标，需要对需求侧及供给侧进行双向管理。从供给层面来看，地区拥有的水资源量是影响其用水量的内生性因素，水资源的自然禀赋在某种程度上限制地区的用水量。中国水资源禀赋存在显著区域差异，但当前全国大部分省份水资源的拥有量和用水量不协调，部分省份存在严重失调的现象。张力小和梁竞（2010）在研究资源禀赋对其利用效率的影响时也发现，资源禀赋对资源利用效率存在显著的逆向影响，即资源越丰富的地区，资源利用效率反而越低。从需求层面来看，农业是水资源消耗的主体。由统计数据可知，2016 年，中国农业用水为 3768 亿立方米，占用水总量的 62.4%。近几年，虽然农业用水随着人们生活水平的提高和生态文明建设的推进有所下降，但由于农业用水管理不到位、农业水价形成机制不健全等的存在，农业粗放式用水现象仍然严重，对水资源可持续造成较大压力。当前，中国农田灌溉用水有效利用系数仅为 0.542，与发达国家 0.7～0.8 的水平存在较大差距。可见，农业是用水大户，也是节水潜力所在，缩减农业用水量是优化用水结构的关键。

3. 水权交易机制

在中国水资源时空分布不均、水旱灾害频繁、水污染日趋严重的严峻形势下，建立和发展具有中国特色的水权制度成为新时期水利工作的重要任务，同时也是建立适应社会主义市场经济体制的水资源管理制度的现实需要。2015 年中共中央、国务院出台《生态文明体制改革总体方案》，旨在建立健全用能权、用水权、排污权、碳排放权初始分配制度。2016 年 4 月，水利部印发《水权交易管理暂行办法》，明确了水权交易的内容、原则，并对区域水权交易、取水权交易、灌溉用水户水权交易、监督检查等环节进行了规范。其中，水权交易是指在合理界定和分配水资源使用权基础上，通过市场机制实现水资源使用权在地区间、流域间、流域上下游、行业间、用水户间流转的行为。早在 2014 年，水利部在宁夏、江西、湖北、内蒙古、河南、甘肃和广东七个省（自治区）开展水权试点，初步确立了水权确权、水权交易和制度建设等制度体系，为依托市场机制优化水资源配置积累了实践经验。

水权交易属于总量控制下的自然资源优化配置问题，具有较高的经济属性和社会属性。水权交易制度的建立兼顾着“实现‘十三五’水资源总量和强度‘双控’目标任务”和“创新水资源有偿使用，发挥市场对配置水资源的决定性作用”的双重目标。总体来说，中国水权交易制度尚处于地方试点和立法探索阶段，在其实际应用过程中也相继出现了管理对象不明晰、操作流程不严谨、监督机制不完善等问题（窦明等，2014）。因此，应明确水权交易中政府与市场的角色定位。在水资源国家所有的背景下，考虑水权具有不同于一般商品的特殊性，需要政府的适度参与：在初始水权分配阶段，政府是主体，主要由上一级政府完成对下一级地方水权的确认；在终端用水户间的水权交易阶段，政府需要控制水权总量，界定初始水权，对于交易过程中出现的交易信息不透明、垄断、投机等“市场失灵”问题，政府有必要通过建立水权交易制度，维持交易秩序，通过采取一些经济技术手段和必要的行政干预措施，保障水权交易在安全、有序的环境中进行。此外，要完善水权交易监管制度，对市场交易主体、交易水量额度、交易价格等方面进行考察，建立市场准入及第三方补偿制度，保障信息透明，提高交易效率，减少可能产生的交易纠纷。

6.1.2 水资源消耗双控市场化机制调控效果实证分析

掌握市场机制对水资源消耗总量和强度的调控效果对建立和完善水资源消耗总量和强度双控市场化机制有重要指导意义。从研究层面来看，国内外学者主要分析了用水价格、产业结构等因素对用水效率、用水量的影响，但尚未有文献研究价格机制、供求机制等一般市场机制对水资源消耗总量和消耗强度的共同影响。由于价格机制主要通过价格来反映，而供求机制主要通过水资源禀赋、产业结构来反映，因而本书将用水价格作为价格机制的代理变量，水资源禀赋、产业结构作为供求机制的代理变量，拟建立面板回归模型检验一般市场机制对水资源消耗总量和消耗强度的调控效果。

1. 面板回归模型设定

根据本书的研究主题，分别设立了以水资源消耗总量和水资源消耗强度为被解释变量，以用水价格、水资源禀赋和产业结构为核心解释变量的静态面板回归模型。

$$\text{lnWC}_{it} = \alpha_0^1 + \beta^1 \text{lnWP}_{it} + \chi^1 \text{lnIS}_{it} + \delta^1 \text{lnEND}_{it-1} + \boldsymbol{\varphi}^1 \ln \boldsymbol{X}_{it} + \boldsymbol{\varepsilon}_{it}^1 \tag{6.1}$$

$$\text{lnWI}_{it} = \alpha_0^2 + \beta^2 \text{lnWP}_{it} + \chi^2 \text{lnIS}_{it} + \delta^2 \text{lnEND}_{it-1} + \boldsymbol{\varphi}^2 \ln \boldsymbol{X}_{it} + \boldsymbol{\varepsilon}_{it}^2 \tag{6.2}$$

式中，被解释变量分别为水资源消耗总量对数 lnWC 、水资源消耗强度对数 lnWI ；

核心解释变量分别为用水价格对数 lnWP 、产业结构对数 lnIS 和滞后一期的水资源禀赋对数 lnEND ； β 、 χ 和 δ 分别为核心解释变量用水价格、产业结构和水资源禀赋的回归系数； $\boldsymbol{X}$ 为控制变量向量； $\boldsymbol{\varphi}$ 为控制变量回归系数向量； $\boldsymbol{\varepsilon}$ 为随机误差项向量；所有变量的下标中 i 为个体， t 为时间。

2. 变量选取和数据说明

模型中，被解释变量为水资源消耗总量 WC 和水资源消耗强度 WI，核心解释变量为用水价格 WP、产业结构 IS 和水资源禀赋 END。此外，借鉴已有文献的研究成果，把经济发展水平 GDP、人口规模 POP、城镇化率 UR 等变量纳入控制变量。其中，用水价格是决定水资源需求的最基本变量，考虑水的生产和供应业价格指数能比较全面反映用水价格情况（该指数包括污水处理价格和生产供应价格两部分），选择水的生产和供应业价格指数作为用水价格的替代变量；产业结构即构成国内生产总值组成各产业的比重，由于各产业的水耗指数相差较多，农业是水资源消耗的主体，第一产业的水耗指数远高于第二、第三产业的水耗指数，也是影响中国用水强度的主导因素之一，故本书选取各地区第一产业增加值占 GDP 的比重来衡量产业结构；依据要素禀赋理论，资源丰裕的地区在资源供给和使用成本上具有比较优势，能够影响地区资源要素的相对价格和消费数量，进而影响区域资源使用效率，本书借鉴能源禀赋的计算方法，采用“各省份人均水资源量/全国人均水资源量”作为水资源禀赋的代理变量，并且由于各地水资源禀赋具有波动性及不确定性，各地用水主体往往参考往期水资源量决定本期用水总量，故将滞后一期的水资源禀赋引入方程中作为解释变量；各地区农业用水效率差异较大，且该变量对用水总量影响较大，由于各地区农业用水有效系数未公布，本书采用农业用水强度作为农业用水效率的代理变量，计算方法为“农业用水量/第一产业增加值”；经济发展水平 GDP、人口规模 POP、城镇化率 UR 三个变量的定义及数据来源参考 5.1 节。此外，由于用水惯性的存在，个体的当前用水行为取决于过去行为，故引入滞后一期用水量作为控制变量。

为了增加数据的平稳性，本书对所有变量进行对数变换。基于数据的完整性和可得性，选取时间跨度为 2005～2016 年，研究对象为中国内地 30 个省级行政区域（西藏的数据缺失较多，故没有列入；不含港澳台）展开分析。其中，用水总量、经济发展水平、产业结构、水资源量、人口规模、城镇化率数据来源于 2006～2017 年《中国统计年鉴》、各省（自治区、直辖市）统计年鉴及地方统计局网站；用水价格数据来源于《中国城市（镇）生活与价格年鉴（2006～2012）》及《中国价格统计年鉴（2013～2017）》；水资源消耗强度和农业用水强度计算而得。为消除通货膨胀因素对最终结果的影响，书中涉及的 GDP、用水强度以及用水价格数据均以 2005 年为基期进行了相应的指数平减。模型中各变量的描述性统计见表 6-1。

表 6-1　模型中各变量的描述性统计

变量名称	变量含义	均值	标准差	最小值	最大值	变量说明
lnWC	用水总量	5.000	0.817	3.094	6.382	水资源消费总量
lnWI	用水强度	5.213	0.879	2.913	7.719	水资源消费总量/GDP
lnWP	用水价格	4.862	0.184	4.605	5.473	水的生产和供应业价格指数
lnIS	产业结构	2.216	0.839	−0.942	3.608	第一产业增加值占 GDP 比例
lnEND_{it-1}	水资源禀赋	−0.583	1.236	−3.457	2.183	各省份人均水资源量/全国人均水资源量
lnGDP	经济发展水平	8.997	0.972	6.144	11.041	地区生产总值
lnPOP	人口规模	8.167	0.750	6.289	9.306	年末人口数
lnUR	城镇化率	3.911	0.263	3.269	4.495	年末城镇人口占人口总数比例
lnAI	农业用水强度	7.046	0.682	5.649	9.234	农业用水量/第一产业增加值

3. 实证回归结果分析

模型回归采用 STATA15.0 软件，考虑估计方法的准确性与稳健性，本书同时采用固定效应（FE）模型、随机效应（RE）模型、允许个体截距项不同且考虑组间异方差与同期相关的最小二乘虚拟变量（LSDV）模型和允许个体截距项不同且解决组间异方差、同期相关与组内自相关的全面可行广义最小二乘法（FGLS）模型进行估计与对比，所有模型均采用稳健标准误。经过 F 检验、BP 检验以及 Hausman 检验，认为应该使用固定效应模型，而非随机效应模型，所以个体随机效应模型形式不再列出。表 6-2 给出了其他面板回归模型的结果，模型 1、模型 2 对应的被解释变量分别为水资源消耗总量 lnWC 、水资源消耗强度 lnWI 。从表 6-2 可以看出，在考虑方程异方差的情况下，LSDV 模型的显著性水平有所提升，但系数估计结果差别不大，全面 FGLS 模型回归系数有所减小但回归系数符号并没有发生变化，故验证模型估计具有较好的稳健性及准确性。由于 LSDV 估计方法对回归系数及标准误的估计都是一致的且考虑了组间异方差与同期相关的情况，而 FGLS 模型的优点主要体现在大样本下，根据 Stock 和 Watson 推荐，在大多数情况下应该使用 LSDV 模型（詹姆斯和马克，2010），故下面将只对 LSDV 模型作详细分析。

表 6-2　静态面板数据模型回归结果

回归方法	FE		LSDV		FGLS	
模型分类	模型 1	模型 2	模型 1	模型 2	模型 1	模型 2
lnWP	−0.045	−0.045	−0.045*	−0.045*	−0.044*	−0.044*
	(−0.88)	(−0.88)	(−1.89)	(−1.89)	(−1.76)	(−1.76)
lnIS	0.202**	0.202**	0.202***	0.202***	0.233***	0.233***

续表

回归方法	FE		LSDV		FGLS	
模型分类	模型 1	模型 2	模型 1	模型 2	模型 1	模型 2
lnIS	(2.22)	(2.22)	(5.94)	(5.94)	(11.03)	(11.03)
$\ln END_{it-1}$	0.015^{**}	0.015^{**}	0.015^{*}	0.015^{*}	0.015^{***}	0.015^{***}
	(2.29)	(2.29)	(1.88)	(1.88)	(3.18)	(3.18)
lnGDP	0.253^{***}	-0.747^{***}	0.253^{***}	-0.747^{***}	0.279^{***}	-0.721^{***}
	(2.67)	(−7.89)	(5.24)	(−15.47)	(10.54)	(−27.26)
lnPOP	0.166^{*}	0.166^{*}	0.166^{***}	0.166^{***}	0.266^{***}	0.266^{***}
	(1.91)	(1.91)	(2.67)	(2.67)	(4.68)	(4.68)
lnUR	1.106^{*}	1.106^{*}	1.106^{***}	1.106^{***}	1.007^{**}	1.007^{**}
	(2.04)	(2.04)	(3.19)	(3.19)	(2.40)	(2.40)
$(\ln UR)^2$	-0.159^{*}	-0.159^{*}	-0.159^{***}	-0.159^{***}	-0.136^{**}	-0.136^{**}
	(−2.04)	(−2.04)	(−3.28)	(−3.28)	(−2.48)	(−2.48)
lnNI	0.230^{**}	0.230^{**}	0.230^{***}	0.230^{***}	0.259^{***}	0.259^{***}
	(2.23)	(2.23)	(5.24)	(5.24)	(13.80)	(13.80)
$\ln WC_{it-1}$	0.600^{***}	0.600^{***}	0.600^{***}	0.600^{***}	0.441^{***}	0.441^{***}
	(6.33)	(6.33)	(8.44)	(8.44)	(11.49)	(11.49)
Constant	-5.344^{***}	3.867^{***}	-5.249^{***}	3.961^{***}	-5.600^{***}	3.610^{***}
	(−3.83)	(2.77)	(−5.44)	(4.1)	(−5.38)	(3.47)
R^2	0.749	0.994	0.999	0.999	—	—
Hausman	109.19^{***}	109.19^{***}	—	—	—	—
Wald	4514^{***}	4514^{***}	—	—	—	—
Wooldridge	19.67^{***}	19.67^{***}	—	—	—	—
Pesaran	1.021	1.021	—	—	—	—

注：表中括号内为相应的 Z 统计量；*、**和***分别表示在 10%、5%和 1%的水平上显著；R^2 是回归方程的拟合优度；Wald、Wooldridge、Pesaran 分别对应个体固定效应中的异方差、序列相关和截面相关检验，限于篇幅，地区个体虚拟变量没有在表中报告。

模型 1 及模型 2 的回归结果均显示，在控制其他因素不变的情况下，用水价格 WP 和水资源禀赋 END 对水资源消耗总量和消耗强度的影响在 10%的水平下显著，产业结构 IS 对水资源消耗总量和消耗强度的正向影响在 1%的水平上显著。其中，用水价格的回归系数符号为负，这与需求理论预期一致，说明现阶段用水价格机制发挥了节水降耗的调控效果，但影响较小，主要原因在于，现阶段工业用水和城镇用水的价格形成机制已逐步完善，部分地区已实行阶梯式水价，对各地区节水降耗起到一定效果，但由于农业用水是水资源消耗的主体，而当前农业水价形成机制还未建立，价格水平总体偏低甚至无偿用水，不能有效反映水资源稀缺程度和生态环境成本，造成农业用水方式粗放，因此，价格杠杆对促进节水降耗的效果有限，这也说明要加快农业水价改革，推动整体水价机制的完善。产业结构对水资源消耗总量和消耗强度的影响均为正，同时农业用水强度的影响系数也为正，说明第一产业占比越大及农业用水强度越高，越不利于水资源消耗总量和消耗强度的降低。农业是用水大户，且第一产业的水耗指数远高于第二、第三产业的水耗指数，加之当前农业用水浪费严重，农业用水利用效率不高，进一步加剧了水资源消耗总量和消耗强度的上升趋势。此外，农业用水价格长期偏低甚至无偿，这在一定程度上阻碍了地区农业的转型升级，从而形成对粗放型用水方式的锁定效应。这也说明农业是节水降耗的潜力所在，要加快农业现代化的发展方式转变，促进农业可持续发展长效机制的形成。水资源禀赋对水资源消耗的增加起推动作用，中国南北方水资源的分布状况存在显著差异，而资源丰裕的地区在水资源供给和使用成本上具有比较优势，这种资源分布的不平衡性加剧了粗放式的惯性消费方式的形成，导致用水总量及用水强度较高。

从控制变量来看，经济发展水平、人口规模、城镇化率及滞后一期的水资源消耗量均显著影响地区水资源消耗总量及消耗强度。其中，经济发展水平与水资源强度呈显著负相关关系，但与用水总量呈显著正相关关系，这是因为水资源是经济增长中重要的投入要素，随着中国经济的中高速发展、人民生活水平的提高和生态文明建设的推进，生产及生活刚性用水需求旺盛。但与此同时，随着经济发展水平的提高，一些先进的知识、理念、技术、管理经验和现代化的节水设备会被逐渐应用于生产生活过程之中，从而有利于降低水资源消耗强度。人口规模对水资源消耗总量和水资源强度的增加起推动作用，人口增长是决定水资源需求的传统因素，较高的人口增长率会提高用水需求量。城镇化对水资源消耗总量和消耗强度的增加呈现倒“U”形的变化趋势，且拐点出现在城镇化率为32.39%时，即当城镇化率低于32.39%时用水总量随着城镇化率的提高而增加，当城镇化率高于32.39%时用水总量随着城镇化率的提高而减少，主要因为在城镇化初期，农业用水占比仍居高位，加上大规模城市化建设工业用水量激增，致使用水总量和用水能耗不断增加，但随着城镇化率的不断升高，农业用水和工业用水占比逐步降低，而且城镇化带来居民生活用水方式的转变，资源集约化利用作用凸显，进而引起水资源利用效率的提升。用水总量与城镇化率之间的倒“U”形曲线关系证明了倒“U”形用水库兹涅茨曲线在中国的存在性，为中国城镇化节水降耗提供了动力。滞后一期的水资源消耗量对水资源消耗总量和水资源强度的增加起推动作用，表明用水惯性效应的存在，需要深入开展基本水情宣传教育，强化社会舆论监督，进一步增强全社会水忧患意识和水资源节约保护意识，形成节约用水、合理用水的良好风尚。

4. 结论及政策建议

本节重点探讨市场机制对水资源消耗总量和消耗强度的调控效果。本书基于 2005～2016 年中国 30 个省级行政区域（不含港澳台和西藏）的面板数据，构建了以用水价格作为价格机制的代理变量，产业结构和水资源禀赋作为供求机制的代理变量的回归模型。结果表明：用水价格的变动对节水降耗起促进作用，但影响较小；产业结构和水资源禀赋对水资源消耗总量和消耗强度的增加起正向推动作用，且产业结构的影响作用较大，说明农业用水是结构节水的重要途径。此外，经济发展水平、人口规模、城镇化率及滞后一期的水资源消耗量均显著影响地区用水总量及用水强度，且城镇化对水资源消耗总量和消耗强度的增加呈现倒“U”形的变化趋势，拐点出现在城镇化率为 32.39%时。为充分发挥市场机制的资源配置作用，建立和完善水资源消耗双控市场化机制十分必要，具体路径选择主要包括以下几个方面。

第一，建立科学合理的水资源定价体系，加快建立健全农业水价形成机制。水价是水资源管理的核心环节，亟待在考虑水资源供给成本、供给质量、供需相对变化、用户类型和承受能力的前提下，在理论上构建能够充分包含市场化目标价格模型和门槛价格模型的水资源定价理论模型，从而建立科学合理的水资源定价体系。首先，加快建立健全农业水价形成机制，农业是用水大户，也是节水潜力所在。长期以来，中国农田水利基础设施薄弱，运行维护经费不足，农业用水管理不到位，农业水价形成机制不健全，价格水平总体偏低，不能有效反映水资源稀缺程度和生态环境成本，价格杠杆对促进节水的作用未得到有效发挥，不仅造成农业用水方式粗放，而且难以保障农田水利工程良性运行。为此，农业水价改革要建立以农业水权确定为前提条件，小型水利工程建设及用水计量为硬件，以供水成本分析和成本补偿方式为定价依据，以财政补贴和节水政策为激励机制的路径选择。与此同时，农业水价改革还应同供水计量基础设施建设、水权制度改革、农田水利工程产权制度改革、农业用水组织建设、配套政策改进等方面有机衔接起来。其次，完善城市供水价格形成机制。中华人民共和国成立以来，中国城市供水制度经历了由无偿供水到有偿供水的转变，水价也经历了一个从无到有、从计划经济到市场经济的过程，随着城镇化进程的加快，水价在优化水资源配置中的作用更加明显，水价改革更加紧迫。需要全面推行居民阶梯水价制度，优化分级水量安排，合理设置分级水价，有效发挥阶梯水价动态调节作用，与此同时，建立健全非居民用水超定额累进加价制度，利用价格杠杆促进工商企事业单位节约用水。此外，积极推进水资源税费改革，健全污水处理收费政策。需要合理科学地制定和调整污水处理费，吸引更多社会资本积极参与污水处理设施的建设和运营。同时，进一步落实征缴主体责任，防止跑冒滴漏，加大对自备水源用户的检查和督导力度，提高污水处理费征缴率。

第二，全面推进各行业节水，尤其加快农业现代化用水发展方式的转变。农业、工业和生活用水是水资源需求端的三个重要组成部分，全面推进各行业节水需要从农业、工业、城镇节水等方面推进。对于农业节水，应加快重大农业节水工程建设，推进大型灌区续建配套和节水改造任务的施行，加快实施区域规模化高效节水灌溉工程，积极推广喷灌、微灌、集雨补灌、水田控制灌溉和水肥一体化等高效节水技术，实行灌区现代化改造试点，扩大全国节水灌溉工程面积。与此同时，发展规模经济，发展大农业，规模经济优势也有利于提高农业用水效率。对于工业节水，要注重产业结构的优化升级，由耗水多的劳动-资本密集型向耗水少的技术-知识密集型转变，促进工业企业节水创新，加强企业用水总量控制，完善国家鼓励和淘汰的用水技术、工艺、产品和设备目录，重点开展火电、钢铁、石化、化工、印染、造纸、食品等高耗水工业行业节水技术改造，大力推广工业水循环利用，推进节水型企业、节水型工业园区建设，重点对那些经济规模效应显著的行业，努力完善对节水企业的政策优惠补偿制度，促进企业积极研发使用低耗水的新工艺、新技术。对于城镇节水，要从居民生活城镇化的角度倡导节水型生活方式，降低水的消耗，加大水的重复利用效率，促进生活用水的节俭、高效。与此同时，要全方位加强水资源供应，在努力节约水资源需求的同时，还必须提高水资源供应能力，这样才能为未来城镇化和经济的发展提供充足、持续、安全的水资源供应保障。可以从生态增水方面努力，生态增水指站在水文大循环的角度，通过改善生态环境来获得“绿水”，提高水资源供应能力。此外，还应积极推进水资源管理法制化进程，加快出台节约用水条例、地下水管理条例，制订和完善取水许可、水效标识管理等方面的规章制度。

第三，强化公众参与，建立节水型社会。在水资源严重紧缺的形势下，实际的用水过程中水资源浪费现象严重，尤其表现在农业用水灌溉领域，导致总体的供水量过大，水的利用率低。还有一些工业企业方在用水方面也没有节水意识，没有养成水资源重复利用的习惯。相比于发达的国家而言，中国的用水、节水意识都没有发达国家的强。特别是在水重复利用层面的意识很薄弱。为此，要通过合理的政策引导和理念宣传增强全民节水意识，建立一个以循环用水为核心，以控制水资源总量、有效提高水资源利用效率为目标，对水资源消费群体施行约束为导向和正向激励的生活管理过程。通过开展基本水情宣传教育，强化社会舆论监督，进一步增强全社会水忧患意识和水资源节约保护意识，形成节约用水、合理用水的良好风尚。大力推进水资源管理科学决策和民主决策，完善公众参与机制，地方各级政府要依法公开水资源信息，及时发布水资源管理政策，进一步提高决策透明度，健全听证等公众参与制度，对涉及群众用水利益的发展规划和建设项目，采取多种方式充分听取公众意见。

6.2　水资源消耗双控市场化的政府规制研究

政府规制就是由行政机构依据有关法律法规制定并执行的直接干预市场配置机制或间接改变企业或消费者供需决策的一般规则或特殊行为。尽管政府干预存在失灵现象，但应看到当市场价格机制在发挥资源配置的决定性作用时，政府规制能弥补以及矫正市场失灵，解决水资源领域的负外部性及维护公共利益等问题。回顾中国水资源治理体系及发展特点，价格管制、取水许可制度及水资源开发利用均以行政手段为主，国家及其行政管理部门在水资源治理机制中发挥了主导作用。

6.2.1　水资源消耗双控市场化的政府规制经验分析

1. 价格规制

合理的水价能够起到节约水资源与防治水污染的作用，使水资源发挥最大的经济、社会和环境效益。鉴于水资源的准公共产品属性，政府需要对具有自然垄断性质的水资源行业实施价格规制，以保障社会经济发展的健康稳定。回顾中国水价发展历程，水价改革在体系构成、定价机制、征收形式等方面取得成效。中国现行水价政策由中央、省级、市级三级政府会同价格、财政、水利、城建、环保、经济贸易六个部门制定，包括水资源费、供水价格、污水处理费和污水排污费四项收费项目。其中，污水排污费的决策权在中央政府，水资源费的决策权在省级政府，供水价格和污水处理费的决策权在市级政府。但是，综合水价的征收部门和征收对象相对集中，由县级及以上政府的相应行政主管部门（包括水行政、市政建设和环保部门）向用水户（包括居民生活、行政事业、工业、经营服务业、特种行业五类）征收。水费收入归不同层级的政府使用和支配。其中，水资源费和污水排污费由中央和地方政府按 1∶9 比例共享，供水价格和污水处理费归地方政府独享。

回顾中国的水价形成机制，大体上经历了公益性无偿用水、政策性低价供水、按供水成本核算计收水费、商品供水价格管理等阶段，并且为促进节约用水、保护水资源和防治水污染，理顺了各类用水比价关系。近些年，国家加大污水处理费征收力度和推进城市污水处理产业化发展等一系列政策性文件，积极推进水价改革工作，可见经过多年的改革和探索，中国的水价政策正从过去立足于社会福利的“水费”，逐步转型为立足于市场供需的“水价”。但是，从中国现行水价执行政策效果来看，目前水资源利用效率并不高，政策执行中存在征收标准普遍偏低、水价未体现水资源用途、水价决定机制不完善、水价结构不合理等问题。一方面，中国目前水价政策中，不仅水资源费和排污收费的实际征收额偏低，而且自来水费的收费标准也较低，明显低于生产或处理成本，这集中表现在工程供水价格远低于供水成本、农业用水价格普遍较低、水价占工农业产值和成本的比例偏低等方面。另一方面，供水行业具有规模效应，必须在一定规模上经营才能产生规模报酬，属于自然垄断行业，价格一般采取成本加成核定。由于没有建立水资源价值核算体系，缺乏科学的测算办法，政府主要参照供水企业提供的成本资料进行价格管理和干预，价格水平在一定程度上取决于政府与企业间的讨价还价。不仅如此，根据规定，一地的水价特别是水利工程的供水价格一般统一制定、调整，但是这种统一制定的价格并不一定反映供水的实际成本，难免出现供水价格低于供水成本不合理等问题。此外，由于水价政策决策的分散性，且不同地区的水资源、水环境状况和经济发展水平各不相同，中国水价收费标准的地区差异很大。

2. 节水政策

水利部近 20 年来发布的水资源公报显示，中国水资源量总体上持续下降，污染面不断扩大，超采问题不仅遍及北方和西北，而且存在于南方，严重损害了水资源可再生能力，危及生态安全，制约了社会和经济的全面、健康发展。面对日益增长的水资源刚性增长需求，节水降耗成为缓解中国水资源供求矛盾、降低污染的必然选择。然而，节约水资源、提高用水效率是具有明显正外部性和公共性特点的经济行为，不仅市场机制难以实现其外部性的内部化，而且受到技术、资金、产业结构等因素的约束，市场主体节水的主动性和积极性并不高，这就决定了政府必须通过强有力的节水政策加以扶持和引导。

为了解决水资源问题，《中共中央　国务院关于加快水利改革发展的决定》，明确提出实行“最严格水资源管理制度”，将基于用水总量控制的水资源开发利用红线连同水功能区限制纳污、用水效率控制红线共同作为该制度核心的“三条红线”。中国对水资源实行流域管理与行政区域管理相结合的管理体制。2012 年 1 月 12 日，《国务院关于实行最严格水资源管理制度的意见》，要求“加快制定主要江河流域水量分配方案，建立覆盖流域和省市县三级行政区域的取用水总量控制指标体系，实施流域和区域取用水总量控制”，要求从全局和战略高度出发，明确到 2030 年，全国用水总量控制在 7000 亿立方米以内。同时要求，到 2015 年，全国用水总量力争控制在 6350 亿立方米以内；到 2020 年，全国用水总量力争控制在 6700 亿立方米以内。

为化解水资源供需矛盾，控制水资源消费增长速度，国家“十三五”规划纲要首次提出“实行水资源消耗总量和强度双控行动”。“水资源消耗总量和消耗强度”双控指标，是继实行最严格水资源管理制度后又一项强有力的节水控制指标，这是中国政府第一次把水资源消费总量和消耗强度控制写进了国家发展规划之中，对中国实现水资源可持续供应，保障经济、社会、生态协调发展具有十分重要的战略意义。为进一步健全完善水资源管理的双控指标体系，水资源消耗强度指标在已有的万元工业增加值用水量、农田灌溉水有效利用系数的基础上，增加了万元 GDP 用水量。《“十三五”水资源消耗总量和强度双控行动方案》要求，到 2020 年，万元 GDP 用水量要比 2015 年降低 23%，万元工业增加值用水量要比 2015 年降低 20%，农田灌溉水有效利用系数要提高到 0.55 以上。为将水资源消耗总量和强度双控工作推向深入，《“十三五”节能减排综合工作方案》将水资源消耗强度控制目标细分到各地区及各行业，这更有利于各地区各行业明确节能减排责任。除此之外，中央全面实施最严格水资源管理制度考核，逐级建立用水总量和强度控制目标责任制，完善考核评价体系，突出双控要求。对严重缺水地区，突出节水考核要求。考核结果作为干部主管部门对政府领导班子和相关领导干部综合考核评价的重要依据。建立用水总量和强度双控责任追究制，严格责任追究，对落实不力的地方，采取约谈、通报等措施予以督促；对因盲目决策和渎职、失职造成水资源浪费、水环境破坏等不良后果的相关责任人，依法依纪追究责任。加快建立国家水资源督察制度，加强对各地用水总量和强度控制目标完成情况督察，确保政策措施落到实处，因而对地方政府形成强有力的节水激励约束。

结合以上的经验分析可见，价格规制和节水政策是政府实行水资源消耗总量和消耗强度控制的两个重要途径，但目前鲜有文献综合上述因素讨论节水降耗的效应。因此，本书将尝试构建实证模型，检验以上规制手段对中国水资源消耗双控市场化的影响。

6.2.2　水资源消耗双控市场化的政府规制效果实证分析

1. 变量选择和模型设定

本节主要探讨价格规制及节水政策等因素对中国水资源消耗总量和消耗强度的影响。考虑数据的可得性，本书选取中国 30 个省级行政区域（不含港澳台；西藏数据缺失较多，故没有列入）2005～2016 年的相关数据展开研究。

为体现地区节水降耗效果的公平性，书中对水资源消费总量剔除人口规模的影响，采用人均水资源消费量作为代理变量。故被解释变量设定为人均水资源消耗量和用水强度，核心解释变量设定为价格规制和节水政策。其中，价格规制主要由用水价格体现，故本书用用水价格作为价格规制的代理变量，考虑水的生产和供应业价格指数能比较全面反映用水价格情况（该指数包括污水处理价格和生产供应价格两部分），选择水的生产和供应业价格指数作为用水价格的替代变量。

对于节水政策，“十三五”规划纲要中，中国政府首次提出水资源消耗总量和消耗强度双控指标，并将其作为地方政府的主要考核指标，但追溯至 2010 年 12 月 31 日，《中共中央　国务院关于加快水利改革发展的决定》，明确提出实行“最严格水资源管理制度”，将基于用水总量控制的水资源开发利用红线连同水功能区限制纳污、用水效率控制红线共同作为该制度核心的“三条红线”。《国务院关于实行最严格水资源管理制度的意见》，进一步完善了“用水总量和用水效率”双控指标的落实。可见“十三五”规划纲要中的“水资源消耗总量和消耗强度”双控指标是“最严格水资源管理制度”的政策沿革，因而本书的双控节水政策以“最严格水资源管理制度”为起始点。为考察 2011 年前后不同政策环境对中国水资源双控行动所产生的影响，本书借鉴节能政策调控效果研究中对时期因素引入虚拟变量的处理方式，在模型中引用虚拟变量 D 来代表 2012 年以来实施水资源消耗双控行动的影响。为体现分阶段政策环境的不同，本书以 2011 年出台的“最严格水资源管理制度”为转折点划分样本期，将样本期分为 2005～2011 年和 2012～2016 年两个阶段。模型中引入虚拟变量 D 来衡量上述政策因素的影响。虚拟变量的引入同时还可以达到提高模型精度，减少模型设定误差的作用，从而避免了直接分段回归导致的样本量减少和估计精度的降低。本书引入的虚拟变量如下：

$$D=\begin{cases}1, & 2011\text{年以后}\\ 0, & 2011\text{年及以前}\end{cases}$$

另外，选择地区经济发展水平、产业结构、城镇化率、滞后一期水资源禀赋及滞后一期人均水资源消费量作为控制变量。其中，为保证地区经济发展水平可比性，选取人均地区生产总值作为地区经济发展水平代理变量，其他变量的定义及数据来源参考 5.1 节。书中涉及的 GDP、用水强度均以 2005 年为基期进行相应的指数平减，为增加数据的平稳性，本书对相应变量进行对数变换。拟建立的面板数据模型如下：

$$\ln\text{PWC}_{it}=\alpha_0^1+\beta^1\ln\text{WP}_{it}+\chi^1 D+\boldsymbol{\gamma}^1\ln\boldsymbol{X}_{it}+\boldsymbol{\varepsilon}_{it}^1 \tag{6.3}$$

$$\ln\text{WI}_{it}=\alpha_0^2+\beta^2\ln\text{WP}_{it}+\chi^2 D+\boldsymbol{\gamma}^2\ln\boldsymbol{X}_{it}+\boldsymbol{\varepsilon}_{it}^2 \tag{6.4}$$

式中，被解释变量分别为人均水资源消耗量对数 lnPWC、水资源消耗强度对数 lnWI；核心解释变量分别为用水价格对数 lnWP、节水政策虚拟变量 D；β、χ 分别为核心解释变量用水价格、节水政策的回归系数；$\boldsymbol{X}$ 为控制变量向量；$\boldsymbol{\gamma}$ 为控制变量回归系数向量；$\boldsymbol{\varepsilon}$ 为随机误差项向量；所有变量的下标中 i 为个体，t 为时间。

2. 实证回归结果分析

模型回归采用 STATA15.0 软件，考虑估计方法的准确性与稳健性，本书同时采用固定效应（FE）模型、随机效应（RE）模型、允许个体截距项不同且考虑组间异方差与同期相关的最小二乘虚拟变量（LSDV）模型和允许个体截距项不同且解决组间异方差、同期相关与组内自相关的全面可行广义最小二乘法（FGLS）模型进行估计与对比，所有模型均采用稳健标准误。经过 *F* 检验、BP 检验以及 Hausman 检验，认为应该使用固定效应模型，而非随机效应模型，所以个体随机效应模型形式不再列出。表 6-3 给出了其他面板回归模型的结果，模型 1、模型 2 对应的被解释变量分别为人均水资源消耗量 lnPWC 、水资源消耗强度 lnWI 。从表 6-3 可以看出，FE 模型和 LSDV 模型的估计结果差别不大，全面 FGLS 模型回归系数有所减小但回归系数符号并没有发生变化，故验证模型估计具有较好的稳健性及准确性。由于 LSDV 估计方法对回归系数及标准误的估计都是一致的且考虑了组间异方差与同期相关的情况，而 FGLS 模型的优点主要体现在大样本下，根据 Stock 和 Watson 推荐，在大多数情况下应该使用 LSDV 模型（詹姆斯和马克，2010），故下面将只对 LSDV 模型作详细分析。

表 6-3　静态面板数据模型回归结果

回归方法	FE		LSDV		FGLS	
模型分类	模型 1	模型 2	模型 1	模型 2	模型 1	模型 2
lnWP	–0.103*	–0.099*	–0.103***	–0.099****	–0.084***	–0.123***
	(–1.86)	(–1.95)	(–3.44)	(–3.12)	(–4.30)	(–3.62)
D	–0.003	–0.001	–0.003	–0.001	–0.005	–0.011
	(–0.49)	(–0.09)	(–0.34)	(–0.07)	(–1.52)	(–1.39)
lnGDP	0.065*	–0.088***	0.065***	–0.088***	0.049***	–0.906***
	(1.74)	(–20.95)	(3.13)	(–37.68)	(5.15)	(–42.42)
lnUR	1.469***	2.308***	1.469***	2.308***	1.030***	2.277***
	(3.24)	(2.95)	(3.05)	(5.03)	(3.85)	(3.83)
$(\text{lnUR})^2$	–0.207***	–0.341***	–0.207***	–0.341***	–0.146***	–0.322***
	(–3.02)	(–3.10)	(–3.08)	(–5.30)	(–4.07)	(–3.95)
lnIS	0.054**	0.083***	0.054***	0.083***	0.046***	0.021
	(2.67)	(3.80)	(2.60)	(3.71)	(7.20)	(0.82)
lnEND_{it-1}	0.022**	0.018**	0.022**	0.018*	0.020***	0.026*
	(2.45)	(2.05)	(2.27)	(1.83)	(10.91)	(3.64)

续表

回归方法	FE		LSDV		FGLS	
模型分类	模型 1	模型 2	模型 1	模型 2	模型 1	模型 2
$\ln PWC_{it-1}$	0.752***	0.670***	0.752***	0.670***	0.781***	0.550***
	（30.33）	（14.58）	（15.79）	（14.91）	（82.22）	（15.12）
Constant	−0.713	−1.659	−0.702	−1.522	−0.182	−0.931
	（−1.13）	（−1.34）	（−0.87）	（−1.97）	（−0.41）	（−0.97）
R^2	0.774	0.989	0.996	0.998	—	—
Hausman	71.05***	153.16***	—	—	—	—
Wald	926.7***	1003.1***	—	—	—	—
Wooldridge	43.64***	57.10***	—	—	—	—
Pesaran	0.212	−0.228	—	—	—	—

注：表中括号内为相应的 Z 统计量；*、**和***分别表示在 10%、5%和 1%的水平上显著；R^2 是回归方程的拟合优度；限于篇幅地区个体虚拟变量没有在表中报告。

模型 1 及模型 2 的回归结果均显示，在控制其他因素不变的情况下，用水价格 WP 对水资源消耗总量和消耗强度在 1%的水平上存在显著负向影响，而节水政策对水资源消耗总量和消耗强度的负向影响并不显著。其中，用水价格的回归系数符号为负，影响系数约为−0.1，即用水价格每提高 10%，人均用水量和用水强度均大约下降 1%，这也说明研究期内价格规制发挥了节水降耗的调控效果，但节水降耗的抑制作用有限。主要原因在于，现阶段工业用水和城镇用水的价格形成机制已逐步完善，部分地区已实行阶梯式水价，对各地区节水降耗起到一定效果，但由于农业用水是水资源消耗的主体，而当前农业水价形成机制还未建立，价格水平总体偏低甚至无偿用水，不能有效反映水资源稀缺程度和生态环境成本，造成农业用水方式粗放，因此价格杠杆对促进节水降耗的效果有限，这也说明要加快农业水价改革，推动整体水价机制的完善。节水政策对水资源消耗总量和消耗强度增加的抑制作用并不显著。主要原因在于，水体空间的多功能性相对于土地、矿产资源复杂，缺乏严格的排他性，其资源资产产权制度发展相对薄弱，对于水资源产权较为明晰的城镇用水，节水管理绩效显著，但对于水资源产权模糊的流域水资源、农业用水、部分工业用水的节水管理效果并不显著。因此，要对水资源进行节水管理，首先要解决的是所有者“形式上”所有权归属问题，但当前中国水权市场尚未发育完成，水权交易还未成体系，更缺乏水权交易的制度体系和技术支撑。虽然政府和学界进行了诸多努力，但是水权管理改革仍是举步维艰。一是水资源的刚性需求特征决定了水权管理不能过多地依赖市场自发规律，需要在保障国家水安全的同时，通过政府适度调控，促进社会、经济、生态的和谐共生。二是水资源的时空不均衡与不稳定性决定了其不同于土地资源、矿产资源等，水资源具有季节性、流动性、动态性等特征，其自然-社会二元循环过程也使得水权管理面临着其他资源管理没有的困难。三是多龙治水局面下的水权管理"孤岛陷阱"问题尚未解决，目前涉水部门众多，行政管理机构、流域管理机构、环境保护部门等多个涉水主体之间的权责还没有全面理清，面对转型期中生态文明发展的多目标需求，如何规范水权管理主体及其管理行为成为解决问题的难点。

从控制变量来看，经济发展水平、城镇化率、产业结构、滞后一期的水资源禀赋及滞后一期的水资源消耗量均显著影响地区人均水资源消耗量及消耗强度。其中，经济发展水平与水资源强度呈显著负相关关系，但与人均用水量呈显著正相关关系，这是因为水资源是经济增长中重要的投入要素，随着中国经济的中高速发展、人民生活水平的提高和生态文明建设的推进，生产及生活刚性用水需求旺盛。但与此同时，随着经济发展水平的提高，一些先进的知识、理念、技术、管理经验和现代化的节水设备会被逐渐应用于生产生活中，从而有利于降低水资源消耗强度。城镇化对人均水资源消耗量和消耗强度的增加呈现倒"U"形的变化趋势，且拐点出现在城镇化率为 32.39%时，即当城镇化率低于 32.39%时人均用水量随着城镇化率的提高而增加，当城镇化率高于 32.39%时人均用水量随着城镇化率的提高而减少，主要因为在城镇化初期，农业用水占比仍居高位，加上大规模城市化建设工业用水量激增，致使人均用水量和用水能耗不断增加，但随着城镇化率的不断升高，农业用水和工业用水占比逐步降低，而且城镇化带来居民生活用水方式的转变，资源集约化利用作用凸显，进而引起水资源利用效率的提升。人均用水量与城镇化率之间的倒"U"形曲线关系证明了倒"U"形用水库兹涅茨曲线在中国的存在性，为中国城镇化节水降耗提供了动力。产业结构对人均水资源消耗量和消耗强度的影响均为正，说明第一产业占比越大及农业用水强度越高，越不利于人均水资源消耗量和消耗强度的降低。农业是用水大户，且第一产业的水耗指数远高于第二、第三产业的水耗指数，加之当前农业用水浪费严重，农业用水利用效率不高，进一步加剧了人均水资源消耗量和消耗强度的上升趋势。此外，农业用水价格长期偏低甚至无偿，这在一定程度上阻碍了地区农业的转型升级，从而形成对粗放型用水方式的锁定效应。这也说明农业是节水降耗的潜力所在，要加快农业现代化的发展方式转变，促进农业可持续发展长效机制的形成。水资源禀赋对人均水资源消耗量和消耗强度的增加起推动作用，中国南北方水资源的分布状况存在显著差异，而资源丰裕的地区在水资源供给和使用成本上具有比较优势，这种资源分布的不平衡性加剧了粗放式的惯性消费方式的形成，导致人均用水量及用水强度居高。滞后一期的人均水资源消耗量对人均水资源消耗量和用水强度的增加起推动作用，表明用水惯性效应的存在，需要深入开展基本水情宣传教育，强化社会舆论监督，进一步增强全社会水忧患意识和水资源节约保护意识，形成节约用水、合理用水的良好风尚。

3. 结论及政策建议

本节基于中国内地30个省级行政区域2000～2016年的面板数据，探讨了价格规制及节能政策等制度因素对中国水资源消耗总量和用水强度的影响。结果表明，用水价格对水资源消耗总量和消耗强度存在显著负向影响，说明研究期内价格规制发挥了节水降耗的调控效果，但节水降耗的抑制作用有限；而节水政策对水资源消耗总量和消耗强度的负向影响并不显著，主要原因在于，水体空间缺乏严格的排他性，对于占用水总量较高比例且产权模糊的流域水资源、农业用水、部分工业用水等的节水管理效果并不显著。此外，经济发展水平、城镇化率、产业结构、滞后一期的水资源禀赋及滞后一期的水资源消耗量均显著影响地区人均水资源消耗量及消耗强度。基于以上分析，本书认为为提高节水降耗的政府规制效果，应重点考虑以下几点。

第一，推进水资源权属管理改革。水资源作为一种公共资源，由于其产权制度的不明晰，导致水资源的利用效率低下，污染和浪费现象严重，水环境形势严峻，水资源权属管理制度亟须改革。水资源权属管理应该重点关注水资源的使用权，包括取水权、农村集体经济组织水使用权、少量用水权和应急用水权。水资源确权登记是水资源权属管理改革中的基础和根本环节。建立水资源产权确权登记制度能够明晰水资源产权，为水资源产权的流转创造前提条件。对于工业用水，按照《中华人民共和国水法》“直接从江河、湖泊或者地下取用水资源的单位和个人，应当按照国家取水许可制度和水资源有偿使用制度的规定，向水行政主管部门或者流域管理机构申请领取取水许可证，并缴纳水资源费，取得取水权”的规定，在核定许可水量等规范取水许可管理的基础上，发放取水许可证，确认其取水权。对于农业用水，要结合农业水价综合改革的部署，在有条件的灌区，将灌区用水指标分解落实到农村集体经济组织、农民用水者协会等用水主体，落实到具体水源，明确水权，实行用水总量控制。其中，对灌区管理单位，按照取水许可管理权限和程序发放取水许可证；对灌区内农业用水户，发放水权证。与此同时，建立水权数据库，实行水权动态管理。

第二，创新水权初始分配决策机制。基于水资源所有权隶属于国家的公共属性，水权初始分配应坚持以政府为主导的基本原则。为提升水资源配置效率、推进水权市场建设，在条件成熟时政府应积极探索创新水权初始分配决策机制。其一，从可分配总水量确定来看，收集整理地区社会经济、水文水资源、供水与用水现状等详细资料，分析地区内浅层地下水、当地地表水、域外调水等各种水源情况，确定地区内地表水和浅层地下水等不同水源的可分配总水量。其二，从分配主体来看，应积极探索转换政府角色，通过设立不同层次的专门机构来履行对各省区、地市、区县用水量的初始分配职能，从而将政府对水权初始分配的决策权、执行权相分离，有效规制政府在水权配置和执行中可能产生的权力寻租行为，更好地发挥政府对水资源初始配置的监管职能。其三，从分配方式来看，为激发用水户节水积极性，提高其在水权市场的参与度，政府应逐步下放水权初始分配权限。在国家水权试点取得的确权成效基础上，总结经验予以推广，在更大范围内将用水指标明确分解到各行业，尤其是农业社区等基层用水组织乃至灌溉用水户，赋予并明晰农业社区和灌溉用水户水资源收益、转让等各项权益，设定一部分预留水量。其四，从分配内容来看，政府除在用水总量控制下对水资源进行初始分配外，还应逐步建立节余水量认定机制。节余水量指企业、组织、个人等取用水主体实际用水量小于许可水量的情形。对节余水量进行评估、认定和再登记，可保证该部分水资源以精确的数额、明确的权属认定再次进入市场交易。

第三，完善水利基础设施投融资机制。明确投资重心，重视水权交易配套基础设施建设。包括输水管道、计量监测设施、水系联网、智慧水利系统等在内的一系列基础设施建设，是保障水权交易顺利开展、水量分配真正落实见效的重要依托。各级政府在维护和改造现有管网设施、确保日常水资源输送效率的同时，应重点完善水权转让监测站网的布设，加大配套监测调度系统开发力度，运用智能水表、电磁流量计、超声波流量计等智能计量仪表，结合计算机、网络通信和传感器等技术，实现取水、用水、排水的自动化监测和管理，为水权交易提供有力的技术支持和基础数据。此外，建立政府与市场联动的投融资机制，拓宽融资渠道。在水权交易配套基础设施建设资金的筹集中，既要确保政府主要投资责任，又要积极探索并提高通过市场融资筹措社会资金的有效性，协同建立多元化、多层次的水利基础设施建设投融资机制。一方面，政府应深化水利基础设施建设投融资体制改革，通过适时调整水利项目的社会资本准入门槛、建立社会资本参与水利建设项目的补偿机制（如延长特许经营期、适度提高收益分配比例、调整贷款和税收政策）等手段，为PPP（public-private partnership）这一新型融资模式提供更广阔的发展空间。另一方面，逐步增强地方政府在投资管理和资金融通方面的权限和运作空间，如鼓励符合条件的地方政府融资平台公司拓宽水利投融资渠道，制定水利基础设施建设的金融支持政策，充分利用政策性银行和外国政府的优惠贷款等，吸引更多社会资金参与到水利基础设施建设中。

第四，构建水权管理监管法律机制。对水权市场的监管除需要调动多方机构各司其职外，各级政府还需在监管内容、方式、惩罚机制等方面予以完善、创新和突破。从监管内容来看，政府亟须探索建立动态的水权交易价格形成与调节机制，建立“市场形成价格、政府调控市场”的水权交易价格监管机制。从监管方式来看，政府可通过构建水权交易信用监管体系、完善水权交易数据系统、探索水权市场动态在线监管等创新监管方式。从惩罚机制来看，建议在管理办法中补充设置“违规责任”章节，建立统一的责任追究机制，处罚的形式和程度应契合水权交易的特点，在条款中加以明确的设定。而对于水权交易买卖双方未按时履行清缴义务的应责令履行，同时可处以罚金或取消取水权许可证的惩戒；对于水权交易监管部门和水权交易机构及其工作人员的违法、失职、滥用职权等行为，应依法予以相应的惩罚或处罚。对于水权交易中出现的上述违规违纪行为，除追究民事责任和行政责任外，情节严重构成犯罪的，应当追究刑事责任。

第五，探索水权管理的社会参与机制。当前水权市场化改革主要通过自上而下的“层级推动-策略响应”模式加以推行，公众参与度较低，容易导致各层面制度推行成本的上升。为拓宽水权交易社会影响的深度和广度，降低制度成本，应积极探索并逐步完善公众参与机制。①加大水权交易制度宣传力度。通过社会公众熟悉且方便可用的多种渠道，如网站、报刊、广播、电视等，主动宣传相关法律法规政策，保障社会公众对水权交易相关制度的知情权。此外，可以充分利用新闻媒体发布、现场咨询或电话咨询、听证会、行政会议等各种渠道公开水权交易相关政策。②建立水权交易监督反馈机制。开通反馈渠道，鼓励利益相关者在事前、事中、事后对水权交易事件进行监督，使得社会公众在充分掌握水权交易动态信息的基础上，合理维护自身的利益。灵活采取多种方式，广泛听取和采纳社会公众关于水权市场建设的意见和建议，要特别重视听取利益相关者对水权市场现行法律法规政策的想法，赋予更大范围的社会公众以及用水户协会等基层组织以充分的建议权。

6.3 水资源消耗双控市场化的市场与政府协同治理研究

传统经济学理论认为市场机制发挥作用的前提是清晰的产权、产权可交易和交易费用为零等，这在现实中是很难实现的，尤其是在公共服务领域。“准市场”是西方国家在公共服务领域内的一项机制创新，可以理解为同时融合了政府规制和市场机制特点的混合模式，即“政府＋市场”模式。准市场是一个有限竞争的市场，是与国家干预条件下的公共物品（或准公共物品）和社会福利产品供应相生相伴的市场。准市场机制重构了政府与市场的“角色”，实现了全新意义上的公共服务与公共物品（或准公共物品）的市场化生产、供给与配置。准市场机制不否认“政府”在公共服务领域中的主导地位，也不主张无政府状态下的自由市场经济模式，其核心思想就是“政府在转变职能”的前提下“有限”参与市场行为的过程。准市场机制作为一种介于政府管制与市场治理外的第三种模式，更适合中国的基本国情，是跨区域管理模式创新的理论必然。

十九大报告指出，建设生态文明是中华民族永续发展的千年大计，“坚持人与自然和谐共生”是新时代坚持和发展中国特色社会主义的基本方略之一，生态文明建设被提升到新的历史高度。水是生态环境的关键性和控制性要素之一，在建设生态文明的进程中，人们更加关注江、河、湖、库的水量与水质，关注水生态环境的恶化。一些较为突出的生态环境问题，都与水量的不足和水质的恶化有关。在十九大报告强调不断推进国家治理体系和治理能力现代化的要求下，水治理领域也应积极探索推进水治理体系和治理能力现代化，这是对新时代水管理工作的全新认识和思考。

6.3.1　水资源消耗双控市场化的协同治理理论分析

作为资源配置的两种基本方式，市场和政府各有其优劣性。一般认为，政府权威制度与市场交换制度的内在结构决定了其各自的功能优势与功能劣势：政府权威制度的最大功能优势是通过公共选择的过程来制定公共政策，提供公共物品和服务，最大的功能劣势是难以实现资源的有效配置。市场交换制度的最大功能优势则是实现资源的有效配置，最大的功能劣势是难以消除外部效应和保证社会公平。市场机制的完全有效性只有在严格的假说条件下才成立，而政府干预的完美无缺同样也仅仅与“理性的政府”相联系。因此，在资源配置过程中，如果过分强调或依赖某一种方式，而忽视甚至否定另一种方式的作用，极易出现市场失灵或政府失灵，导致资源配置无效率。

尽管政府规制存在失灵，但应看到政府规制有助于解决水资源领域的自然垄断、负外部性及维护公共利益等问题。鉴于水资源自身的特殊性和复杂性及其在经济社会发展中的基础性、重要性，需要市场机制与政府干预有机结合，协同发挥“看不见的手”和“看得见的手”的治理功能。但是，市场与政府目标也有相异性，市场以价格、成本收益及优胜劣汰原则配置资源，主要关注经济效率；而政府在资源再分配时，为履行公共职能及维持社会稳定，更加关注社会公平（李锐等，2015）。水资源利用配置涉及需求与供给两侧，水资源协同治理不仅要考察需求侧利用主体的公平问题，还要考虑供给侧要素功能的效率问题。那么，在现有的水资源治理体制中，市场和政府是否发挥了公平与效率的协同治理功能？如何科学评估政府与市场协同治理的整体调控效果？这些均是学术界亟待解决的问题。由于现代数量经济学尚无需求与供给结构异质一致变动的梯度客观测度标尺，各种带有主观成分的综合性层次分析法评价效果都不尽理想，但中国古典管理科学原理为测度政府与市场协同治理调控效果提供了理论参考。

追求高效平稳秩序是中国传统经济善治理论的精要，这一理念既重视需求侧要素相位关系的协调（公平），也考虑供给侧系统要素功能的匹配程度（效率）。其中，秩序指的是系统要素的时空排列，水资源利用秩序是水资源利用时空排列纵横关系的演化形式，即水资源利用规律运行的体现程式。

水资源利用秩序分纵向秩序和横向秩序，纵向所表示的是需求侧要素相位关系，即水资源利用主体收入相对变化，高低收入之间的距离逐渐缩小，既是规律，也是社会公平的体现；横向所表达的是供给侧的结构功能联系，即水资源利用全要素生产率与其前沿之间的距离无限接近，此为规律，也是资源利用效率提升程度的体现。

要素相位关系是要素异质性时空差异变化，反映水资源利用主体相对地位变动。如果贫富之间的差距不断扩大，那么将是一种秩序混乱状态。善治的首要任务就是阻止社会出现两极分化。没有两极分化，社会就会维持在安全、平稳和健康状态。

结构功能联系是系统要素功能的匹配程度。供给侧某一资源所发挥作用的大小取决于系统整体对之要求及其与其他要素的协调程度。要素不能脱离系统整体要求而单独行动，必须在系统运行规律作用下行动。

6.3.2　水资源消耗双控市场化的协同治理秩序测度

秩序以轻重度之。资源利用秩序分为纵向秩序和横向秩序，因此水资源利用秩序测评设立纵向标尺和横向标尺。旧制中一斤为十六两，故水资源利用秩序设立纵向和横向各八个梯度，即纵向和横向各“半斤八两”，合之为一斤，即十六两。

纵向标尺梯度衡量能源利用不同层次主体收入的相对变化关系。水资源纵向秩序轻重对应关系为：元，8 两；亨，7 两；利，6 两；贞，5 两；悔，4 两；吝，3 两；害（厉），2 两；凶（咎），1 两。

横向标尺梯度测度全要素生产率（TFP）的技术进步改进、技术效率改进、规模效率改进、配置效率改进。水资源横向秩序轻重对应关系为：延年，8 两；天医，7 两；生气，6 两；辅弼，5 两；禄存，4 两；廉贞，3 两；破军，2 两；文曲，1 两。

1. 水资源利用纵向秩序测度

纵向秩序测度的是水资源各层次利用主体收入相对变化关系。将水资源利用主体分为高收入与低收入两层，通过城乡居民人均收入推算。能源利用主体高低收入主体的变化主要体现在两者收入的年均增长率上。采用 2002～2016 年中国统计年鉴数据折算，测度结果如表 6-4 所示。

表 6-4　2002～2016 年我国东部、中部、西部水资源利用纵向秩序

年份	东部地区			中部地区			西部地区		
	高收入年速增量	低收入年速增量	纵向秩序	高收入年速增量	低收入年速增量	纵向秩序	高收入年速增量	低收入年速增量	纵向秩序
2002	0.004	0.69	亨	1.91	1.02	悔	0.47	1.80	亨
2003	−0.02	−0.34	厉	−0.55	−0.37	贞	−0.30	0.54	元
2004	−0.44	0.13	元	−0.79	1.45	元	−0.30	0.49	元
2005	0.11	0.84	亨	0.02	0.38	亨	0.08	0.62	亨
2006	0.24	0.36	亨	0.18	0.51	亨	0.11	0.13	亨
2007	0.05	0.22	亨	0.20	0.62	亨	0.39	0.59	亨
2008	−0.18	−0.01	贞	−0.33	0.28	元	−0.14	0.17	元
2009	0.10	0.24	亨	−0.05	−0.02	贞	0.12	0.20	亨
2010	−0.18	0.24	元	−0.21	0.40	元	−0.07	0.53	元
2011	−0.14	0.31	元	−0.05	0.44	元	0.08	0.46	亨
2012	−0.01	0.12	元	0.08	0.21	亨	0.23	0.31	亨
2013	−0.17	0.03	元	−0.18	0.49	元	−0.06	0.63	元
2014	−0.32	0.01	元	−0.13	0.01	元	−0.10	0.02	元
2015	−0.15	−0.08	贞	−0.16	−0.17	厉	0.04	−0.06	咎
2016	−0.16	−0.12	贞	−0.20	−0.20	吝	−0.06	−0.12	厉

资料来源：根据历年中国统计年鉴计算。

纵向秩序从“吉”到“凶”可依次类推为从收敛到发散的状态，上四等秩序城乡差距呈现平行或收敛态势，下四等秩序呈现平行或发散态势。由上述结果可直观看出三地区纵向秩序差异：我国东部、中部、西部地区的纵向秩序都是在前期维持上四等秩序水平，而在后期有下降的趋势，从这 15 年的水平来看，纵向秩序水平呈波动缓慢向下的发展趋势，大部分年份维持在中高秩序水平上，说明城乡收入差距有一个缓慢发散的态势，根据这种趋势，本书认为治理者应当加强城乡的协调发展力度，大力扶持农村地区，增加农村的资源供给、基础设施建设，改善农村地区的生活条件，提高我国东部、中部、西部地区的纵向秩序水平。

2. 水资源利用横向秩序测度

1）模型

本书通过参数法中的随机前沿生产函数法对水利用的全要素生产率（TFP）进行测度。其模型同第 5 章式（5.5）～式（5.13）。

2）数据的收集与处理

对于 TFP 及其分解部分的测算需要收集和处理我国 2002～2016 年水资源利用产出、劳动投入、水资源投入和资本投入数据，具体如下。

水资源利用产出。考虑水资源产出是为了满足人民日常生活和生产活动，本书选取各个地区的供水总量作为产出指标。数据可在国家统计局网站中获得，本书采用均值法对缺失年份数据进行估算。

劳动投入。考虑水资源利用投资建设所必须进行的勘探、计量、建设、运转等需要特定能力的劳动力，本书选取各个地区水利部门技术人员数量作为劳动力的投入指标，该数据可在历年各个地区水利统计年鉴中获得。

水资源投入。考虑水资源建设属于社会基础设施建设，其水利工程的投入建设主要是由中央和地方政府投资进行，本书选取各个地区历年水利建设完成投资作为水资源利用的投入要素。考虑投资额可能会受到通货膨胀的影响，本书选择以 2000 年为基年的 CPI 价格指数平减后的水利建设完成投资数据作为投入指标，该数据可在各个地区历年水利统计年鉴中获得。

资本投入。由于全社会资本存量与水资源利用资本存量存在一定的比例关系，本书对资本投资的衡量采用张军等（2004）的固定资本存量计算方法，基期资本存量用 2000 年的固定资本形成总额除以 10，作为该省区市的初始资本存量，折旧率选取 9.6。数据来源于《中国国内生产总值核算历史资料（1952～1995）》《中国国内生产总值历史资料（1952～2004）》《中国统计年鉴（2004～2016）》《新中国 60 年统计资料汇编》。

3）水资源利用横向秩序测度结果

运用 Frontier4.1 软件对上述 SFA 模型进行估计，并运用 Excel 软件进行数据结果的处理，本书选取 2002～2016 年中国东部、中部、西部地区省级面板数据，其估计结果见表 6-5。

表 6-5　2002～2016 年我国区域水资源利用 SFA 函数估计值

自变量	参数	估计系数			*T*-统计量		
		东部	中部	西部	东部	中部	西部
常数项	β_0	−2.317	38.839	23.937	−0.628	4.442	6.735
$\ln G$	β_1	0.184	−0.227	0.044	0.798	−0.480	0.145
$\ln L$	β_2	1.034	−2.510	0.380	3.278	−2.254	1.108
$\ln K$	β_3	0.430	−4.254	−4.431	0.600	−2.204	−7.045
$(\ln G)^2$	β_4	−0.015	−0.072	−0.017	−0.814	−2.616	−0.735
$(\ln L)^2$	β_5	−0.042	−0.034	−0.088	−3.016	−0.414	−2.379

续表

自变量	参数	估计系数			T-统计量		
		东部	中部	西部	东部	中部	西部
$(\ln K)^2$	β_6	−0.013	0.075	0.093	−0.295	0.332	1.055
$\ln E\times\ln L$	β_7	0.008	0.137	−0.037	0.427	1.980	−1.197
$\ln E\times\ln K$	β_8	0.010	0.050	0.077	0.265	0.440	1.290
$\ln L\times\ln K$	β_9	−0.029	0.206	0.198	−1.299	0.899	2.032
$\ln E\times t$	β_{10}	0.001	0.028	0.001	0.245	1.806	0.135
$\ln L\times t$	β_{11}	−0.008	−0.074	−0.027	−2.274	−2.186	−2.066
$\ln K\times t$	β_{12}	0.010	−0.017	−0.017	1.119	−0.289	−0.836
t	β_{13}	−0.017	0.661	0.395	−0.184	2.482	3.939
t^2	β_{14}	−0.003	−0.005	−0.002	−4.663	−1.210	−0.912
σ^2		2.255	0.603	5.052	2.400	1.991	2.216
γ		0.998	0.988	0.999	935.291	167.442	1999.291

资料来源：根据超越对数生产函数模型并使用 Frontier4.1 软件测算数据整理得出。

根据表 6-5 所示的随机前沿方法（SFA）模型估计，对于整个模型的拟合效果，通过观察 Gamma 值和 LR 检验来测算。

谢建国指出 Gamma 值主要是用来判定 SFA 模型产出的偏差是由 u_{it} 还是由 v_{it} 所决定的，其具体计算公式为 $\gamma=\dfrac{\sigma_u^2}{\sigma_u^2+\sigma_v^2}$，其表示的是技术非效率方差占技术非效率方差和随机误差项方差和的比例，该比例接近于 1，则证明 SFA 模型中存在技术非效率，证明用 SFA 模型估计的效果较好，反之，接近于 0，则证明模型不存在非技术效率，用 OLS 最小二乘法拟合的效果最好。LR 检验的原理为：LR 服从 $X_{a(m)}^2$，在本书的检验模型中，自由度为 1，则在 0.995 置信水平下，若 LR＜0.000 04，则接受原假设，说明随机前沿生产函数无效。

从表 6-5 结果看出，东、中、西三地区 SFA 模型的 Gamma 值均接近于 1 且通过了 T-检验，证明模型误差的主要来源为技术非效率效应。且 Frontier4.1 软件显示的三地区的 LR 检验值分别为 576、400、477，均通过了检验，可见用 SFA 模型估计是合理的。

再分析随机前沿生产函数的自变量参数的估计值，从其对应的 T-统计量来看，绝大部分的 β 值均在 10%的显著性水平上拒绝原假设，从而模型的拟合效果良好。

如表 6-6 所示，我国东部地区 2002～2005 年，横向秩序有所改善，从“廉贞”

到“辅弼”等级改善，其主要是全要素生产率中的配置效率有所改进，而总的全要素生产增长率从负到正，达到研究年间最高水平。2005 年以后，东部地区横向秩序开始出现下滑，多年出现“破军”与“文曲”低秩序水平，其主要原因为效率改进比率的下降，说明生产者能够合理安排要素投入的比例的能力下降。其他三个部分常年间为负值，说明我国东部地区的技术改进效果差，成效不佳，规模报酬能力较差。我国在 2008 年以后水资源利用横向秩序处于很差的位置，急需改进。

表 6-6 2002～2016 年我国东部地区水资源利用横向秩序

年份	技术进步改进	技术效率改进	规模效率改进	配置效率改进	TFP 增长率	横向秩序
2002	0.003 109	–0.000 336	0.014 889	–0.645 337	–0.627 675	廉贞
2003	–0.002 355	–0.000 336	–0.008 344	0.051 856	0.040 821	辅弼
2004	–0.008 021	–0.000 336	–0.044 705	0.094 546	0.041 485	辅弼
2005	–0.013 090	–0.000 336	–0.055 854	0.086 689	0.017 409	辅弼
2006	–0.017 763	–0.000 336	–0.060 027	–0.079 373	–0.157 499	文曲
2007	–0.021 344	–0.000 336	–0.068 392	–0.033 973	–0.124 045	文曲
2008	–0.028 661	–0.000 336	–0.142 220	0.084 537	–0.086 680	破军
2009	–0.034 458	–0.000 336	–0.074 519	–0.683 110	–0.792 423	文曲
2010	–0.037 580	–0.000 336	–0.336 299	0.149 151	–0.225 064	文曲
2011	–0.041 807	–0.000 336	–0.209 481	0.125 620	–0.126 003	破军
2012	–0.046 659	–0.000 336	–0.163 434	0.038 975	–0.171 454	破军
2013	–0.051 401	–0.000 336	–0.218 598	0.219 253	–0.051 083	破军
2014	–0.055 937	–0.000 336	–0.207 825	0.170 354	–0.093 745	破军
2015	–0.060 508	–0.000 336	–0.049 766	–0.476 013	–0.586 624	文曲
2016	–0.065 781	–0.000 336	–0.072 616	–0.154 857	–0.293 591	文曲

资料来源：根据超越对数生产函数模型测算数据计算得出。

如表 6-7 所示，中部地区 2002～2006 年的水资源利用横向秩序处于一个较好的秩序等级，大部分年以“天医”和“生气”为主，其间 2004 年有较大的波动，主要由于规模效率改进的增长率由正变负，而配置效率改进增长率放缓，导致全要素生产负增长，秩序降为“廉贞”。2008 年以后，我国中部地区水资源利用横向秩序开始下降，以下四等秩序为主，大部分年在“廉贞”和“破军”之间波动，这与配置效率改进的大幅度下跌有关，从整个研究年限来看，该地区的规模效率改进一直都处于负增长的状态，技术效率改进在研究年呈正负上下波动态势，我国中部地区水资源利用横向秩序呈阶梯式下降。

表 6-7　2002～2016 年我国中部地区水资源利用横向秩序

年份	技术进步改进	技术效率改进	规模效率改进	配置效率改进	TFP 增长率	横向秩序
2002	0.065 327	–0.000 533	2.112 985	1.838 591	4.016 370	天医
2003	0.049 664	–0.000 533	0.238 149	0.309 437	0.596 717	天医
2004	0.039 226	–0.000 534	–0.199 100	0.079 567	–0.080 841	廉贞
2005	0.029 976	–0.000 534	–0.248 610	0.270 880	0.051 713	生气
2006	0.022 184	–0.000 535	–0.231 365	0.231 760	0.022 044	生气
2007	0.033 334	–0.000 535	–0.084 062	–0.119 109	–0.170 373	破军
2008	0.007 867	–0.000 536	–0.217 994	0.124 985	–0.085 677	廉贞
2009	0.044 043	–0.000 536	0.455 348	–0.747 343	–0.248 488	廉贞
2010	0.014 511	–0.000 537	–0.182 791	0.148 783	–0.020 034	廉贞
2011	0.011 264	–0.000 537	–0.154 214	–0.155 476	–0.298 964	破军
2012	0.009 468	–0.000 538	–0.140 642	–0.234 655	–0.366 367	破军
2013	–0.007 768	–0.000 538	–0.118 452	0.411 877	0.285 119	辅弼
2014	–0.010 957	–0.000 539	–0.022 950	–0.178 805	–0.213 250	文曲
2015	–0.015 495	–0.000 539	–0.020 305	–0.175 485	–0.211 824	文曲
2016	–0.021 105	–0.000 540	–0.021 649	–0.042 484	–0.085 776	文曲

资料来源：根据超越对数生产函数模型测算数据计算得出。

如表 6-8 所示，2002～2006 年西部地区横向秩序良好，从“廉贞”向“天医”“生气”改进，这是配置效率的改进所导致的全要素生产正增长导致的。2006 年后，秩序水平开始下滑，水资源利用横向秩序较差，15 年中有 12 个年份的全要素增长率为负，且规模效率改进常年为负值，这些年份的横向秩序水平均为下四等的发散水平。此外，西部地区在此期间有 8 年达到了第七等的“破军”水平，说明期间横向秩序很差，总体来看，西部地区水资源利用横向秩序水平长期处于低等水平。

表 6-8　2002～2016 年我国西部地区水资源利用横向秩序

年份	技术进步改进	技术效率改进	规模效率改进	配置效率改进	TFP 增长率	横向秩序
2002	0.007 948	0.004 791	–0.214 086	–0.581 005	–0.782 351	廉贞
2003	0.004 131	0.004 788	–0.041 887	–0.003 066	–0.036 035	廉贞
2004	0.002 105	0.004 784	–0.005 866	0.024 516	0.025 539	天医
2005	–0.000 590	0.004 781	–0.014 722	0.100 299	0.089 767	生气
2006	–0.003 230	0.004 777	–0.042 121	0.083 783	0.043 208	生气

续表

年份	技术进步改进	技术效率改进	规模效率改进	配置效率改进	TFP 增长率	横向秩序
2007	−0.002 516	0.004 773	−0.045 688	−0.116 297	−0.159 727	破军
2008	−0.009 300	0.004 769	−0.154 602	−0.139 527	−0.298 660	破军
2009	−0.014 923	0.004 764	−0.156 476	−0.316 720	−0.483 355	破军
2010	−0.018 357	0.004 760	−0.111 363	−0.252 377	−0.377 336	破军
2011	−0.023 370	0.004 755	−0.117 408	−0.137 971	−0.273 993	破军
2012	−0.027 477	0.004 751	−0.094 724	−0.219 139	−0.336 589	破军
2013	−0.031 327	0.004 746	−0.062 782	0.043 070	−0.046 293	廉贞
2014	−0.035 647	0.004 741	−0.085 096	0.090 463	−0.025 538	廉贞
2015	−0.038 733	0.004 736	−0.022 613	−0.337 513	−0.394 122	破军
2016	−0.040 889	0.004 731	−0.001 028	−0.212 796	−0.249 982	破军

资料来源：根据超越对数生产函数模型测算数据计算得出。

3. 水资源利用区域总秩序

以轻重度量秩序是中国传统经济学的精髓。秩序较重，水资源经济贴近其规律运行；秩序较轻，水资源经济远离其规律运行。秩序轻重是水资源经济实际运行与目标理想运行之间距离远近的度量。纵向重量测度水资源利用主体相对位置及活动范围与目标地位及范围之间的距离，重者，距离短，轻者，距离长；横向重量测量水资源利用全要素生产率与目标函数前沿生产率（最优水平）之间的距离，重者，距离近，轻者，距离远。2002～2016 年东部、中部、西部地区水资源利用总秩序如图 6-1 所示。

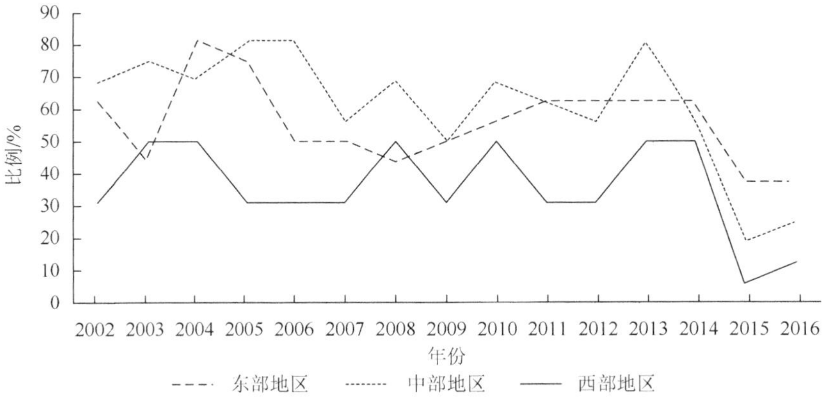

图 6-1　2002～2016 年东部、中部、西部地区水资源利用总秩序

根据图 6-1，2002～2016 年我国东部、中部地区水资源利用的总秩序轻重在大致呈下降趋势，其间波动幅度较大，从中、上水平秩序缓慢下降到中、下水平秩序，其重量在不断减轻，根据前文所述的定义，重量越轻则说明我国东部、中部地区的水资源利用的实际距离逐步偏离最优情况，西部地区水资源利用的总秩序长期处于低水平，与其他两个地区相差有两个秩序等级水平，并有恶化的趋势。

东、中、西三个地区的水资源利用秩序在 2002～2016 年均波动频繁，总体趋势由中高向低逐渐从理想状态偏离。15 年中各地区纵向秩序表现良好，在 2014 年之前我国东部、中部、西部地区纵向秩序以“元”“亨”“利”为主，2014 年后，各个地区纵向秩序有下降出现，西部地区出现老子所指出的“厉（害）”，水资源利用城乡收入差距缩小，绝大多数年份处于“安平泰”善治状态。

水资源利用横向秩序反映水资源要素生产率从整体考察其功能发挥到目标（最优）状态的程度。2002 年，中部水资源要素发挥正常，处于“天医”水平，而东部、西部地区水资源要素只处于七等“破军”水平。在随后各年中，各地区水资源要素生产率不断波动。东部、中部、西部地区都呈现一种隔年波动的状态。2015 年以后，我国东部、中部、西部地区水资源利用横向秩序处在 2～3 级水平，要素生产率发挥开始远离理想水平，中部和西部地区处于第七等“破军”等级，东部地区处于第八等“文曲”状态，要素生产率发挥背离目标水平，说明近几年我国区域水资源利用要素生产率水平低下。西部水资源要素低绩效主要受制于技术进步和经济欠发达，东部水资源要素低效主要原因是高交易成本，而高交易成本缘于水资源使用群体庞大及区位高地租，中部地区水资源要素低效主要由于资源的不足，需要跨流域调水等增加水资源的用水成本。因此，降低交易费用成为提升水资源利用绩效及秩序的主要途径。

距离不仅是交易费用的代理变量，而且是量化秩序的核心变量。提升水资源利用秩序就是缩小水资源利用主体地位相对距离及其要素生产率与目标水平的差距，也就是降低水资源利用直接费用和交易费用，提高水利建设绩效，通过技术改进增加水利投资固定资产的折旧年限，减少由跨区域调水造成的成本增大的问题。

为了达到区域水资源经济均衡发展，主要措施是缩小区域水资源利用相对经济距离：①加强交通、物流和互联网基础设施建设，以提升其速度，缩短区域经济距离，降低交易费用；②科技创新，缩减水资源全要素生产率与其目标函数前沿生产率的距离；③缩小城乡居民收入差距，防止两极分化；④开发东部和中部新水资源获取途径和方法，缓解水资源生产与消费的区域非均衡布局，减少远距离运输成本和交易费用。

水资源利用是社会经济发展中的一维。管子曰：“国有四维”，“一曰礼、二曰义、三曰廉、四曰耻”，“礼不踰节，义不自进。廉不蔽恶，耻不从枉”。四维匀称，伸缩同步，张弛有度。水资源贯通“九宫”与“一宫”金融维上，如果这一维因轻浮而加重后，那么其他三维也应充实其重量，以维持东部、中部和西部及整个社会经济运行秩序的稳重。例如，在“八宫”的固定资产与“二宫”的市场及收入维上，要完善建设用地、房地产和个人所得税等法规，抑制两极分化。又如，在“三宫”劳动与“七宫”组织维上，要加强教育及劳动者职业培训，推动技术进步。再如，在“四宫”信息与“六宫”政府行政维上，要信息畅通，善治为之。

6.3.3 水资源利用秩序耦合

1. 耦合模型与耦合协调度模型

“耦合”这个词汇最早源于物理学，指的是两个或两个以上的体系之间的相互作用之间的关系问题。根据大部分学者对耦合模型的研究，本章采取如式（6.5）的耦合模型：

$$C_{ni}=\frac{\sqrt[n]{U_{1i}\times U_{2i}\times L\times U_{ni}}}{\dfrac{U_{1i}+U_{2i}+L+U_{ni}}{n}} \tag{6.5}$$

式中，C_{ni}为第 i 年 n 个系统的耦合度；U_{ni}为第 i 年 n 个系统秩序评分。显然，当$U_1=U_2=\cdots=U_{ni}$时，C_{ni}取最大值 1，即 n 个系统耦合度的取值范围$C_{ni}\in(0,1]$。

由于耦合协调度能够更好地反映各个地区总体的耦合协调发展状况，排除由于同时处于低秩序评分水平而耦合程度很高的情况，本书引进如式（6.6）的耦合协调模型：

$$D_i=\sqrt{C_i\times T_i} \tag{6.6}$$

式中，加权综合秩序评分$T_i=\beta_1U_{1i}+\beta_2U_{2i}+\cdots+\beta_nU_{ni}$，权重$\beta_1,\beta_2,\cdots,\beta_n$为待定系数，其值的变动主要由区域的重要程度所决定，由于本书研究的是东部、中部、西部三个区域耦合发展情况，三个区域都是相互独立的，故本书权重选取为$\beta_1=\beta_2=\beta_3=\dfrac{1}{3}$，显然 T_i 的最大值为 1，故耦合协调度$D_i\in(0,1]$。

计算出 n 个系统的耦合度后，发现在 n 个区域的耦合度虽然能够反映系统之间的相互作用，但是不能反映其总体协调程度好有可能出现耦合度很高，但各个系统的秩序评分均处于比较低下的水平的情况，故需要改进各个地区的总秩序评分，使耦合模型更加贴切实际情况，考虑各个地区内横向秩序与纵向秩序的耦合协调状况的好坏可能会对总秩序耦合产生影响，本书对系统秩序评分进行修正，具体如式（6.7）所示：

$$U''_{ni} = \sqrt{U_{ni} \times \alpha_{ni}} \tag{6.7}$$

式中，α_{ni} 为第 i 年第 n 个地区内横向秩序与纵向秩序的耦合协调度。

在计算区域的耦合协调度时，仅仅考虑了总秩序评分高低水平对耦合协调发展的影响，并没有考虑各个地区之间的横向秩序与纵向秩序轻重的耦合协调发展状况，因此，本书采用如下公式对耦合协调度模型进行修正：

$$\omega_i = (Z_1 \times Z_2 \times \cdots \times Z_{2^n})^{\frac{1}{2^n}} \tag{6.8}$$

式中，Z_{2^n} 为 n 个地区两种子秩序之间耦合协调度，共有 2^n 种可能的计算结果；ω_i 为第 i 年的协调修正系数，式（6.9）为修正后的耦合协调度模型：

$$D_i = \omega_i \times \sqrt{C_i \times T_i} \tag{6.9}$$

2. 水资源利用秩序耦合结果

本书为三地区耦合模型，故 $n=3$，其具体耦合协调度计算结果如图 6-2 所示。

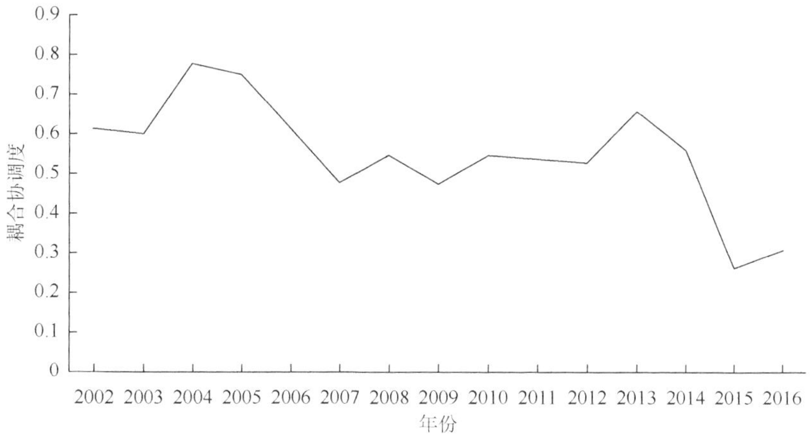

图 6-2　我国东部、中部、西部地区耦合协调变化

由图 6-2 耦合协调度计算结果可知，在不考虑各地区总秩序水平的情况下，我国总体东部、中部、西部地区区域间耦合度非常高，多年达到了 90 分的高水平耦合状态，符合我国协调发展的态势。如果考虑各个地区总秩序的水平高低来研究我国区域间互相协调发展程度，则根据耦合协调度测算结果，我国东部、中部、西部地区水资源利用耦合协调度相比耦合度都有不同程度的下降，这表示我国宏观经济运行状态的整体性及区域间经济联系的紧密性，在整体宏观经济上行的状态下，我国东部、中部、西部地区都有不同程度的上行，反之亦反。从各年区域

间耦合协调度的变化来分析，我国东部、中部、西部地区耦合协调度存在着一种逐年波动向下的态势，这表明我国区域水资源利用开始恶化。

具体分析水资源利用耦合协调结果的原因，主要有以下几个：①我国地域辽阔，东西地区经度跨度大。各地区的气候条件、水土状况不同，地区水资源差异较大，故水资源利用交易成本差异较大，会直接影响各个地区人民的实际生活和生产水平，对区域间协调发展耦合一致性发展产生不同的影响。②各地区的经济发展水平不同。东部临海，贸易发达，经济状况最好，西部从属内陆地区，虽然资源丰富，但缺乏技术，资源开采有限，经济发展较慢，经济水平的差异会对各个地区的协调发展状况造成影响，可能会导致区域差异加大，整体耦合协调度下降。

3. 水资源利用秩序耦合分析

通过使用资源利用秩序测度模型和区域耦合协调模型对我国东部、中部、西部地区的水资源利用纵向秩序和横向秩序进行具体测度，然后把东部、中部、西部地区测度的结果进行秩序考评，对东部、中部、西部地区考分进行了耦合分析，从而得出我国区域水资源利用耦合协调关系，并对区域水资源耦合治理研究进行了分析。本章采取 2002～2016 年相关数据进行实证分析，得出如下结论。

（1）我国东部、中部、西部地区水资源利用纵向秩序在 2002～2016 年呈现中间高，两边低的形态，从 2003 年开始改善，达到“元”“亨”高秩序水平，其中持续时间较长，期间有少量波动，纵向秩序在 2014 年后开始下降，纵向秩序衡量的是要素之间的相位关系，以区域城乡收入差距的敛散状况为标准，由此说明我国东部、中部、西部地区城乡收入差距在绝大部分年不断缩小，近几年有所扩大。

（2）我国东部、中部、西部地区水资源利用横向秩序在 2002～2016 年呈现阶梯式下滑的现象，2002～2007 年，我国东部、中部、西部地区水资源利用横向秩序处于“天医”“生气”等级水平，2008 年后，东部、中部、西部地区横向秩序开始并长期处于低水平“破军”“文曲”水平，呈现略微的波动式回升，但幅度不大，2014 年后，水资源利用横向秩序又开始下滑。区域间来看，东部地区的横向秩序总体上要比中部、西部地区的秩序低一个等级水平，中部、西部地区水资源利用横向秩序较为接近。

（3）我国区域发展的水资源利用总秩序总体呈现波动式下降趋势，某些年有所上升，具体为 2002～2008 年呈下降趋势，2008～2013 年呈上升趋势，但其幅度不超过 2002～2008 年的最高水平，2013～2016 年呈下降趋势，期间出现全研究年段最小值。东部地区的波动较其他两个地区较小，处于中等的总秩序水平，中部地区呈明显地波动下降，2008～2014 年有所改善，改善幅度不大，2014 年后又开始下滑。西部地区全研究年段基本处于略低水平，2014 年后继续恶化。从区域间来看，西部地区水资源利用总秩序明显要比其他两个地区低 2～3 个秩序水平，东部、中部两个地区总秩序变化较接近。

（4）我国东部、中部、西部地区水资源利用耦合程度较高，显示了我国经济水平发展的整体性，但若考虑低秩序高耦合的情况，引入耦合协调度，那么我国的耦合协调发展程度呈现出一种逐年下降的趋势，2007～2014 年有所回升，但没有回到高耦合水平，2014 年后耦合协调度下降明显，处轻中度失调衰退水平，有区域间持续失调的趋势。

第 7 章　建设用地总量和强度双控市场化机制构建

市场机制是通过市场竞争配置资源的方式，即资源在市场上通过自由竞争与自由交换来实现配置的机制，也是价值规律的实现形式。显然，建立建设用地总量和强度双控市场化机制就是要通过市场要素的相互作用，自发调节建设用地市场交易，进而达到合理控制建设用地总量和用地强度的目的。建立建设用地总量和强度双控市场化机制，既是推动中国绿色发展、破除资源环境瓶颈、推动生态文明建设的必然选择，也是提高建设用地高效利用、优化资源配置、完善社会主义市场经济体制的重要内容。然而，由于建设用地自身的特殊性和复杂性及其在经济社会发展中的基础性、重要性，单纯依靠市场或者单纯依靠政府都难以治理好建设用地领域，有效的建设用地治理体制要求市场机制与政府干预有机结合，使“看不见的手”和“看得见的手”协同发挥作用。

7.1　建设用地总量和强度双控市场化机制研究

7.1.1　建设用地双控市场化机制基本构架

建设用地双控市场化运行机制包括建设用地价格机制、建设用地供求机制等。

1. 建设用地价格机制

价格机制是市场机制的核心，土地价格与建设用地消耗的关系在本质上同属于“价格-需求”研究范畴。土地使用权流通的一级市场中，协议、招标、拍卖和挂牌是土地有偿出让的四种方式。随着改革开放后市场经济不断发展，中国土地使用制度经历了划拨使用到有偿使用再到市场配置渐进式的纵深推进。通过不断调整和完善，逐步形成了政府主导的一级市场和土地使用者自由交易的二级市场并行的土地两级市场。其中，一级市场是由政府控制的土地出让市场，包括来自土地征收、农用地和未利用地转用的新增建设用地，以及收回的国有存量建设用地；二级市场是土地经营者或使用者自由交易的土地使用权流转市场。土地有偿出让的四种方式中，协议出让土地使用权是土地使用者和政府之间进行一对一协商，是最缺乏透明度和竞争性的一种交易方式。1998～2005 年，协议出让是我国土地交易的最主要方式。由于确定基准地价操作复杂、耗时长、费用高、更新速度慢，协议价只反映了土地的区位差异，并没有反映土地的供需情况和稀缺程度，一般会远远低于市场实际交易价格。随着土地招拍挂改革的推行，协议方式由先前的主导地位转而被逐渐淘汰，挂牌成了土地交易新的主导方式。而国内土地价格的总趋势自招拍挂推行后有了较大变动，大幅攀升后于近几年迅速回落。土地交易方式的变化在近几年成为了解释土地价格变动、中央宏观下调土地供需关系变化的焦点话题。

1988 年宪法修正案中“土地的使用权可以依照法律的规定转让”和《土地管理法》中“国家依法实行国有土地有偿使用制度”“国有土地和集体所有的土地的使用权可以依法转让”的条文标志着土地有偿使用制度的正式确立，1990 年国务院颁发《中华人民共和国城镇国有土地使用权出让和转让暂行条例》，对土地使用权出让、转让、出租、抵押、中止等问题做了明确规定，为土地二级市场的发展提供了法律基础。2001 年国土资源部颁布的《划拨用地目录》严格规定划拨用地范围，限制了政府划拨土地的随意性；2002 年，国土资源部颁布《招标拍卖挂牌出让国有土地使用权规定》，规定经营性土地必须以招标、拍卖、挂牌方式出让；2004 年，《国务院关于深化改革严格土地管理的决定》要求经营性基础设施用地要逐步实行有偿使用；2006 年，《国务院关于加强土地调控有关问题的通知》要求工业用地必须采用招标拍卖挂牌的出让方式，并且规定了出让的最低价标准；2007 年，《中华人民共和国物权法》规定“工业、商业、旅游、娱乐和商品住宅等经营性用地以及同一土地有两个以上意向用地者的，应当采取招标、拍卖等公开竞价的方式出让”；2008 年，《国务院关于促进节约集约用地的通知》提出要严格限定划拨用地范围，工业用地和经营性用地必须以招标拍卖挂牌方式出让；2011 年，国土资源部《关于坚持和完善土地招标拍卖挂牌出让制度的意见》明确表示要发挥土地招拍挂出让政策的调控作用、健全土地招拍挂出让政策；2013 年，十八届三中全会《中共中央关于全面深化改革若干重大问题的决定》提出“允许农村集体经营性建设用地出让、租赁、入股，实行与国有土地同等入市、同权同价”“扩大国有土地有偿使用范围，减少非公益性用地划拨”“完善土地租赁、转让、抵押二级市场”；2014 年，《国家新型城镇化规划（2014～2020 年）》指出要建立健全规划统筹、政府引导、市场运作、公众参与、利益共享的城镇低效用地再开发激励约束机制，盘活存量建设用地；2015 年，中共中央、国务院印发《生态文明体制改革总体方案》，提出实施建设用地总量控制和减量化管理；2016 年 12 月 31 日，国土资源部等八部门联合发布《关于扩大国有土地有偿使用范围的意见》，除扩大国有土地有偿使用范围外，对现有制度也提出了完善的意见，确立了以市场即供需关系为核心的驱动力配置。系列法律和政策的出台逐步促进了土地市场资源配置效率的提高和价格、供求与竞争等市场机制的显化，规范和促进了土地一级市场的快速发展，反映了在建设用地供应总量、有偿使用程度和市场配置能力等方面的政策调整，对城市化、工业化进程的推进和建设用地总量扩张产生显著影响。

尽管系列法律和政策的出台逐步推进了建设用地有偿使用到市场配置渐进式的转变，但由于中国式分权对地方政府的土地财政行为具有显著的激励作用，财政分权导致了土地出让价格的正向增长，而政治集权导致了工业用地出让价格与商服、住宅用地出让价格之间的偏离，造成了工业用地和商住用地的价格扭曲。土地资源作为产业发展的要素之一，其价格高低将直接影响投资企业的运营成本，因此自土地流转制度形成后，土地便成为地方政府实现政治目标和经济目标的一种操控工具。近几年来，在商业土地价格和住宅土地价格不断上升的背景下，工业土地价格的上涨幅度却不明显，这充分表明地方政府为发展区域经济和增加财政收入，不惜通过降低土地经济效益来扩大外商直接投资规模，而这种措施同时引起了地方政府间的土地价格竞争。岳金桂和陆晓晨（2018）的研究表明，工业用地价格降低和商业用地价格升高有利于吸引外商直接投资，地方政府竞争通过直接和间接作用于土地出让价格两种手段影响外商直接投资规模。王乔和王丽娟（2014）分析指出，“招拍挂”类土地对地方政府财政收益的贡献机制是“财政效应”，而“协议”类土地对地方政府财政收益的贡献机制是“引资效应”，“招拍挂”类土地财政的互动行为是“朝顶互动”，即价格连续升高，而“协议”类土地财政的互动行为是“朝底互动”，不断压低出让价格。聂雷等（2015）研究指出，在财政分权下，地方政府通过出让更多的土地获得收支平衡，导致土地出让价格上涨；在经济目标下，地方政府会采取工业和商业混合发展模式，工业上采取“协议”方式低价出让土地，商业上采取“招拍挂”方式高价出让土地，使二者的差距逐渐拉大。

2. 建设用地供求机制

供求机制是调节市场供给与需求矛盾，使之趋于均衡的机制。市场经济条件下，作为生产要素之一的土地以“特殊商品”形式进入市场，必然受到供求规律的影响。建设用地适宜性不仅受社会经济发展需求的影响，同样也受供给的制约，建设用地规模实际上是土地供给与需求相互作用下的动态均衡，因为落实建设用地总量和用地强度双控目标，需要对需求侧及供给侧进行双向管理。

从供给层面来看，在中国现行的土地审批制度下，建设用地的供给需要在各级土地利用规划的范围之内经过分级审批方可用于实际建设。其中，国务院批准建设用地与省级政府批准建设用地构成了每年全国批准建设用地的绝大部分。根据历年《国土资源公报》，就全国批准建设用地整体而言，2006～2015 年可以分为三个阶段：第一阶段为 2006～2008 年，第二阶段为 2009～2013 年，第三阶段为 2014 年和 2015 年。其中，第一阶段与第三阶段的批准建设用地稳定在 40 万公顷左右，第二阶段批准建设用地出现了明显的上涨，平均每年批准 56.6 万公顷，

2012 年达到了峰值 61.5 万公顷。就审批主体而言，省级政府批准建设用地 2006～2015 年变化相对平稳，国务院批准建设用地变化则直接映射到全国批准建设用地的变化，除 2009 年与 2013 年外，省级政府批准建设用地均高于国务院批准建设用地。

从需求层面来看，影响建设用地扩张的驱动机制可以归纳为经济因素和制度因素两方面。基于经济学视角分析，许多学者认为城市扩张是市场经济下自发的结果，即在市场经济条件下城市一旦存在用地需求，就会导致城市向外扩张，他们重点研究了经济发展水平、人口规模、城镇化、工业化等因素对建设用地总量的影响。基于制度学视角分析，学者认为城市扩张是在特定的政治经济制度的影响下所产生的结构性结果，而非个体和组织基于理性人的假定自发地在土地市场上决策的结果（陈宇琼和钟太洋，2016；叶林和杨良伟，2018）。

一方面，中央政府在 1994 年分税制改革中将财权上移后，并没有对事权进行相应的调整和重新划分。目前中央与地方政府之间支出责任的具体划分缺乏法律依据，而且各级地方政府之间的事权和财权仍不清晰，如基础设施建设、支持文教科卫事业以及“三农”发展等方面的支出责任的划分尚不具体。此外，随着社会经济的发展，地方政府也面临着更多的支出责任。因此，造成分税制改革中“央地”之间的事权与财权并不匹配，从而导致地方财政收支出现“剪刀差”，即地方财政收入和支出间存在巨大缺口。与此同时，中央对地方的专项转移支付对于提高地方政府可支配财力的作用并不显著，相反，由于中央专项转移支付对地方的配套要求过多反而造成地方财政支出压力增大，约束了地方政府的自由裁量权，地方政府不得不寻求预算外的资金、非税收入或扩大税源来增加财政收入，化解中央财政集权的压力。1988 年土地使用有偿出让制度的建立，赋予了我国地方政府在制定城市规划方面更高的自主权，使得地方政府可以以合法手段通过出让土地增加财政收入。目前，地方政府土地财政收入主要包括预算外的土地出让金以及与土地有关的税费收入。土地税收种类主要分为土地取得环节（耕地占用税）、土地保有环节（城镇土地使用税和房产税）和土地流转环节（土地增值税、城市维护建设税、契税、印花税、营业税、各类所得税以及各种附加税等）。

另一方面，在中国特有的城乡二元土地制度安排之下，地方政府是城市用地的垄断供给者，凭借对土地资源的控制，地方政府形成了以低地价支撑高速工业化、土地资本化，支持快速城市化的“以地谋发展”模式，依靠土地资源投入支撑区域间的经济发展竞争，这就使得政府行为与建设用地扩张之间有密不可分的联系。中国经济社会转型时期城市化是经济增长的重要载体，在这一时期党和国家（中央政府）致力于经济建设，并建立政治集权、以经济增长指标为主的地方官员政绩考评体系。在此背景下，地方政府为推动经济快速增长并获得政绩收益（职位晋升），其行为策略首选就是以快于周围同级别行政辖区的城市化速度来发展地方经济，由此，地方政府具有典型的“经济人”行为特征，表现为以“经营城市”名誉来行“经营土地”之实践。原因是要启动城市化就要扩张城市的外延和投资规模，而国有土地征收与出让解决了城市空间拓展成本高昂与城市基础设施建设地方财政资金短缺问题。为继续彰显政绩，地方政府作为“理性经济人”继续圈占郊区农地用于扩大城市用地规模，且源于“路径依赖”作用使得历届地方政府对于土地财政模式的热衷之情有增无减。土地财政模式为城市空间拓展提供了建设用地，土地出让金及相关税费收入有效解决了地方城市基础设施建设资金不足的问题，由此，城市化水平提升、城市承载功能增强且投资环境得到优化，最终效果是地方经济增长及地方官员政绩收益的获取。在此激励下，使得“农地征收→国有土地出让→获取土地财政收入→投资城市建设→城市用地规模扩张→农地征收”的经济发展模式往复循环。

3. 集体经营性建设用地入市

改革开放以来，中国集体土地征收制度烙上行政主导的印记，并引发诸多社会问题。公共利益认定与征收补偿中的行政主导性，导致集体土地征收泛化以及严重失衡的利益分配格局，最终侵害了集体和农民的土地财产权益。如何使集体征收真正回归公益、使“商业征收”回归集体经营性建设用地市场，真正厘清政府与市场的边界成为政界及学术界探讨的话题。集体建设用地主要分为乡（镇）村公益事业用地、公共设施用地以及农村居民住宅用地，其中，农村集体建设经营性用地，是指具有生产经营性质的农村建设用地。农村集体经济组织使用乡（镇）土地利用总体规划确定的建设用地兴办企业，农户以土地使用权入股、联营等形式共同举办企业。当前，中国城乡建设用地总量为3.41亿亩，其中集体建设用地2.84亿亩，集体建设用地是城市建设用地的5倍，农村人均占用建设用地是城市人均数量的3.8倍。在新型城镇化进程中实现国有土地与集体土地的“同等入市、同价同权”，打破政府垄断土地一级市场，真正使市场在城乡建设用地资源配置中起决定性作用，使农民以土地权利参与工业化和城市化进程、分享土地价值增值的成果成为建设用地治理体制的创新性举措。

农村集体经营性建设用地入市改革作为农村“三块地”改革的重要组成部分，是建设城乡统一的建设用地市场的重要举措。从集体建设用地入市改革发展到集体经营性建设用地入市改革，探索至今已有十余年，但由于利益关联度大、涉及面广，面临的体制机制障碍较大，一直未有实质性突破。中国共产党第十七届中央委员会第三次全体会议通过的《中共中央关于推进农村改革发展若干重大问题的决定》提出“逐步建立城乡统一的建设用地市场”。中国共产党第十八届中央委员会第三次全体会议通过的《中共中央关于全面深化改革若干重大问题的决定》提出“建立城乡统一的建设用地市场”，“在符合规划和用途管制前提下，允许农村集体经营性建设用地出让、租赁、入股，实行与国有土地同等入市、同权同价”。《中共中央关于全面深化改革若干重大问题的决定》首次确立同地同权理念，指明集体建设用地制度以市场化为基调的改革方向。2014 年《中共中央　国务院关于全面深化农村改革加快推进农业现代化的若干意见》进一步提出：加快建立农村集体经营性建设用地产权流转和增值收益分配制度。2014 年 12 月，中央全面深化改革领导小组第七次会议审议通过《关于农村土地征收、集体经营性建设用地入市、宅基地制度改革试点工作的意见》，标志着集体经营性建设用地入市进入试点阶段。2015 年 2 月，经全国人大审议批准，北京市大兴区等 33 个区县的试点实施方案正式获准实施。各改革试验区基于自身实际情况，探索出了多种农村集体经营性建设用地入市路径，但考虑当前还未深入总结改革经验以及改革的整体性、系统性、协同性和综合效益显化尚需时日，2017 年 11 月，全国人大常委会决定，将“三块地”改革试点期限延长一年，以期为后续《土地管理法》的调整以及农村集体经营性建设用地入市的规范实施奠定更为坚实的基础。

随着各项改革举措的推广实施，各改革试验区在范围界定、存量盘查、入市方式、入市收益分配等方面均取得了初步成效。但是，当前诸多措施在短期内带来的效果显著，长期来看则不利于农村集体经营性建设用地入市改革的持续推进，这并不意味着各项改革举措存在弊端，而是可能与当前现实条件约束以及配套措施不完善相关。具体来看，主要表现农民集体增收与地方“土地财政”的矛盾、村庄规划缺失不利于入市范围的界定、不同集体的经营性建设用地存量失衡、集体入市与国家征收“收益相当”难以实现、尚未形成可持续的集体收益分配机制等方面。

7.1.2　建设用地双控市场化机制调控效果实证分析

掌握市场机制对建设用地总量和强度的调控效果对建立和完善建设用地总量和强度双控市场化机制有重要指导意义。基于前文的分析，本书将重点研究价格机制（土地价格）、供求机制（经济因素和制度因素）等一般市场机制对建设用地总量和用地强度的调控效果。由于建设用地总量为存量指标，而建设用地增量更能反映一个地区每年用地规模的扩张速度，本书引入建设用地增量作为另一个被解释变量，共同检验市场机制对建设用地消耗的调控效果。

1. 面板回归模型设定

根据本书的研究主题，分别设立了以建设用地增量、建设用地总量和建设用地强度为被解释变量，以价格机制（土地价格）、供求机制（经济因素和制度因素，具体包括经济发展水平、人口规模、产业结构升级、城镇化、土地财政依赖度）等为解释变量的静态面板回归模型，如下：

$$\ln_{it}\text{LINC} = \alpha_0^1 + \beta^1 \ln\text{LP}_{it} + \lambda^1 \ln\text{GDP}_{it} + \gamma^1 \ln\text{POP}_{it} + \chi^1 \ln\text{ISU}_{it} + \delta^1 \ln\text{UR}_{it} + \varphi^1 \ln\text{LF}_{it} + \boldsymbol{\varepsilon}_{it}^1 \tag{7.1}$$

$$\ln_{it}\text{CL} = \alpha_0^2 + \lambda^2 \ln\text{GDP}_{it} + \gamma^2 \ln\text{POP}_{it} + \chi^2 \ln\text{ISU}_{it} + \delta^2 \ln\text{UR}_{it} + \boldsymbol{\varepsilon}_{it}^2 \tag{7.2}$$

$$\ln_{it}\text{CLI} = \alpha_0^3 + \lambda^3 \ln\text{GDP}_{it} + \gamma^3 \ln\text{POP}_{it} + \chi^3 \ln\text{ISU}_{it} + \delta^3 \ln\text{UR}_{it} + \boldsymbol{\varepsilon}_{it}^3 \tag{7.3}$$

式中，被解释变量分别为建设用地增量对数 lnLINC 、建设用地总量对数 lnCL 、建设用地强度对数 lnCLI ；解释变量有土地价格对数 lnLP 、经济发展水平对数 lnGDP 、人口规模对数 lnPOP 、产业结构升级对数 lnISU 、城镇化率对数 lnUR 和土地财政依赖度对数 lnLF ；β、λ、γ 、χ、δ、φ 分别为核心解释变量土地价格、经济发展水平、人口规模、产业结构升级、城镇化、土地财政依赖度的回归系数；$\boldsymbol{\varepsilon}$ 为随机误差项向量；所有变量的下标中 i 为个体，t 为时间。

2. 变量选取和数据说明

模型中，被解释变量为建设用地增量 LINC、建设用地总量 CL 和建设用地强度 CLI，解释变量为土地价格 LP、经济发展水平 GDP、人口规模 POP、产业结构升级 ISU、城镇化率 UR 和土地财政依赖度 LF。其中，建设用地增量反映了一个地区每年用地规模的扩张速度，在中国现行的土地审批制度下，建设用地的增量供给需要在各级土地利用规划的范围之内经过分级审批，方可用于实际建设，故本书用审批建设用地数量作为建设用地增量的替代指标。土地价格是决定建设用地增量需求的最基本变量，这里的土地价格是指单位面积的土地成交金额，即单位地价，本书主要指一级市场成交地价为按协议、招标、拍卖、挂牌这四种有偿使用方式出让的单位地价，在市场机制的作用下，随着一级市场土地价格逐渐显化，地区地价趋于合理，土地价格的上升会抑制一些“低价滥用”的需求，以减缓建设用地的扩张。土地价格的具体计算方法为协议、招拍挂的出让供应方式成交总价款/协议、招拍挂的出让供应总面积（高燕语和钟太洋，2016）。GDP 是衡量一个国家或地区经济发展水平的重要标志，是国民经济核算的核心指标。随着经济的高速发展，对土地的需求也不断增加，但随着土地稀缺性的增加，对建设用地实行更加严格的节约集约利用机制。因此，GDP 是影响建设用地增量、总量和强度的一项重要指标（李进涛等，2018）。人口数量的变化是研究建设用地增量、总量和强度不可忽视的一个重要因素，本书用“分地区年末人口数”衡量人口规模 POP（王锋和冯根福，2011）。产业结构升级，该比值能够反映地区产业结构的变化，中国经济处于工业化中期，产业结构也正处于快速调整阶段，即在该阶段，劳动力从第一产业向第二产业和第三产业转移，第一产业产值占总产值的比重下降，而第二产业和第三产业产值所占比重增加，但第三产业相对第二产业而言，就业方式灵活，产业形态多元，用地需求较小，如金融、中介、物流、咨询、餐饮等行业，或者说，在同样产值的情况下，第三产业比第二产业需求相对更少的土地。故研究选择“第三产业产值（当年价）/第二产业产值（当年价）”作为产业结构升级的测度指标（刘永健等，2017）。城镇化率 UR 是影响建设用地增量、总量和强度的另一主要因素，本书用“年末城镇人口/人口总数”度量各地区城镇化水平（王蕾和魏后凯，2014）。土地财政依赖度反映了土地财政收入对地方政府收入的贡献，在当前城市“以地谋发展”模式下，政府行为与建设用地扩张之间有密不可分的联系。土地财政包括土地出让金和土地直接税收收入（城镇土地使用税、土地增值税、耕地占用税、契税和房产税），而地方财政收入主要包括了土地出让金（地方非预算收入）和地方预算财政收入，故土地财政依赖度计算方式为（土地出让金 + 土地直接税收收入）/（土地出让金 + 土地预算财政收入）（黄山和王湃，2018；钱忠好和牟燕，2013）。

为了增加数据的平稳性，本书对所有变量进行对数变换。基于数据的完整性和可得性，选取时间跨度为 2000～2015 年，对中国 30 个省级行政区域（不含香港、澳门、台湾；西藏的数据缺失较多，故没有列入）展开分析。其中，经济发展水平、产业结构升级、人口规模、城镇化率数据来源于 2006～2016 年《中国统计年鉴》、各省（自治区、直辖市）统计年鉴及地方统计局网站；建设用地总量、建设用地强度、土地价格、土地财政依赖度的计算数据来源于《中国国土资源统计年鉴（2006～2016）》。为消除通货膨胀因素对最终结果的影响，书中涉及的 GDP、建设用地强度以及土地价格数据均以 2005 年为基期进行了相应的指数平减。模型中所有变量的描述性特征见表 7-1。

表 7-1　各变量的描述性统计

变量名称	变量含义	均值	标准差	最小值	最大值	变量说明
lnLINC	建设用地增量	9.154	0.933	4.953	11.492	年建设用地量
lnCL	建设用地总量	4.544	0.689	2.904	5.689	建设用地总量
lnCLI	建设用地强度	5.157	5.820	2.757	7.076	建设用地总量/GDP
lnLP	土地价格	5.787	1.036	2.700	9.943	协议、招拍挂的出让供应方式成交总价款/协议、招拍挂的出让供应总面积
lnGDP	经济发展水平	8.598	1.048	5.574	0.793	地区生产总值
lnPOP	人口规模	8.148	0.760	6.247	9.292	分地区年末人口数
lnUR	城镇化率	−0.15	0.326	−0.704	1.395	年末城镇人口/人口总数
lnISU	产业结构升级	3.841	0.299	3.144	4.495	第三产业产值/第二产业产值
lnLF	土地财政依赖度	3.098	0.697	−1.042	4.144	（土地出让金 + 土地直接税收收入）/（土地出让金 + 土地预算财政收入）

3. 实证回归结果分析

模型回归采用 STATA15.0 软件，考虑到估计方法的准确性与稳健性，本书同时采用“固定效应模型”（FE）、“随机效应模型”（RE）、允许个体截距项不同且考虑组间异方差与同期相关的“最小二乘虚拟变量模型”（LSDV）和允许个体截距项不同且解决组间异方差、同期相关与组内自相关的全面“可行广义最小二乘法模型”（FGLS）进行估计与对比，所有模型均采用稳健标准误。经过 F 检验、BP 检验以及 Hausman 检验，认为应该使用固定效应模型，而非随机效应模型，所以个体随机效应模型形式不再列出。表 7-2 给出了其他面板回归模型的结果，模型 1、模型 2、模型 3 对应的被解释变量分别为建设用地增量 lnLINC 、建设用地总量 lnCL 、建设用地强度 lnCLI 。从表 7-2 可以看出，在考虑方程异方差的情况下，LSDV 模型的显著性水平有所提升，但系数估计结果差别不大，全面 FGLS 模型的回归系数有所变动且显著性整体提高，但回归系数符号并没有发生变化，故验证模型估计具有较好的稳健性及准确性。由于 LSDV 估计方法对回归系数及标准误的估计都是一致的且考虑了组间异方差与同期相关的情况，而 FGLS 模型的优点主要体现在大样本下，根据 Stock 和 Watson 推荐，在大多数情况下应该使用 LSDV 模型（詹姆斯和马克，2010），故下面将只对 LSDV 模型作详细分析。

表 7-2　静态面板数据模型回归结果

模型分类	FE			LSDV			FGLS		
	模型 1	模型 2	模型 3	模型 1	模型 2	模型 3	模型 1	模型 2	模型 3
lnLP	−0.112	−0.003	−0.003	−0.112	−0.003	−0.003	-0.088^{***}	-0.004^{***}	-0.004^{***}
	(−1.30)	(−0.39)	(−0.39)	(−1.57)	(−0.39)	(−0.39)	(−2.22)	(−4.11)	(−4.11)
lnGDP	0.460^{***}	0.037^{**}	-0.963^{**}	0.460^{***}	0.037^{**}	-0.963^{**}	0.373^{***}	0.035^{***}	-0.965^{***}
	(3.34)	(2.50)	(−64.95)	(3.25)	(2.04)	(−52.9)	(4.33)	(9.04)	(−248)
lnPOP	-1.122^{**}	0.107^{*}	0.107^{*}	-1.122^{**}	0.107^{*}	0.107^{*}	-1.154^{***}	0.068^{***}	0.068^{***}
	(−2.31)	(1.79)	(1.79)	(−1.94)	(1.65)	(1.65)	(−3.02)	(4.25)	(4.25)
lnUR	−0.323	0.109^{**}	0.109^{**}	−0.323	0.109^{**}	0.109^{**}	−0.083	0.091^{***}	0.091^{***}
	(−0.77)	(2.26)	(2.26)	(−1.08)	(2.23)	(2.23)	(−0.26)	(11.83)	(11.83)
lnISU	-0.386^{**}	−0.014	−0.014	-0.386^{**}	−0.014	−0.014	-0.392^{***}	-0.009^{***}	-0.009^{***}
	(−2.56)	(−1.13)	(−1.13)	(−1.95)	(−0.54)	(−0.54)	(−3.63)	(−3.83)	(−3.83)
lnLF	0.425^{***}	0.021^{**}	0.021^{**}	0.425^{***}	0.021^{**}	0.021^{**}	0.363^{***}	0.014^{***}	0.014^{***}
	(6.00)	(2.65)	(2.65)	(4.96)	(−1.85)	(−1.85)	(11.05)	(10.64)	(10.64)
lnY$_{it-1}$	0.262^{***}	0.694^{*}	0.694^{*}	0.262^{***}	0.694^{*}	0.694^{*}	0.320^{***}	0.742^{***}	0.742^{***}
	(4.22)	(19.92)	(19.92)	(3.94)	(7.32)	(7.32)	(7.73)	(41.19)	(41.19)

续表

模型分类	FE			LSDV			FGLS		
	模型1	模型2	模型3	模型1	模型2	模型3	模型1	模型2	模型3
Constant	12.490***	−0.133***	−0.133***	11.757***	−0.417***	−0.417***	11.231***	−0.221***	−0.221***
	(3.19)	(−0.24)	(−0.24)	(2.77)	(−0.87)	(−0.87)	(3.95)	(−1.94)	(−1.94)
R^2	0.541	0.795	0.992	0.744	0.996	0.997	—	—	—
Hausman	64.50***	106.80***	106.80***	—	—	—	—	—	—
Wald	719.39***	502.73***	502.80***	—	—	—	—	—	—
Wooldridge	47.695***	602.49***	602.78***	—	—	—	—	—	—
Pesaran	11.916***	33.017***	33.017***	—	—	—	—	—	—

模型1、模型2及模型3的回归结果显示，在控制其他因素不变的情况下，土地价格LP对建设用地增量、建设用地总量和建设用地强度的系数符号为负，表明建设用地增量、建设用地总量和建设用地强度将随着土地价格的升高而降低，这符合需求理论预期，但是该负向抑制作用并不显著，主要在于中国土地使用制度的市场配置比例仍不高，且以有偿出让方式供应的土地出让价格仍较低。尽管中国土地使用制度经历了划拨使用到有偿使用再到市场配置渐进式的不断完善，但土地价格仍存在一定程度上的扭曲。统计资料显示，2015年中国“招拍挂”的土地面积仅占土地出让面积的1/2。在财政分权体制下，地方政府要实现经济增长的预期目标，既可行又有效的方法就是通过控制土地的供给结构价格，以土地出让价格歧视来实现：一是扩展工业用地供给，压低工业用地价格，通过土地出让价格竞争，招商引资并发展工业园区，推动GDP与就业增长；二是减少商住用地供给，提高商住用地价格，利用土地进行有效融资，进行基础设施投资推动地方经济增长。近几年，在商业土地价格和住宅土地价格不断上升的背景下，工业土地价格的上涨幅度却不明显，地方政府通过出让更多的土地获得收支平衡，导致土地出让价格上涨；在经济目标下，地方政府会采取工业和商业混合发展模式，工业上采取“协议”方式低价出让土地，商业上采取“招拍挂”方式高价出让土地，使二者的差距逐渐拉大。由于政府在一级市场仍处于垄断状态，市场机制的不足是出让价格远远偏离市场价格的原因，价格难以反映市场供求关系，不能起到有效的调节作用。并且，土地一级市场的价格波动频繁，从近年来的几次供地高峰期来看，大多年份正是出让地价较低的时期，从土地供给来看，受政策影响远大于受价格影响。经济发展水平与建设用地强度呈显著负相关关系，但与建设用地总量和建设用地增量呈显著正相关关系。这是因为建设用地是经济增长中重要的投入要素，随着中国经济的中高速发展和人民生活水平的提高，生产及生活刚性用地需求旺盛。但与此同

时，随着经济发展水平的提高，地区经济发展方式及产业结构得到显著改善，经济粗放增长格局下的传统产业逐渐被焕发新活力投入产出比较高的新兴产业所替代，进而导致土地利用效率得到提高，且在新时期，经济发展受到地区土地空间扩张的限制，土地资源越来越宝贵，导致土地稀缺性，从某种程度上要求对建设用地实行更加严格的节约集约利用机制，限制增量用地，对存量土地深度挖潜，进而提高建设用地利用效率。

土地财政依赖度对建设用地增量、建设用地总量和建设用地强度的影响显著为正，表明地方政府“以地谋发展”模式显著增加了建设用地的扩张。中国经济社会转型时期城市化是经济增长的重要载体，在这一时期党和国家（中央政府）致力于经济建设，并建立以经济增长指标为主的地方官员政绩考评体系。在此背景下，地方政府为推动经济快速增长并获得政绩收益（职位晋升），其行为策略首选就是以快于周围同级别行政辖区的城市化速度来发展地方经济，由此，地方政府具有典型的“经济人”行为特征，表现为以“经营城市”为名来行“经营土地”之实。原因是要启动城市化就要扩张城市的外延和投资规模，而国有土地征收与出让解决了城市空间拓展成本高昂与城市基础设施建设地方财政资金短缺问题。为继续彰显政绩，地方政府作为“理性经济人”继续圈占郊区农地用于扩大城市用地规模，且源于“路径依赖”作用使得历届地方政府对于土地财政模式的热衷之情有增无减。人口规模和城镇化率对建设用地总量和建设用地强度的影响为正，而对建设用地增量的影响为负。主要因为，城镇化快速推进、社会经济迅速发展及生活、生产等活动增加，推动了建设用地需求量的刚性增长，人口的增长需要更多的工业产品、商业服务等，也将推动建设用地规模的扩张。但随着城镇化水平的提高，人口集聚现象显著，而人口越密集地区，土地承载人口能力越大，越容易形成规模较大的城市，土地集约利用程度越高，意味着人口规模扩大和城化水平提高所引起的建设用地增量将减少。产业结构升级对建设用地总量和建设用地强度的影响为负，但对建设用地增量的负向抑制作用显著。主要因为第三产业的就业吸纳能力较强，占地较少，而工业占地较多，在同样产值的情况下，第三产业比第二产业需求相对更少的土地。但产业结构升级对地区建设用地驱动作用不明显，说明今后还要大力发展第三产业，促进第三产业在带动就业、繁荣市场、搞活经济中发挥巨大作用。一方面促进产业高级化的进程，另一方面促进城镇建设用地集约利用水平的提高。滞后一期的建设用地增量、建设用地总量和建设用地强度分别对建设用地增量、建设用地总量和建设用地强度增加起推动作用，表明土地利用的惯性效应的存在。

4. 结论及政策建议

本节基于中国30个省级行政区域（不含西藏、香港、澳门、台湾）2000～2015年的面板数据，探讨了价格机制（土地价格）、供求机制（经济因素和制度因素）等一般市场机制对建设用地增量、建设用地总量和用地强度的调控效果。结果表明，土地价格对建设用地使用的调控效果并不显著；土地财政依赖度对建设用地增量、建设用地总量和建设用地强度的正向推动作用显著；产业结构升级对建设用地增量的抑制效果显著，但对建设用地总量和用地强度的抑制效果并不显著；经济发展水平与建设用地强度呈显著负相关关系，但与建设用地总量和建设用地增量呈显著正相关关系；人口规模和城镇化率对建设用地总量和建设用地强度的影响为正，而对建设用地增量的影响为负。基于以上实证结果，笔者认为为提高建设用地节约集约利用水平，应重点考虑以下几点。

第一，加快推进土地市场价格改革，提高土地交易的市场化水平。适当降低划拨等非市场化出让方式所占比重，提高招拍挂等市场化出让方式所占比重。虽然中国土地出让市场的市场化程度不断提高，但是土地出让市场占全部土地供应面积的比重大幅降低，导致中国建设用地市场的市场化程度的提高与建设用地节约集约利用水平提高的协调性较差。土地出让市场的市场化程度的提高不仅没有促进反而抑制了城市建设用地节约集约利用水平的提升。尽管《全国工业用地出让最低价标准》规定工业用地必须采用招标、拍卖和挂牌方式出让，其出让底价和成交价格均不得低于所在地土地等级的最低价标准，但是，很多地方政府为了吸引投资而打起擦边球，在工业用地出让中进行有事先意向的挂牌出让，显著压低了土地出让金，一些地方政府甚至在出让后把部分出让金按投资额返还给企业。因此，当前中国土地市场化改革的方向应当是不断减少划拨等完全非市场化的供地方式所占比重，提升协议出让和招拍挂等市场化出让方式所占比重，不断提高市场机制在配置城市土地资源过程中的作用，提高城市土地资源的配置和整体利用效率。应当从根本上改变土地等重要资源配置由政府主导的局面，让市场机制在要素资源的配置中真正发挥决定性作用，重点推进土地制度改革，明晰土地产权，确保公民在土地方面的合法权益不受侵犯，打破地方政府土地市场的垄断，改进国家对土地的公共管理职能，加快推进工业用地供应体系和流转体系改革，建设土地产权的市场化条件。全国公共资源交易平台整合试点的大力开展，土地使用权出让也纳入公共资源交易市场，实现了“管办”分离，各省份交易主体应建立统一的交易平台，执行统一的交易规则，使用统一的操作流程，实行“一把尺子标准”，从源头上来规范交易行为。

第二，完善配套性服务设施，推动农村工业化和农村城镇化。城镇人口的聚集不仅仅带来住房的需求，教育、就医、就业、公共服务等都需要同步配套。因此，一方面大城市的交通拥挤、住房紧张等问题本身需要合理疏散大城市中的人口，今后的城镇化道路应该坚持大城市与中、小城市的均衡发展道路；另一方面，从土地集约利用的角度来说，通过发展小城镇，缓解大城市用地压力，控制建成区面积过度扩展，从而提高城市土地集约利用水平。与此同时，在今后区域经济一体化的过程及城市群的建设中应该更多在产业分工协作的基础上，利用交通、通信、物流、信息等方式推进区域经济一体化而不是土地面积的外延式扩展。此外，交通条件的改善，有助于将一部分产业、一部分人口转移到农村，推动农村工业化和农村城镇化，从而有助于降低城市的用地压力，缓解城镇建设用地的压力。从全国来看，大多数省份村村通水泥路已经基本实现或者正在建设，这些路网密度的提高和延伸，实际上也加快了农村产业化、农村现代化的发展。农村产业化、农村现代化的发展不仅奠定了工业化、城镇化的基础，而且通过延伸农业产业链、提升农产品附加值等方法，提高了耕地的相对价值和吸引力，从而进一步降低了城镇建设用地的用地压力，促进了城镇建设用地集约水平提高。

第三，合理调整产业结构，加快第三产业的现代化进程。第三产业所占比重越高，其建设用地利用效率也相对更高。产业结构变迁是城市土地利用结构变迁的先导和反映，各地应高度重视城市产业结构转型升级工作，将产业结构调整与土地利用结构的优化结合起来。通过减少向第二产业供地计划的方式，倒逼工业企业采用节地型生产技术和向第三产业发展。与此同时，还可对积极开展产业结构转型升级的企业和发展现代服务业的用地单位在土地利用方面提供优惠政策。放弃挑选特定产业、特定企业，甚至特定技术、特定产品进行扶持的产业政策模式，调整完善国家产业政策，抑制地方政府通过引进价高利大的重工业项目以追求短平快业绩的行为，避免重工业领域的低水平重复建设和产能过剩问题的持续恶化，减少地方政府对地方产业结构的过度干预和越位规划。建立由市场需求决定的项目设立机制，由市场需求来决定和选择产业结构调整的方向及路径，进而强化产业结构调整的市场化模式。有效避免地方政府土地优惠政策诱导下的重工业企业过度投资行为。此外，工业用地存在低效和闲置利用问题，工业用地二次利用困难，且尚无完善的退出机制，存量工业用地的低效利用制约了土地节约集约利用水平的提高。为此，政府应进一步改革集体土地入市制度与征地制度，建立弹性规划制度、多元融资制度及利益补偿机制，逐渐实现由土地一级开发者向工业地产运营商转变。

第四，规范地方政府的财政收入，合理调整土地税制。省级财政收入分权与省内财政支出分权是地方政府驱动城市扩张的主要原因。对此，需要进一步完善公共财政体系，优化中央与地方之间的财政收入分配，将土地出让金纳入到中央与地方共享税体系之中，加强对土地出让金用途的监督，并加强立法以明确地方政府间的财政支出责任，从而降低地方政府驱动城市扩张的激励。土地税作为重要的经济政策工具在土地利用管理中有着重要的作用，在全国范围内，需要对目前较低的耕地占用税的税率进行调整。税率过低的低成本开发会加剧耕地乱占现象，应研究合理税率范围，适度提高税率，使得耕地占用税税收负担的变化对建设用地利用效率有正向引导作用，切实实现保护耕地数量、控制城市过度扩张的效果。为提高税收效果，有必要突出地区间的差别化，根据各地不同情况，综合考量土地开发成本、保有成本等相关因素，进一步加强差别幅度税额，并且加强基层征收环节以及监管环节的工作效率以减少逃税现象，明晰纳税人定义、纳税范围，促使土地交易市场健康发展，土地交易更为明晰、活跃，从而提高建设用地利用效率，实现土地节约集约利用。与此同时，建立驱动存量建设用地盘活利用激励机制，改变城市建设对新增土地出让收益的过度依赖；以科学的土地规划与集约评判规制，促进地区土地集约、高效利用。

7.2　建设用地双控市场化的政府规制研究

政府规制就是由行政机构依据有关法律法规制定并执行的直接干预市场配置机制或间接改变企业或消费者供需决策的一般规则或特殊行为。尽管政府干预存在失灵现象，但应看到当市场机制在发挥资源配置的决定性作用时，政府规制能弥补以及矫正市场失灵，解决建设用地资源领域的负外部性及维护公共利益等问题。回顾中国土地制度治理体系及发展特点，土地审批、土地出让及建设用地开发利用均以行政手段为主，国家及其行政管理部门在土地资源治理机制中发挥了主导作用。

7.2.1　建设用地双控市场化的“政府失灵”

基于制度学视角分析，学者认为城市扩张是在特定的政治经济制度的影响下所产生的结构性结果，而非个体和组织基于理性人的假定自发地在土地市场上决策的结果。中国市场化改革所带来的经济领域上的分权，特别是财政分权使得地方政府在财政支出、资源配置上拥有很大的裁量权。1994 年中国实行分税制改革，对中央-地方的财政关系进行调整，中央重新上收财政收入权，但没有调整财政支出任务，省级以下各级政府需负责提供所有的公共产品与服务。在中央财政转移支付不足或未到位的情况下，尤其是中西部地区地方政府的财政压力日趋严重，为改变分税制后收入减少的窘境，地方政府大规模从事土地开发。

在中国特有的城乡二元土地制度安排之下，地方政府是建设用地的垄断供给者，凭借对土地资源的控制，地方政府形成了以低地价支撑高速工业化、土地资本化支持快速城市化的“以地谋发展”模式，依靠土地资源投入支撑区域间的经济发展竞争，这就使得政府行为与建设用地扩张之间有密不可分的联系。中国经济社会转型时期城市化是经济增长的重要载体，在这一时期党和国家（中央政府）致力于经济建设，并建立以经济增长指标为主的地方官员政绩考评体系。在此背景下，地方政府为推动经济快速增长并获得政绩收益（职位晋升），其行为策略首选就是以快于周围同级别行政辖区的城市化速度来发展地方经济，由此，地方政府具有典型的“经济人”行为特征，表现为以“经营城市”为名来行“经营土地”之实。原因是要启动城市化就要扩张城市的外延和投资规模，而国有土地征收与出让解决了城市空间拓展成本高昂与城市基础设施建设地方财政资金短缺问题。为继续彰显政绩，地方政府作为“理性经济人”继续圈占郊区农地用于扩大城市用地规模，且源于“路径依赖”作用使得历届地方政府对于土地财政模式的热衷之情有增无减。土地财政模式为城市空间拓展提供了建设用地，土地出让金及相关税费收入有效解决了地方城市基础设施建设资金不足的问题。由此，城市化水平提升、城市承载功能增强且投资环境得到优化，最终结果是地方经济增长及地方官员政绩收益的获取。在此激励下，“农地征收→国有土地出让→获取土地财政收入→投资城市建设→城市用地规模扩张→农地征收”的经济发展模式往复循环。

中国财政分权改革所形成的地区间关系还具有地方保护的特征，这一制度安排诱导地方政府努力发展地方非公有制经济、改善商业环境，促使地方经济发展，虽然这种竞争成为中国在分税制改革后经济快速增长主要原因之一，但是也使各地区只注重经济增长速度，而忽视了经济的可持续增长，并且阻碍了国内市场一体化，不利于资源有效配置，使地方经济陷于分割的粗放增长模式，造成了资源的大量浪费。

总之，中国的财政分权体制使地方政府受引资竞争、职务升迁及提高财政收入影响，盲目追求经济增速、政绩工程及形象工程，资源新城新区、开发区和工业园区占地过大，建成区人口密度偏低，致使建设用地总量和强度居高不下。从制度视角来说，降低中国建设用地总量和强度，需要消除以上财政分权体制的负面影响。因此，提高国内市场一体化水平，转 GDP 竞争为资源集约利用竞争，以及减轻地方财政压力，是建立建设用地总量和强度市场化机制的思考切入点。

7.2.2 建设用地双控市场化的政府规制

1. 土地节约集约利用

土地节约集约利用是生态文明建设的根本之策，是新型城镇化的战略选择。1998 年之前，节约集约用地政策处于萌芽探索阶段。1988 年《中华人民共和国城镇土地使用税暂行条例》发布，标志着初步探索有偿使用机制来提高节约集约用地水平的萌芽。随着1991年《国务院关于批准国家高新技术产业开发区和有关政策规定的通知》（国发〔1991〕12号）的发布，中国进入开发区建设的高潮，“开发区热”带来的土地粗放利用等一系列问题引起国家高度重视。1997年《关于进一步加强土地管理切实保护耕地的通知》（中发〔1997〕11号）提出进一步严格建设用地的审批管理，严格控制城市建设用地的规模。1998年修订的《中华人民共和国土地管理法》正式提出实行土地用途管制制度。1999年，《闲置土地处置办法》（国土资源部令〔1999〕5号）的颁布实施标志着专门针对节约集约用地的政策法规正式确立。随后国家出台了系列相关政策，直至《国务院关于深化改革严格土地管理的决定》（国发〔2004〕28号）提出“实施强化节约和集约用地政策，严格控制建设用地增量，积极盘活存量”，标志着节约集约用地政策体系的基本确立。该阶段围绕“用途管制”“市场配置”“闲置土地处置”“规划计划管理”“标准控制”“总量控制和盘活存量”“集中工业区”等初步构建起节约集约用地政策体系。

2004年后，在国发〔2004〕28号文中有关节约集约用地精神的指导下，节约集约用地政策步入不断完善的新阶段。2006年《国务院关于加强土地调控有关问题的通知》（国发〔2006〕31号）提出了建立工业用地出让最低价标准统一公布制度，促进集约用地、健全责任制度，加强了土地市场的建设。2008年《国务院关于促进节约集约用地的通知》（国发〔2008〕3号），从审查调整各类相关规划和用地标准、提高建设用地利用效率、发挥市场配置土地资源基础性作用、健全节约集约用地长效机制、推进农村集体建设用地节约集约利用等多个方面对节约集约用地工作进行了全面部署，是完善节约集约用地政策体系的重要文件。2012年《关于大力推进节约集约用地制度建设的意见》（国土资发〔2012〕47号）综合提出确定以“规划管控、计划调节、标准控制、市场配置、政策鼓励、监测监管、考核评价、共同责任”为基本框架，建立健全节约集约用地制度。同时，从节约集约用地机制来看，《国土资源部关于严格执行土地使用标准大力促进节约集约用地的通知》（国土资发〔2012〕132号）的颁布实施继续推动“标准控制”，同时通过开展国土资源节约集约模范县评选活动综合推动激励机制、评价考核机制发挥作用。随后，《关于推进土地利用计划差别化管理的意见》（国土资发〔2012〕141号）、《关于开展城镇低效用地再开发试点的指导意见》（国土资发〔2013〕3号）等陆续出台则明确提出了通过区域差别化用地政策、开发闲置低效土地等手段来促进节约集约用地。此外，从管理机构的演化来看，此阶段呈现出从国土资源部集中管理到以国土资源部门管理为主、多部门配合管理的演化过程，体现出了节约集约用地的共同责任。

2014年，伴随着《节约集约利用土地规定》的颁布实施，节约集约用地政策体系步入专门化、法制化的成熟发展阶段，国家层面的顶层设计雏形基本形成。为了进一步推动新常态下节约集约用地，《国土资源部关于推进土地节约集约利用的指导意见》（国土资发〔2014〕119 号），进一步完善了落实政策框架体系，推动节约集约用地政策体系的成熟发展。在成熟发展阶段，“综合整治利用”“科技引领示范”“评价监管宣传”等促进机制较之前得以不断强化。2014 年，国土资源部提出了“尽职尽责保护国土资源、节约集约利用国土资源、尽心尽力维护群众权益”的职责定位，进一步凸显节约集约用地的重要性，并开展了新一轮国土资源节约集约模范县（市）创建活动，完善节约集约用地的激励机制；2014 年 10 月起国家土地督察机构在全国开展以清理批而未供和闲置土地为主要内容的节约集约用地专项督察，尤其是李克强总理在《2015 年国务院政府工作报告》中明确提出了“坚持节约集约用地”。同时，近年来全国土地日的宣传主题大多直接锁定节约集约用地，凸显宏观层面对节约集约用地宣传的格外重视。可见，经过长时期的政策推动，全社会的节约集约用地意识得以逐渐提高，政策成熟发展过程中的节约集约机制与模式创新也将不断涌现。

2. 建设用地双控制度

对建设用地实行总量控制是中国实现经济社会可持续发展与促进土地高效集约利用的关键手段之一。建设用地总量控制是中国土地管理中国家为防止建设项目乱占农用地而对建设项目用地进行一定程度的限制，即从总量上对建设用地的规模进行控制。中国一直高度重视对建设用地总量的控制。1998 年修订后的《中华人民共和国土地管理法》最早出现“实行建设用地总量控制”的规定。2001 年 5 月，《国务院关于加强国有土地资产管理的通知》中又明确提出要“严格控制建设用地供应总量”。2004 年修订的《中华人民共和国土地管理法》，规定“各级人民政府应当加强土地利用计划管理，实行建设用地总量控制”；同时在土地用途管理制度方面规定“严格限制农用地转为建设用地，控制建设用地总量，对耕地实行特殊保护”。2004 年 10 月，国土资源部关于《土地利用年度计划管理办法》，对土地利用年度计划管理规定：“严格依据土地利用总体规划，控制建设用地总量，保护耕地”。2007 年 12 月，《国务院办公厅关于严格执行有关农村集体建设用地法律和政策的通知》中，对农村建设用地规模提出“地方各级人民政府要依据土地利用总体规划和乡（镇）、村规划，对农村集体建设用地实行总量控制”。2008 年制定的《中华人民共和国循环经济促进法》，也对建设用地总量控制进行了原则性规定。2014 年，国土资源部颁布的《节约集约利用土地规定》（国土资发〔2014〕61 号）中规定“国家通过土地利用总体规划，确定建设用地的规模、布局、结构和时序安排，对建设用地实行总量控制”。

土地资源是人类实现自身与社会发展必不可少的条件。随着中国社会经济的高速发展，大量的土地资源被用于城市建设，使得农用地的规模不断缩减。同时，在土地资源开发利用及管理过程中，存在着大量影响土地增值效益的问题，使得部分土地资源被破坏、浪费以及污染，不利于保证土地资源的持续性发展。因此，既要严控新增建设用地，又要实现对土地资源的高效利用。2014 年 9 月，《国土资源部关于推进土地节约集约利用的指导意见》（国土资发〔2014〕119 号）提出了“建设用地总量得到严格控制”的目标：“实施建设用地总量控制和减量化战略，城乡建设用地总量控制在土地利用总体规划确定的目标之内，努力实现全国新增建设用地规模逐步减少，到 2020 年，单位建设用地二、三产业增加值比 2010 年翻一番，单位固定资产投资建设用地面积下降 80%，城市新区平均容积率比现城区提高 30%以上。”十八届五中全会通过的“十三五”规划建议提出，“全面节约和高效利用资源，坚持节约优先，树立节约集约循环利用的资源观”；并专门指出，“强化约束性指标管理，实行能源和水资源消耗、建设用地等总量和强度双控行动”。2016 年，《国土资源“十三五”规划纲要》提出，将实行建设用地总量和强度双控措施，逐步减少新增建设用地计划，控制单位国内生产总值建设用地强度。规划至 2020 年，新增建设用地总量控制在 3256 万亩，单位国内生产总值建设用地使用面积降低 20%。这是中国首次在国家规划中将建设用地总量和单位生产总值建设用地强度作为约束性指标。

由于建设用地的总量来源于农用地和未利用土地，建设用地的增加必然会影响耕地数量和生态保护用地。从资源承载角度看，虽然中国耕地资源总量很大，但与庞大的人口总量相比，人均耕地资源仅有 1.5 亩，仅为世界平均水平的 42%。加之建设用地的不合理使用和扩张，耕地资源呈现不断减少趋势，因此想要保护耕地资源、实现粮食安全，就要对建设用地实行总量控制。良好的生态环境是社会经济发展的基本前提，对生态用地的保护是生态环境保护在用地方面的具体体现。此外，改革开放以来，伴随中国经济的迅速发展、城市化的快速推进，城市空间的扩张呈现无序蔓延的趋势，导致城市用地大量挤占农用地、生态用地，建设用地资源浪费、粗放利用问题较为突出。由于耕地与生态用地的社会效益和生态效益无法使其在土地资源配置的市场竞争中得到有效的保护，实施建设用地总量和强度双控是推动中国绿色发展、推动生态文明建设的有效举措。绿色发展是在传统发展基础上的一种模式创新，是建立在生态环境容量和资源承载力的约束条件下，将环境保护作为实现可持续发展重要支柱的一种新型发展模式。生态文明建设，是关系人民福祉、关乎民族未来的长远大计。面对资源约束趋紧、环境污染严重、生态系统退化的严峻形势，必须要坚持节约资源和保护环境的基本国策，坚持节约优先、保护优先、自然恢复为主的方针，节约集约利用资源，控制能源消费总量，在国土资源领域采取建设用地总量和强度双控是有效措施之一。此外，实施建设用地总量和强度双控对新型城镇化建设有极大的促进作用。新型城镇化的“新”就是要由过去片面注重追求城市规模扩大、空间扩张，改变为以提升城市的文化、公共服务等内涵为中心，真正使城镇成为具有较高品质的适宜人居之所。要走集约、节能、生态的新路子，着力提高内在承载力，而建设用地总量和强度的控制有利于形成优化的国土空间开发格局，有利于资源的利用，土地节约集约利用，提高城市的发展质量；有利于协调新型的城乡关系，形成城乡的合理布局和用地规模，促进城乡一体化发展。

中国对于建设用地总量和强度双控的落实重点主要通过以下方面来实施。

第一，严格土地利用总体规划实施管理。按照土地利用总体规划和土地整治规划，在安排新增建设用地时同步减少原有存量建设用地，既保持建设用地总量不变又增加建设用地流量，保障经济社会发展用地，提高土地节约集约利用水平。加强相关规划与土地利用总体规划的协调衔接，相关规划的建设用地规模不得超过土地利用总体规划确定的建设用地规模。探索编制实施重点城市群土地利用总体规划和村土地利用规划，强化对城镇建设用地总规模的控制，合理引导城市和乡村建设集中布局、集约用地。依据资源环境生态红线管控要求、资源环境承载力评价、经济社会发展阶段性特征与需求，加快调整完善土地利用总体规划，加快划定城市开发边界、永久基本农田保护红线和生态保护红线，促进生产、生活、生态用地优化布局，合理设定建设用地总量和强度规划目标及管控指标。发挥国土规划和土地利用总体规划的引导管控作用，加快实施主体功能区战略，构建科学合理的城市化格局、农业发展格局、生态安全格局，促进形成规模适度、布局合理、功能互补的国土资源空间体系。

第二，严格节约集约用地考核与评价。定期开展土地利用总体规划实施评估、土地利用计划年度评估和单位生产总值建设用地下降率评估，深入推进建设用地节约集约利用状况调查与评价，及时掌握双控目标、管控指标落实情况和建设用地节约集约利用水平及潜力状况；完善城市、基础设施、公共服务设施、交通枢纽等公共空间土地综合开发利用模式和供地方式，促进人口集中、产业集聚、用地集约；完善与区域发展战略相适应、与人口城镇化相匹配、与节约集约用地相挂钩的土地政策体系，促进区域、城乡用地布局优化；开展土地开发利用强度和效益考核，依据区域人口密度，第二、第三产业产值，产业结构，税收等指标，建设用地结构、总量的变化，提出控制标准，加快建立综合反映土地利用对经济社会发展承载能力和水平的评价标准。从健全节约集约用地控制标准、加强节地考核评价、推广节地模式和技术等方面入手，进一步提高土地资源节约集约利用水平。

第三，建设用地管理要控制总量、盘活存量。着力释放存量建设用地空间，提高存量建设用地在土地供应总量中的比重。推进城镇低效用地再开发和工矿废弃地复垦，规范实施城乡建设用地增减挂钩工作。建立健全低效用地再开发激励约束机制，推进城乡存量建设用地挖潜利用和高效配置。完善土地收购储备制度，制定工业用地等各类存量用地回购和转让政策，建立存量建设用地盘活利用激励机制。规范有序推进城镇更新和用地再开发，鼓励“旧工厂”改造和产业升级，推进“旧城镇”改造。加强土地供应管理，创新土地供应方式，严格土地预审，严防盲目建设和低水平重复建设。将投资强度、容积率等主要用地控制指标作为重要预审内容，控制建设用地总量。加大对批而未供、供而未用土地监管力度，加大存量闲置土地清查盘活力度。建立健全建设项目批后监管机制，对建设项目节约集约利用水平进行有效评估，注重内涵挖潜，盘活存量建设用地。以城乡建设用地增减挂钩为抓手，拓展用地空间。

7.3　建设用地双控市场化的市场与政府协同治理研究

鉴于建设用地自身的特殊性和复杂性及其在经济社会发展中的基础性、重要性，单纯依靠市场或者单纯依靠政府都难以管理好建设用地，会导致严重的市场失灵或者政府失灵。有效的建设用地利用体制要求市场机制与政府干预有机结合，使“看不见的手”和“看得见的手”协同发挥作用。国际上建设用地管理的实践经验表明，市场与政府有机结合、协同作用的主流方式是建立“以市场为基础的机制”，即以市场为基础，尽可能充分地发挥市场机制配置资源的基础性作用，同时政府加强管理和服务，积极发挥作用以弥补、矫正市场失灵，继而实现土地节约集约利用的目标。

7.3.1　建设用地双控市场化的协同治理理论分析

作为资源配置的两种基本方式，市场和政府各有其优劣性。一般认为，政府权威制度与市场交换制度的内在结构决定了其各自的功能优势与功能劣势：政府权威制度的最大功能优势是通过公共选择的过程来制定公共政策，提供公共物品和服务，最大的功能劣势是难以实现资源的有效配置。市场交换制度的最大功能优势则是实现资源的有效配置，最大的功能劣势是难以消除外部效应和保证社会公平。市场机制的完全有效性只有在严格的假说条件下才成立，而政府干预的完美无缺同样也仅仅与“理性的政府”相联系。因此，在资源配置过程中，如果过分强调或依赖某一种方式，而忽视甚至否定另一种方式的作用，极易出现市场失灵或政府失灵，导致资源配置无效率。

尽管政府规制存在失灵，但应看到政府规制有助于解决建设用地领域的市场不健全、负外部性及维护公共利益等问题。鉴于建设用地自身的特殊性和复杂性及其在经济社会发展中的基础性、重要性，需要市场机制与政府干预有机结合，协同发挥“看不见的手”和“看得见的手”的治理功能。但是，市场与政府目标也有相异性，市场以价格、成本收益及优胜劣汰原则配置资源，主要关注经济效率；而政府在资源再分配时，为履行公共职能及维持社会稳定，更加关注社会公平（李锐等，2015）。建设用地利用配置涉及需求与供给两侧，建设用地协同治理不仅要考察需求侧利用主体的公平问题，还要考虑供给侧要素功能的效率问题。那么，在现有的建设用地治理体制中，市场和政府是否发挥了公平与效率的协同治理功能？如何科学评估政府与市场协同治理的整体调控效果？这些均是学术界亟待解决的问题。由于现代数量经济学尚无需求与供给结构异质一致变动的梯度客观测度标尺，各种带有主观成分的综合性层次分析法评价效果都不尽理想，但道统经济学原理为测度政府与市场协同治理调控效果提供了理论参考。

追求高效平稳秩序是中国传统经济善治理论的精要，这一理念既重视需求侧要素相位关系的协调（公平），也考虑供给侧系统要素功能的匹配程度（效率）。其中，秩序指的是系统要素的时空排列，建设用地利用秩序是建设用地利用时空排列纵横关系的演化形式，即建设用地利用规律运行的体现程式。

建设用地利用秩序分纵向秩序和横向秩序，纵向所表示的是需求侧要素相位关系，即建设用地利用主体收入相对变化，高低收入之间的距离逐渐缩小，既是规律，也是社会公平的体现；横向所表达的是供给侧的结构功能联系，即建设用地利用全要素生产率与其前沿之间的距离无限接近，此为规律，也是资源利用效率提升程度的体现。

要素相位关系是要素异质性时空差异变化，其状态从高到低依次为 “元”“亨”“利”“贞”“悔（渐吉）”“吝”“害（厉）”“凶（咎）”。

结构功能联系是系统要素功能的匹配程度。要素所发挥作用大小取决于系统整体对之要求及其与其他要素的协调程度。要素不能脱离整体系统要求而单独活动，必须在系统运行规律作用下行动。系统资源匹配状态由优到劣依次为“延年”“天医”“生气”“辅弼”“禄存”“廉贞”“破军”“文曲”。

7.3.2 建设用地双控市场化的协同治理秩序测度

秩序以轻重度之。管子曰：“以轻重御天下之道也，谓之数应。”重者，紧于道，秩序平稳；轻者，松于道，秩序混乱。资源利用秩序分为纵向秩序和横向秩序，因此能源利用秩序测评设立纵向标尺和横向标尺。旧制中一斤为十六两，故而道统经济理论中为资源利用秩序设立纵向和横向各八个梯度，即纵向和横向各“半斤八两”，合之为一斤，即十六两。

纵向标尺梯度衡量能源利用不同层次主体收入的相对变化关系。纵向秩序轻重对应关系为：元，8 两；亨，7 两；利，6 两；贞，5 两；悔，4 两；吝，3 两；害（厉），2 两；凶（咎），1 两。

横向标尺梯度测度全要素生产率（TFP）的技术进步改进、技术效率改进、规模效率改进、配置效率改进。横纵向秩序轻重对应关系为：延年，8 两；天医，7 两；生气，6 两；辅弼，5 两；禄存，4 两；廉贞，3 两；破军，2 两；文曲，1 两。

1. 建设用地利用纵向秩序测度

纵向秩序测度的是我国建设用地各层次利用主体房地产收入相对变化关系。选择城镇居民家庭人均房地产收入与农村农户家庭人均房地产收入作为度量指标。而城乡居民房地产收入的变化主要体现在居民房地产收入的年均增长率和速度年增上。本章采用 2001～2016 年中国统计年鉴数据折算。测度结果如表 7-3 和图 7-1 所示。

表 7-3　2001～2016 年我国建设用地纵向利用秩序

年份	城镇人均房地产收入年均增长率/%	速度年增率/%	农村人均房地产收入年均增长率/%	速度年增率/%	纵向秩序
2001	13.3	4.2	6.9	–0.9	害
2002	13.4	0.1	8.4	1.5	亨
2003	11.9	–1.5	7.8	–0.6	贞
2004	7.4	–4.5	7.4	–0.4	贞
2005	10.4	3.0	6.4	–1.0	害
2006	10.9	0.5	9.3	2.9	亨
2007	8.4	–2.5	8.2	–1.1	贞
2008	5.4	–3.0	6.2	–2.0	贞
2009	9.7	4.3	9.5	3.3	利
2010	6.9	–2.8	8.6	–0.9	贞
2011	7.5	0.6	9.5	0.9	亨
2012	9.2	1.7	8.8	–0.7	害
2013	7.1	–2.1	8.1	–0.7	贞
2014	6.8	–0.3	8.3	0.2	元
2015	6.7	–0.1	7.5	–0.8	吝
2016	6.0	–0.7	6.3	–1.2	吝

资料来源：根据历年中国统计年鉴数据计算而得。

从表 7-3 和图 7-1 可以看出，2001～2016 年我国建设用地利用纵向秩序的变化为从低谷上升转下降，频繁震荡后，落脚较高台阶，整体表现出缓慢上升趋势。在整个研究期间，2001 年为“害”，为两极分化的七等水平，状态比较差。2002 年改善为“亨”后，2005 年又恶化为“害”；此后，在中间状态波动，2012 年又跌入低谷。2013～2014 年，我国建设用地利用纵向秩序开始逐渐好转，2014 年达到了最好的状态“元”。2015～2016 年，我国建设用地利用纵向秩序都回落到“吝”的偏低水平，与 2001 年相比，高出 1 个档次。

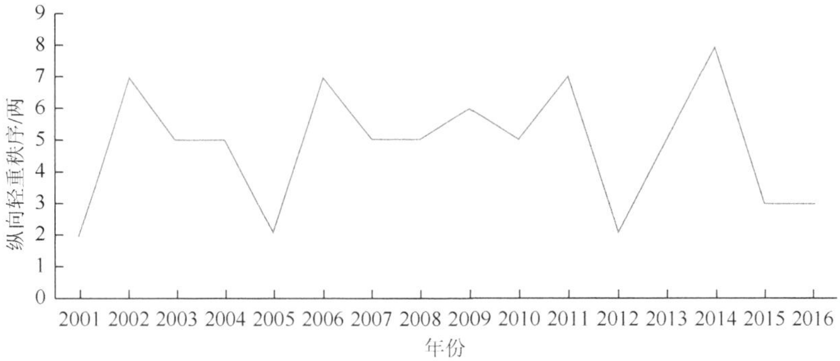

图 7-1　2001～2016 年我国建设用地纵向利用秩序轻重

资料来源：根据表 7-1 数据整理而得

2. 建设用地横向秩序测度

建设用地利用横向秩序表示的是各要素之间的功能联系，本书选取包括建设用地投入在内的全要素生产率增长率作为建设用地横向利用秩序的测度指标。

1）全要素生产率（TFP）模型

全要素生产率（TFP）的测度包括非参数法和参数法两大类，本章采用参数法中的随机前沿生产函数法对建设用地资源利用全要素生产率（TFP）进行估计。其函数模型的一般形式与第 5 章式（5.5）～式（5.13）相同。

2）数据收集与处理

对于 TFP 及其分解部分的测算需要收集和处理我国 2001～2016 年建设用地产出、劳动投入、资本投入和建设用地投入数据，具体如下。

（1）建设用地产出。参考王希睿等（2015）的方法，选取可以直接反映建设用地产出水平的第二、第三产业增加值。考虑通货膨胀对产出数值的影响，所有数据均根据“第二产业增加值指数”和“第三产业增加值指数”换算为 1978 年不变价。

（2）劳动投入。考虑附着在建设用地上的劳动力，选取第二产业和第三产业从业人员数作为劳动力投入指标。

（3）建设用地投入。由于农村居民点为人口聚集的场所，并没有参与到生产活动中，故在选取土地投入数据时，以建设用地面积作为土地投入指标。

（4）资本投入。对于资本投资的衡量，Chow（1993）采用积累额来衡量投资，效仿目前学者方法，采用固定资本形成总额作为资本投资的衡量指标。采用永续盘存法对我国 2001～2016 年固定资本存量进行估算，公式为

$$K_{i,t}=(1-\sigma_{i,t})K_{i,t-1}+I_{i,t}=(1-\sigma_{i,t})^{t}K_{i,0}+\sum_{j=1}^{t}I_{i,j}(1-\sigma_{i,t})^{t-j} \tag{7.4}$$

式中，$K_{i,t}$ 和 $K_{i,t-1}$ 为 i 省份在 t 年和 t–1 年的资本存量；$K_{i,0}$ 为基年资本存量；$I_{i,t}$ 和 $\sigma_{i,t}$ 分别为 i 省份在 t 年的不变投资额和资本折旧率。

将所涉及数据均根据各自的价格指数折算为 1978 年不变价。关于折旧率的选取，采用张军等（2004）根据建筑安装工程、设备工器具购置和其他费用三类资本品在总固定资产中的比重对其进行加权平均后所得出的折旧率，即 δ 为 9.6%。采用固定资本投资价格指数（1990～2016 年）和 GDP 缩减指数（1978～1989 年）作为投资价格指数的衡量指标，数据来源于《中国国内生产总值核算历史资料（1952～1995）》。

3）秩序测度结果

根据以上数据变量，运用 Frontier4.1 软件对随机前沿生产函数进行估计，估计结果见表 7-4。

表 7-4　2001～2016 年我国建设用地随机前沿生产函数估计值

名称	参数	估计系数	标准差	t 值
常数项	β_0	2228.277	73331.416	0.030
ln$L$	β_1	1181.650	6650.085	0.178
ln$K$	β_2	–931.473	6453.326	–0.144
ln$G$	β_3	–724.464	6290.088	–0.115
(ln$L$)^2	β_4	–35.486	222.102	–0.160
(ln$K$)^2	β_5	45.067	270.469	0.167
(ln$G$)^2	β_6	19.882	143.891	0.138
（ln$L$）（ln$K$）	β_7	–36.410	415.279	–0.088
（ln$L$）（ln$G$）	β_8	–7.150	129.231	–0.055
（ln$K$）（ln$G$）	β_9	39.259	417.718	0.094
(ln$L$)t	β_{10}	8.010	57.287	0.140
(ln$K$)t	β_{11}	–12.862	58.313	–0.221
(ln$G$)t	β_{12}	–7.097	67.989	–0.104
t	β_{13}	118.640	1074.087	0.110
t^2	β_{14}	0.905	3.812	0.237
	σ^2	0.001	0.016	3.976
	γ	0.950	0.307	33.561
log 似然函数			46.329	
LR 单边检验			114.507	

资料来源：根据超越对数生产函数模型测算数据整理得出。

从表 7-4 所示的模型参数估计结果可以看出，通过随机前沿方法（SFA）估计，SFA 模型的 γ 值为 0.95，这说明我国建设用地利用过程中存在着技术无效，且生产函数偏离前沿面主要是由生产的无效率造成的。同时，γ 值趋近于 1，且 LR 检验均通过了显著性和 χ^2 分布检验，说明误差项存在着明显的复合结构，因此采用 SFA 方法对其进行分析是十分必要的。

根据式（5.5）～式（5.13）分别计算出 2001～2016 年我国建设用地 TFP 增长率及四大分解部分。表 7-5 显示了 2001～2016 年我国建设用地 TFP 增长率及其分解部分增长率，显示了考察期间我国建设用地资源利用横向秩序。

表 7-5　2001～2016 年我国建设用地利用横向秩序

年份	技术进步改进	技术效率改进	规模效率改进	配置效率改进	TFP 增长率	横向秩序
2001	−0.002	0.0008	−0.002	−0.330	−0.334	破军
2002	−0.009	0.0007	0.048	−0.141	−0.101	廉贞
2003	−0.003	0.0007	0.067	−0.138	−0.073	廉贞
2004	0.008	0.0006	0.058	−0.114	−0.048	禄存
2005	0.028	0.0002	0.036	0.228	0.292	延年
2006	0.005	0.0006	−0.025	−0.119	−0.138	廉贞
2007	−0.014	0.0007	0.048	−0.087	−0.052	廉贞
2008	−0.003	0.0005	0.054	−0.066	−0.015	廉贞
2009	0.009	0.0003	0.034	−0.125	−0.082	禄存
2010	0.001	0.0004	0.039	−0.060	−0.019	禄存
2011	0.002	0.0004	0.044	−0.054	−0.008	禄存
2012	−0.007	0.0004	0.066	−0.117	−0.057	廉贞
2013	0.013	0.0002	0.041	−0.099	−0.044	禄存
2014	0.009	0.0004	0.023	−0.064	−0.031	禄存
2015	0.015	0.0002	−0.007	0.020	0.028	天医
2016	0.013	0.0003	−0.041	−0.029	0.001	生气

资料来源：根据超越对数生产函数模型测算数据整理得出。

从表 7-5 和图 7-2 可以看出，2001～2016 年，我国建设用地资源利用横向秩序状态较差且最优状态与最差状态之间差距较大。2001 年我国建设用地利用秩序状态为“破军”，处于七等水平，仅仅高于最差状态八等“文曲”一个档次。之后的 2002～2016 年，建设用地利用横向秩序虽然有所好转，但整体情况并不乐观。2002 年和 2003 年建设用地利用秩序为“廉贞”，优于“破军”一个档次；2004～2005 年由五等状态“禄存”改善至最优一等状态“延年”，这表示建设用地资源

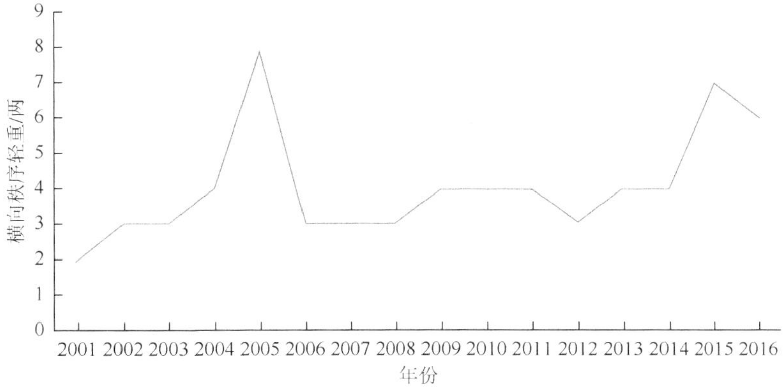

图 7-2　2001～2016 年我国建设用地资源利用横向秩序轻重

资料来源：根据表 7-5 数据整理得出

利用有关政策效应显现。2003～2005 年我国建设用地利用横向秩序有所好转，但在之后的 2006～2008 年建设用地利用横向秩序又恶化至“廉贞”，2009～2011 年稍微好转至“禄存”，之后在 2012 年又恶化至“廉贞”，2013～2014 年改善至“禄存”，而在 2015 年又喜见改善至二等状态“天医”。由此可见，2001～2016 年我国建设用地利用横向秩序比较混乱且总体水平较差，但变动趋势是缓慢上升。

3. 建设用地秩序评价

1）总秩序轻重

根据我国建设用地利用纵向秩序与横向秩序，综合计算得出我国建设用地利用总秩序轻重（两）和总秩序考分。通过总秩序轻重（两）和总秩序考分，可以看出 2001～2016 年我国建设用地利用状况。表 7-6 和图 7-3 显示了 2001～2016 年我国建设用地利用秩序轻重。

表 7-6　2001～2016 年我国建设用地利用秩序轻重

年份	纵向秩序	纵向轻重/两	横向秩序	横向轻重/两	总秩序轻重/两	总秩序考分/%
2001	害	2	破军	2	4	25
2002	亨	7	廉贞	3	10	63
2003	贞	5	廉贞	3	8	50
2004	贞	5	禄存	4	9	56
2005	害	2	延年	8	10	63
2006	亨	7	廉贞	3	10	63
2007	贞	5	廉贞	3	8	50

续表

年份	纵向秩序	纵向轻重/两	横向秩序	横向轻重/两	总秩序轻重/两	总秩序考分/%
2008	贞	5	廉贞	3	8	50
2009	利	6	禄存	4	10	63
2010	贞	5	禄存	4	9	56
2011	亨	7	禄存	4	11	69
2012	害	2	廉贞	3	5	31
2013	贞	5	禄存	4	9	56
2014	元	8	禄存	4	12	75
2015	吝	3	天医	7	10	63
2016	吝	3	生气	6	9	56

资料来源：根据表 7-3 和表 7-5 数据计算整理得出。

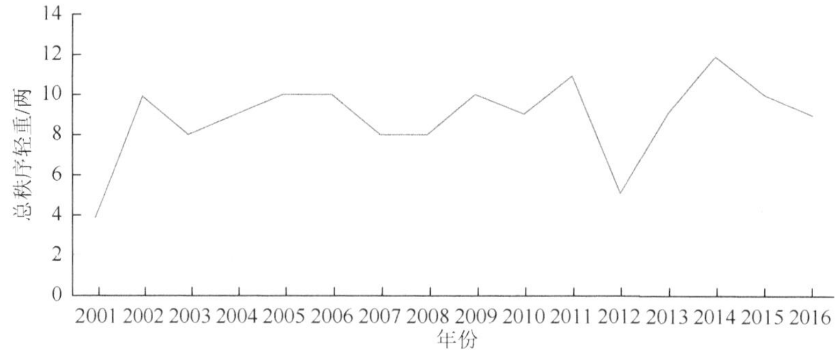

图 7-3　2001～2016 年我国建设用地资源利用总秩序轻重

资料来源：根据表 7-6 数据整理得出

由表 7-6 可知，2001～2016 年我国建设用地资源利用秩序波动比较大，总体处于缓慢上升状态。2001 年我国建设用地利用秩序处于研究期间的起点，状态不佳，其秩序考分为 25%，随后建设用地利用秩序走向正规，但不稳定，波动幅度较大。整个研究期间，总秩序轻重大部分处于中等偏上水平。建设用地利用秩序年均约 56%，2014 年最高，考分为 75%。说明我国建设用地利用秩序整体状态较差，还有较大的上升空间。

2）供给侧秩序差异

2001～2016 年，我国建设用地利用供给侧秩序总体情况很不理想。2001 年，建设用地利用横向秩序为“破军”。2001～2004 年，建设用地利用秩序有细微的好转迹象，但直到 2004 年也只是达到了中等偏下的五等水平“禄存”，而在 2005 年，建设用地利用秩序却猛然好转至一等水平“延年”。这是 2004 年《国务院关于深化改革严格土地管理的决定》（国发〔2004〕28 号）的政策“立竿见影”效应。但由于建设用地深层次问题没有从根本上解决，2006 年又断崖式地恶化为六等水平“廉贞”，之后 2006～2014 年，我国建设用地利用秩序都在五等水平“禄存”与六等水平“廉贞”之间上下波动，只是 2015～2016 年才改善至二、三等水平，即“天医”“生气”。由此也说明了 2001～2016 年我国建设用地利用供给侧秩序处于比较差的状态，体现出建设用地结构功能不够匹配：①建设用地配置效率改进一直为负值，无改善；②技术进步改进非常缓慢，进退维谷；③规模效率未能有效地发挥，改进幅度不大；④唯有技术效率改进正常，但技术含量仍然偏低。

3）需求侧秩序差异

2001～2016 年我国建设用地需求侧利用秩序处于不稳定状态，波动比较大。2002～2004 年、2006～2011 年和 2013～2014 年，我国建设用地利用秩序需求侧均处于中等偏上的水平，共计 11 年，其中处于“元”的状态 1 年，“亨”的状态 3 年，“贞”的状态 6 年；中等以下的年份共有 5 年，其中 2001 年、2005 年、2012 年处于低谷“害”的状态，即两极分化。这说明我国 2001～2016 年建设用地利用秩序需求侧大部分处于社会认可的状态，但波动幅度大，秩序不稳定，2005 和 2012 年出现两极分化的“害”，令民众不能容忍，这点应引起社会的高度重视。2014 年建设用地利用秩序上升到一等水平“元”，但随后却急剧恶化为 2015 年和 2016 年的七等水平“吝”。这说明我国建设用地利用秩序在需求侧上处于一种忽高忽低的震荡状态，表现为不同层次主体相对地位变动趋势不够和谐：①高低收入差距在间断式增加；②高低收入增长速度在同步趋缓，而且低收入下降速度快于高收入；③决定需求侧主导力量的中产阶级难以有效成长。

4. 讨论

建设用地是我国经济增长点之一，是经济发展重要引擎及我国经济平稳发展的基本保障，同时也是我国城镇化推进过程中最为核心的生产要素。研究表明，我国建设用地秩序不稳重，大部分时间处于中等偏上水平，年平均为满额的 56%，最好年份秩序重量也才达到满额的 75%。建设用地利用秩序稳重度差将在很大程度上影响我国的经济发展。

较轻的建设用地利用秩序原因为需求与供给两侧的结构缺陷。在供给侧，首要的是配置效率低而退，其次为技术进步缓而慢，再次是规模效率停而止；在需求侧，一是高低收入差距渐增，二是低收入增长加速度多为负，三是中产阶级成长缓慢。

填充建设用地需求与供给两侧结构缺陷是加重秩序的根本措施，以解决主要矛盾带动一般问题的化解。在建设用地供给侧，配置效率改进负效应一直是一个棘手问题，如开发区建立无序，土地闲置，商品房积压，低效使用，等等。在建设用地需求侧，低收入阶层收入增长缓慢是一个老大难问题，如下岗失业、收入减少、教育培训缺失、城镇化生活成本上升、医疗保障和社会福利不到位，等等。

建设用地利用是社会经济发展中的一维。管子曰：“国有四维”，四维匀称，伸缩同步，张弛有度。建设用地利用这一维贯通“八宫”的固定资产与“二宫”的市场及收入。如果此维秩序轻浮，除自身加重外，应充实其他三维的重量，以维持整个社会经济运行秩序的稳重。例如，在“九宫”法规与“一宫”金融维上，要完善建设用地法规，控制有关建设用地虚拟金融产品蔓延。又如，在“三宫”劳动与“七宫”组织维上，要加强教育及劳动者职业培训。再如，在“四宫”信息与“六宫”政府行政维上，要打击建设用地官商勾结，根治腐败。

追求高效秩序平稳是中国传统经济治理的精要。在该社会经济治理体系中，治理者与被治理者、德治与法治以及精神与物质等纠缠在一个四维框架中。建设用地不能只讲西方市场效率而忘掉社会主义秩序，市场与政府行为都应有底线，即市场不能不义，政府不能不廉。

第 8 章　能源、水资源和建设用地耦合治理及风险评估

8.1　能源、水资源和建设用地耦合治理

有序化是我国今后经济社会发展总体要求和政策取向。2019 年 3 月 5 日，在第十三届全国人民代表大会第二次会议上，国务院总理李克强（2019）在《政府工作报告》中五次提到“有序”。李克强总理指出：“长期积累的诸多风险隐患必须加以化解，但要遵循规律，讲究方式方法，按照坚定、可控、有序、适度要求，在发展中逐步化解，坚决避免发生系统性、区域性风险。”从秩序角度化解经济社会系统风险，是国家调控经济安全稳定高效运行的又一抓手。对秩序的研究应从其基础层面资源利用开始，能源、水资源和建设用地利用秩序及耦合治理测评是开启此项研究的第一步。

能源、水资源和建设用地是相对独立而又紧密相连的国计民生资源，其有序化高效利用，需要对之进行协调，而这三种资源的调控基础是对其耦合利用秩序的评价。资源利用耦合治理理念来源于经济一体化研究的理论与实践，较早的是关于资源市场整合的考察。

（1）能源、水资源和土地市场整合研究。

市场整合是商品价格变动关系的表现，反映资源各自流向及其配置状态的变动。Young（2000）认为中国区域市场不整合，地方政府控制资源流向，市场资源配置功能受限。相反，Naughton（1999）研究中国 25 个省份的数据，发现这些区域市场是趋于整合的，而且劳动力、资本和土地要素市场也趋于整合（Brauw et al.，2002；Qi，2010）。当然，户籍、待遇和公共服务差距对要素流动，特别是对劳动力转移影响较大（Zhao，2004；Qian and Smyth，2005）。能源和水资源市场整合基本实现，但公平和效率所涉及的问题需要从系统角度综合考虑（Ngan，2010；Howell et al.，2013）。市场整合研究的单一价格指标以一代全难为，通货膨胀剔除及多种类商品价格加权汇总不易，为此价格背后多变量综合指标评价方法应运而生。

（2）能源、水资源和土地绩效综合评价。

学术界多采用多因素综合评价与主成分分析相结合的方法对资源利用绩效进行定量评价（薛静静等，2013；詹长根等，2018），但许多学者早已指出，综合性指标的选取很大程度上依赖主观经验，指标设置过多易出现体系庞杂、信息重叠，

而指标数量过少则会以偏概全，难以找到合适的计量工具，予以准确测度协调度以及影响因素的贡献率（姜文仙和覃成林，2009；Berg et al.，2010）。近年来的改进主要表现在两方面：资源利用绩效构成函数与影响要素权重的确定（章玲等，2017）。未来的研究方向可能是异质技术的相关建模、随机噪声或不确定性因素及其资源非效率的根源（杜克锐等，2018）。

（3）能源利用耦合协调研究。

近年来，耦合协调研究逐渐兴起（单海燕和杨君良，2017；王继全和李源，2018）。一般的耦合协调模型方法，首先设置系统发展评价指标体系，进而利用主成分分析等方法得出各系统的综合发展指数，然后借助耦合协调度模型得出耦合度与耦合协调度进行比较（逯进等，2016；李桂君等，2016；付娇等，2018）。资源耦合协调研究以资源绩效综合评价为基础，尽管评价模型越来越复杂，但因客观性和异质性被掩盖，故评价结果的精准测度并未提高。

综上所述，目前研究展示出四方面可开拓的空间：①资源利用管理几乎都是在资源效率评价基础上进行的，很少关注秩序问题（张少华和蒋伟杰，2016）。资源利用效率是资源时空配置秩序变化的结果。秩序是效率的载体与条件，效率是秩序的运行成果。如果秩序在资源利用过程中不变，效率研究中可将其忽略不计，但秩序无时无刻不在变动。可见，学术研究将“秩序”作为既定背景，设置为模型外的前提条件，存而不论有悖事理。因此，有必要定义秩序概念，将“秩序”和“效率”融合一体进行。秩序利用耦合治理是其秩序一致性变动过程，应作为重要变量去深入研究（陈凯等，2018）。②有关资源利用效率评价指标体系庞杂重叠、主观性强、通用性差。能源利用秩序评价指标设置应遵循大道从简、客观与精准原则。效率必须兼顾公平（罗知等，2018）。学术界关注资源利用效率，主要集中在供给侧各要素的贡献度大小上，忽视要素主体地位差异的影响，很少顾及需求侧消费者的反响。为此，本书统一考虑资源需求侧与供给侧的不同层次主体关系协调及其配置的资源功能匹配所构成的问题。③资源利用秩序评价是耦合治理的前提，要传承中国优秀传统文化的治国理政理念（习近平，2014），融合现代经济学管理方法，着力创新。多种资源耦合利用及治理，有关研究尚无需求与供给结构异质一致性变动的梯度客观测度标尺。故此，基于中国古典社会科学原理，融合中西经济学范式，建立一种资源利用秩序测度的新方法，以纵向秩序和横向秩序各八级标尺量化能源、水资源和建设用地的变动状态，衡量社会公平与资源利用效率一致性变动关系，通过资源利用主体相对收入变动与全要素生产率变化，测度其需求与供给侧秩序轻重，评价能源、水资源和建设用地利用秩序及其耦合程度，根据耦合度变化采取适应性治理措施。④经济异质性是经济研究难解之题，即使忽略背景差异，经济函数非极点和拐点的质变点量化确定仍然是学术难点。为此，本书创立一种全新的经济异质性理论分析框架和量化模型方法，力争在资源经济异质性测度中有所突破。

8.1.1　有关秩序与耦合治理的理论

秩序指的是系统要素的时空动态有序化排列，资源利用秩序是资源利用时空纵向序列关系与横向序列关系的合成演化形式，即资源利用运行规律的程式化体现过程。

资源利用秩序可分解为纵向秩序和横向秩序，纵向秩序所表示的是需求侧要素的相位关系，即资源利用主体收入所反映经济地位的相对变化，高低收入之间距离逐渐缩小的变动趋势，既是社会经济发展规律，也是社会公平的体现（约翰·罗尔斯，2009）；横向秩序所表达的是供给侧构成与结构功能联系，即资源利用全要素生产率与其产出前沿之间的距离无限接近过程，此为资源优化配置变动规律，也是资源利用效率提升和要素匹配程度的体现。

1）纵向秩序

要素相位关系是要素异质性时空差异变化。由于要素有阴阳之分，其阖、辟、往、来就会形成八种状态，从高到低依次为“元”“亨”“利”“贞”“悔（渐吉）”“吝”“害（厉）”“凶（咎）”（陈凯，2015；陈凯等，2018）。历史车轮滚滚向前，社会经济永远向前发展，只要不出现两极分化，就不存在太大风险，实现善治就不会成为问题，社会经济就会维持在安全、平稳和健康状态。“执大象，天下往。往而不害，安平泰。”（老子，2013）除去吝、害（厉）、凶（咎），留下的元、亨、利、贞、悔（渐吉）为安、平、泰。害（厉）原始定义为阴阳分离，即两变量差距的不断扩大所形成的两极分化，是一种秩序混乱状态，社会应拒而远之。纵向标尺梯度量化资源利用主体不同层次收入的相对变化关系。纵向秩序轻重对应关系为：元，8 两；亨，7 两；利，6 两；贞，5 两；悔，4 两；吝，3 两；害（厉），2 两；凶（咎），1 两（陈凯，2015；陈凯等，2018）。

2）横向秩序

横向秩序是系统要素结构功能的匹配程度。要素的功能及贡献大小取决于系统总体对之要求以及与其他要素的协调程度。系统总体的要求由其各部分构成的结构整体本质决定，整体本质要求是其客观规律的反映，由其中央定位并整合各部分协调进行。匹配准则为：强与强联合会更强，弱与弱合作会变强，强与弱协作则变弱。它们组合成八种状态：由优到劣依次为“延年”“天医”“生气”“辅弼”“禄存”“廉贞”“破军”“文曲”（陈凯，2015；陈凯等，2018）。横向标尺梯度测度供给侧全要素生产率（TFP）的规模效率改进、配置效率改进、技术进步改进、技术效率改进。横向秩序轻重对应关系为：延年，8 两；天医，7 两；生气，6 两；辅弼，5 两；禄存，4 两；廉贞，3 两；破军，2 两；文曲，1 两（陈凯，2015；陈凯等，2018）。

3）资源利用秩序的测度标尺

秩序一般以轻重度之。重者，紧于道，秩序平稳有序；轻者，松于道，秩序混乱无序。秩序轻重设置如下标尺刻度。

资源利用秩序分为纵向秩序与横向秩序，因此资源利用秩序测评设立纵向标尺和横向标尺。旧制中一斤为十六两，故此中国传统经济理论中为资源利用秩序设立纵向和横向各八个梯度，即纵向与横向各“半斤八两”，合之为一斤十六两。

4）秩序的纵横关系

秩序是系统纵向关系与横向关系的向量合成。纵向秩序和横向秩序与总秩序是构成与分解的关系。纵向秩序与横向秩序是总秩序的两个分向量，它们之间不是互为自变量与因变量的解释与被解释关系。虽然决定纵向秩序的收入变量与决定横向秩序的产出变量高度相关，但作为分向量的纵向秩序和横向秩序不存在共线性、相互替代以及重复表达，也无循环论证的逻辑悖论问题。

5）耦合治理

耦合治理是通过风险化解保持社会经济可持续安全稳定健康发展的有关秩序匹配协同共进过程。在中国传统哲学中，耦合治理是通过系统要素阴阳互补和相合相化而风险不断化解的生生不息的协调演进过程。

系统潜伏着风险同时具备化解条件。耦合治理要善于利用要素合化机制化解其矛盾冲突。

资源耦合治理是通过风险化解保持资源可持续安全稳定健康利用的有关秩序匹配协同共进过程。尽管资源物理性质各异，但系统结构要素变动一般关系风险化解机制相似，通过全要素生产率表现出的技术进步改进、技术效率改进、规模效率改进以及配置效率改进的幅度、匀称和同步的比较鉴别找到其风险成因。

能源、水资源及建设用地耦合度与协调度相结合，能够衡量其系统是否良性循环、相互促进、彼此协调，从而促使系统从无序走向有序。水资源、能源及建设用地利用耦合治理是一个消除不确定，化解风险，将秩序差异的队伍步伐一致化的整编过程。

能源、水资源及建设用地利用秩序测度后，放入其耦合协调度模型中进行计算，可得出我国能源、水资源及建设用地利用的相互协调程度，分析其构成、走势及动因，不难发现对其改进的路径。

8.1.2 能源、水资源和建设用地利用秩序

1）能源、水资源和建设用地利用秩序测度

合成能源、水资源及建设用地的纵向秩序和横向秩序，可以得出我国三种资源利用的总秩序轻重。根据第 5 章～第 7 章的数据计算，我国能源、水资源和建设用地利用秩序如图 8-1 所示。

图 8-1　2001～2016 年我国能源、水资源和建设用地利用秩序

2001～2016 年我国能源、水资源和建设用地利用秩序呈不断波动缓慢上升趋势。能源秩序上升幅度较大，水资源秩序次之，建设用地秩序提升幅度最小。能源和建设用地秩序大部分处于中等水平及以上，水资源秩序大部分低于能源和建设用地秩序。

2）供给侧秩序差异

供给侧资源利用秩序等同于资源利用横向秩序。根据第 5 章～第 7 章的数据计算，我国能源、水资源和建设用地供给侧秩序如图 8-2 所示。

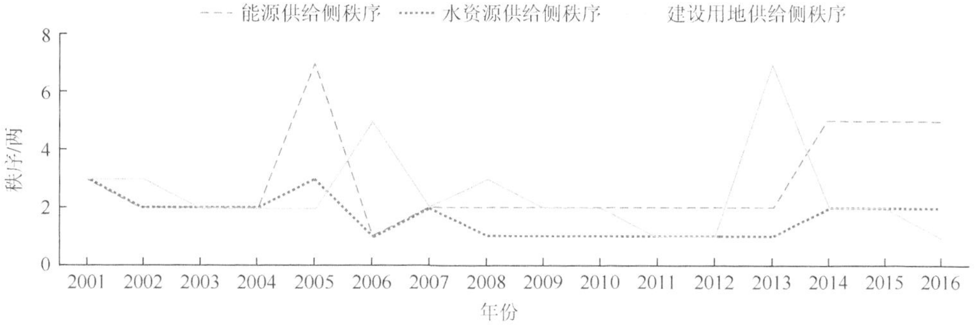

图 8-2　我国能源、水资源和建设用地供给侧秩序

供给侧能源秩序呈持缓慢上升走势，而水资源和建设用地秩序则显现下降的趋势。能源和建设用地供给侧秩序起伏较大，水资源供给侧秩序比较平缓。能源、水资源和建设用地供给侧秩序水平比较低，如果秩序满分以百分之百计，能源供给侧秩序平均值为 36%，水资源供给侧秩序平均值是 21%，建设用地供给侧秩序平均值为 31%。能源、水资源和建设用地供给侧秩序都有很大的提升空间。

能源供给侧秩序在产业结构调整、技术进步和制度进化作用下出现两次大幅度提升。①在国民经济和社会发展第十个五年计划期间，我国加快了转变工业增长方式，围绕增加品种、改善质量、节能降耗、防治污染和提高劳动生产率，鼓励采用高新技术和先进适用技术改造传统产业，带动产业结构优化升级。大面积关停、转让和拍卖了高能耗低效益的企业，引进了一大批高技术、低能耗的投资项目，产业结构得到了实质性的优化，2005 年能源供给侧秩序大幅度增加，由原来的 2 级到提升到 6 级。②“十一五”到“十二五”期间，我国出台了《中华人民共和国可再生能源法》(2006 年 1 月 1 日施行)、《中华人民共和国节约能源法》(2007 修订)、《民用建筑节能条例》和《公共机构节能条例》(2008 年 10 月 1 日施行)、《中华人民共和国循环经济促进法》(2009 年 1 月 1 日施行)、《中华人民共和国石油天然气管道保护法》(2010 年 10 月 1 日起施行) 等法规条例，为能源制度改进和技术创新开辟了发展空间。

能源制度逐步得到改进：①允许民营企业在能源领域投资，实现能源供给总体多元化，能源发展基金建立并不断壮大；②基本实现煤炭生产和流通市场化，开展了煤可持续发展政策措施试点；③实现政企分开、厂网分离，建立并完善监管体系；④风电与光伏发电标杆上网，能源价格改革初见成效，价格机制形成并逐步完善。

能源科技进步步伐加快：①石油天然气勘探开发采收等技术在国际上处于领先地位，如 3000 米深水钻井平台、千万吨炼油和百万吨乙烯装置实现自主设计和制造；②自主知识产权的煤炭直接液化和煤制烯烃技术处于世界先进水平；③井下 600 万吨综采成套装备、百万千瓦超临界容量高参数发电机组、70 万千瓦水轮机组、百万千瓦级压水堆核电站设计制造技术引领世界；④太阳能光伏发电制造产业链形成，产量占全球的 40%以上；⑤特高压交直流输电技术和装备制造水平世界领先，结合电信网络高速发展，促进社会生产成本和交易费用大幅度的降低（中华人民共和国国务院新闻办公室，2012）。2014 年后，我国能源供给侧秩序由 2 级提升到 5 级水平。

水资源供给侧秩序数值一直较低，并且波动幅度也很小。水是人类赖以生存和发展的重要物质基础。我国水资源人均占有量十分有限，但又必须满足人民维系生命与健康的基本需求，受需求和供给两方面的刚性约束，通过市场价格机制、政府制度措施和技术革新手段调节水资源供需矛盾，改善水资源利用状态，进而提升水资源秩序比较困难。从水资源横向秩序分解中可以看出，我国水资源治理的技术进步和技术效率长时间负效应，同时配置效率和规模效率在 2005 年之后也出现了负效应，导致水资源供给侧秩序进一步下滑，其原因主要是我国水资源生产结构、生产技术和管理水平长期存在的问题没有得到根本性解决。

建设用地供给侧秩序数值在能源供给侧秩序与水资源供给侧秩序之间徘徊，总体趋势缓慢下行。其在 2015 年和 2016 年下滑，落后于水资源供给侧秩序，处在考察期间的最低水平。建设用地供给侧秩序最大的特点是对国家有关土地和房地产政策的敏感性，如《中华人民共和国土地管理法》(第二次修订，2004 年 8 月 28 日)、

《国务院关于深化改革严格土地管理的决定》（国发〔2004〕28 号）以及 2005 年国务院办公厅“国八条”（国办发明电〔2005〕8 号）的政策实施后，2006 年建设用地供给侧秩序得以好转，由原来的 2 级提升到 5 级；2012 年 7 月 19 日国土资源部、住房和城乡建设部下发《关于进一步严格房地产用地管理巩固房地产市场调控成果的紧急通知》，2011 年 5 月 11 日住房和城乡建设部、国家发展和改革委员会颁发《关于加强房地产经纪管理进一步规范房地产交易秩序的通知》等政策后，2013 年建设用地供给侧秩序再一次得到改善，由原来的 1 级提到 7 级。但建设用地问题根源深沉，积重难返。治标性的政策效应是短暂的。目前，建设用地只有规模效率在扩展，而技术进步、技术效率和配置效率皆为负，持续下滑的趋势难以扭转。

3）需求侧秩序波动

根据第 5 章至第 7 章的数据观察，2001～2016 年我国资源需求侧利用秩序处于波动状态，变化幅度比较大，如图 8-3 所示。16 年间，我国资源需求侧利用秩序大部分处于中等水平及以上，资源利用秩序需求侧处于中等及以上的时间占据了研究时间的三分之二以上。说明我国 2001～2016 年，城镇和农村人均可支配收入差距是逐渐减小的或者说总体上呈现缩小的趋势。同时，也可以说明我国资源利用秩序需求侧大部分属于较好的状况，总体趋势呈现缓慢上升的状态。2001～2004 年，资源利用秩序需求侧变化幅度最大，从 2 级秩序一跃上升 7 级，后回调到 5 级水平。2006 年、2011 年和 2014 年资源利用需求侧秩序优良，但 2005 年和 2012 年出现两极分化，资源利用需求侧秩序跌入低谷。

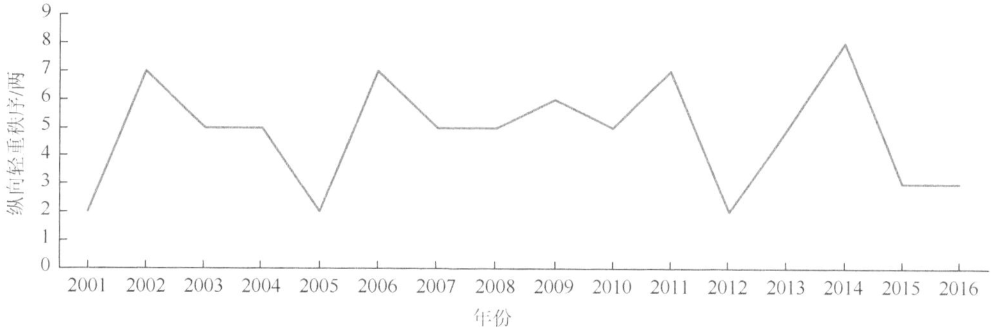

图 8-3　2001～2016 年我国资源需求侧利用秩序

我国资源利用秩序在需求侧上处于一种不稳定的状态，表现为不同层次主体相对地位变动趋势不够和谐：①高低收入差距在波动中减小；②虽然高低收入差距在减小，但是近两年高低收入速度年增同步降低；③决定需求侧主导力量的中产阶级难以有效成长；④中产阶级在我国社会的基数不足。

8.1.3 我国三种资源秩序耦合研究

1）耦合协调度模型

根据系统耦合概念，将能源、水资源和建设用地作为三个相对独立的要素，量化测度三者耦合协调度，分析三者相互关系。本书选取如下耦合模型：

$$C_3 = \left[\frac{U_w \times U_e \times U_L}{\left(\frac{U_w + U_e + U_L}{3} \right)^3} \right]^{\frac{1}{3}} \tag{8.1}$$

式中，C 为三种资源总秩序的耦合度；U_i 为资源子系统总秩序评分。显然当 $U_1 = U_2 = U_3$ 时，C_3 取最大值 1，即三个资源系统耦合度的取值范围 $C_3 \in (0,1]$。

由于耦合度的计算没有考虑低资源利用秩序下的高耦合度情况，引入耦合协调度作为补充，避免了低资源利用秩序的高耦合情况的出现。耦合协调度模型如下：

$$D = \sqrt{C \times T} \tag{8.2}$$

式中，D 为耦合协调度；C 为前文提及的耦合度；T 为三种资源利用秩序总的综合秩序评价得分，$T = \beta_W U_W + \beta_E U_E + \beta_L U_L$，其中，$\beta_i$ 为待定系数，该系数作为综合秩序评价得分的权重，其值的变动主要由资源利用的重要程度所决定。由于本书研究的我国能源、水资源及建设用地资源利用属于相对独立的系统且在生产中处于同样重要的地位，本书 β_i 的权重选取为 $\beta_W = \beta_E = \beta_L = \frac{1}{3}$，显然，$T$ 的最大值为 1，因此耦合协调度 $D \in (0,1]$。

根据所求的 D 的取值范围，一般把耦合协调度等级分为十个层次（廖重斌，1999），具体划分如表 8-1 所示。

表 8-1 耦合协调度判别标准及划分等级

失调衰退类		协调发展类	
耦合协调度	划分等级	耦合协调度	划分等级
0.00～0.09	极度失调衰退类	0.50～0.59	勉强协调发展类
0.10～0.19	重度失调衰退类	0.60～0.69	初级协调发展类
0.20～0.29	中度失调衰退类	0.70～0.79	中级协调发展类
0.30～0.39	轻度失调衰退类	0.80～0.89	良好协调发展类
0.40～0.49	濒临失调衰退类	0.90～1.00	优质协调发展类

2）水资源、建设用地及能源利用耦合结果及分析

我国能源、水资源及建设用地耦合协调发展程度如表 8-2 和图 8-4 所示。

表 8-2　我国能源、水资源及建设用地耦合协调发展程度

年份	耦合度/%	综合秩序评价得分/%	耦合协调度/%	耦合等级
2001	100.00	31.25	55.90	勉强协调发展
2002	99.88	58.33	76.33	中级协调发展
2003	99.80	45.83	67.63	初级协调发展
2004	100.00	43.75	66.14	初级协调发展
2005	95.80	35.42	58.25	勉强协调发展
2006	98.12	58.33	75.65	中级协调发展
2007	100.00	43.75	66.14	初级协调发展
2008	99.32	43.75	65.92	初级协调发展
2009	99.81	47.92	69.15	初级协调发展
2010	99.74	41.67	64.47	初级协调发展
2011	99.84	52.08	72.11	中级协调发展
2012	99.06	20.83	45.43	濒临失调衰退
2013	95.50	52.08	70.53	中级协调发展
2014	99.22	68.75	82.59	良好协调发展
2015	97.47	37.50	60.46	初级协调发展
2016	95.80	35.42	58.25	勉强协调发展

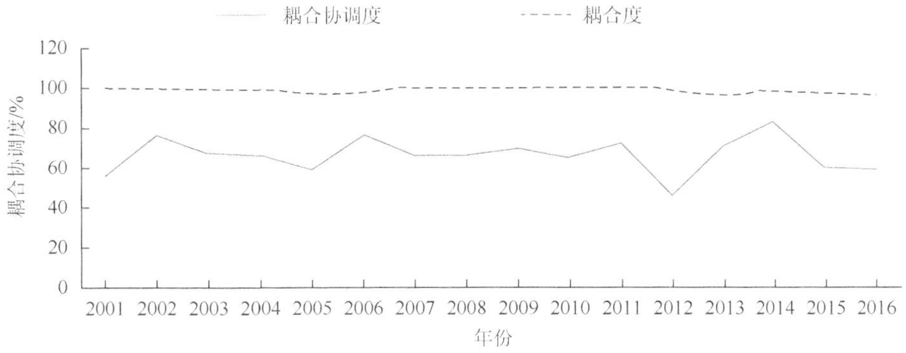

图 8-4　我国能源、水资源及建设用地耦合协调发展程度

通过计算得到的能源、水资源和建设用地及利用耦合协调度的结果说明，水资源、建设用地和能源的耦合度很高，资源配置机制相同，变动趋势一致。虽然

耦合度很高，但基本上属于低资源利用秩序下的高耦合情况。图 8-4 显示如下几点：①耦合协调度数值低于耦合度。说明即使能源、水资源和建设用地配置机制高度一致，保持其三者前进步伐协调一致还是比较困难的。②我国能源、水资源和建设用地紧密联系，当某一种或几种资源出现利用秩序下降时，耦合协调度数值同时将会下降；反之，当某一种或几种资源总利用秩序上升时，耦合协调度数值会发生同样的变化。③能源、水资源和建设用地总秩序趋势相同的时间阶段，耦合度相对较高且变化平稳，但由于水资源和建设用地总秩序一直处于较低水平影响了耦合度。能源秩序相对较高水平，在一定程度上带动改善了水资源和建设用地利用秩序，提高了耦合协调度。④耦合协调度水平低主要是能源、水资源和建设用地供给侧秩序低造成的。⑤能源、水资源和建设用地供给侧耦合协调度水平及其波动程度主要受政策和技术进步的影响。

8.1.4 结论与讨论

1）结论

通过秩序评价模型与耦合协调度模型，求出 2001～2016 年能源、水资源和建设用地利用秩序耦合度，对其利用耦合治理进行分析。通过实证研究，得出能源、水资源和建设用地利用秩序水平处于中等水平，资源配置的一致性较高，但 69%的年份处于初级耦合协调水平，并且耦合协调度波动较大，其规律性变化主要表现有五条。

（1）能源、水资源和建设用地利用秩序改善重在供给侧。2001～2016 年能源、水资源和建设用地供给侧利用秩序平均水平为 29%，而需求侧的平均水平是 60%。供给侧秩序改善难度成倍于需求侧。需求侧秩序改善的重点是缩小高低收入差距并培育中产阶层的稳定成长。目前供给侧秩序只有规模效率和配置效率在振动性扩张，而技术进步和技术效率却在间歇性萎缩。要努力促进供给侧的技术进步的提升和技术效率的增加。

（2）能源、水资源和建设用地利用供给秩序较低，其比值为 36∶21∶31，均由其技术进步、技术效率、配置效率和规模效率等构成要素所决定，而构成要素的方向和数值又受国家有关政策法规和技术进步的力度大小影响。水资源受供给和需求的刚性约束，有关政策和法规无大的变动，其供给侧利用秩序低而稳；建设用地对国家有关政策和法规敏感，2006 年和 2013 年两度大幅度提升，但因缺乏治本性制度安排，其利用秩序仍在持续走低；能源供给侧秩序受利好政策法规激励，2005 年其秩序跳跃式提升，再加上技术创新和进步，2014 年迈入并至今保持在较高平台发展。

（3）近几年能源利用绩效高于水资源和建设用地利用绩效的主要原因是风能、

太阳能等新能源的大力开发，以及电信网络的高速发展带来生产成本和交易费用大幅度的降低。

（4）能源、水资源和建设用地利用耦合是国家资源配置机制的表现，一般差异不大，变化比较平稳。而其利用耦合协调度反映了能源、水资源和建设用地利用频率及幅度同步性程度，一般差异较大，变化难以平稳。因此，能源、水资源和建设用地治理要把影响稳定运行的风险化解到最低，以至消减为无，强调各种资源开发利用政策法规间的相互衔接和协同共进。

（5）能源、水资源和建设用地利用耦合度与耦合协调度取决于其利用秩序，而资源利用秩序又取决于消费侧能源利用主体收入差异与供给侧资源利用结构功能匹配程度。资源利用主体收入差异反映社会公平与否，资源利用结构功能匹配状况反映生产效率稳定程度及高低水平。显然，能源、水资源和建设用地利用治理的关键是控制社会两极分化，并通过资源结构功能匹配提高全要素生产率。

2）讨论

秩序是系统要素时空动态有序化排列。在现代网络大数据时代，真实地理空间距离耦合着虚拟经济空间距离（Han et al.，2017）。在此之前，Rodríguez-Pose（2010）就认为距离可用来反映区域的空间位置特征与区域间的互相作用程度，Yotov（2012）还把距离作为相对贸易成本的代理变量。距离不仅可以作为交易费用的代理变量，而且能用作量化秩序的核心变量。提升资源利用秩序就是缩小资源利用主体地位相对距离以及要素实际生产率与目标生产率的距离，也就是降低资源利用直接费用和与此有关的一切交易费用。

为了达到能源、水资源和建设用地经济均衡发展，主要措施是缩小各种资源利用相对经济距离：①加强交通、物流和互联网基础设施建设，以提升其速度并缩短区域经济距离，降低交易费用；②科技创新，缩减资源全要素生产率与其目标函数前沿生产率的距离；③缩小城乡居民收入差距，防止两极分化，抑制房地产过快增长，缩小区域间地租差距；④开发东部新能源和中西部水资源及建设用地，缓解资源生产与消费的区域非均衡布局，减少远距离运输成本和交易费用。

8.2　能源、水资源和房地产风险评估

8.2.1　能源风险评估

自 1973 年能源危机以来，世界各国愈发重视能源安全问题。我国经济的快速发展伴随大量的能源消费，以大量化石能源能耗支撑起经济发展的同时，我国也一直积极适应世界的能源改革形势。2014 年习近平总书记多次提及“能源革命”，在能源领域开展“消费革命、供给革命、技术革命、体制革命”，这场革命也被称

为中国的“能源4.0”。2014年国务院办公厅印发的《能源发展战略行动计划（2014～2020年）》提出了坚持“节约、清洁、安全”的战略方针，加快构建清洁、高效、安全、可持续的现代能源体系。2017年，我国化石能源消费占整个能源结构的79.2%，主要能源对外依存度较高，而化石能源安全水平在一定程度上决定了整个能源安全水平。因此，中国化石能源安全问题的分析研究具有重要意义。

我国一次能源自给率居世界中等水平，据BP世界能源统计显示，2017年中国一次能源消费与世界总消费之比为23.2%，虽然能源总量不小，但人均拥有量较低，截至2017年底，我国煤炭储采比约为世界平均水平的3/10、石油约为1/3、天然气约为2/3。近年来我国提出中国制造2025的发展目标，计划通过“三步走”战略从制造大国成长为制造强国。充足的能源成为必要的支撑和保障，传统化石能源的特点必然导致供应的有限性和消费的污染性。在我国能源获取与利用的过程中，化石能源供不应求、能源结构不合理、对国际市场过度依赖、能源利用效率低下、能源消费造成严重的环境污染等能源安全问题层出不穷。本书将构建基于秩序的能源安全评价体系，对我国2003～2017年能源安全状况及其变动情况进行综合的量化分析，确定中国近15年能源安全的安全等级以及能源供应、能源消费、能源环境三个方面各自的安全状况，并提出针对性政策建议，力求尽快提升我国能源安全等级，保障国家经济社会的永续发展与长治久安。

能源安全问题从20世纪70年代石油危机的爆发开始成为世界性的热点问题，能源安全的基础概念最开始是从能源供给的连续性上来界定的。Ahmad和Abdul-Ghani（2011）将能源安全定义为：在相当长的一段时间内，能源服务需求可靠地得到满足的能力；该定义注重能源供给的持续性与安全性。Leung（2011）通过对中国能源安全问题的讨论得出：能源需求安全同能源供给安全一样重要。除了以上两方面，能源开发利用产生的环境问题也受到了学者的关注，生态环境被纳入能源安全的概念界定中。Blum和Legey（2012）认为能源安全是一个经济体能够提供价格可承受的、充足的和不破坏环境的能源服务，同时维持该经济体最大的利益，不仅考虑了供给连续性和价格可承受性，还涉及了环境效益和可持续发展，拓展了能源安全的内涵，但也加大了测度能源安全水平的难度。国内对能源安全的界定主要涉及能源供应保障的稳定性和能源利用的安全性，能源供应的稳定性是指能源供应满足国家和人民生存需要的稳定程度，能源利用的安全性是指能源在利用过程中不威胁生存环境，多数学者也通过不同角度的研究支持了这种观点，其中比较具有代表性的是魏一鸣等（2012）提出的能源安全概念，即买得起、可靠且不中断的能源供给，同时不破坏和污染环境。

作为一个复杂系统，能源安全涵盖了方方面面，综合了多种因素和指标，因此，通过构建评价指标体系来综合评价能源安全仍旧是主流。Xia等（2011）利用主成分分析法，选取能源需求量、石油对外依存度、能源进口集中度、能源使用效率等指标对我国的能源安全水平进行了综合评析。Wu 等（2012）通过对能源供应安全和能源使用安全两个层面的具体分析，构建了能源安全的指标体系。其中能源供应安全的测度中使用了能源自给率、储采比、能源强度以及能源多元化指数等指标，能源使用安全的测度中使用了碳排放强度、生产安全指数以及人均碳排放量等指标。吴初国等（2011）构建了包含生产供应能力和环境保护维度等五个方面的能源安全评价体系，运用评分法、熵权系数法、因子分析法等对我国能源安全等级进行了量化评价。王小琴（2016）对能源的可获性、可持续性、可用性、技术发展四个层面进行了指标分析，评价了石油、煤炭和天然气的安全状况。耿旖旎和范爱军（2017）利用 Shannon-Wiener 指数量化了我国能源安全指标，选取煤炭、石油、天然气和清洁能源这四类能源，分析了长期社会政治稳定、能源丰富程度以及能源使用安全因素和能源结构的调整对我国能源安全的影响程度。范爱军和万佳佳（2018）从能源供应安全、能源消费安全以及能源环境安全三个层面构建了包含石油对外依存度、能源自给率、人均能源消费量、石油价格波动率、能源强度、外汇储备、清洁能源占比、二氧化碳排放量等 14 项关键性指标的中国能源安全评价指标体系，并采用因子分析法和三西格玛法则确定了我国 1995～2015 年的能源安全等级，发现 1995 年以来我国能源安全状况存在较大波动，总体处于“基本安全”状态。

综合已有文献可知，随着环境保护和气候变化等深入人心，以供应安全为目标的传统安全观正逐步向环境安全观转变，能源安全的含义和内容更加广泛，具体包括开发利用安全、供给需求安全，经济、社会与环境安全、当代与后代安全等；对能源安全的研究多基于建立指标体系对其进行评价，但已有研究多缺乏对能源秩序的考量，因而能源安全评价指标也未有研究涉及能源利用秩序。“秩序”是我国传统经济理论的经典，是指系统要素的时空排列，可以通过秩序测度机制把握能源利用规律。陈凯等（2018）首次将中国传统经济管理科学中的秩序和西方经济学中的全要素生产理论（TFP）两者相结合，创立了一种测度能源利用秩序的新方法，通过测度能源利用主体相对收入变动与 TFP 变化的状态之轻重来评价能源利用秩序平稳程度。基于秩序理论对能源进行研究仍处于起步阶段，成果较少，最新成果是陈凯等（2019）基于秩序理论对上海市、江苏省和浙江省的能源利用秩序及耦合协调度进行的测度。基于此，本书首先通过秩序理论，从纵向秩序和横向秩序两个方面对能源利用进行分析，得到能源利用总秩序的考分，从而对我国能源利用秩序平稳程度进行分析；其次，通过对中国能源供应安全、消费安全以及环境安全三个层面的理论分析，建立包含中国能源产量占世界总产量的比重、石油的对外依存度、能源自给率、能源消费弹性、能源利用秩序、清洁能源的消费比重、二氧化碳排放量的中国能源安全评价指标体系，评估我国能源安全的现状，并提出相应对策。

1. 指标选取

基于评价全面性以及数据可用性原则，本书遴选了 6 项影响中国能源安全的关键性指标。利用中国 2003～2017 年 15 年间的能源相关数据，构建了包含 1 个目标层（国家能源安全综合评价）、3 个准则层（能源供应安全、能源消费安全以及能源环境安全）、7 个指标层（中国能源产量占世界总产量的比重、石油的对外依存度、能源自给率、能源消费弹性、能源利用秩序、清洁能源的消费比重、二氧化碳排放量）的中国能源安全评价指标体系，其中不同的指标对国家能源安全有着或正向或逆向的影响（表 8-3）。

表 8-3　中国能源安全评价指标体系

目标层	准则层	指标层	单位	指标属性
国家能源安全综合评价	能源供应安全	中国能源产量占世界总产量的比重	%	正向
		石油的对外依存度	%	逆向
		能源自给率	%	正向
	能源消费安全	能源消费弹性	%	逆向
		能源利用秩序	两	正向
	能源环境安全	清洁能源的消费比重	%	正向
		二氧化碳排放量	百万吨	逆向

现将各指标的含义解释如下。

（1）中国能源产量占世界总产量的比重，即我国能源的生产总量占世界能源总产量的比重。对能源安全评价产生正向影响。

（2）石油的对外依存度。由于石油是最主要的贸易能源，用石油的对外依存度反映中国能源对国际市场的依赖程度。对能源安全评价产生逆向影响。

（3）能源自给率，即所消耗能源中由本国提供能源的比重，计算公式为：能源自给率 = 能源生产量/能源消费量。该指标反映了本国能源生产对本国能源消费的满足程度，能源自给率越高，则能源安全程度越高。对能源安全评价产生正向影响。

（4）能源消费弹性。能源消费弹性系数反映能源消费量增长与国内生产总值增长之间的联系。对能源安全评价产生逆向影响。

（5）能源利用秩序。基于中国传统经济理论的能源利用效率评价。对能源安全评价产生正向影响。

（6）清洁能源的消费比重。反映能源系统的清洁度。对能源安全评价产生正向影响。

（7）二氧化碳排放量。通过二氧化碳排放量的变化在量上最为直观地表示能源利用产生的环境影响。对能源安全评价产生逆向影响。

中国能源产量占世界总产量的比重、清洁能源的比重、能源消费弹性和石油的对外依存度的数据来源于《中国统计年鉴（2004～2018）》；能源自给率数据来源于《中国能源统计年鉴（2004～2017）》；能源利用秩序数据来源于上文秩序测度的总秩序考分值；二氧化碳排放量数据来源于世界银行和 BP 能源统计年鉴。

2. 能源安全等级划分

借鉴吴初国等（2011）关于能源安全等级的划分标准，本书将能源安全划分为五个等级，具体如表 8-4 所示。

表 8-4　能源安全等级划分

安全等级	安全指数区间	安全程度
I	[1.0，0.8）	基本安全
II	[0.8，0.6）	弱安全
III	[0.6，0.4）	不安全
IV	[0.4，0.2）	很不安全
V	[0.2，0.0）	严重不安全

3. 基于熵值法的能源安全指数测算

熵的概念源于热力学，信息熵越小，意味着信息的无序度越低，其信息效用值越大，指标所占权重越大。据此，利用熵值法可计算综合指标体系中各指标所含信息有序程度，得到各个指标的信息熵，进而确定权重，以消除人为因素干扰，使评价结果更加科学合理。

熵值法的计算过程简述如下，首先，定义原始矩阵，如式（8.3）所示：

$$X = \begin{matrix} x_{11} & \cdots & x_{1m} \\ \vdots & & \vdots \\ x_{n1} & \cdots & x_{nm} \end{matrix} \tag{8.3}$$

式中，x_{nm} 为第 n 个评价对象在第 m 项指标上的评价值。

其次，对于数据进行标准化处理，正向指标和逆向指标计算公式分别如式（8.4）和式（8.5）所示：

$$x_{ij}^{*} = \frac{x_{ij} - \min x}{\max x - \min x} \tag{8.4}$$

$$x_{ij}^{*} = \frac{\max x - x_{ij}}{\max x - \min x} \tag{8.5}$$

计算第 j 项指标在第 i 个评价对象上的指标权重，如式（8.6）所示：

$$p_{ij} = \frac{x_{ij}^*}{\sum_{i=1}^{n} x_{ij}^*} \tag{8.6}$$

计算第 j 项指标的熵值，如式（8.7）所示：

$$e_j = -k\sum_{i=1}^{n} p_{ij} \ln p_{ij} \tag{8.7}$$

式中，$k = \frac{1}{\ln n}$ 为非负常数，且 $0 \ll e_j \ll 1$；并规定当 $p_{ij} = 0$ 时，$p_{ij} \ln p_{ij} = 0$。

计算第 j 项指标的差异系数 $g_j = 1 - e_j$，然后计算第 j 项指标的权重，公式如式（8.8）所示：

$$w_j = \frac{g_j}{\sum_{j=1}^{m} g_j} \tag{8.8}$$

式中，$\sum_{j=1}^{m} w_j = 1$，则各指标熵值和权重结果如表 8-5 所示。

表 8-5　各评价指标熵值和权重

指标	熵值 e_j	权重 w_j
中国能源产量占世界总产量的比重	0.940	0.053
石油的对外依存度	0.932	0.161
能源自给率	0.835	0.147
能源消费弹性	0.821	0.159
能源利用秩序	0.872	0.129
清洁能源的消费比重	0.938	0.055
二氧化碳排放量	0.938	0.296

资料来源：根据中国历年统计年鉴和世界银行数据计算而得。

最后，采用多目标线性加权函数法来计算历年能源安全指数，计算公式如式（8.9）所示：

$$C_i = \sum_{j=1}^{7} x_{ij}^* w_j \tag{8.9}$$

4. 能源安全结果分析

从图 8-5 和图 8-6 可以看出，我国能源安全状况总体上处于较低层次，绝大部分年份的能源安全指数低于 0.5，且在评价期内，能源安全指数在 0.4～0.6 呈现上下波动的状态。

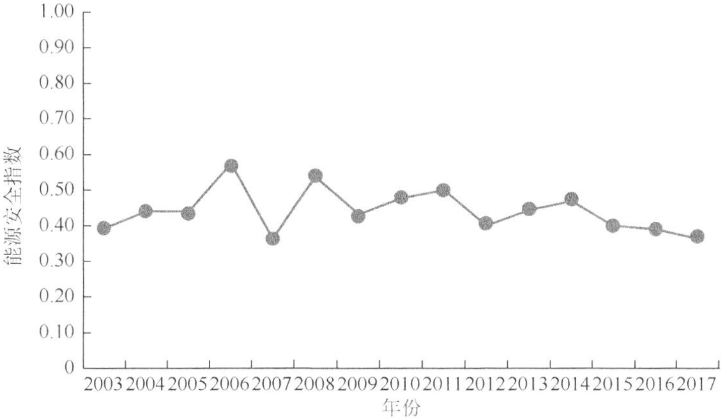

图 8-5　2003～2017 年中国能源安全指数变动趋势

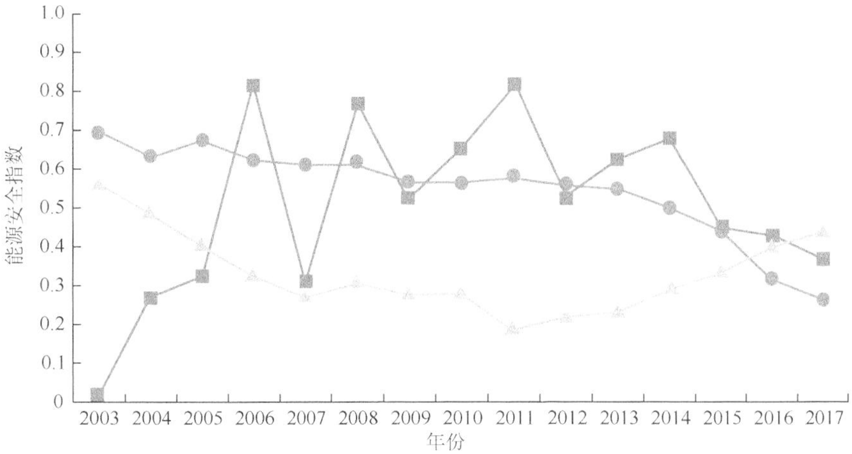

图 8-6　2003～2017 年各部分中国能源安全指数变动趋势

我国能源安全状况既与国际能源格局、我国经济发展水平有关，也与我国产业结构和资源结构、能源开发利用效率密切相关。21 世纪初期，我国经济步入高速增长阶段，重工业化发展趋势明显，以“高消耗、高排放、高污染、低效率”的粗放式经济发展模式发展，能源消费增长旺盛，受到本国有限资源的限制，能源对进口的依赖程度持续升高，能源供应风险一直攀升。而大规模经济刺激政策的负面影响开始显现，迅速增长的钢铁、水泥等高耗能工业拉动能源消费迅速增长，能源安全指数降到最低点，接近非常不安全等级的下限。

随后国家推行可持续发展战略，实施“节能减排”政策，强调压缩煤炭在能源消耗中的占比，有效控制了温室气体排放速度，使其呈现较温和的增长态势，技术进步使能源利用效率提高进一步强化，推广先进治污技术，同时提高能源勘探技术水平，逐步提升了能源自给率，我国能源安全状况开始较好。此外，中国积极拓展能源合作渠道，推动与俄罗斯、哈萨克斯坦、缅甸等周边国家陆地油气管道建设，西北、西南、东北和海上四大能源进口通道建成，减轻了对中东地区的依赖，缓解了马六甲海峡的掣肘，使能源进口安全性大幅提升，能源安全指数有所上升。

但是近些年来我国石油能源产量降幅较大，导致石油对外依存度大幅增加；清洁能源在使用过程中存在投资过热问题，并且出现“弃水、弃风、弃光”现状，同时能源外送通道调配不恰当，使得能源消耗增加，能源利用效率下降。由于政策缺乏一致性、稳定性等，特别是在煤炭“去产能”和“煤改气”工程过程中，存在扭曲政企关系、造成对去产能对象有失公平、调控力度难以精准、治标不治本等问题。

2003～2007 年能源安全指数和各组成部分安全指数变化趋势如图 8-5 和图 8-6 所示。

5. 结论与建议

本节通过测度我国 2003～2017 年能源利用纵向秩序与横向秩序，得到能源利用总秩序考分，进而对我国能源利用秩序平稳程度进行了分析；通过构建包含中国能源产量占世界总产量的比重、石油的对外依存度、能源自给率、能源消费弹性、能源利用秩序、清洁能源的消费比重、二氧化碳排放量的中国能源安全评价指标体系，并对我国能源安全进行评级，分析了我国能源安全的现状，得出以下结论。

2003～2017 年我国能源总利用秩序处于中等水平的起伏波动中，总秩序考分均处于 50%上下，总体趋势向理想状态靠近。经过多年的实践摸索和政策管控，我国能源安全等级整体水平处于不安全等级，能源安全水平还有很大的提升空间。就本书能源安全等级和变化趋势来看，我国能源安全等级距离基本安全还有很大的差距，并且在相当长时间里，以常规化石能源为主的能源消费结构不可能得到根本性改变，因而必须在提高能源消费弹性、降低能耗强度、提高能源利用效率方面尽快取得突破，增加能源进口渠道，把对外依存度下的安全风险控制在一个合理限度内，同时加大清洁能源的发展力度，为中国经济持续健康发展提供安全的能源支撑体系。

结合已经得出的结论，现给出以下几点建议。

（1）加强国际合作，重视发展同新兴油气生产国的合作关系，通过市场和外交手段规避进口风险，增加进口来源，有针对地减少局势动荡地区的进口量，逐步实现进口渠道多样化，将我国能源合作的重心更多地转向东亚、中亚及俄罗斯，着力打造新时代的“能源丝绸之路”，以降低能源海运比重，降低供应风险。

（2）加强科研创新，以科技创新推动产业转型升级，加强高碳能源的低碳化研究，推广洁净煤技术。重点发展清洁能源。通过设立专项投资基金、财税补贴、优惠贷款等金融政策，加大对可再生能源技术研发的投入力度，不断优化能源消费结构，支持可再生能源开发利用领域的人才培养，促进产业发展，扩大市场规模，加快培育可再生能源市场。

（3）建立能源预测预警模型，完善能源风险应急管理体系。一方面继续加快石油储备基地建设，明确储备主体的责任和义务，鼓励社会资本参与储备设施投资运营，构建政府战略储备、企业社会责任储备和企业生产经营储备一体的储备体系，健全储备运行机制，提高政府储备的流动性；另一方面要加大地下储气库扩容改造和新建力度，加快液化天然气（liquefied natural gas，LNG）储气设施建设，补足天然气储气能力短板，加快管网建设和管网互联互通，消除管输能力不足和区域调运瓶颈的制约，推进天然气价格市场化改革，构建规范的市场化调峰机制。

（4）正确处理政府与市场的关系，提高政策的稳定性。继续深入推进能源体制机制改革，增强国内能源供应能力。一方面加强顶层设计，探索职能有机统一的大部门体制，优化职能配置；另一方面要将市场经济目标、价值取向和基本规律相结合，把握正确目标，避免方向偏差，提升能源管理能力。正确处理好企业、市场、政府之间的关系，发挥市场在资源配置中的决定性作用的同时，更好地发挥政府的引导与监督作用。

（5）加大保障能源安全的普及和宣传力度，在全社会倡导节能减排。节能是最重要的“燃料”，是保障我国能源安全的关键切入点，我国的能源利用效率在世界上处于落后地位，能源浪费严重，利用效率较低，单位能耗高，但从另一层面看，我国存在很大的节能空间。让公众了解节能减排对保障我国能源安全非常重要和必要，在生活中要践行节能减排，保障我国能源安全。

8.2.2 水资源风险评估

水资源利用秩序反映了水资源供给侧效率和需求侧公平及其风险大小程度。采用秩序模型对我国29个省级行政区2008～2017年的水资源利用状态进行测度，通过测量高低收入人群的收入差距的变动状况度量公平程度，使用数据包络分析法将全要素生产率的增长进行分解，从而度量其效率发挥状况。将二者综合，计算水资源总秩序水平及潜在的风险情况。收集数据分析，对全国各地区水资源系统的脆弱性进行评价，并结合秩序测度结果划分风险矩阵，对各地区水资源系统的风险程度进行评级。

1. 水资源利用秩序及风险研究概述

水资源是人类社会生产生活的必要物质资源，我国一直十分重视水资源在经济生活发展的基础性功能，致力于提高水资源利用公平和有效利用效率。因此，对我国现有的水资源利用效率进行分析，将“供给侧”与“需求侧”相结合，考察水资源的使用现状并对其风险进行测评，对目前以及未来的生产活动具有指导意义。

本节将中国传统经济学中的“秩序”思想与现代西方经济学中的“效率”理论相融合，在数理分析的基础上运用阴阳理论考察水资源的利用秩序，并进一步分析各地区水资源风险的大小，这将对水资源的投入决策产生启发，使生产活动向着更科学高效的方向运行，有利于社会达到“安、平、泰”的理想状态。

不少国内外学者已经开展了关于水资源效率的研究：Bachelorette 认为，水资源效率综合利用程度的提高是改善水资源流域管理的基础；张远（2003）指出，水资源的效率应当包括三个主要方面，即配置效率、技术效率和经济效益；钱文婧则提出了水资源全要素的定义，产出一定，理论最小用水量与实际用水量的比值。上述文献对水资源利用效率进行了评析，但是均没有设计出水资源利用秩序，秩序是一种综合评价资源使用整体情况的方法，将“需求侧”与“供给侧”相结合，是一种颇具创新性的方法。

此外，国内外学者对水资源效率考察设立了多种分析方法，包括参数法和非参数法两大类。参数法以随机前沿分析（SFA）为主要代表，非参数法以数据包络分析（DEA）为主要代表，这一方法由 Charmes、Copper 等学者在 1978 年首先提出，它的主要优点在于不需要考虑产出与投入之间的函数关系，不需要对数据进行无量纲化处理，不需要事先预估参数，也不需要做权重假设，这就避免了主观因素对结果的影响。刘渝等（2007）运用 DEA 分析了湖北省 17 个城市的农业水资源利用效率并进行了排序；刘晓平等（2008）则运用 DEA 研究了我国 20 个省级行政区在 2004 年的水资源承载力；Francisco J. Andre 等（2010）使用 DEA 方法计算了西班牙的农业效率。到目前为止，DEA 已经是非参数法中用于构造生产前沿面的最广泛和最常用的方法。但 DEA 是一种比较效率，受比较者数量多少的影响较大，无统一标尺对单个被测者做出评判。随机前沿分析虽能独立测量供给侧实体要素效率，却无与需求侧一致性标尺度量水资源利用状态的优劣。为此，本书设置水资源供给侧效率与需求侧公平度一致性变动标尺，并与风险挂钩，测度水资源利用秩序基础上的风险。

关于水资源风险的测度，主要的测度方法包括模糊综合评价法、层次分析法等，其特点是从水资源系统脆弱性探讨水资源风险，但水资源利用是一个自然脆弱性与社会秩序性交织成的复杂庞大的系统。因此，本书将水资源脆弱性和社会秩序性融入风险评价体系，得到风险矩阵，并根据不同程度的风险给出相应的建议。

2. 水资源脆弱性测度

水资源脆弱性是指水资源系统遭受自然变化、人类活动的不利影响的程度，参考夏军对地区水资源脆弱性的评价方法，认为各地区水资源的脆弱程度是水资源系统对影响因子的敏感程度和抗压能力的函数，如式（8.10）所示：

$$V = \alpha \frac{S(t)}{C(t)} \tag{8.10}$$

式中，V 为水资源系统的脆弱程度；α 为尺度因子；S（t）和 C（t）分别为水资源系统对影响因子的敏感程度和抗压程度。

抗压程度 C（t）的计算公式如下：

$$C(t) = f(r, \mathrm{FI}, \mathrm{WU}) = \mathrm{e}^{-r \cdot k} \cdot \mathrm{e}^{-\mathrm{FI} \cdot \mathrm{WU}} = \mathrm{e}^{-(r \cdot k + \mathrm{FI} \cdot \mathrm{WU})} \tag{8.11}$$

式中，r 为某地区地表水资源的开发利用率，等于当地地表供水量与地表水资源量的比值；FI 为 Falkenmark 指数的缩写，表示百万立方米水承载人口数，等于人均水资源量的倒数；WU 为人均用水量；k 为尺度因子，是常数，根据 Perveen 和 James（2011）的研究结果，尺度因子 k 可取为 2.3。

由于气候变化对水资源的影响存在诸多不确定性，本书暂不考虑其敏感性，仅考虑其抗压性，令 S（t）$=1$，同时取 $\alpha=1$，则式（8.10）可表示如下：

$$V = \frac{1}{C(t)} = \frac{1}{\mathrm{e}^{-(r \cdot k + \mathrm{FI} \cdot \mathrm{WU})}} \tag{8.12}$$

对于式（8.11），若区域内没有人类活动，则水资源的开发利用率 $r=0$，此时 C（t）$=1$；随着人类对水资源的开发强度的提高，r 增大，C（t）逐渐减小；当区域内的水资源利用率达到 100%，用水量 W 等于当地可用的水资源量 Q 时，此时 C（t）取得最小值，为 0.0368。因此，C（t）的取值范围为[0.0368，1]。

将 C（t）代入式（8.12），并采用极大值标准化法将 V 的取值范围转化为[0，1]，结合 Perveen 等（2011）的研究成果，可将地区水资源系统脆弱程度 V 划分为如下三级，如表 8-6 所示。

表 8-6　水资源脆弱程度分级

V 值	等级
$0 \leqslant V \leqslant 0.10$	不脆弱
$0.10 < V \leqslant 0.40$	中脆弱
$0.40 < V \leqslant 1$	极脆弱

依据上述模型，对 2008～2017 年我国 29 省级行政区的水资源系统的脆弱性进行测度，得到如图 8-7 和表 8-7 所示结果。其中，各省份的人均水资源量、人均用水量、地表水资源量、地表水供水量数据均来源于国家统计局官网。

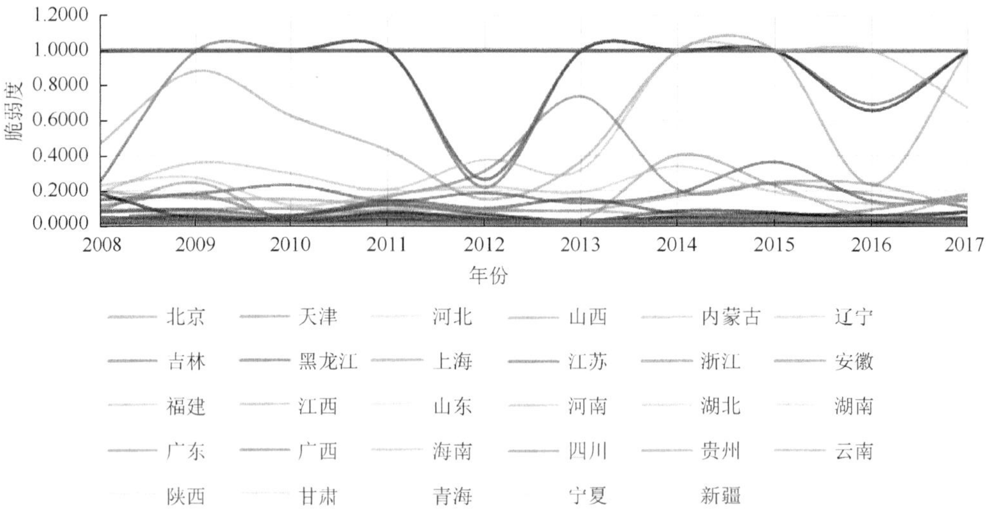

图 8-7　2008～2017 年部分省份水资源系统脆弱度

表 8-7　2008～2017 年部分省份水资源系统脆弱程度

不脆弱		中脆弱		极脆弱	
省份	脆弱程度	省份	脆弱程度	省份	脆弱程度
青海	0.0010	辽宁	0.1395	北京	0.8184
云南	0.0079	甘肃	0.1597	天津	0.9268
贵州	0.0115	山西	0.1894	河北	0.6189
四川	0.0127	新疆	0.2045	上海	1.0000
海南	0.0137	河南	0.2329	江苏	0.9661
广西	0.0213			山东	0.5448
江西	0.0226			宁夏	1.0000
福建	0.0262				
陕西	0.0274				
浙江	0.0296				
湖南	0.0298				
广东	0.0408				
吉林	0.0538				
湖北	0.0633				
黑龙江	0.0784				
内蒙古	0.0815				
安徽	0.0918				

由上述结果可知，在所研究的 29 个省份中，有 17 个省份的水资源系统的抗压能力较好，并且多数都是水量充沛、资源丰富的南方省份。而水资源系统脆弱程度最高的 7 个省份中，有 5 个位于北方，这可能是因为宁夏、河北等北方省份水资源极其匮乏。此外，北京、天津、上海、江苏等地由于经济发达、人口增长较快，水资源压力很大，因此其水资源脆弱性明显高于其他地区。

3. 水资源风险评价

根据对各地区水资源利用秩序的评价结果及对水资源脆弱程度的测度，可以得到水资源风险矩阵，并将风险等级划分为重大风险、中高风险、中等风险、中低风险、可忽略风险这五个等级。各省份水资源系统的风险测度如图 8-8 和表 8-8 所示。

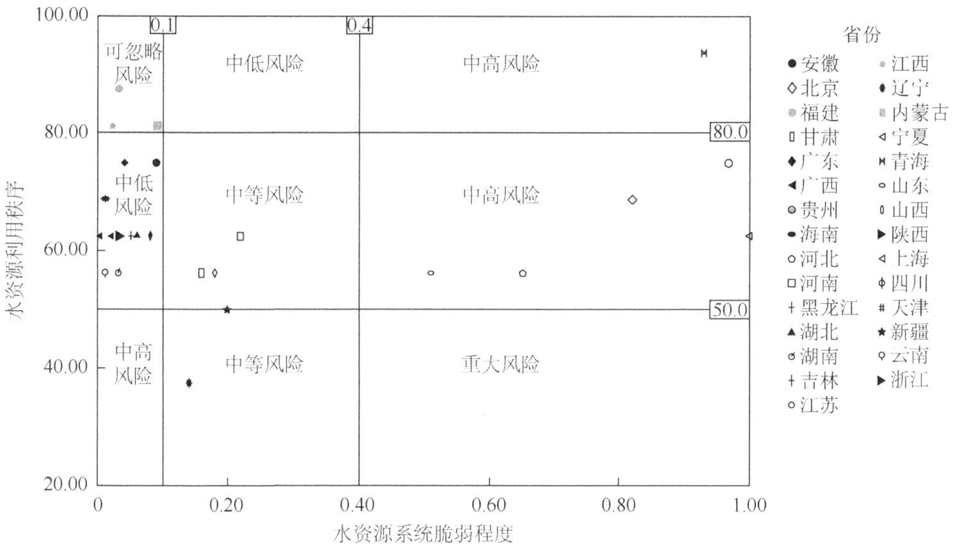

图 8-8　水资源风险矩阵

表 8-8　水资源风险评级

分级	省份				
重大风险	—				
中高风险	北京	天津	河北	山东	宁夏
	上海	江苏			
中等风险	山西	辽宁	甘肃	新疆	河南
中低风险	四川	青海	广东	广西	浙江
	湖南	湖北	云南	海南	安徽
	黑龙江	吉林	陕西		
可忽略风险	贵州	内蒙古	福建	江西	

以上结果显示，我国水资源风险大致呈现出由南向北逐渐增加的空间规律，但也有例外，内蒙古自治区的地理位置偏北，水资源总量也远不及福建、江西等地充沛，但是其水资源利用的全要素生产率改进较高，同时由于地广人稀，人均水资源量较大，水资源系统的脆弱程度较低，具有较好的抗压能力；位于中低风险和可忽略风险的省份占研究省份总数的半数以上（共 17 个），说明我国大多数省份的水资源系统运行良好；处于中高风险的地区共有 7 个，这些省份受到水资源禀赋的约束，且人口密度较大，因此水资源系统较为脆弱，面临的风险也更大。

4. 降低水资源风险的建议

1）促进技术进步

鉴于全要素生产率对技术进步有较强的依赖性，因此技术能力的提升是改善水资源利用秩序、增强水资源系统抗压能力的关键，为实现“科技兴水”，提高水的供应及使用单位的科技含量，尤其是火力发电、印染、造纸、食品加工及医药等高耗水行业更要注重技术的提升与改造，应当从以下几个方面入手。

（1）充分发挥高校和研究院培养水利科技创新人才的源头性作用，利用好现有的科研及学术优势，促进研究成果应用于实际的生产活动；引导供水、用水企业与各高校、研究所开展技术合作，形成“产、学、研”一体化的水资源技术开发实体。以技术支持产业发展，利用云端大数据等新兴技术促进水资源的高效使用和信息化管理。

（2）积极组织开展各类水资源科技成果展或者技术示范活动，鼓励水利研究人员深入农业水资源利用基层、走进高耗水的工业企业，开展技术研发和科技指导服务。

（3）适当学习国外先进的技术或经验，努力建成“政府做引导、企业为主体、各科研机构为依托、社会各方积极参与”的技术支撑体系，切实为水资源利用秩序的提高和稳定提供技术保障。

2）适当调整水资源定价

在我国，水的生产和供应业作为自然垄断部门控制着我国的水价，并以包办的形式严格管制水资源的开发利用权限，这就导致水价背离了市场供求关系作用下市场出清价格，政府制定的水价远低于均衡水价，由此易导致水资源的浪费及工业企业对其粗放式利用，不利于工业经济的良性发展。政府不妨加快水资源定价的改革，将高耗水行业的水价与其他行业水价区别开来，激励用水单位发挥主观能动性；从而提高用水效率，提高水资源系统的抗压能力、降低水资源风险。

3）关注资金补助的程度

对水资源有关单位的资金补助主要来源于政府，对于水资源风险而言，政府的资金补助是一把双刃剑。

政府资金补助的正向作用主要体现在：对水利设施等固定资产的投资有利于促进供水模式或水资源利用模式的改变，使得现代化技术和科学的管理模式更快更好地融入水利部门，提高供水、用水效率，改善横向秩序，有利于降低水资源风险。

政府资金补助的负向作用主要体现在：政府对农林水务的财政支出越多，那么它对水资源利用施加的导向性影响就越强，难以令市场自发调节资源的配置。在激烈自由的市场竞争中，有限的水资源将被分配到使用效率最大的行业，从而达到水资源利用的帕累托最优状态。但过强的政府干预往往极有可能扭曲市场中水资源的有效配置，从而降低了资源配置效率，提高了水资源风险。

因此，政府在对用水单位进行补贴时应注重顶层设计，以水资源利用现状为基础，观察其固定资产投入的边际效应，并适当地放权，引导市场发挥作用。

5. 结论

本书使用秩序测度评价模型对我国 29 个省级行政区 2008～2017 年的水资源利用秩序进行测度，在得到了其纵向及横向秩序结果后对其总秩序考分进行了计算，接下来通过测度水资源系统的脆弱程度、结合秩序测度结果划分风险矩阵，对各地区的水资源风险进行评估，最终提出建议，本书得到的主要结论如下。

（1）在研究时间跨度内，我国各地区纵向秩序的算术平均数为 7.5，整体纵向秩序较好，贫富两极分化程度逐渐减小。各地区横向秩序的算数平均数为 3，北京、天津、上海、福建的横向秩序较好，其他地区的横向秩序多处在“破军”或“文曲”的低秩序水平。此外，北京、天津等地的全要素生产率的改进程度较高，技术进步（TC）也较为显著。

（2）关于水资源系统脆弱性的测度，半数以上省份的脆弱程度较低，水资源系统具备较好的抗压性。北京、天津、上海等地的水资源脆弱程度较高，尽管这些地区的水资源利用率较高，但由于当地水资源禀赋较差、人口密度较大，其水资源系统的抗压能力并不强。

（3）将秩序的测度结果与脆弱性的测度结果相结合，可以评估各地区水资源系统所处的风险范围。我国约半数地区的水资源风险处在中低水平；风险评价较高的地区要么是人口压力较大的地区，如北京、上海，要么是水资源极为匮乏的地区，如宁夏、河北。

（4）为降低水资源风险、改善水资源利用的秩序，提出如下建议：一是促进技术的创新及科技成果的转化；二是调整水资源定价，通过价格机制促进用水单位主动节水、提高用水效率；三是关注对用水单位补贴的程度，促进水资源全要素生产率的提高从而改善秩序水平，降低水资源系统的风险。

8.2.3 房地产风险评估

1998 年住房改革后，我国房地产业不断发展，为我国经济繁荣做出了很大贡献。但自 2004 年起，我国房价进入飞速增长状态，由于房地产市场对我国全局经济的影响十分重大（孙志妍，2017），房价猛涨必然使得各方面的潜在风险随之增大。如若房地产泡沫破碎，必然重创实体经济，造成经济发展步伐严重受阻。就目前我国所应对的经济金融风险来说，房地产市场风险首当其冲。

秩序的研究方法是我国传统经济理论的经典，从秩序角度化解经济社会系统风险可助力国家调控经济安全稳定高效运行。本节将从秩序角度对我国 31 个省（港澳台未计入，下同）份房地产市场运行情况进行测度。“秩序”作为机制的重要表现形式，是规律的直接反映。通过秩序测度机制，可以把握资源利用规律。目前我国针对土地这一基础性资源的利用秩序的研究较少，对资源利用秩序的研究主要集中于能源领域，例如陈凯等（2018）基于中国古典社会科学原理设置了衡量社会公平与能源利用效率一致性的精准量化标尺，创立出一种测度能源利用秩序的新方法，通过能源利用主体相对收入变动与全要素生产率变化测度其需求侧与供给侧的状态之轻重来评价能源利用秩序平稳程度。本书将借鉴其秩序测度的方法、标准，对我国 31 个省份房地产利用秩序进行评估分析。

1. 文献评述

房地产风险的研究主要集中于风险周期、评价、预警等方面。2014 年，国际清算银行（Bank for International Settlements，BIS）基于金融稳定的角度，建立了包含房地产价格、房价涨幅与 GDP 增速之比、信贷余额/GDP 缺口等预警指标的房地产风险预警模型，并指出 2016 年一季度中国信贷与 GDP 比重缺口曾升至 28.8%，超过 2008 年雷曼倒下之前美国的数值。欧洲系统风险委员会（ESRB，2016）开发了基于居民住房抵押市场的宏观审慎稳健性模型，通过居民住房抵押品价值、借贷条件、居民债务承受能力三类指标进行综合评估。李佩珈和梁婧（2018）从居民负债能力视角分析了房价变动、房地产贷款增速变化、居民债务收入和居民债务率的变化对房地产金融体系稳定性的影响，并构建了反映上述指标变动的房地产预警综合指数。上海易居房地产研究院（2016）构建了一套房地产短周期风险识别模型，并运用综合评价法对全国 35 个城市房地产短周期风险进行了评估。关于房地产经济周期多通过通货膨胀率（Hartzell et al.，1987）、房地产空置率（Gordon and Canter，1996）、房地产租金变化率（Mueller，1999）等进行研究。叶红梅（2017）基于短周期风险评价模型对荆州市房地产风险进行了研究，并提到在防范和应对房地产市场风险的过程中，应该对不同城市区别对待，出台差别化的房地产调控政策，从而确保我国房地产市场持续、健康地发展。

综上可知，目前缺乏从房地产利用秩序角度探讨房地产市场运行情况的研究；房地产风险少有将地方经济发展对房地产收入的依赖性纳入的研究，存在一种“应然”的判断；有关房地产指标体系的选择与权重主要来自专家学者的人为打分（柴铎等，2018），主观性较强，而利用秩序作为市场运行的评价标准，更具有客观性。基于上述情况，本书将我国传统经济理论和西方经济学相关理论进行融合，以我国传统经济学思想中的秩序论为基础，测度 2006～2016 年我国 31 个省份房地产资源利用秩序情况，运用房地产财政依赖度评价模型分析各省份房地产财政依赖度情况，进而划分风险评级矩阵，给出一系列可行性分类调控对策。

2. *房地产资源利用秩序*

轻重秩序是衡量房地产发展是不是符合国民经济规律的主要标尺，重者紧于道，表示房地产业发展健康稳定，与国家经济发展规律更为贴近；轻者松于道，即房地产资源经济偏离正常轨道。秩序轻重在此主要用于评价房地产资源经济运行实际情况和理想情况的差额。纵向重量测度利用主体相对位置及活动范围与目标地位及范围之间的距离，重者，距离短，轻者，距离长；横向重量测量房地产资源利用全要素生产率与目标函数前沿生产率（最优水平）之间的距离，重者，距离近，轻者，距离远。2006～2016 年全国 31 个省份房地产资源利用区域总秩序如图 8-9 所示（不含港澳台）。表 8-9 显示我国各省份房地产利用秩序度（不含港澳台）。

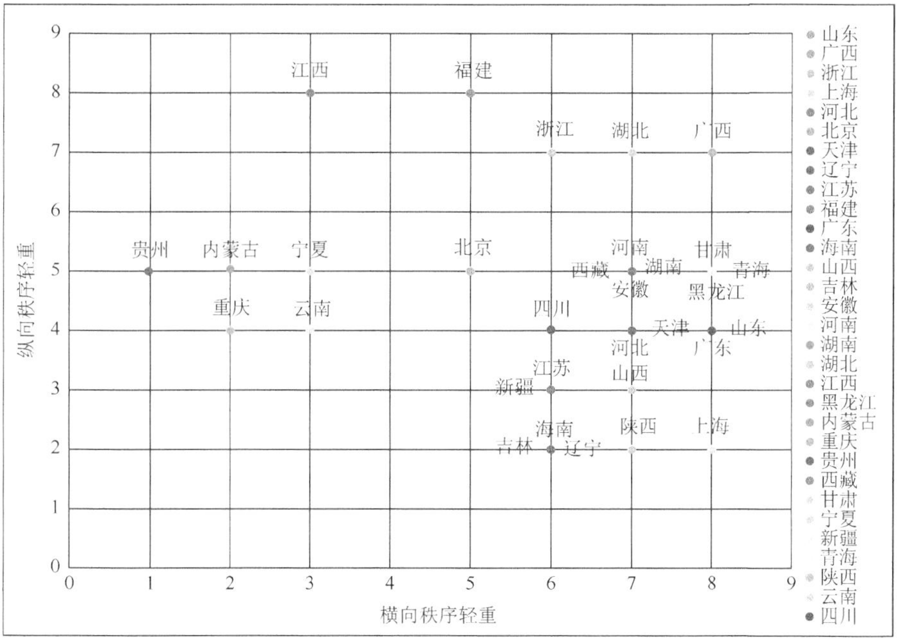

图 8-9　房地产资源利用区域总秩序

表 8-9 我国各省份房地产利用秩序度

高秩序度		中秩序度		低秩序度	
省份	秩序度/%	省份	秩序度/%	省份	秩序度/%
广西	93.75	安徽	75.00	海南	50.00
湖北	87.50	广东	75.00	吉林	50.00
福建	81.25	河南	75.00	辽宁	50.00
甘肃	81.25	湖南	75.00	宁夏	50.00
黑龙江	81.25	山东	75.00	内蒙古	43.75
青海	81.25	天津	75.00	云南	43.75
浙江	81.25	西藏	75.00	贵州	37.50
		河北	68.75	重庆	37.50
		江西	68.75		
		北京	62.50		
		山西	62.50		
		上海	62.50		
		四川	62.50		
		江苏	56.25		
		陕西	56.25		
		新疆	56.25		

3. 房地产风险测度

1）房地产财政依赖度模型

综合来说，房地产财政依赖度＝[（房地产）土地收入＋房地产税收]/地方政府财政收入。本书将房地产财政依赖度定义为：(用于房地产的土地出让收入＋房地产税收）/（一般公共预算收入＋政府性基金收入)。在统计年鉴中所反映的房地产开发投资土地购置费，就是所谓的土地出让的收入来源。依赖度划分目前在学术界尚未得出一套能够被各方面所普遍认可的标准，本书采用柴铎等（2018）的研究成果，依照聚类分析的方式，将依赖度划分为低、中、高三个等级（图 8-10 和表 8-10）。

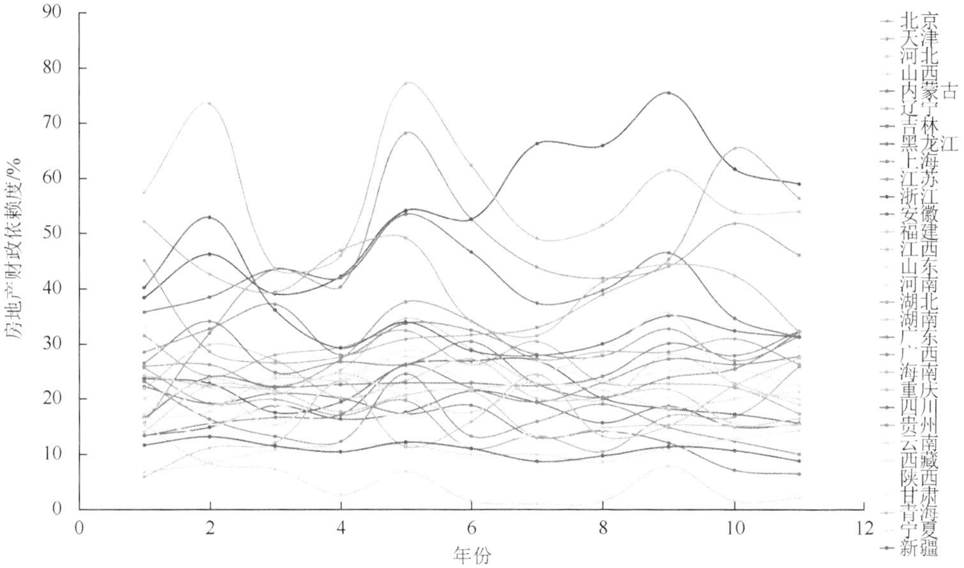

图 8-10　我国各省份房地产财政依赖度

表 8-10　我国各省份 2006～2016 年综合房地产财政依赖度

高度依赖		中度依赖		低度依赖	
省份	依赖度/%	省份	依赖度/%	省份	依赖度
福建	57.28	湖北	28.61	江西	18.37%
浙江	54.62	广西	26.66	天津	17.84%
北京	43.63	辽宁	26.12	黑龙江	16.98%
重庆	41.47	广东	24.35	陕西	16.75%
安徽	40.84	山东	24.00	青海	16.60%
海南	39.04	河北	23.67	贵州	15.94%
四川	34.35	云南	23.21	内蒙古	15.62%
江苏	30.87	河南	22.46	甘肃	12.82%
		湖南	22.18	新疆	10.86%
		吉林	21.35	山西	10.62%
		上海	21.32	西藏	5.11%
		宁夏	20.80		

资料来源：根据历年中国统计年鉴计算。

由上述结果可知：我国各省份 2006～2016 年房地产财政依赖度基本上均落在

20%～30%以内。除四川、重庆外，高依赖度省份基本为土地收入较高、土地市场整体运行良好的沿海发达省份，而四川、重庆也同样为经济较为繁荣的中部省份。部分低依赖度省份实际是房地产市场运行水平较差的省份，从这一角度来说，单纯的以经济发展水平、土地市场表现以及房地产市场发展水平这些因素来评价房地产财政风险并不恰当。

2）区域房地产财政风险测度结果与分析

根据上文的研究成果，得出如图 8-11 所示的房地产风险矩阵，并且划分出风险期、预警期、平稳期、理想期、安全期五种不同的类型。

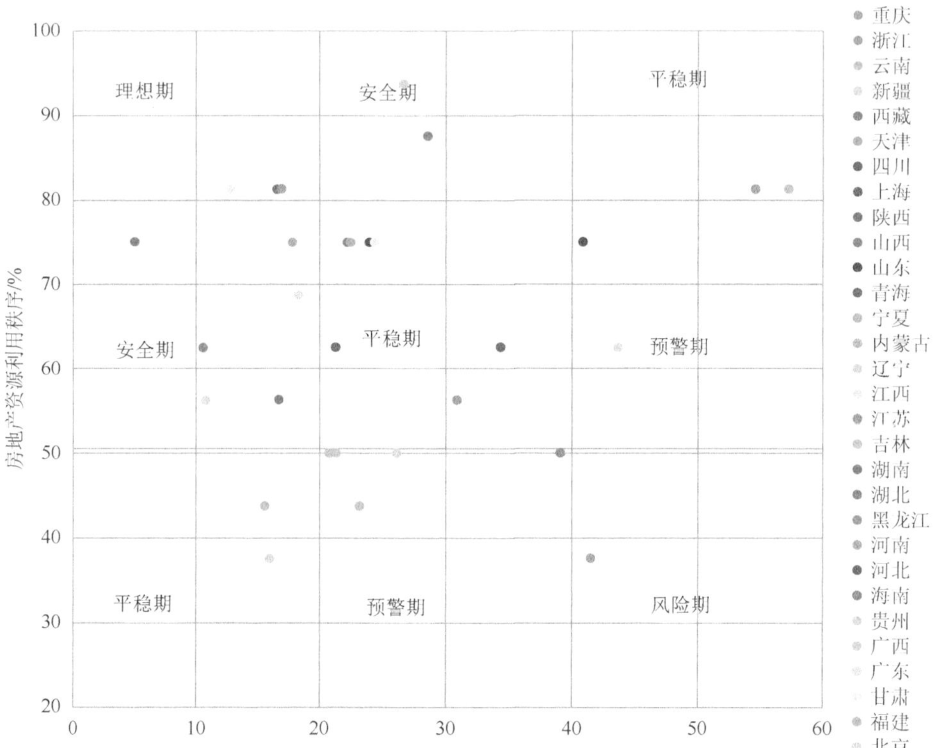

图 8-11　房地产风险矩阵

根据表 8-11，约不到 1/3（9 个）省份房地产财政处于相对安全和理想期，其中处于安全期的 4 个省份基本为经济发展水平落后、资源人口流失的省份，这些省份房地产价格较低、外部投资欲望较低、消费者购买需求较低、居民收入增长较为缓慢，因而这部分省份虽然房地产风险较低，但同样无力提振经济，长此以往，在无外部投资的情况下，经济有进一步塌缩的风险。人是房地产的核心，没有合适的项目和工作留住人才，即使地区房地产风险较低，也无法改变地区经济低迷的严峻事实。中部区域省份如山西省、陕西省等也同样具有较高的安全度。吉林省、辽宁省等东北省份作为传统研究中被认为投资预期较低、经济不确定较高的省份，其土地收入供需方面却始终处于安全水平之上，虽然经济发展水平略低，但是地方财政对于土地出让金的依赖性也较低，所以经济风险系数较低。

表 8-11 我国各省份房地产财政风险评级

分级	省份				
风险	重庆	海南			
预警	安徽	江苏	四川	北京	云南
	宁夏	吉林	辽宁		
平稳	浙江	山东	湖南	福建	河南
	河北	上海	贵州	内蒙古	广东
安全	湖北	西藏	广西	山西	陕西
	天津	江西	新疆		
理想	甘肃	黑龙江	青海		

福建省、浙江省、北京市、重庆市、安徽省、海南省、四川省、江苏省等省份在传统研究中始终因为对土地财政依赖度较高而成为人们关注的重点地区，但可以看出浙江省土地市场的整体运行情况较为理想，并且具有较强的稳定性，再加上出让土地的整体利用效率长期运行于较高的水平上，虽然客观存在风险，但是风险总量仍然处于可控区间。而预警和风险期的省份达 10 个，多数位于东、中部，这种情况与当地的高房地产财政依赖度是密切相关的。宁夏、云南两个省份，虽然房地产财政依赖度低于其他大多数省份，但同样其房地产资源利用秩序也处于较低的水平，因此依旧呈现出风险预警的态势。

4. 不同风险级别省份的分类调控策略

如上文中所介绍的那样，当前城市风险的进一步分化，充分证明了在今后的工作中必须坚持因城施策的原则不动摇，具体来说，应重点做好如表 8-12 所示的几个方面的工作。

表 8-12　不同风险等级城市风险防控举措组合

调控举措	安全和理想期	平稳期	预警和风险期
政府债务	稳定并逐步降低	适度控制	严控
政府支出	保持稳健，优化支出结构	适度约束	严控
土地供应	保障新产业、新动能、安居工程供地，适度缩减规模、疏解功能	保持稳定，逐步压缩，精准供地	严格约束供地时序、规模
土地供应方式	改革招拍挂，探索弹性期限供给、先租后让、分期付款等方式，实施土地全生命周期管理，探索集体土地入市	根据城市未来发展导向和产业规划，探索差别化供地政策，创新农村建设用地利用模式	扩大有偿使用范围，暂缓农村建设用地入市、流转
地价	采用限房价-竞地价、限地价-竞配建等多种形式控制地价，降低企业用地成本	保持平稳、控制涨幅	适度宽松、增强竞争
房地产市场调控	坚持调控基调，抑制投资需求，稳定市场供给，抑制房价	适度扩大住房供给，防止游资短期炒作，稳定市场秩序	坚持去库存、存量房转保障房、允许房价温和上行
替代机制探索	优先、全面探索	尝试个别途径	适当跟进
城市更新与建设	总量控制、增量减少，坚持集约、内涵发展，提升城市品位，优化生态	引导健康空间布局，缩小征地范围，加强存量土地再利用	加强集约、精准化公共服务配置与闲置、废弃地整治

当前阶段，处于安全期省份的城市，由于其所面临的中短期风险较低，在今后的发展中仍然应保持较为温和、稳健的政策，土地供应、政府债务等在短时间内尚没有大规模调整和优化的必要。因此，这些城市非常适合作为土地财政改革的试点城市，为房地产市场的多元化发展、土地收入水平的模式创新等替代机制的建立和健全积累丰富的经验。

当前绝大部分城市尚处于稳定期，仍然保持着较高的增长速度，其土地供应水平、地方债水平并未超过预警线。但是在今后的发展中，应未雨绸缪，积极推进改革，一方面优化城市用地结构，另一方面也有必要提前探索新的财政收入增长点和土地收入形式，结合实际情况尝试 BOT（build-operate-transfer，建设-经营-转让）和 ABS（asset backed securitization，资产证券化）等融资模式。

处于风险期省份的城市在调控工作中面临着较为尴尬的境遇：一方面政府债务水平和财政支出都需要进一步降低，才能够实现对土地财政的依赖度，而这显然不符合当前城镇化建设的总体方向；而提升用地效率、上调土地出让价格，则会导致土地收入的减少。因此，应该将严控地方债和适当减少土地供应和提升土地出让价格等手段结合起来，进一步拓展有偿使用土地的范围。在今后的发展中，应加强控制，避免突发因素而导致危机的出现。

5. 结论

本节主要通过资源利用秩序测度模型对2006～2016年我国31个省份的房地产资源纵横两个方向的秩序轻重进行测度，运用房地产财政依赖度评价模型分析各省份财政依赖度情况，进而对房地产资源利用风险进行评估，通过实证分析，得出如下结论。

（1）我国大部分省份房地产利用平均纵向秩序均处于中低秩序，说明城乡居民收入水平的差距正在缓慢拉大。横向秩序整体向好，其中技术进步改进对全要素生产率提升影响较为明显，整体全要素生产率改进不断向东西部地区扩展，张力拉紧，但规模效率改进和综合技术效率改进仍有较大提升余地。

（2）房地产财政高依赖度省份基本为土地收入较高、土地市场整体运行良好的发达地区省份，部分低依赖度省份实际上也同样是房地产市场运行水平较差的省份，说明单纯的以经济发展水平、土地市场表现以及房地产市场发展水平这些因素来评价房地产财政风险并不恰当。

（3）我国有9个省份房地产财政处于相对安全和理想期，其中处于安全期的4个省份基本为经济发展水平靠后、资源人口流失的省份；处于预警和风险期的省份达10个，多数位于东、中部，与当地的高房地产财政依赖度密切相关。虽然宁夏和云南的房地产财政依赖度低于其他大多数省份，但其房地产资源利用秩序处于较低水平，因此依旧呈现风险预警态势。

客观上来说，房地产资源所利用的是社会发展和经济发展中的一维理念。管子认为无形的礼、义、廉、耻与有形的四维国民经济各产业整合是保证社会和谐发展的基础所在。“礼不踰节，义不自进，廉不蔽恶，耻不从枉。”四维均匀则张弛有度。本书重点研究的房地产资源不仅盘亘于“八宫-二宫”之上，而且也同样处于“一宫-九宫”金融维上，所以如果这两维重量的提升，必然要求其他两个维度重量的同步提升，从而保证我国社会经济的均衡发展，实现秩序的稳重。例如，“九宫”维度和“一宫”维度上，应积极主动地完善房地产税收制度的建设和优化建设用地制度结构等。人在“三宫”和“七宫”维度上，则应积极主动地为劳动者提供职业培训、强化教育领域的投入，从而为技术发展奠定坚实的基础等（陈凯，2015）。

为保证不同区域房地产资源的均衡发展，防范房地产风险，提出如下建议：第一，将资源更多地向交通物流产业倾斜，并为互联网基础设施建设工作的顺利推进提供必要的政策支持，为不同区域之间经济距离的有效缩短打下坚实的物质基础，进而降低房地产的集聚效应，减少区位对房地产的影响。第二，大力推动科技创新，缩短目标函数前沿和全要素生产率之间的差异，逐渐减小城镇居民收入间的差距，避免出现严重的两极分化。第三，完善财政体系，促进税制改革。

对地方政府的财权以及事权进行科学的平衡，增加归属地方财政税种的种类，从而有效降低地方财政对房地产市场的依赖性，全面降低债务风险。强化解决那些贫穷落后的地区基层政府财政收入问题。第四，完善地方政府的融资机制。给地方政府松绑的同时，给予它们更为充分的权利，使它们可以公开地发行市政债券。但是对地方政府债券率的上限必须加以严格控制，通过多种针对性的方式降低融资风险、优化融资方式。第五，格外注意对财政制度进行科学规范，在市政债发行之前，必须有效提升财政信息的透明度和公开度，并采取针对性的方式方法全面强化市场效率水平。这一过程中，应利用信息的力量与良好的市场机制，监督和完善地方政府财政行为。

参 考 文 献

艾慧. 2009. 能源价格改革的效应维度分析[J]. 当代经济研究，（1）：36-39.

白玫. 2014. 深化能源价格改革：规律、目标与路径选择[J]. 价格理论与实践，（4）：5-9.

班固. 2016. 汉书局[M]. 北京：中华书局.

包红霏，金箫，刘亚臣. 2016. 基于 DEA 模型的辽宁房地产业生产效率研究[J]. 辽宁经济，（9）：30-33.

布朗温・H. 霍尔，内森・罗森伯格. 2017. 创新经济学手册[M]. 上海市科学学研究所，译. 上海：上海交通大学出版社.

蔡定剑，王占阳. 2011. 走向宪政[M]. 北京：法律出版社.

曹俊文. 2012. 中国能源消费水平空间差异及成因研究[J]. 统计研究，29（10）：59-63.

曹孜，陈洪波. 2015. 城市化和能源消费的门槛效应分析与预测[J]. 中国人口・资源与环境，25（11）：59-68.

柴铎，吴云艳，周小平，等. 2018. 中国城市土地市场分化、土地财政依赖度与经济风险评价——73 城地价动态监测数据实证[J]. 城市发展研究，25（10）：39-46，56.

陈东景. 2008. 中国工业水资源消耗强度变化的结构份额和效率份额研究[J]. 中国人口・资源与环境，(3)：211-214.

陈家刚. 2007. 协商民主与政治协商[J]. 学习与探索，（2）：85-91.

陈菁，李建发. 2015. 财政分权、晋升激励与地方政府债务融资行为——基于城投债视角的省级面板经验证据[J]. 会计研究，（1）：61-67，97.

陈凯. 2009. 区域经济比较[M]. 上海：上海人民出版社.

陈凯. 2015. 道统经济学[M]. 北京：经济科学出版社.

陈凯，李睿，焦阳. 2019. 长三角两省一市能源利用秩序及耦合治理研究[J]. 天津科技，46（6）：1-8，12.

陈凯，王泽君，崔梦苏. 2018. 中国能源利用秩序区域比较研究[J]. 生产力研究，（12）：7-14，167.

陈玲，赵国春. 2014. 地方政府环境规制对全要素能源效率影响——基于新疆面板数据的实证研究[J]. 干旱区资源与环境，28（8）：7-13.

陈雯，王湘萍. 2011. 我国工业行业的技术进步、结构变迁与水资源消耗——基于 LMDI 方法的实证分析[J]. 湖南大学学报（社会科学版），25（2）：68-72.

陈午，许新宜，王红瑞，等. 2015. 梯度发展模式下我国水资源利用效率评价[J]. 水力发电学报，34（9）：29-38.

陈宇琼，钟太洋. 2016. 中国地方政府土地租税收入变化对城市建设用地扩张的影响[J]. 中国土地科学，30（2）：41-50.

陈真玲，李金铠，李静. 2017. 中国省域城镇土地利用效率的影响因素及空间溢出效应[J]. 经济经纬，34（4）：25-30.

大卫・李嘉图. 1976. 政治经济学及赋税原理[M]. 郭大力，王亚楠，译. 北京：商务印书馆.

丹尼斯・米都斯. 1997. 增长的极限[M]. 李宝恒，译. 长春：吉林人民出版社.

道各拉斯・诺斯，罗伯特・托马斯. 2014. 西方世界的兴起[M]. 厉以平，蔡磊，译. 北京：华夏出版社.

丁绪辉，贺菊花，王柳元. 2018. 考虑非合意产出的省际水资源利用效率及驱动因素研究——基于 SE-SBM 与 Tobit 模型的考察[J]. 中国人口・资源与环境，28（1）：157-164.

董仲舒. 2012. 春秋繁露[M]. 张世亮，钟肇鹏，周桂钿，译注. 北京：中华书局.

窦明，王艳艳，李胚. 2014. 最严格水资源管理制度下的水权理论框架探析[J]. 中国人口・资源与环境，24（12）：132-137.

杜克锐，鄢哲明，杨志明. 2018. 能源和环境绩效评价方法的最新研究进展[J]. 环境经济研究，3（1）：113-118.
杜寅. 2016. 从自律走向他律：节水法律制度模式选择与建构[J]. 学术界，（7）：17-26.
樊茂清，任若恩，陈高才. 2010. 技术变化、要素替代和贸易对能源强度影响的实证研究[J]. 经济学（季刊），（1）：237-258.
范爱军，万佳佳. 2018. 基于因子分析法的中国能源安全综合评价[J]. 开发研究，（2）：91-97.
范如国，冯晓丹. 2017. "后补贴"时代地方政府新能源汽车补贴策略研究[J]. 中国人口·资源与环境，27（3）：30-38.
房玄龄. 2015. 管子[M]. 刘绩补注，刘晓艺校点. 上海：上海古籍出版社.
冯辉. 2017. 新能源汽车产业政府补贴的法律规制研究[J]. 政治与法律，（12）：22-34.
付娇，黄银洲，唐菊. 2018. 甘肃省经济与人口发展耦合研究[J]. 中国人口·资源与环境，215（S1）：54-58.
高飞. 2018. 集体土地征收程序的法理反思与制度重构[J]. 云南社会科学，（1）：34-43，186.
高金龙，陈江龙，苏曦. 2013. 中国城市扩张态势与驱动机理研究学派综述[J]. 地理科学进展，32（5）：743-754.
高萍，殷昌凡. 2016. 设立我国水资源税制度的探讨——基于水资源费征收实践的分析[J]. 中央财经大学学报，（1）：23-31.
高燕语，钟太洋. 2016. 土地市场对城市建设用地扩张的影响——基于285个城市面板数据的分析[J]. 资源科学，38（11）：2024-2036.
高志刚. 2002. 区域经济差异理论述评及研究新进展[J]. 经济师，（2）：38-39.
格里·斯托克. 1999. 作为理论的治理：五个论点[J]. 国际社会科学（中文版），16（1）：19-30.
耿旖旎，范爱军. 2017. 我国在新一轮能源变革中的话语权分析——基于国际能源安全的测度[J]. 经济研究参考，（62）：68-75.
宫汝凯. 2015. 经济体制改革与中国电力行业增长：1999—2010[J]. 经济学（季刊），14（3）：1005-1028.
龚玉玲，杨晔. 2010. 基于知识创新模式的知识体系演进特质[J]. 情报科学，（9）：1367-1369.
鬼谷子. 2012. 鬼谷子[M]. 许富宏，译注. 北京：中华书局.
郭林涛. 2017. 我国土地规划管理制度创新研究[J]. 中州学刊，（9）：41-46.
郭帅，张士乔. 2008. 近10年我国水资源开发利用状况及发展变化趋势简析[J]. 安徽农学通报，(21)：68-70.
国家统计局国民经济核算司. 1997. 中国国内生产总值核算历史资料（1952～1995）[M]. 大连：东北财经大学出版社.
哈耶克. 2000. 致命的自负[M]. 北京：中国社会科学出版社.
韩非. 2016. 韩非子[M]. 高华平，王齐洲，张三夕，译注. 北京：中华书局.
韩锦瑞，曾鸣，段金辉，等. 2013. 国外电力双边交易市场模式对比分析及启示[J]. 华东电力，41（1）：17-23.
韩君. 2015. 生态环境约束的能源资源定价机制：一种分析框架的构建[J]. 生态经济，31（10）：53-58.
韩君，梁亚民. 2016. 生态环境约束的能源定价模型构建及应用[J]. 兰州大学学报（社会科学版），44（2）：29-38.
韩兴旺. 2014. 论能源革命背景下我国节能路径的法律转型[J]. 华东理工大学学报（社会科学版），29（5）：81-87.
韩英夫，黄锡生. 2017. 论用能权的法理属性及其立法探索[J]. 理论与改革，（4）：159-169.
何凌云，刘传哲. 2009. 能源金融：研究进展及分析框架[J]. 广东金融学院学报，24（5）：88-98.
何凌云，杨雪杰，尹芳，等. 2016. 能源价格及资源税杠杆的减排效应比较研究[J]. 资源科学，38（7）：1383-1394.
何显明. 2008. 顺势而为——浙江地方政府创新实践的演进逻辑[M]. 杭州：浙江大学出版社.
赫尔曼·E. 戴利. 2001. 珍惜地球——经济学、生态学、伦理学[M]. 北京：商务印书馆.
赫尔曼·E. 戴利. 2006. 超越增长：可持续发展的经济学[M]. 诸大建，胡圣，译. 上海：上海译文出版社.
洪思扬，王红瑞，程涛，等. 2016. 北京市第三产业用水特征及其发展策略[J]. 中国人口·资源与环境，26（5）：108-116.
胡继连，王秀鹏. 2018. 农业"节水成本定价"假说与水价改革政策建议[J]. 农业经济问题，（1）：120-126.

胡建. 2017. 城乡统一建设用地视阈下的集体土地征收补偿问题[J]. 理论月刊，(8)：134-137，181.
桓宽. 2017. 盐铁论[M]. 陈桐生，译. 北京：中华书局.
黄凤羽，黄晶. 2016. 我国水资源税的负担原则与CGE估算[J]. 税务研究，(5)：47-53.
黄山，王湃. 2018. 土地财政依赖与区域差异分析——以海南省为例[J]. 管理现代化，38（2）：25-28.
黄婷婷，陈春. 2017. 基于层次分析对安徽水资源承载力的评价[J]. 赤峰学院学报（自然科学版），33（8）：19-21.
黄忠. 2018. 城乡统一建设用地市场的构建：现状、模式与问题分析[J]. 社会科学研究，(2)：83-94.
纪玉俊，赵娜. 2017. 产业结构变动、地区市场化水平与能源消费[J]. 软科学，31（5）：16-20.
贾惠艳. 2007. 基于模糊综合评价的水资源短缺风险分析[J]. 山西建筑，(21)：193-194.
江洪，陈亮. 2017. 能源价格对能源效率倒逼机制的空间异质性——基于面板门槛模型的实证分析[J]. 价格理论与实践，(2)：96-99.
姜蓓蕾，耿雷华，卞锦宇，等. 2014. 中国工业用水效率水平驱动因素分析及区划研究[J]. 资源科学，36（11）：2231-2239.
姜文仙，覃成林. 2009. 区域协调发展研究的进展与方向[J]. 经济与管理研究，(10)：90-95.
金观涛，刘青峰. 2011. 兴盛与危机：论中国社会超稳定结构[M]. 北京：法律出版社.
金银哲. 2011. 国内外基础研究强度的调查研究[J]. 中国校外教育，(10)：14-15.
卡尔·马克思. 2004. 资本论（第一卷）[M]. 中共中央马克思恩格斯列宁斯大林著作编译局，译. 北京：人民出版社.
阚大学，罗良文. 2010. 我国城市化对能源强度的影响——基于空间计量经济学的分析[J]. 当代财经，(3)：83-88.
柯坚. 2015. 全球气候变化背景下我国可再生能源发展的法律推进——以《可再生能源法》为中心的立法检视[J]. 政法论丛，(4)：75-83.
孔婷，孙林岩，何哲. 2010. 中国工业能源消耗强度的区域差异[J]. 资源科学，32（7）：1222-1229.
老子. 2013. 老子[M]. 河上公注，王弼注，严遵指归，刘思禾校点. 上海：上海古籍出版社.
雷安琪. 2018. 我国土地交易方式对土地价格的影响及对策探析[J]. 价格理论与实践，(1)：65-69.
蕾切尔·卡森. 1979. 寂静的春天[M]. 北京：科学出版社.
李桂君，李玉龙，贾晓菁，等. 2016. 北京市水-能源-粮食可持续发展系统动力学模型构建与仿真[J]. 管理评论，28（10）：11-26.
李建德. 2000. 经济制度演进大纲[M]. 北京：中国财政经济出版社.
李进涛，刘彦随，杨园园，等. 2018. 1985～2015年京津冀地区城市建设用地时空演变特征及驱动因素研究[J]. 地理研究，37（1）：37-52.
李俊钰. 2013. 中国房地产业Malmquist全要素生产率指数变动研究[J]. 北方经济，(14)：38-40.
李克强. 2019. 第十三届全国人民代表大会第二次会议政府工作报告[M]. 北京：人民出版社.
李林汉，田卫民，岳一飞. 2018. 基于层次分析法的京津冀地区水资源承载能力评价[J]. 科学技术与工程，18（24）：139-148.
李凌. 2018. 创新驱动高质量发展[M]. 上海：上海社会科学出版社.
李梅，吴朝阳. 2012. 我国进一步推进水价改革的思考[J]. 经济问题，(6)：37-42.
李胚，窦明，赵培培. 2014. 最严格水资源管理需求下的水权交易机制[J]. 人民黄河，36（8）：52-56.
李佩珈，梁婧. 2018. 基于宏观审慎视角的房地产风险预警研究[J]. 金融监管研究，81（9）：36-53.
李锐，黄金鹏，赵曼. 2015. 市场“效率”与政府“公平”的协同——基于积极劳动力市场项目第三方评估机制研究[J]. 财贸经济，(3)：150-161.
李爽. 2016. R&D强度、政府支持度与新能源企业的技术创新效率[J]. 软科学，30（3）：11-14.
李晓西，胡必亮，林卫斌. 2013. 中国能源改革战略：“两只手”协同作用[J]. 经济研究参考，(7)：3-22.
李欣，潘跃. 2015. 中国城市化与能源消费的非线性关系研究——基于省际面板数据的门槛模型分析[J]. 中国人口·资源与环境，25（S1）：1-5.
李新仓，阎其华. 2018. 建设用地指标市场配置法律制度正当性研究[J]. 西南民族大学学报（人文社科版），39（2）：104-110.
李鑫，欧名豪. 2012. 中国省际建设用地单要素效率评价与区域差异研究[J]. 南京农业大学学报（社会科学版），12（1）：80-84.
李雪慧. 2016. 区域产业转移对我国能源消费的影响[J]. 当代财经，（11）：3-13.
李永乐，舒帮荣，吴群. 2014. 中国城市土地利用效率：时空特征、地区差距与影响因素[J]. 经济地理，34（1）：133-139.
李永乐，吴群. 2013. 中国式分权与城市扩张：基于公地悲剧的解释[J]. 南京农业大学学报（社会科学版），13（1）：73-79.
李正风，尹雪慧. 2012. 知识流、知识分配力与基础研究中的科学传播[J]. 科普研究，（10）：31-34.
李治，连玉君，李培，等. 2015. “圈层”结构、时空差异与能源强度[J]. 城市发展研究，（1）：56-65.
李佐军，盛三化. 2017. 通过供给侧改革优化中国能源供给结构[J]. 江淮论坛，（6）：5-10，2.
廖显春，夏恩龙，王自锋. 2016. 阶梯水价对城市居民用水量及低收入家庭福利的影响[J]. 资源科学，38（10）：1935-1947.
廖重斌. 1999. 环境与经济协调发展的定量评判及其分类体系——以珠江三角洲城市群为例[J]. 热带地理，19（2）：171-177.
林伯强，杜克锐. 2013. 要素市场扭曲对能源效率的影响[J]. 经济研究，48（9）：125-136.
林伯强，刘畅. 2016. 中国能源补贴改革与有效能源补贴[J]. 中国社会科学，（10）：52-71，202-203.
林卫斌，方敏. 2016. 能源体制革命：概念与框架[J]. 学习与探索，（3）：71-78.
刘晨跃，徐盈之. 2018. 中国经济增长中水资源消耗的时空变化分解研究[J]. 大连理工大学学报（社会科学版），39（2）：40-46.
刘华军，刘传明，孙亚男. 2015. 中国能源消费的空间关联网络结构特征及其效应研究[J]. 中国工业经济，（5）：83-95.
刘惠敏. 2016. 中国经济增长与能源消耗的脱钩——东部地区的时空分异研究[J]. 中国人口·资源与环境，26（12）：157-163.
刘纪远，宁佳，匡文慧，等. 2018. 2010～2015 年中国土地利用变化的时空格局与新特征[J]. 地理学报，73（5）：789-802.
刘佳，吴建南，马亮. 2012. 地方政府官员晋升与土地财政——基于中国地市级面板数据的实证分析[J]. 公共管理学报，9（2）：11-23，122-123.
刘江华，邵帅，姜欣. 2015. 城市化进程对能源消费的影响：我们离世界水平还有多远？——基于国内和国际数据的比较考察[J]. 财经研究，41（2）：111-122.
刘井建，梁冰. 2010. Malmquist 生产率指数评析结果——技术变动的新诠释[J]. 运筹与管理，（1）：174-179.
刘满平. 2015. 能源行业应实行市场准入“负面清单”制度[J]. 宏观经济管理，（2）：53-55，60.
刘明明. 2017. 论构建中国用能权交易体系的制度衔接之维[J]. 中国人口·资源与环境，27（10）：217-224.
刘守英，周飞舟，邵挺. 2012. 土地制度改革与转变发展方式[M]. 北京：中国发展出版社.
刘晓平，李磊. 2008. 基于 DEA 的水资源承载力的计算评价[J]. 科技与管理，（1）：13-15.
刘昫. 1975. 旧唐书，卷 174，李德裕传（第 14 册）[M]. 北京：中华书局.
刘雅芳. 2006. 电力市场：双边交易与竞价交易[J]. 中国电力企业管理，（Z1）：15-17.
刘永健，耿弘，孙文华，等. 2017. 长三角城市群建设用地扩张地区差异的驱动因素解释——基于回归方程的 Shapley 值分解方法[J]. 长江流域资源与环境，26（10）：1547-1555.
刘渝，杜江，张俊飚. 2007 湖北省农业水资源利用效率评价[J]. 中国人口·资源与环境，（6）：60-65.

刘宇，王宇，周梅芳，等. 2016. 张掖市水价改革的定量研究——基于引入水土账户的 CGE 模型[J]. 资源科学，38（10）：1901-1912.

刘宇，周梅芳. 2015. 煤炭资源税改革对中国的经济影响——基于 CGE 模型的测算[J]. 宏观经济研究，（2）：60-67.

柳亚琴，赵国浩. 2015. 节能减排约束下中国能源消费结构演变分析[J]. 经济问题，（1）：27-33.

卢新海，匡兵，周敏. 2016. 城市建设用地利用效率的空间非均衡及影响因素[J]. 中国人口·资源与环境，26（11）：45-52.

陆剑. 2015. 集体经营性建设用地入市的实证解析与立法回应[J]. 法商研究，32（3）：16-25.

逯进，常虹，赵少平，等. 2016. 山东省能源、经济与环境耦合关系的演化特征[J]. 经济地理，36（9）：42-48.

罗大蒙. 2018. 民主的治理：新时代国家治理现代化的导向、挑战与变革——基于中国特色社会主义民主政治发展的视野[J]. 四川行政学院学报，114（6）：15-22.

罗军刚，解建仓，阮本清. 2008. 基于熵权的水资源短缺风险模糊综合评价模型及应用[J]. 水利学报，（9）：1092-1097，1104.

罗知，万广华，张勋，等. 2018. 兼顾效率与公平的城镇化：理论模型与中国实证[J]. 经济研究，53（7）：89-105.

吕连菊，阚大学. 2016. 城镇化对能源消费的非线性影响研究——基于 PSTR 模型[J]. 软科学，30（12）：34-37.

吕连菊，阚大学. 2017. 城镇化水平、速度和质量对能源消费的影响[J]. 城市问题，（5）：17-25，66.

马尔萨斯. 1992. 人口原理[M]. 北京:商务印书馆.

马海良，黄德春，张继国. 2012. 考虑非合意产出的水资源利用效率及影响因素分析[J]. 中国人口·资源与环境，22（10）：35-42.

马海良，王若梅，丁元卿，等. 2017. 城镇化对工业能源消费的门槛效应研究——以长江经济带省份为例[J]. 中国人口·资源与环境，27（3）：56-62.

马剑锋，秦腾，佟金萍，等. 2018. 工业集聚、城市集聚与水资源消耗——基于省际动态面板数据的系统 GMM 分析[J]. 软科学，32（1）：95-99.

马克思，恩格斯. 1979. 马克思恩格斯全集[M]. 北京：人民出版社.

马晓微，石秀庆，王颖慧，等. 2017. 中国产业结构变化对能源强度的影响[J]. 资源科学，39（12）：2299-2309.

马训舟，张世秋. 2014. 成都城市居民累进阶梯式水价结构与政策效果分析[J]. 中国人口·资源与环境，24（11）：168-175.

孟子，等. 2009. 四书五经[M]. 北京：中华书局.

聂雷，郭忠兴，钟国辉，等. 2015. 转型期中国土地出让收入和价格的演变规律——基于财政分权与经济目标的视角[J]. 财经理论与实践，36（6）：78-84.

牛学杰，李常洪. 2014. 中国新能源产业发展战略定位、政策框架与政府角色[J]. 中国行政管理，（3）：100-103.

潘海英，叶晓丹. 2018. 水权市场建设的政府作为：一个总体框架[J]. 改革，（1）：95-105.

潘雄锋，彭晓雪，李斌. 2017. 市场扭曲、技术进步与能源效率：基于省际异质性的政策选择[J]. 世界经济，40（1）：91-115.

潘雅茹，罗良文. 2017. 政府干预、资源禀赋与中国能源效率测度[J]. 江汉论坛，（11）：35-41.

庞敏，邱代坤，张志伟. 2017. 技术进步影响能源消费的机制与对策分析[J]. 统计与决策，（16）：60-63.

庞雨蒙. 2017. 环境政策、竞争引入与异质性发电企业效率[J]. 经济与管理研究，38（11）：69-79.

裴丽萍，王军权. 2016. 水资源配置管理的行政许可与行政合同模式比较[J]. 郑州大学学报（哲学社会科学版），49（3）：25-29.

彭月兰，迟美青. 2015. 中国节能政策对能源效率提高的影响——基于省际面板数据的实证分析[J]. 生态经济，31（6）：14-18.

皮埃尔·德·塞纳克伦斯. 2000. 治理与国际调节机制的危机[M]//俞可平. 治理与善治. 北京：社会科学文献出版社.

戚聿东，姜莱. 2016. 中国新能源产业政府补贴优化方向研究[J]. 财经问题研究，（11）：17-22.
钱文婧，贺灿飞. 2011. 中国水资源利用效率区域差异及影响因素研究[J]. 中国人口·资源与环境，21（2）：54-60.
钱忠好，牟燕. 2013. 中国土地市场化改革：制度变迁及其特征分析[J]. 农业经济问题，34（5）：20-26，110.
秦昌波，葛察忠，贾仰文，等. 2015. 陕西省生产用水变动的驱动机制分析[J]. 中国人口·资源与环境，25（5）：131-136.
秦腾，佟金萍，曹倩，等. 2015. 技术进步与能源消费的经济门槛效应研究[J]. 科技管理研究，35（10）：32-36.
邱书钦. 2016. 我国农业水价分担模式比较及选择——兼析国际农业水价分担模式经验借鉴[J]. 价格理论与实践，（12）：52-55.
屈锡华，陈芳. 2004. 从水资源短缺看政府对公共资源的管理[J]. 中国行政管理，（12）：12-13.
任洪涛，黄锡生. 2014. 生态文明视阈下的能源法律制度研究[J]. 广西社会科学，（3）：97-100.
阮本清，韩宇平，王浩，等. 2005. 水资源短缺风险的模糊综合评价[J]. 水利学报，（8）：906-912.
单海燕，杨君良. 2017. 长三角区域生态经济系统耦合协调演化分析[J]. 统计与决策，（24）：128-133.
商鞅. 2011. 商君书[M]. 石磊，译注. 北京：中华书局.
上海易居房地产研究院. 2016. 2016 年中国 35 城房地产短周期风险识别系统总报告[R]. https://www.yiju.org/.
申俊，孙涵，成金华. 2016. 中国城镇居民完全能源消费的空间计量分析[J]. 资源科学，38（3）：439-449.
师博，沈坤荣. 2013. 政府干预、经济集聚与能源效率[J]. 管理世界，（10）：6-18，187.
史丹. 2013. 当前能源价格改革的特点、难点与重点[J]. 价格理论与实践，（1）：18-20.
史金召，郭菊娥，王树斌，等. 2015. 我国煤炭电子交易市场的整合路径研究[J]. 商业经济与管理，（9）：20-27.
世界环境与发展委员会. 1997. 我们共同的未来[M]. 长春：吉林人民出版社.
舒马赫·E. F. 1984. 小的是美好的[M]. 俞鸿钧，等，译. 北京：商务印书馆.
宋姗姗. 2018. 财政分权、投资冲动与地方债务增长研究[J]. 上海金融，（2）：56-61.
孙阿凡，杨遂全. 2016. 集体经营性建设用地入市与地方政府和村集体的博弈[J]. 华南农业大学学报（社会科学版），15（1）：20-27.
孙才志，王妍. 2010. 辽宁省产业用水变化驱动效应分解与时空分异[J]. 地理研究，29（2）：244-252.
孙才志，闫冬. 2008. 基于 DEA 模型的大连市水资源-社会经济可持续发展评价[J]. 水利经济，（4）：1-4，75.
孙涵，申俊，成金华. 2016. 基于 LA-AIDS 模型的中国居民能源消费回弹效应研究[J]. 软科学，30（3）：94-97.
孙庆刚，郭菊娥，师博. 2013. 中国省域间能源强度空间溢出效应分析[J]. 中国人口·资源与环境，23（11）：137-143.
孙伟增，罗党论，郑思齐，等. 2014. 环保考核、地方官员晋升与环境治理——基于 2004～2009 年中国 86 个重点城市的经验证据[J]. 清华大学学报（哲学社会科学版），29（4）：49-62，171.
孙志妍. 2017. 市场化进程对房地产投资空间格局的影响分析[D]. 昆明：云南财经大学.
孙自愿，许若琪，张昊昊. 2015. 政府干预、资源禀赋与企业多元化战略选择：以煤企为例[J]. 现代财经（天津财经大学学报），35（10）：92-102.
唐贤兴. 2000. 全球治理与第三世界的变革[J]. 欧洲，（3）：4-11.
唐要家，李增喜. 2016. 居民阶梯水价能够促进社会公平吗？[J]. 财经问题研究，（4）：38-43.
陶锋，郭建万，杨舜贤. 2008. 电力体制转型期发电行业的技术效率及其影响因素[J]. 中国工业经济，（1）：68-76.
陶广峰. 2011. 行政垄断与我国能源发展战略研究——兼论民间资本进入能源垄断行业及其制度创新[J]. 现代经济探讨，（1）：32-35.
滕泰，范必，等. 2016. 供给侧改革[M]. 北京：东方出版社.
田贵良，顾少卫，韦丁，等. 2017. 农业水价综合改革对水权交易价格形成的影响研究[J]. 价格理论与实践，（2）：66-69.
童陆亿，胡守庚. 2016. 中国主要城市建设用地扩张特征[J]. 资源科学，38（1）：50-61.

托马斯·罗伯特·马尔萨斯，郭大力. 2008. 人口论[M]. 北京：北京大学出版社.

万佳钰，陈志刚. 2018. 不同环节土地税对建设用地利用效率的影响——基于省级面板数据的实证研究[J]. 现代城市研究，（2）：116-124.

汪朝忠，王建琼，谢晶晶. 2016. 合作博弈下的电力联盟交易机制研究[J]. 西南民族大学学报（人文社科版），37（5）：140-144.

汪朝忠. 2015. 我国实施电力双边交易模式的可行性研究[J]. 经济体制改革，（2）：194-200.

汪晓华. 2016. 构建城乡统一建设用地市场：法律困境与制度创新[J]. 江西社会科学，36（11）：162-168.

王弼. 2011. 老子道德经注[M]. 楼宇烈，校释. 北京：中华书局.

王锋，冯根福. 2011. 中国经济低碳发展的影响因素及其对碳减排的作用[J]. 中国经济问题，（3）：62-69.

王夫子. 2013a. 读通鉴论[M]. 舒士彦，点校. 北京：中华书局.

王夫子. 2013b. 宋论[M]. 刘韶军，译注. 北京：中华书局.

王贵作，郎劢贤，赵伟. 2015. 基于取水许可建设水权制度的制度风险分析[J]. 中国人口·资源与环境，25（S2）：99-100.

王贺嘉，宗庆庆，陶佶. 2013. 竞次到底：地市级政府工业用地出让策略研究[J]. 南方经济，（9）：37-51.

王宏娟，石敏俊，谌丽. 2014. 基于利益主体视角的农村集体建设用地流转研究——以北京市为例[J]. 资源科学，36（11）：2263-2272.

王继全，李源. 2018. 特大城市圈典型地市产业结构与生态建设关系分析[J]. 中国人口·资源与环境，28（S1）:24-27.

王君安，颜永才，易艳春，等. 2017. 多层次视角下我国能源发展转型历程、困境与对策[J]. 宏观经济管理，（11）：81-88.

王蕾，魏后凯. 2014. 中国城镇化对能源消费影响的实证研究[J]. 资源科学，36（6）：1235-1243.

王芃，武英涛. 2014. 能源产业市场扭曲与全要素生产率[J]. 经济研究，49（6）：142-155.

王乔，王丽娟. 2014. 全国70个大中城市土地出让收入与价格的实证分析——基于土地财政的空间互动效应研究[J]. 财贸经济，（8）：13-23.

王姗姗，屈小娥. 2011. 技术进步、技术效率与制造业全要素能源效率——基于 Malmquist 指数的实证研究[J]. 山西财经大学学报，33（2）：54-60.

王希睿，许实，杨兴典，等. 2015. 江苏省建设用地利用效率和全要素生产率的时空差异分析[J]. 中国土地科学，29（5）：77-83.

王先谦. 2013. 庄子集解. 方勇，校点. 上海： 上海古籍出版社.

王小琴. 2016. 能源安全系统构建与评价研究[D]. 武汉：中国地质大学.

王小映. 2014. 论农村集体经营性建设用地入市流转收益的分配[J]. 农村经济，（10）：3-7.

王阳明. 2014. 传习录[M]. 叶圣陶，校点. 北京：北京时代华文书局.

王昱，丁四保，卢艳丽. 2012. 建设用地利用效率的区域差异及空间配置——基于2003～2008年中国省域面板数据[J]. 地域研究与开发，31（6）：132-138.

维纳. 1978. 人有人的用处[M]. 陈步，译. 北京：商务印书馆.

隗斌贤，刘晓红. 2013. 构建区域节能权交易机制的系统思考——以浙江省为例[J]. 浙江社会科学，（3）：107-112，125，158.

魏楚，郑新业. 2017. 能源效率提升的新视角——基于市场分割的检验[J]. 中国社会科学，（10）：90-111，206.

魏一鸣，吴刚，梁巧梅，等. 2012. 中国能源报告（2012）[M]. 北京：科学出版社.

沃尔特·艾萨德. 2011. 区位与空间经济[M]. 北京：北京大学出版社.

乌尔里希·贝克. 2018. 风险社会[M]. 张文杰，何博闻，译. 北京：译林出版社.

吴初国，刘增洁，崔荣国. 2011. 能源安全状况的定量评价方法[J]. 国土资源情报，（1）：40-44.

吴丹. 2012. 科层结构下流域初始水权分配制度变迁评析[J]. 软科学，26（8）：31-36.
吴健生，牛妍，彭建，等. 2014. 基于 DMSP/OLS 夜间灯光数据的 1995～2009 年中国地级市能源消费动态[J]. 地理研究，33（4）：625-634.
吴琦，曾凡银. 2014. 我国节能政策对能源强度影响的实证分析[J]. 统计与决策，（8）：134-136.
吴巧生. 2010. 中国工业化进程中的能源消耗强度变动及影响因素——基于费雪（Fisher）指数分解方法的实证分析[J]. 经济理论与经济管理，（5）：44-50.
吴玉萍，张云. 2017. 中国能源供给侧改革的路径选择与政策设计[J]. 资源开发与市场，33（8）：969-973.
武旭. 2013. 深化能源市场改革的思考[J]. 宏观经济管理，（6）：33-34.
习近平. 2014-09-24. 习近平在纪念孔子诞辰 2565 周年国际学术研讨会暨国际儒学联合会第五届会员大会开幕会上的讲话[EB/OL]. http://cpc.people.com.cn/n/2014/0925/c64094-25729647-4.html.
习近平. 2018-08-24. 在中央全面依法治国委员会第一次会议上的讲话[EB/OL]. http://m.people.cn/n4/2018/0824/c190-11502141.html.
夏军，翁建武，陈俊旭，等. 2012. 多尺度水资源脆弱性评价研究[J]. 应用基础与工程科学学报，20（S1）：1-14.
肖德，魏文婉. 2015. 经济增长、城市化与技术进步对能源消费的非线性影响效应研究[J]. 经济经纬，32(5)：126-131.
肖宏伟. 2014. 新型城镇化发展对能源消费的影响研究——基于空间计量模型的实证检验与影响效应分解[J]. 当代经济管理，36（8）：12-18.
谢高地，曹淑艳，王浩，等. 2015. 自然资源资产产权制度的发展趋势[J]. 陕西师范大学学报（哲学社会科学版），44（5）：161-166.
谢慧明，沈满洪. 2016. 中国水制度的总体框架、结构演变与规制强度[J]. 浙江大学学报（人文社会科学版），46（4）：91-104.
徐枫，陈昭豪. 2013. 金融支持新能源产业发展的实证研究[J]. 宏观经济研究，（8）：78-85，93.
徐松. 1957. 宋会要辑稿·食货[M]. 北京：中华书局.
许光建，丁悦玮. 2017. 深入推进价格改革 着力提升"放管服"水平——十八大以来价格改革的回顾与展望[J]. 价格理论与实践，（5）：5-10.
许君清，黄菊文. 2016. 引入惩罚性赔偿制度实施水资源管理[J]. 中国人口·资源与环境，26（S2）：203-206.
薛白. 2011. 财政分权、政府竞争与土地价格结构性偏离[J]. 财经科学，（3）：49-57.
薛慧光，石晓平，唐鹏. 2013. 中国式分权与城市土地出让价格的偏离——以长三角地区城市为例[J]. 资源科学，35（6）：1134-1142.
薛静静，沈镭，刘立涛，等. 2013. 中国区域能源利用效率与经济水平协调发展研究[J]. 资源科学，35（4）：713-721.
亚当·斯密. 2010. 国富论[M]. 谢宗林，等，译. 上海：中央编译出版社.
严金明，张雨榴，夏方舟. 2017. 土地利用规划管理的供给侧结构性改革[J]. 中国土地科学，31（7）：12-19，59，97.
杨东方. 2012. 域面-技术创新体系的空间[J]. 科技管理研究，（2）：153-156.
杨瑾，曹梦楠. 2017. 能源价格、全要素生产率变动对我国工业能源强度影响的实证研究[J]. 科技管理研究，37(2)：255-260.
杨冕，卢昕，杨福霞. 2017. 能源价格扭曲对中国能源效率影响研究[J]. 经济问题探索，（11）：127-133.
杨清可，段学军，叶磊，等. 2014. 基于 SBM-Undesirable 模型的城市土地利用效率评价——以长三角地区 16 城市为例[J]. 资源科学，36（4）：712-721.
杨庆媛，杨人豪，曾黎，等. 2017. 农村集体经营性建设用地入市促进农民土地财产性收入增长研究——以成都市郫都区为例[J]. 经济地理，37（8）：155-161.
杨天才，张善文. 2011. 周易[M]. 北京：中华书局.
杨志荣，吴次芳. 2008. 制度收益与发展收益对农地非农化进程的影响差异及其对政策调整的启示[J]. 中国土地科学，（2）：3-8，16.

叶红梅. 2017. 基于短周期风险评价模型的荆州市房地产风险研究[J]. 武汉金融，（5）：77-80.

叶林，杨良伟. 2018. 财政分权与城市扩张——基于省级面板数据的实证研究[J]. 城市发展研究，25（3）：97-103.

佚名. 2014. 周礼[M]. 徐正英，常佩雨，译注. 北京：中华书局.

尹硕，张耀辉，燕景. 2014. 中国产业结构、能源效率与能源消费的动态关系——基于协整与VECM的实证研究[J]. 华东经济管理，28（7）：53-56，80.

余达锦. 2015. 低碳城市建设中新能源发展与政府行为研究[J]. 生态经济，31（5）：73-77.

余康. 2017. 市场化改革、技术进步与地区能源效率——基于1997～2014年中国30个省份的面板数据模型分析[J]. 宏观经济研究，（11）：79-93.

俞剑，程冬，郑文平. 2017. 能源价格不确定性、固定资产投资与中国经济波动[J]. 经济理论与经济管理，（11）：98-112.

俞可平. 2002. 全球治理引论[J]. 马克思主义与现实，（1）：20-32.

俞可平. 2014. 论国家治理现代化[M]. 北京：社会科学文献出版社.

俞可平. 2016. 走向善治[M]. 香港：中国文化出版社.

俞雅乖，刘玲燕. 2017. 中国水资源效率的区域差异及影响因素分析[J]. 经济地理，37（7）：12-19.

约翰·罗尔斯. 2009. 正义论[M]. 何怀宏，何包钢，廖申白，译. 北京：中国社会科学出版社.

约翰·穆勒. 1991. 政治经济学原理：上卷[M]. 北京：商务印书馆.

约翰·斯图亚特·穆勒，金镝，金熠. 2017. 政治经济学原理[M]. 北京：华夏出版社.

约瑟夫·熊彼特. 1990. 经济发展理论[M]. 何畏，易家详，等，译. 北京：商务印书馆.

岳金桂，陆晓晨. 2018. 地方政府竞争、土地价格与外商直接投资——基于69个地级市面板数据的分析[J]. 南京审计大学学报，15（2）：35-45.

岳树梅. 2014. “金砖国家”能源合作的法律机制构建[J]. 法学，（2）：92-100.

岳树梅. 2017. “一带一路”能源合作法律机制构建研究[J]. 社会科学战线，（8）：196-203.

曾莉. 2010. 重庆市高校专利转化率偏低之现状调研及原因分析[J]. 重庆理工大学学报（社会科学版），（12）：22-26.

曾鸣，段金辉，李娜，等. 2013. 英国电力双边交易市场模式的经验借鉴[J]. 华东电力，41（1）：1-4.

曾伟. 2015. 地方政府“制度行为”对我国城市土地配置的影响及改进[J]. 广东财经大学学报，30（4）：53-61，83.

詹国辉. 2017. 城市建设用地利用效率及其影响因素探究——以江苏省13个城市为例[J]. 华东经济管理，31(6)：11-15.

詹姆斯·H. 斯托克，马克·W. 沃森. 2010. 计量经济学[M]. 2版. 上海：格致出版社.

詹姆斯·博曼，威廉·雷吉. 2006. 协商民主：论理性与政治[M]. 北京：中央编译出版社.

詹长根，吴鼎，杨如军. 2018. 广西能源资源承载力综合评价研究[J]. 生态科学，37（3）：131-137.

张传勇，巩腾. 2016. 地方政府土地财政的规模估算及动机检验——来自中国省级面板数据的证据[J]. 财经论丛，（4）：28-35.

张德钢，陆远权. 2017. 市场分割对能源效率的影响研究[J]. 中国人口·资源与环境，27（1）：65-72.

张德华. 2016. 金融支持、规模经营与黑龙江省农民增收[M]. 北京：中国财富出版社.

张风，何传启. 2005. 知识创新的原理和路径[J]. 中国科学院院刊，（5）：389-394.

张各兴，夏大慰. 2011. 所有权结构、环境规制与中国发电行业的效率——基于2003～2009年30个省级面板数据的分析[J]. 中国工业经济，（6）：130-140.

张军，吴桂英，张吉鹏. 2004. 中国省际物质资本存量估算：1952～2000[J]. 经济研究，（10）：35-44.

张军，章元. 2003. 对中国资本存量K的再估计[J]. 经济研究，（7）：35-43，90.

张雷，乐军. 2016. 纵向分拆与价格规制对中国发电企业效率的影响[J]. 财经论丛，（2）：97-104.

张力小，梁竞. 2010. 区域资源禀赋对资源利用效率影响研究[J]. 自然资源学报，25（8）：1237-1247.

张立新，朱道林，杜挺，等. 2017. 基于 DEA 模型的城市建设用地利用效率时空格局演变及驱动因素[J]. 资源科学，39（3）：418-429.
张莉莉. 2015. 水资源市场化配置法律保障的结构分析[J]. 南京社会科学，（10）：97-103.
张平，邓郁松. 2018. 中国房地产税改革的定位与地方治理转型[J]. 经济社会体制比较，（2）：43-54.
张森林，陈皓勇，屈少青，等. 2010. 电力市场中双边交易及其节能减排效益分析[J]. 华东电力，38（3）：332-336.
张少华，蒋伟杰. 2016. 能源效率测度方法：演变、争议与未来[J]. 数量经济技术经济研究，33（7）：3-24.
张文松. 2017. 从管制到合作：环境法合作原则下水污染治理模式的反思与重构[J]. 中南大学学报（社会科学版），23（1）：49-57.
张贤芳，舒强，张丽蓉. 2011. 我国省际水资源利用效率增长能力空间差异分析[J]. 安徽农业科学，39(6)：3488-3489.
张秀生. 2007. 区域经济学[M]. 武汉：武汉大学出版社.
张雅杰，金海. 2015. 长江中游地区城市建设用地利用效率及驱动机理研究[J]. 资源科学，37（7）：1384-1393.
张艳东，赵涛. 2015. 基于泰尔指数的能源消费区域差异研究[J]. 干旱区资源与环境，29（6）：14-19.
张一清，宋延军，刘晓燕. 2014. 跨行业能源交易视角下的我国能源优化配置研究[J]. 华东经济管理，28（7）：61-64.
张勇，常云昆. 2006. 国外水权管理制度综合比较研究[J]. 水利经济，（4）：16-19，23，81.
张勇蒲，勇健. 2015. 产业结构变迁及其对能源强度的影响[J]. 产业经济研究，（2）：56-65.
张远. 2003. 黄河流域坡高地与河道生态环境需水规律研究[D]. 北京：北京师范大学.
张云，李国平. 2004. 环境成本：经济学与环境科学的融合点[J]. 人文杂志，（2）：66-71.
张志辉. 2014. 中国城市土地利用效率研究[J]. 数量经济技术经济研究，31（7）：134-149.
张志新，任欣. 2011. 能源消费与经济增长的关联关系分析——基于山东省 1980～2008 年相关数据实证研究[J]. 经济问题，（10）：16-19.
章玲，何乐，王璐盼，等. 2017. 基于 VI～2OWA 的多指标评价方法及其在新能源中的应用[J]. 系统工程，（4）：126-133.
赵建彬，陶建蓉，熊国保. 2017. 基于演化博弈的赣江流域生态补偿研究[J]. 企业经济，36（9）：152-156.
赵可，张安录，李平. 2011. 城市建设用地扩张的驱动力——基于省际面板数据的分析[J]. 自然资源学报，26（8）：1323-1332.
赵培培，窦明，洪梅，等. 2016. 最严格水资源管理制度下的流域水权二次交易模型[J]. 中国农村水利水电，（1）：21-25，30.
赵晓丽，洪东悦. 2010. 基于 SDA 法的能源消费影响关键要素分析[J]. 技术经济，29（9）：42-49.
中华人民共和国国务院新闻办公室. 2012. 中国的能源政策白皮书 2012[M]. 北京：人民出版社.
钟成林，胡雪萍. 2016. 土地收益分配制度对城市建设用地利用效率的影响研究——基于门限回归模型的实证分析[J]. 中央财经大学学报，（2）：22-35.
钟玉秀. 2016. 水权制度建设及水权交易实践中若干关键问题的解决对策[J]. 中国水利，（1）：12-15.
周芳，马中. 2014. 基于 CGE 模型的水价改革影响研究——以重庆市为例[J]. 中国地质大学学报（社会科学版），14（1）：47-54，140.
周芳，马中，郭清斌. 2014. 中国水价政策实证研究——以合肥市为例[J]. 资源科学，36（5）：885-894.
周国富，田孟，刘晓琦. 2017. 雾霾污染、能源消耗与结构分解分析——基于混合型能源投入产出表[J]. 现代财经（天津财经大学学报），37（6）：3-14.
周五七. 2016. 能源价格、效率增进及技术进步对工业行业能源强度的异质性影响[J]. 数量经济技术经济研究，33（2）：130-143.
周彦楠，何则，马丽，等. 2017. 中国能源消费结构地域分布的时空分异及影响因素[J]. 资源科学，39(12)：2247-2257.
朱海英. 2004. 论程序理性的政治意蕴[J]. 探索，（5）：40.
朱顺贤. 2011. 完善我国资源税制度探析[J]. 经济纵横，（10）：77-79.

踪家峰，杨琦. 2012. 中国城市扩张的财政激励——基于 1998～2009 年我国省级面板数据的实证分析[J]. 城市发展研究，19（8）：89-94.

邹爱华，娄明悦. 2016. 土地征收审批权配置完善研究[J]. 湖北大学学报（哲学社会科学版），43（1）：103-110，161.

Ahmad N A，Abdul-Ghani A A. 2011. Towards sustainable development in Malaysia：in the perspective of energy security for buildings[J]. Procedia Engineering，20：222-229.

Alexandr A D，Léopold S，van Bellegem S. 2010. Forecasting the Malmquist productivity index[J]. Journal of Productivity Analysis，33（2）：7-107.

Apergis N，Payne J E. 2009. Energy consumption and economic growth in Central America：evidence from a panel cointegration and error correction model[J]. Energy Economics，31（2）：211-216.

Bao C，Fang C L. 2012. Water resources flows related to urbanization in China：challenges and perspectives for water management and urban development[J]. Water Resources Management，26（2）：531-552.

Beatrice C，Jenifer P，Colin T. 2009. District-level total factor productivity in agriculture：western cape province，South Africa，1952～2002[J]. Agricultural Economics，（3）：265-280.

Beaudreau B C. 2005. Engineering and economic growth[J]. Structural Change and Economic Dynamics，16（2）：211-220.

Berg A，Oscry J D，Zettelmeyer J. 2010. Ostry and Jeromin Zettelmeyer，“What Makes Growth Sustained？” Journal disaggregated data[J]. China Economic Review，（2）：224-236.

Blum H，Legey L F L. 2012. The challenging economics of energy security：ensuring energy benefits in support to sustainable development[J]. Energy Economics，34（6）：1982-1989.

Brain J，Berry L. 1965. Internal suicide of the city[J]. Law and Contemporary Problems：111-119.

Brauw A, Jikun H, Rozelle S，et al. 2002. The evolution of China’s rural labor markets during the reforms[J]. Journal of Comparative Economics, 30（3）：29-53.

Cao J，Karplus V J. 2014. Firm-level determinants of energy and carbon intensity in China[J]. Energy Policy，75：167-178.

Carlsson B. 1974. The measurement of efficiency in production：a reply[J]. The Swedish Journal of Economics，76（2）：255-258.

Caves D W，Christensen L R，Diewert W E. 1982. Multilateral comparisons of output，input，and productivity using superlative index numbers[J]. Royal Economic Society，（92）：73-86.

Cazcarro，Ignacio，Duarte，et al. 2013. Economic growth and the evolution of water consumption in Spain：a structural decomposition analysis[J]. Ecological Economics，96：51-61.

Charnes A，Cooper W W，Golany B，et al. 1985. Foundations of data envelopment analysis for Pareto-Koopmans efficient empirical production functions[J]. Journal of Econometrics，30（1）：91-107.

Chiangy H，et al. 2012. Comparing China Mainland and China Hong Kong Contractors’ productive efficiency：a DEA malmquist productivity index approach[J]. Journal of Facilities Management，10（3）：179-197.

Chow G G. 1993. Capital formation and economic growth in China[J]. The Quarterly Journal of Economic，108（3）：809-842.

Coase R H. 1937. The nature of the firm[J]. Economica，4（16）：386-405.

Craig J D，Savage S J. 2013. Market restructuring，competition and the efficiency of electricity generation plant-level evidence from the United States 1996 to 2006[J]. The Energy Journal，34（1）：1-31.

Duro J A. 2010. Decomposing international polarization of per capita CO_2 emissions[J]. Energy Policy，38（11）：6529-6533.

Duro J A，Alcantara V，Padilla E. 2010. International inequality in energy intensity levels and the role of production composition and energy efficiency：an analysis of OECD countries[J]. Ecological Economics，69（12）：2468-2474.

ESRB. 2016. Macroprudential policy issues arising from low interest rates and structural changes in the EU financial system[R]. Report by the Joint Taskforce. https://www.esrb.europa.eu/pub/pdf/reports/161128_low_interest_rate_report.en.pdf?f1b693a342fdb3e8ac72aacbd608ea19.

Fabrizio K R，Rose N L，Wolfram C D. 2007. Do markets reduce costs? Assessing the impact of regulatory restructuring on US electric generation efficiency[J]. American Economic Reviews，97（4）：1250-1277.

Fare R，Grosskopf S，Norris M，et al. 1994. Productivity growth，technical progress and efficiency change inindustrialized countries[J]. American Economic Reviews，84（1）：66-83.

Francisco J Andre，Ines Herrero，Laura Riesgo. 2010. A modified DEA model to estimate the importance of objectives with an application to agricultural economics[J]. Omega，38：371-382.

Goldar B. 2011. Energy intensity of Indian manufacturing firms：effect of energy prices，technology and firm characteristics[J]. Science Technology and Society，16（S1）：351-372.

Gordon J，T Canter. 1996. Integrating regional economic indicators with the real estate cycle[J]. Journal of Real Estate Research，12（3）：469-501.

Groth C，Schou P. 2007. Growth and non-renewable resources：the different roles of capital and resource taxes[J]. Journal of Environmental Economics and Management，（53）：80-98.

Han S Y，Tsou M H，Clarke K C . 2017. Revisiting the death of geography in the era of Big Data：the friction of distance in cyberspace and real space[J]. International Journal of Digital Earth，11（5）：451-469.

Hartzell D，Hekman J S,Miles M E. 1987. Real estate returns and inflation[J]. Real Estate Economics，15（1）：617-637.

Harvcy D. 1978. The urban process under capitalism[J]. International Journal of Urban and Region Research，（1）：101-131.

Hirst E. 1991. Improving energy efficiency in the USA：the federal role[J]. Energy Policy，19（6）：566-567.

Howells M，Hermann S，Welsch M，et al. 2013. Integrated analysis of climate change，land-use，energy and water strategies[J]. Nature Climate Change，（3）：621-626.

Klaiber H A，Smith V K，Kaminsky M，et al. 2014. Measuring price elasticities for residential water demand with limited information[J]. Land Economics，90（1）：100-113.

Leung G C K. 2011. China's energy security：perception and reality[J]. Energy Policy，39（3）：1330-1337.

Linders J，Burger M，Oort V. 2008. A rather empty world：the many faces of distance and the persistent resistance to international trade[J]. Cambridge Journal of Regions，Economy and Society，1（3）：439-458.

Meadows D H，Meadows D L，Randers J，et al. 1972. The Limits to Growth[M]. New York：Universe Books.

Mendiluce M，Perez-Arriaga I，Ocana C. 2010. Comparison of the evolution of energy intensity in Spain and in the EU15：why is Spain different[J]. Energy Policy，38（1）：639-645.

Michelsen A M，Booker J F，Person P. 2000. Expectations in water-right prices[J]. International Journal of Water Resources Development，16（2）：209-219.

Molinos-Senante M，Donoso G，Sala-Garrido R. 2016. Are participants in markets for water rights more efficient in the use of water than non-participants? A case study for Limarí Valley（Chile）[J]. Environmental Science and Pollution Research International，23（11）：10665-10678.

Mueller R. 1999. Real estate rental growth rates at differnet points in the physical market cycle[J]. Journal of Real Estate Research，18（1）：131-150.

Mulder P，de Groot H L F. 2012. Structural change and convergence of energy intensity across OECD countries，1970-2005[J]. Energy Economics，34（6）：1910-1921.

Naughton B. 1999. How much can regional integration do to unify China's markets[A]. Paper Presented at Conference for

Research on Economic Development and Policy Research，Stanford University.

Nelson R R. 1956. A theory of low level equilibrium trap in underdevel opend countries[J]. American Economic Reviews，（12）：14-28.

Ngan H W. 2010. Electricity regulation and electricity market reforms in China[J]. Energy Policy，（38）：2142-2148.

Nurkse R. 1953. Problems of Capital Fomlation in Underdeveloped Countries[M]. Oxford: Oxford University Press.

Olmstead S M，Hanemann W M，Stavins R N. 2007. Water demand under alternative price structures[J]. Journal of Environmental Economics and Management，54（2）：181-198.

Painuly J P，Park H，Lee M K，et al. 2003. Promoting energy efficiency financing and ESCOs in developing countries：mechanisms and barriers[J]. Journal of Cleaner Production，11（6）：659-665.

Pen Y L，Sevi B. 2010. On the non-convergence of energy intensities：evidence from a paar-wise econometric approach[J]. Ecological Economics，69（3）：641-650.

Perveen S，James L A. 2011. Scale invariance of water stress and scarcity indicators: facilitating cross-scale comparisons of water resources vulnerability[J]. Applied Geography，31（1）：321-328.

Qi L. 2010. Capital flows and domestic market integration in China[J]. Journal of Chinese Economic and Business Studies，（8）：67-94.

Qian X L，Smyth R. 2005. Measuring regional inequality of education in China[A]. ABERU Working Paper，No. 12.

Redding S J，Venables J A. 2004. Economic geography and international inequality[J]. Journal of International Economics，62（1）：53-82.

Rodríguez-Pose A. 2010. Economists as geographers and geographers as something else：on the changing conception of distance in geography and economics[J]. Journal of Economic Geography，11（2）：347-356.

Rosenstein-Rodan P N. 1943. Problems of industrialization of eastern and south-eastern Europe[J]. Economic Journal, 53：202-211.

Schleich J，Hillenbrand T. 2009. Determinants of residential water demand in Germany[J]. Ecological Economics，68（6）：1756-1769.

Schumacher E F. 1973. Small Is Beautiful[M]. New York：Harper and Row.

Solow R M. 1956. A contribution to the theory of economic growth[J]. Quarterly Journal of Economics，70（1）：65-94.

Song F，Zheng X. 2012. What drives the change in China's energy intensity：combining decomposition analysis and econometric analysis at the provincial level[J]. Energy Policy，51：445-453.

Stefan G，Arno B，Friedrich H B，et al. 2008. Modeling scenarios towards a sustainable use of natural resources in Europe[J]. Environmental Science & Policy，11（3）：204-216.

Suttles G D. 1972. The Social Construction of Communities[M]. Chicago：University of Chicago Press.

Tang A，Chiara N，Taylor J E. 2012. Financing renewable energy infrastructure：formulation，pricing and impact of a carbon revenue bond[J]. Energy Policy，45：691-703.

Taylor P C，et al. 2010. Final energy use in IEA countries：the role of energy efficiency[J]. Energy Policy，38（11）：6463-6474.

Tietenberg T，Lewis L. 1992. Environmental and Natural Resource Economics[M]. New York：Harper Collins.

Tsur Y. 2015. Economic aspects of irrigation water pricing[J]. Canadian Water Resources Journal，30（1）：31-46.

Wang C，Liao H，Pan S Y. 2014. The fluctuations of China's energy intensity：biased technical change[J]. Applied Energy，135（S1）：407-414.

Wang X，Li X B，Xin L J. 2014. Impact of the shrinking winter wheat sown area on agricultural water consumption in the Hebei Plain[J]. Journal of Geographical Sciences，24（2）：313-330.

Wheaton W C. 1982. Urban residential growth under perfect foresight[J]. Journal of Urban Economics，（1）：1-12.

Wu G，Liu L C，Han Z Y，et al. 2012. Climate protection and China's energy security：win-win or tradeoff[J]. Applied Energy，97（97）：157-163.

Xia X H，Huang G T，Chen G Q，et al. 2011. Energy security，efficiency and carbon emission of China industry[J]. Energy Policy，39（6）：3520-3528.

Yang Y，Liu Y. 2014. Spatio-temporal analysis of urbanization and land and water resources efficiency of oasis cities in Tarim River Basin[J]. Journal of Geographical Sciences，24（3）：509-525.

Yeh S，Mishra G S，Morrison G，et al. 2013. Long-term shifts in life-cycle energy efficiency and carbon intensity[J]. Environmental Science & Technology，47（6）：2494-2501.

Yotov Y V. 2012. A simple solution to the distance puzzle in international trade[J]. Economics Letters，117（3）：794-798.

Young A. 2000. The razor' sedge：Distortions and incremental reform in the People's Republic of China[J]. Quarterly Journal of Economics，（115）：1091-1136.

Yu S H，Jin J C. 1992. Cointegration tests of energy consumption，income，and employment[J]. Resources and Energy，14（3）：259-266.

Zhang Y F，Parker D，Kirkpatrick C. 2008. Electricity sector reform in developing countries：an econometric assessment of the effects of privatization，competition and regulation[J]. Journal of Regulatory Economics，33（2）：159-178.

Zhao Z. 2004. Rural-urban migration in China[J]. China Economic Quarterly，（2）：1-33.

Zhou J B，Zou J. 2010. Vulnerability assessment of water resources to climate change in Chinese cities[J]. Ecological Economy，6（2）：106-114.